工业和信息化普通高等教育
"十三五"规划教材立项项目

Finance 高等院校

U0739114

投资银行学

微课版

陆曼 祝洪章 主编
刘莉 梅媛 副主编

Investment Banking

人民邮电出版社
北京

图书在版编目（ＣＩＰ）数据

投资银行学 ：微课版 / 陆曼，祝洪章主编. -- 北京 : 人民邮电出版社，2020.8
高等院校金融学新形态系列教材
ISBN 978-7-115-52393-8

Ⅰ．①投… Ⅱ．①陆… ②祝… Ⅲ．①投资银行－银行理论－高等学校－教材 Ⅳ．①F830.33

中国版本图书馆CIP数据核字 (2019) 第249667号

内 容 提 要

投资银行学是一门研究资本市场业务和发展规律的学科，是为了适应我国资本市场发展而设置的一门实务性较强的应用类课程，是高等院校金融学专业的必修课程之一。全书共 10 章，主要内容包括投资银行导论、投资银行的发展历程与发展模式、证券发行承销与上市业务、证券交易业务、企业并购、资产证券化、风险投资、资产管理业务、投资银行内部管理、投资银行外部监管。

本书可作为经济管理类应用型本科院校金融学专业核心课程或相关课程的教材，同时还可作为投资银行业务人员的初、中级培训及考证培训教材。

◆ 主　　编　陆　曼　祝洪章
　　副主编　刘　莉　梅　媛
　　责任编辑　许金霞
　　责任印制　周昇亮

◆ 人民邮电出版社出版发行　　北京市丰台区成寿寺路 11 号
　　邮编　100164　　电子邮件　315@ptpress.com.cn
　　网址　https://www.ptpress.com.cn
　　北京天宇星印刷厂印刷

◆ 开本：787×1092　1/16
　　印张：18.25　　　　　　　　　　2020 年 8 月第 1 版
　　字数：545 千字　　　　　　　　2020 年 8 月北京第 1 次印刷

定价：59.80 元

读者服务热线：(010)81055256　印装质量热线：(010)81055316
反盗版热线：(010)81055315
广告经营许可证：京东市监广登字 20170147 号

前 言 FOREWORD

  投资银行学是一门研究资本市场业务和发展规律的学科，是为了适应我国资本市场发展而设置的一门实务性较强的应用类课程，是高等院校金融学专业的必修课程之一。

  为满足高等院校财经专业教学需求和资本市场对人才的需要，力求为投资银行学的学科体系建设提供一个尝试性的逻辑视角，编者在其 2013 年 6 月由中国金融出版社出版的《投资银行学》一书的基础之上编写了本书，力求使读者对投资银行学建立一个体系性的认识。本书以认知逻辑为顺序，一步步引导读者全面认识投资银行：从创设投资银行，到运作投资银行；从投资银行的宏观行业发展历史和趋势，到微观个体的投资银行运行；从投资银行内部的业务运作和组织管理，到投资银行的外部监督管理。近年来，我国资本市场发展迅速，在资本市场上充当重要中介的投资银行业也飞速发展，其业务规模、业务种类都发生了较大变化，本书融入了投资银行学的最新理论，每章均设有"案例导入"，并增加了"案例小链接""知识小扩展"等内容，以启发思维、开拓眼界，有利于加深读者对基础理论的理解。

  本书具有如下特点。

  第一，注重投资银行学的体系性和逻辑性。在对投资银行学相关知识进行全面、系统介绍的同时，在写法上尽量做到言简意赅、深入浅出，在内容安排上尽量做到循序渐进、由浅入深。

  第二，强调专业的前沿性。本书体现了我国投资银行学的发展趋势，从"历史演变"的视角分析投资银行学的案例，同时侧重中外投资银行的比较分析，使读者能够了解未来投资银行的创新方向。

  第三，体现简化、整合、补充的中心思想。本书简化了与其他课程可能重合的内容，如衍生金融工具；将投资银行、创设投资银行、投资银行业务运作、投资银行管理和投资银行监管等内容整合为投资银行理论、投资银行实务、投资银行管理；还补充了资本市场最新的变化，如股票发行规定、做市业务等。

  本书由祝洪章负责拟订大纲、组织编写并对全书进行修改和总纂，陆曼负责全书的微课视频录制及配套教学资源的制作。全书的编写具体分工如下：第一章、第二章、第四章、第五章、第十章由祝洪章编写；第三章、第六章由陆曼编写；第七章、第八章由刘莉编写，第九章由梅媛编写。

希望本书能够给读者带来更新的知识体系、更系统的理论、更全面的实务方法，从而使读者对投资银行学的理论与实务有更深入的理解。

本书是黑龙江大学"十二五"规划教材之一，本书的编写得到了黑龙江大学、哈尔滨金融学院等单位和相关部门的大力支持，在此一并表示感谢。此外，在本书编写过程中，还参阅了大量的文献、资料，在此也向相关各位表示感谢。

限于编者的水平，本书有不妥之处在所难免，恳请同行专家、学者以及广大读者朋友不吝赐教，批评指正。

编者

2019 年 12 月

目 录 CONTENTS

第一章　投资银行导论

本章教学要求

　　本章介绍投资银行概况，主要内容包括投资银行的内涵、性质与特征（包括投资银行与商业银行的比较）；投资银行的主要业务（一级市场业务、二级市场业务、基金管理、兼并与收购、金融工程、风险投资、金融咨询、商人银行等业务）；投资银行的功能。

　　通过本章的学习，掌握投资银行的基本内涵、特征；了解投资银行的主要业务种类，并能够区别投资银行与商业银行；理解投资银行的功能。

案例导入

雷曼兄弟的破产过程

　　2008 年 9 月 11 日，雷曼兄弟宣布第三季度的亏损额将达 39 亿美元，并宣布了公司的重组计划。

　　9 月 12 日，雷曼兄弟打算将整个公司出售，市场产生恐慌情绪，业务伙伴停止和雷曼兄弟的交易和业务，客户纷纷将与雷曼兄弟的业务转移至其他银行和券商；美国联邦储备系统（以下简称"美联储"）介入，召集华尔街主要银行商讨雷曼兄弟和保险巨头美国国际集团（AIG）的问题；雷曼兄弟的股价跌至每股 3.65 美元；其信用违约互换点跳升超过 700 个基点。

　　9 月 14 日，美联储明确表示不会给雷曼兄弟救助和资金保障，巴克莱银行退出谈判，同时，高盛集团、摩根士丹利以及巴菲特控股的伯克希尔哈撒韦也表示没有兴趣收购雷曼兄弟，雷曼兄弟命悬一线。

　　9 月 15 日，雷曼兄弟无奈之下，依照美国《银行破产法》第十一章内容，向纽约南部的联邦破产法庭提出破产保护要求。

　　雷曼兄弟破产原因分析如下。

一、公司自身原因

1. 业务过于集中，所持有的不良资产太多，损失巨大

　　雷曼兄弟的业务过于集中在固定收益部分。近年来，雷曼兄弟次级按揭贷款业务的年发行量和销售量均排名第一。相应地，雷曼兄弟的资产中证券投资和抵押短期合约占比超过80%。当市场崩溃时，房价下跌，资金匮乏，流动性减弱，巨大的系统风险直接引发了雷曼兄弟的危机。

2. 财务结构不合理，杠杆率太高且过度依赖短期融资

　　雷曼兄弟自身资本有限，而其业务又需要资金，迫于盈利压力，其采取了高杠杆的盈利模式。这种模式虽然提高了盈利能力，但同时也使风险成倍增加。

3. 风险控制过度依赖信用衍生品模型技术分析，未能有效控制风险

　　雷曼兄弟一直以先进的信用衍生品模型分析技术著称，但在次贷危机中，雷曼兄弟的模型技术未能起到应有的预测作用，信用衍生品的损失远超过预期，最终导致风险完全失控而

破产。

4. 管理层的风险意识和处理危机的能力不足

管理层的盲目乐观导致雷曼兄弟的风险控制意识和理念没有得到彻底的落实。在次贷危机发生时，其管理层优柔寡断并错估了形势，在同韩国开发银行的收购谈判中要价过高，错失了紧急融资、渡过难关的良机，也导致了投资者的信心进一步丧失。

二、外部原因

1. 雷曼兄弟破产前特殊的市场状况

雷曼兄弟破产前，市场产生严重恐慌，交易对手终止和雷曼兄弟的交易和业务。客户对雷曼兄弟的发展前景产生怀疑，取消和终止与雷曼兄弟的业务，将资金大规模往别处转移，发生了事实上的挤兑。雷曼兄弟的主要交易对手也停止了和雷曼兄弟的交易，实际上给了雷曼兄弟致命的一击。

2. 华尔街谋而不救

一人的危机和困苦往往意味着他人的机会。对于雷曼兄弟这样的投资银行，如果做空致使其垮掉，其资产必定会打折大甩卖。基于这种判断，不少华尔街的投资者大量卖空雷曼兄弟的股票和一切能从雷曼兄弟的败落中获利的金融衍生工具。这种卖空对于一家金融机构而言无异于墙倒众人推。事实上，在这种强大的卖空打压之下，一天之内，雷曼兄弟的股价就下跌了一半。

3. 评级机构落井下石

在次贷危机爆发前，评级机构给了雷曼兄弟约 3.2 万亿美元的不良信用房贷支持的债券产品以最高评级，随着次贷危机的爆发，评级机构把对债券产品的评级大幅下调。评级机构不负责任的行为此前在某种程度上掩盖了风险，此后又加剧了危机情况的恶化。雷曼兄弟正是由于评级机构不断下调其债券产品评级而被迫交纳更多的资金作为衍生品交易的抵押，导致其流动性过度紧缩，资金链出现断裂，最终只能申请破产保护。

4. 美国政府"见死不救"

大型金融机构在市场中深度参与，在其倒闭后会产生连锁反应，为了阻断这种多米诺骨牌效应，政府往往不得不介入，同时这也使道德风险不断加剧。出于对道德风险的忌惮，美联储不愿过多地耗费政府的资金来加剧市场的"道德危机"，从而选择了放弃雷曼兄弟。

雷曼兄弟的破产给了我们如下启示。

（1）企业要有危机意识，应优化企业资产，提高企业抗风险能力。

（2）企业要认清形势，及时抓住机会。

（3）政府必须加强金融监管。

第一节　投资银行的内涵

一、投资银行的初始内涵

由于历史发展的原因，投资银行的称谓在各国或地区不尽相同。美国称为投资银行，日本称为证券公司，英国称为商人银行，德国称为私人承兑公司，法国称为实业银行，等等。本书采用投资银行的称谓，在现实中各投资银行类机构并不冠以银行二字。例如，美国的摩根士丹利公司、所罗门兄弟公司、日本的日兴证券公司及大和证券公司等。称谓的不同在某种意义上也反映了投资银行在各国或地区业

投资银行的内涵

务范围的不同。要想精确定义投资银行并不是一件易事，特别是在投资银行高度发达、业务层出不穷的国家。

投资银行的早期活动见于 15 世纪欧洲的商人银行，其主要目的是为海上贸易提供资金融通支持。一些资金雄厚的商人在从事商业贸易的同时，以承兑汇票等形式参与融资。发展到 19 世纪，美国的投资银行开始大量从事政府债券和铁路债券等基础设施债券的承销，进而开创了投资银行的基础业务，通过发行证券的方式为企业及大型项目提供筹融资服务。

在 20 世纪初，就证券业来说，人们对华尔街上四处兜售股票的经纪人与投资银行家的区别并不清楚。其实当时投资银行家已经控制了证券的大宗批发业务，并以承包人的身份为企业筹资立下了汗马功劳。因此，从历史的发展来看，投资银行是以证券承销和证券经营为主业，参与资金配置，为投资者服务。

20 世纪 50 年代以来，金融领域发生了深刻的变化：金融理论不断创新；金融机构日趋多样；金融工具愈加复杂；金融市场向全球扩展。竞争的激烈程度和需求的多样化使得金融体系的内在结构更加复杂，金融市场、金融机构、金融衍生品和金融技术错综融合为一个庞大的体系。

在这样的背景下，资本主义的生产方式推动了大量股份公司的成立，引发了大规模的企业并购浪潮。投资银行利用其熟悉企业状况的优势，积极充当了企业并购的财务顾问，帮助企业制订并购方案并安排融资，参与并购后的企业重组，使其在并购业务领域中成为主要的金融中介机构。随着资本市场机构投资者的比例不断增加，投资银行又纷纷组建起各类基金管理公司并从事基金投资。当知识经济催生了大批中小型高科技企业的时候，由于这些企业潜在的高风险性和不确定性而又难以向银行获取贷款，投资银行便直接参与这些企业股权投资或通过组建"创业基金"参与企业的风险投资。此外，投资银行还不断创新，推出了投资咨询、资产管理、投资组合设计、财务顾问等业务，开发了金融期权、期货等金融产品。

因此，投资银行在最广阔的范围内是资本所有权与使用权交易的中介，是确定资本最佳使用方案、最佳使用方式、最佳使用对象的资本配置者。作为金融市场中最具活力和创新性的行业，投资银行以灵活多变的形式参与资本市场配置，成为资本市场资金提供者和资金需求者之间的重要纽带。

二、罗伯特·库恩的定义

投资银行的定义是随着它的业务发展而逐步变化的，在现有文献中对投资银行已有多种不同的定义。美国著名金融专家罗伯特·库恩在其所著的《投资银行学》中将投资银行按业务范围的大小进行如下定义。

1. 最广泛的定义

投资银行包括华尔街大公司的全部业务，从国际承销业务到零售交易业务以及其他许多金融服务业务（如不动产和保险）。

2. 第二广泛的定义

投资银行包括所有资本市场的活动，如证券承销、公司财务、并购及基金管理和风险资本。但是，向散户出售证券和抵押银行、保险产品等业务不被包括在内。如果是投资银行家为自己的账户而投资、经营的商人银行（不同于英国的商人银行概念），则应包括在内。

3. 第三广泛的定义

投资银行只限于某些资本市场活动，着重证券承销、兼并与合并，基金管理、风险资本、风险管理以及按照公司方针主要用于支持零售业务的研究不被包括在内，但包括商人银行业务。

4. 最狭义的定义

投资银行仅限于证券承销和在一级市场筹措资金、在二级市场上进行证券交易。

罗伯特·库恩提出四种投资银行的定义，是按业务范围从大到小排列的。而反过来看，又是按业务的发展顺序排列的。投资银行从最初的证券承销和交易业务开始，逐步延伸到兼并与收购领域，再进一步扩展到公司理财、基金管理、风险投资和咨询服务等领域，如今又扩展到资产证券化与金融衍生产品领域。每一次业务的扩展都是在原有业务基础上进行延伸，要是没有投资银行传统的证券承销和交易业务，后面的各种创新业务也不可能出现。可见，证券的承销和交易业务是投资银行的基础性业务，它在投资银行业务中占有举足轻重的地位，其他业务都是从这种基础性业务中衍生与发展出来的。

根据投资银行业在美国的发展，罗伯特·库恩倾向于上述第二广泛的定义，即把投资银行业放在资金筹措和融通、资本运营的层面上。

如果依据罗伯特·库恩的第二广泛的定义，在中国从事投资银行业务的金融机构有多种，主要是证券公司、信托投资公司、商业银行等机构。虽然中国的证券法规定商业银行和信托投资公司不得从事证券发行和交易业务，但它们可以从事资本市场的一些其他业务，如基金管理、公司理财、国债承销、企业并购、房地产金融等业务。而中国的证券公司，也不能认为它们都是投资银行。按照《中华人民共和国证券法》（以下简称《证券法》）规定，投资银行的经营业务共分为 7 类。如果某证券公司单纯从事证券经纪业务，从严格意义上讲，这类公司不能被认为是投资银行。由于中国的证券经纪业务由中国证券监督管理委员会（以下简称"中国证监会"）管理，证券公司只能算作准投资银行。因此，仅从名称上看，并不能简单地认为中国的证券公司都是投资银行。在存在多种金融机构从事投资银行业务的情况下，只有投资银行业务在其全部经营业务中所占比重较高的机构才能被认为是投资银行。

第二节　投资银行的性质与特征

一、投资银行的性质

投资银行属于非银行金融机构，是资本市场上的主要金融中介。投资银行是证券和股份公司制度发展到一定阶段的产物，是发达证券市场和成熟金融体系的重要主体之一，它具有区别于其他相关行业的性质。

（1）投资银行属于金融服务业，这是区别于一般性咨询、中介服务业的重要标志。

（2）投资银行主要服务于资本市场，这是区别于商业银行的重要标志。

（3）投资银行业是一个智力密集型行业。投资银行家的智力属于无形资产，是投资银行最重要的资产，是创造超额利润的第一要素。

（4）投资银行业是一个资本密集型行业。现代投资银行涉足大资本的运作，在资本市场上呼风唤雨，业务范围已远远超出了传统投资银行，资本实力直接影响着投资银行的运作能力，同时也体现了其抵御市场风险的能力。

（5）投资银行业是一个富有创新性的行业。投资银行的生命力就在于创新，这是因为投资银行的收益最终来自技术创新、市场创新和金融创新所带来的超额利润。

投资银行的性质与特征

二、投资银行的特征

投资银行作为一个十分具有生命力和挑战性的行业，具有与其他行业不同的特点，主要表现在创造性、专业性和职业道德三个方面。

（一）创造性

投资银行的创造性包括"创造"和"革新"两个方面。创造是指有价值的新事物产生的过程；

革新是指将有价值的新事物转变为商业上可行的产品或服务的过程。投资银行的创造和革新包括开发更好的金融产品、提供更为高效的服务以及更节约成本的服务方式等。

（二）专业性

投资银行是一个知识密集型的行业，需要专业的知识和专门的技能，特别是在资本市场飞速发展的时代，要做好投资银行业务，对专业知识的要求很高。投资银行专业性的特征主要体现在以下5个方面。

1. 投资银行理论

投资银行的业务主要与资本市场紧密相连，其从业人员必须十分精通价值评估理论、风险与收益理论、投资理论和金融工程理论等方面的知识，熟悉投资银行理论的最新进展，并掌握相关的基本技术，如资产组合理论、资本资产定价模型、金融衍生工具、套期保值技术，以及公司财务分析、成本分析、收益曲线分析等技术。

2. 融资经验和渠道

投资银行是直接在资本市场上融资的媒介，投资银行的专业性还体现在其拥有丰富的融资经验和专门的融资渠道，能够高效地沟通资金供给者和资金需求者。投资银行通过长期从事证券承销和企业并购业务，可以培养专业的融资经验，建立良好的融资渠道，这是其开展业务的成果，也是取得竞争力的重要保障。

3. 行业专长和业务能力

投资银行的核心竞争力应体现在成熟的业务能力和精通的行业专长上，因为投资银行的资源和人力也是有限的，不可能把精力平均分配到所有的投资银行业务中，最佳的选择是根据一般的业务原则和行业的特殊性，集中资源于某一种或几种业务，重点发展某一行业或几个行业的业务，创造业内最佳和最有竞争力的品牌。因此，对投资银行的从业人员来说，成熟的业务能力和精通的行业专长也是十分关键的，有利于投资银行的专业化分工。

4. 市场洞察力

投资银行处于千变万化的市场环境中，虽然技术方面的理性分析非常重要，但对市场的洞察力和感悟力同样不可缺少，有时甚至发挥着非常重要的作用。优秀的投资银行家善于把握证券承销的最佳时机和制订最合适的发行价格，发现极具成长性的行业，察觉不利或危险的因素。市场洞察力已经成为投资银行家的一种职业本能，他们凭着职业直觉对未来的市场前景作出判断。

5. 公关技能

投资银行是一种特殊的金融服务业。在开展业务的过程中，投资银行家需要与利益相关的多个利益集团或个人打交道，向不同的集团或个人推介自己的方案，因此具有一定的公关技能是非常重要的。

（三）职业道德

职业道德是投资银行业重要的行业特征，它不但是投资银行重要的无形资产，而且是提高声誉、扩大业务范围和增加投资银行家个人价值的稳妥方式。职业道德构成了投资银行业的内在基础，是客户产生信心的源泉，否则投资银行将无法生存。证券市场发展越成熟，客户对投资银行家的行为就越敏感，并且力求寻找具有高标准和良好道德的投资银行家为其代理。职业道德越来越成为投资银行业竞争的新武器。投资银行业对职业道德的要求具体表现在以下五个方面。

1. 保守秘密

保守秘密是职业道德的一个重要要求，保守机密信息在所有商业活动中都极为重要，在投资银行业中更是如此。泄露重要机密信息，如有意或无意透露进行中的并购交易，会给证券市场和并购双方带来巨大的不利影响。

2．信息隔离

美国证券交易委员会规定，同一投资银行的所有其他部门都应与企业并购部隔离，以限制机密信息在内部流通。投资银行内部也规定，严禁高危险区（如企业融资部、企业并购部、证券交易部等）的职员互通信息。

3．遵守法律

投资银行在开展业务的过程中，应始终遵守和服从法律，而且绝不能支持客户从事违法或不道德的活动。一旦投资银行帮助客户做出违法或不道德的事情，将使投资银行家及其合作伙伴乃至整个投资银行陷入犯罪和破产的深渊，并受到法律的制裁和道德的惩罚。

📚 案例小链接

中国证监会通报近年来查处证券中介机构违法违规情况

资本市场的发展必须以充分的信息披露为核心，证券中介机构诚实守信、勤勉尽责是解决公众公司和公众投资者之间信息不对称的重要制度安排，直接关系投资者合法权益和市场正常运行。近年来，中国证监会按照依法全面从严监管工作方针，始终把证券中介机构作为监管执法的重点对象，在持续开展日常监管、核查检查的同时，严厉查处相关违法失职行为，督促证券中介机构归位尽责。

2016年以来，中国证监会对28家证券中介机构立案调查，涉及证券公司7家，会计师事务所9家，资产评估机构7家，律师事务所5家。新增立案案件38件，较前两年增长一倍。针对执业程序"走过场"、执业报告"量身定做"等5类典型违法行为，中国证监会于2016年5月专门部署专项执法行动，集中查处6家审计、评估机构，形成有效震慑。两年来，证监会共对22家证券中介机构作出行政处罚，有些中介机构及其从业人员因严重违法违规被顶格处罚，个别中介机构因屡犯多次被罚，被暂停承接新的证券业务并责令其限期整改，个别从业人员因违法违规情节严重被撤销证券从业资格。

这些案件显示，证券中介机构未勤勉尽责的行为集中表现为：一是不遵守相关业务规则，未编制工作计划，获取的资料证据不充分、不适当，底稿记录不完整，倒签报告日期，甚至在检查调查期间伪造、篡改文件和资料；二是未保持应有的职业审慎，未全面有效评估项目风险，对明显异常情况未充分关注，对重大舞弊迹象怀疑不足，也未采取有效措施予以识别或应对；三是对重大会计处理的合规性、评估结论的合理性、法律意见的明确性缺乏合理判断，形成的专业意见背离执业基本准则或明显错漏；四是审计、评估、尽调程序流于形式或存在重大缺陷、瑕疵，核查验证义务履行不充分。

证券中介机构是资本市场治理的重要力量，要严格履行核查验证、专业把关的法定职责，进一步发挥好资本市场"看门人"的作用。下一步，证监会将继续深化依法全面从严监管，严厉查处相关违法行为，推动形成以充分信息披露为核心的市场运行体系，促进多层次资本市场稳定健康发展。

4．诚信原则

投资银行业是以诚信为基础的中介服务业，致力于长期发展的投资银行必然要立足于诚信为客户提供最优服务的基础上。

5．公开原则

为了维护证券市场的公平性，要求投资银行在开展业务中必须进行合乎规范的信息披露。投资银行在履行公开原则时要做到两个方面：第一，保证对客户做出合适的信息披露；第二，主动将真实情况公布于众。

三、投资银行与其他金融机构的区别

现代社会庞大的金融体系由多种金融中介机构构成。以美国为例，金融中介机构可以分为以下三类。

（1）存款机构。

存款机构包括商业银行、储贷协会、互助银行和信用社等。存款机构是货币银行学的研究对象，因为它们能够参与存款创造的过程，而存款，特别是支票账户存款，是货币的一个组成部分。存款机构作为一个整体能够通过集体的行为极大地影响货币的供应量，从而可进一步影响一国经济的就业、通货膨胀和成长水平。它们在国民经济中的地位至关重要。

（2）投资性中介机构。

投资性中介机构包括投资银行、经纪和交易商公司、金融公司、共同基金会（投资基金）以及货币市场共同基金，为证券市场和证券投资者及消费者服务。

（3）合约性储蓄机构。

合约性储蓄机构包括人寿保险公司、财物和意外伤害保险公司、私人养老基金、州和地方政府退休基金等。它们的共同特征是以合约方式定期、定量从持约人手中收取资金（保险费或养老金缴费），然后按合约规定向持约人提供保险服务或提供养老金。

上述三大类金融中介机构在以货币资产为经营对象的共同基础上，经营方式各有侧重。

（1）存款机构的首要职能是充当资金流动的"水库"，通过其巨大的吸储能力聚敛社会上的闲置资金，然后将其投放于资金稀缺的地方。存款机构对整个社会货币供应量起着重要的调节作用。

（2）投资性中介机构更多的是作为直接融资中介开拓资金流动的渠道。通过各种证券、票据等债权、产权凭证，将资金供需双方直接联系起来。投资性中介机构对资金的高效配置、货币的高效运转起着重要的引导作用。

（3）合约性储蓄机构是满足债权人特定时期、特定需要的货币中介，也拥有巨大的货币吸收能力，除保证债权人的合约要求外，还进行以安全稳定为主的投资活动。

那么，作为现代金融体系中最基本、最核心的两类金融机构——投资银行和商业银行有何区别呢？

20 世纪 30 年代之前，投资银行和商业银行之间并没有明确的区分。直至 1929 年—1933 年，经济危机出现后，以美国为首的西方国家开始实行分业经营管理体制。从此，投资银行和商业银行分道扬镳，投资银行以证券承销和证券经纪为主要业务，商业银行则专注于存贷款业务，于是出现了真正意义上的投资银行和商业银行。

从金融机构的角度讲，投资银行和商业银行都是资金供给者和资金需求者的中介，都是金融市场的主体。但是，两者在性质上又存在着区别，最突出的区别是融资方式：投资银行从事直接融资，而商业银行从事间接融资，即在资金供给者和需求者之间，投资银行与他们不存在债权债务关系，而商业银行则分别是资金供给者的债务人和资金需求者的债权人。

投资银行与商业银行之间的比较见表 1-1。

表 1-1　投资银行与商业银行的比较

差别	投资银行	商业银行
性质和功能	直接融资中介，较侧重中长期融资	间接融资中介，较侧重短期融资
本源业务	证券承销	存贷款
主要活动领域	资本市场	货币市场
业务特征	价值增值链条长，业务种类多	价值增值链条短，业务种类少
业务概貌	无法用资产负债反映	表内与表外业务
利润来源	佣金	存贷款利差

续表

差别	投资银行	商业银行
经营风险	赚佣金风险小；赚差价风险大	存款人风险较小，银行风险较大
经营方针	在控制风险前提下更注重开拓	坚持稳健原则，追求收益性、流动性和安全性结合
监管部门	主要是证券监管当局	主要是银行监管当局或中央银行
自律组织	证券协会和证券交易所	商业银行公会
适用法律	《中华人民共和国证券法》《中华人民共和国公司法》《中华人民共和国投资基金法》《中华人民共和国期货法》等	《中华人民共和国商业银行法》《中华人民共和国票据法》《中华人民共和国担保法》等

表 1-1 简单总结了投资银行和商业银行的一些区别，从实际经济运行来看，投资银行和商业银行在很多业务领域存在着既竞争又互补的关系，在混业经营的趋势下，二者正在逐步走向融合。经过近几十年的发展，投资银行与商业银行的界限日趋模糊，主要表现是：在国际金融市场上，投资银行与商业银行业务活动基本没有差别；在实行万能银行制的国家，投资银行和商业银行合为一体；许多商业银行设立从事投资银行业务的子公司，而投资银行也收购了一些陷入财务困境的储蓄机构。

从中国金融市场的发展看，虽然目前仍实行分业经营制度，但是商业银行正迅速发展以投资银行业务为代表的中间业务，并且逐渐成为其新的利润增长点。2001 年我国出台的《中华人民共和国商业银行中间业务暂行规定》开始允许商业银行在经过中国人民银行（简称"央行"）审查批准后，新增设金融衍生业务、代理证券业务以及信息咨询、财务顾问等投资银行业务；2005 年商业银行被允许设立基金管理公司；证券公司客户买卖证券必须将资金存管在商业银行，我国金融业"分业经营、分业监管"模式正逐渐过渡到"混业经营、分业监管"模式。今后，我国投资银行与商业银行的联系会更加紧密，竞争会更为激烈。

第三节　投资银行的业务

投资银行的本源业务是证券承销，随着经济和金融的发展，其业务范围更为广泛，这里就其主要业务做简要介绍。

一、一级市场业务

投资银行的一级市场业务主要是指证券的发行与承销业务，包括股票的发行与承销、债券的发行与承销等。

证券承销是投资银行的基本业务和本源业务。在直接融资的资本市场中，投资银行的承销活动使筹资活动高效、正规、快速地进行。投资银行承销的范围很广，不仅承销本国中央政府及地方政府部门发行的债券、各种企业所发行的债券和股票、外国政府与外国公司发行的证券，甚至还承销国际金融机构发行的证券，例如世界银行、亚洲发展银行等发行的证券。

投资银行不但可以承接证券的公募发行，而且可以承接证券的私募发行。证券的私募发行是指证券私下发行，即发行人向少数特定的投资者发售证券募集资金的行为，这是与公募发行（即公开发行）相对应的一种证券发行方式。在证券私募发行中，投资银行为发行人和潜在的投资者设计能满足双方需要的证券，制作交易协议并为证券定价，发挥财务顾问功能，根据证券的发行条件和资金供给者的投资需求及风险偏好，对潜在的投资者进行分类和排序，帮助发行人寻找和确定适合的机构投资者，参加私募证券的承销交易。

二、二级市场业务

证券二级市场是对已经发行的股票进行买卖、交易的市场。二级市场，不仅为证券持有者提供了变现的渠道，而且为新投资者提供了投资的机会。二级市场业务又称证券交易业务，是投资银行一项非常重要的核心业务。

投资银行二级市场业务是证券承销的延续，绝大多数投资银行具有强大的交易能力。由于一级市场和二级市场的互动作用，投资银行参与证券交易既是促成二级市场交易的需要，也是维护其在一级市场地位的需要。在证券承销完毕后，投资银行要为证券创造一个流动性较强的二级市场，并维持市场稳定，防止证券上市之后的价格低于发行价过多。这样既维护了发行者的声誉，以防其日后发行证券受阻，又有助于维护投资银行自身的利益。这是投资银行赚取价差的需要，也是保持其在投资者心目中地位的需要，以免影响以后的承销业务。投资银行在构建二级市场的过程中，对不同的证券执行不同的交易业务，既做经纪业务，又做自营业务。

做经纪业务作为经纪商时，投资银行充当客户（买方或卖方）的委托代理人，接受客户指令，促成客户的买入或卖出交易。投资银行自身不拥有证券，在价格变更或利率变动时不承担风险，收益来自委托佣金。

做自营业务作为自营商时，投资银行自己拥有证券，参与证券投资。投资银行管理客户委托的大量资产（养老基金、共同基金），加之其自身拥有的资产，可通过证券组合投资获取投资收益（证券利息收益和价差），但同时承担价格风险。

三、基金管理

基金管理包括投资基金、保险基金及养老基金等。投资基金在美国称为共同基金或互惠基金，在英国称为单位信托，在日本称为证券投资信托基金。投资基金近些年来得到广泛的发展和普及，作为一种集合投资，它受到广大投资者的青睐。投资银行可以作为基金的发起人、管理人和托管人，更多的是由于其在证券市场中具有特殊的地位、丰富的理财经验和专业的知识而接受基金发起人的委托，管理基金并进行基金组合投资。对于养老基金和保险基金这些机构来说，资金储备近年来急剧增长，这也需要投资银行参与其资金投资管理工作。

投资银行管理基金，一方面可以凭借其人才优势、信息优势，在分散和降低风险的基础上获取较高收益；另一方面可以通过理性投资平抑证券市场的价格涨落，防止过度投机。

四、兼并与收购

企业的并购是经济发展中产业重组以提升效率和竞争力的需要。并购涉及资本结构的改变和大量融资，这必然要求投资银行的参与。并购与反并购已成为现代投资银行业务领域中最激烈复杂和引人入胜的部分，并且成为核心部分。

投资银行参与并购业务，其范围不但包括狭义的企业兼并与收购，而且包括广义的除企业兼并、收购和接管以外的公司杠杆收购、公司结构调整、资本充实和重新核定、破产与困境公司的重组等的筹划与操作。投资银行的作用体现为：一是提供信息；二是筹集资金。

在并购中，投资银行的行为包括以下三个方面。

（1）寻求并购机会，即寻找并购对象。

（2）定价，即为兼并公司和目标公司分别提供关于交易价格和非价格条件的咨询，或者帮助目标公司抵御非友善的吞并企图。

（3）融资，即帮助兼并公司筹集必要的资金以实现购买计划。

五、金融工程

金融工程是指利用金融技术的发展和创新解决各种金融问题。

1. 资产证券化

投资银行参与资产证券化，使流动性差的资产能够转化为可以公开买卖的证券，成为融资市场又一次重大的创新。进行资产证券化的公司，即资产证券发起人把其持有的流动性较差的金融资产，如住房抵押贷款、信用卡贷款、应收款等。经过组合出售给投资银行，投资银行再以其为担保发行资产支持证券，以收回购买资金。证券发行依据的资产是发起人的各类贷款或应收款，这样就使不能以任何方式进行买卖的消费者小额贷款通过滚雪球似的积累，变成能在公开市场进行交易的巨额金融票据。

资产证券化不仅实现了融资，还分散了借贷风险，是对投资者与发起人均有益的业务。投资银行在包销资产证券时获取佣金，同时可以在购买资产与销售全部证券的价差中获得利润。

2. 金融工具创新

投资银行是进行金融工具创新的主力军。创立金融新产品，不但使筹融资更灵活便利，更好地控制了投资风险，而且使投资银行扩大了业务范围、增加了收入。金融工具创新即衍生工具，是从一些基础资产的价格变化中派生出其价值的有价证券，如期货、期权、远期合同、掉期等。

使用衍生工具的目的可以是套利保值，也可以是增加回报或是改进有价证券投资管理。投资银行使用衍生工具大大增加了业务发展的灵活性，同时也可获得以下三个方面的收益。

（1）为客户买卖衍生工具的佣金收入。

（2）在衍生工具交易市场中，投资银行为促成交易，有时会成为一方当事人，为避免资本损失或套利，需要为交易寻找另一方，从而获取买卖价差收入。

（3）运用衍生工具为自身进行套期保值，回避风险，控制交易中的风险收益比，保证其业务操作的稳妥性，优化其自身金融结构。

六、风险投资

风险投资又称创业投资，指在新兴公司创业期和拓展期所进行的投资。一般来说，新兴公司选用新技术或新发明生产的新产品，或是专门从事新资源的开发、投资热门的金融领域等。这些公司既存在着高额的潜在收益，也存在着倒闭、破产、失败的极大可能性。这些公司由于规模小、资信差、风险大，难以贷款筹资或是公开发行股票，往往由投资银行通过私募发行的方式为其融资。当这些公司发展顺利、实力壮大、信誉提高后，投资银行再帮助其上市发行新股，相对于私募发行时期的股价来讲，将可能有很高的升水。故从风险资本的筹集到证券的公开上市，投资银行参与了各种层面的业务。风险资本的管理办法有以下两种。

（1）只参与风险资本筹资活动并收取一定佣金。

（2）如新兴公司前景看好，投资银行往往设立专门的机构从事风险资本的投资。

七、金融咨询

投资银行为广大投资者提供金融咨询服务，帮助投资者进行市场调查、法规咨询、材料汇编、确定投资方案、评估风险收益、及时传输信息及解决金融难题。同时，投资银行与企业联系日益紧密，成为企业的战略顾问，为企业的财务管理和经营管理提供咨询策划。投资银行不仅是在证券承销、并购中"唱主角"，而且也为企业常规运营及改革创新出谋划策。金融咨询使投资银行与投资者建立了良好、稳定的关系，掌握了来自客户经营管理发展的第一手材料，丰富了投资银行的信息关系网，为其主营业务制订业务计划，为寻找投资者开通了道路。特别是在信息时代，咨询业务为投资者和投资银行都带来了巨大的无形效益。

八、商人银行业务

在英国，商人银行业务是指投资银行运用自有资本投资于公司股权，或对公司并购提供贷款从而成为公司债权人的业务。

这主要包括两个方面的业务。

（1）投资银行为追求自身利益，以自有资本收购某一特定公司（即目标公司）的股权。

（2）投资银行为客户杠杆收购的特定公司提供过桥贷款。

以上列举了投资银行的主要业务，但投资银行业务还远不止这些，可以说有多少种金融交易的发生，就有多少种投资银行业务，如融资租赁、证券抵押贷款、贴现与再贴现业务等。值得注意的是，投资银行也提供一系列非营利性的辅助性业务，如开发研究业务、信息服务业务等。对投资银行业务的总体归类，如图1-1所示。

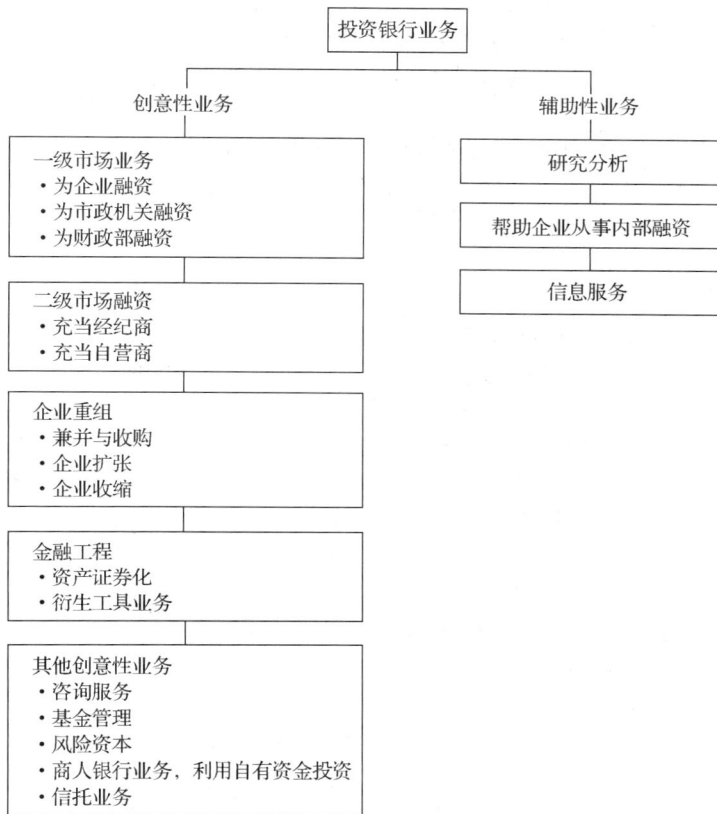

图 1-1　投资银行业务的总体归类

第四节　投资银行的功能

投资银行除了具备金融机构的一般功能外，还对经济发展起着独特的作用。作为以经营证券业务为主的金融机构，投资银行的活动领域虽然主要是资本市场，但与整个金融体系以及经济体系的行为主体存在着密切的联系，它是连接经济与金融的枢纽，在整个经济与金融发展的过程中，发挥着中流砥柱的作用。

一、资金供求的媒介

作为企业和投资者之间的媒介，投资银行向投资者介绍发行股票或债券的企业，或者为投资者寻找合适的投资机会。在资本市场上，投资银行起着穿针引线的作用：一是帮助资金需求者寻找资金来源，同时帮助资金盈余者寻求投资机会；二是设计合理的交易方式，提供对期限、利率、还本付息方式等多方面的选择，使交易双方在互惠互利的基础上达成协议。

对于企业来讲，投资银行可以帮助企业节约筹资成本。大多数企业并不经常筹集长期资本，因此没有必要为了高价出售证券而花费大量人力、物力以获取相关资本市场的信息并加以研究。投资银行作为专门从事证券发行和销售的专业金融机构，经常研究和分析可能的投资者和市场，企业可以利用投资银行帮助自己设计新发行的证券（包括债券和股票），进行销售和分配，从而使新发行的证券更能适应市场的需要，使其价格也更能满足企业需要。此外，企业利用投资银行的服务进行发行和销售证券比企业自己发行和销售证券的成本要低，效率也要高得多。

对于投资者来说，投资银行通过运用丰富的知识和经验，帮助投资者投资于某个产业或某个企业，以保证投资者资金的安全与增值。同时，投资银行创造各种不同的金融工具以供投资者选择，从而满足投资者的投资偏好。

作为投资者和筹资者的中间人，投资银行利用自身的信用、信息优势和简便易行的操作手段，可以迅速地把投资者的闲置资金转移到筹资者手中，从而有利于降低交易成本，实现资金和资源的最优配置。

二、构造证券市场

证券市场是金融市场的重要组成部分，证券市场的效率是衡量一个国家资源配置市场化和经济发达程度的重要因素。除投资银行外，证券市场还包含三个主体，即资金需求者、资金供给者和监管机构。投资银行在其中起着连接、沟通各个主体和构造证券市场的作用。在证券发行市场（一级市场）上，投资银行是发行人和投资人之间的桥梁。投资银行一方面为投资者寻找合适的投资机会；另一方面服务于发行人，为发行人寻找资金来源，促进闲置资金向投资转化、形成资本，加速资本流动和提高资金运作效率。在现代经济条件下，资金需求者独立发行证券通常要承担较高的成本，因而公司股票和融资证券的大规模发行一般都委托投资银行承销。证券承销是投资银行的本源业务，投资银行通过自身的专业优势，将要发行的证券低成本、高效率地销售到投资者手中。投资银行策划和组织证券承销的过程实际上就是在构建一个证券发行市场，通过发行数量众多的高质量的证券，为其今后的上市流通和证券交易市场（二级市场）的形成奠定基础。

在证券交易市场（二级市场）上，投资银行扮演了中介和参与者两种角色，并在整个证券市场发展中发挥着稳定价格、促进交易、降低风险、提高投资收益、规范市场运作、增进市场有效性的作用。证券承销完毕后的一定时期内，作为做市商，投资银行维持市场价格稳定，保证各方利益不受损失；作为经纪商，投资银行接受客户委托进行证券买卖，提高交易效率，维持市场秩序；作为自营商，投资银行参与证券买卖，在比较真实客观地发现和反映证券价格的同时，活跃了证券市场，促进了证券的流通。

投资银行不仅是一个证券中介，而且还是一个重要的信息中介。通过搜集资料、处理信息、提供咨询、介入交易，投资银行很好地促进了信息在证券市场的传播，使信息更迅速、更客观地反映到价格中，保证了证券市场的信息效率和信息公平，提高了交易效率，客观上孕育了证券市场的价格发现功能。

投资银行是金融市场最活跃、最积极的力量，通过各种金融工具的创新，投资银行开拓了一个又一个新的业务领域。通过各种衍生金融工具，投资银行不但有效地控制了自身风险，保证了自身收益的稳定，而且从客观上使包括证券市场在内的各种金融市场在衍生工具的辅助下更为活跃，发展更加迅猛。

投资银行通过开展公司并购和资产重组方面的业务，既促进了资源的优化配置，提高了资本运营效率，同时也在规范上市公司和促进竞争方面起到了积极的作用。在资产管理方面，投资银行通过发行证券、管理基金以及为投资者提供专业化的服务，既分散了风险，又起到了维持证券市场理性发展的作用。由此可以说，投资银行是证券市场的引导者和灵魂。正如美国金融专家罗伯特·索贝尔（Robert Sobel）所言："投资银行业是华尔街的心脏，也是华尔街之所以存在的最重要的原因。"

三、引导资源配置

实现资源的有效配置是一个国家经济发展的关键，投资银行在促进资源在整个经济系统中的合理运用和有效配置方面发挥着重要作用。

第一，投资银行通过其资金媒介的作用，调节资金余缺。一方面，投资银行通过发行证券，使资金流向社会平均利润较高的行业和企业，使得这些行业和企业有充足的资金保证自身快速发展；另一方面，投资银行为闲散资金提供了获取收益的渠道，从而提高了整个社会的经济效益和福利，促进了资源的合理配置。

第二，投资银行为政府融资。由于发行者的信用高，所以大大提高了投资银行的主动性。投资银行便利了政府债券的发行，使得政府可以以较低的成本获取足够的资金来提供公共产品，并使大量的资金流入国家重点建设项目、重点支持产业。这有利于国家基础设施的建设、产业计划的实施、重点企业的成长，从而促进了资源的有效配置。同时，政府也可以利用债券发行的便利性，调节货币供给，达到特定的政策目的，保证经济的稳定发展。

第三，对于中小企业或是新兴产业来说，由于处于新生阶段，经营风险相对较大，往往不符合商业银行的贷款政策。对于它们来说，寻求投资银行的帮助，通过直接融资的方式来解决发展过程中所遇到的资金不足问题是最有效的途径。投资银行因为专业性和利益驱动性，会选择为那些市场前景看好、有成长性的企业融资，特别是为那些没有上市资格或者不是股份有限公司的企业发行债券，还可以直接通过风险投资基金的方式，为这些企业的发展提供强大的资金支持，不仅满足资金寻求最佳投资机会的要求，还促进了这些企业的发展，同时将资金引向了高效率的企业。

第四，投资银行的兼并与收购业务促进了企业间的竞争。经营不善的企业将被兼并或收购；经营状况良好、有发展前景的企业通过收购或并购其他企业迅速发展壮大，从而优化配置有限的社会资源，大大提高社会资源的利用效率。

第五，投资银行通过对投资基金的管理，实现了社会资金的有效配置。投资银行集中人力资源和信息优势管理基金，根据与投资者商定的投资方向和策略，把集中的资金再适当分散投资于多种证券和其他金融商品。投资银行将中小投资者的资金聚集起来，可以形成规模效应，有益于调节社会投资结构和规模，提高投资效益，并防止投资小型化、轻型化和分散化的企业。投资银行还将民间自发的投资组合导向正规化。

四、影响公司治理水平

投资银行间接或直接地参与了企业管理，促进了企业人力资源的合理化分配与利用。特别是投资银行在协助企业发行股票和债券的同时，将企业的经营管理放置在广大股东和债权人的监督之下，有利于企业建立科学的激励机制和约束机制，提高企业的治理水平。

第一，投资银行协助企业改制上市，完善了公司治理结构，实现了投资主体的多元化。企业改制上市，不仅使产权明晰，同时引入了其他法人和社会投资者，从而真正实现了上市公司法人独立的财产权和公司产权结构的规范化，为企业自主经营创造了条件。

第二，实行上市公司信息披露制度有利于加强对企业经营管理者的监督。信息披露的主要内容包括公司治理状况和财务会计数据。强有力的信息披露制度是市场对公司进行监督的典型特征，是股东具有行使表决权能力的关键。强有力的披露制度有助于吸引资金，维持投资者对资本市场的信心，有助于保持公司治理的规范化和经营管理信息的高度透明，消除内部人员与外部人员之间存在的信息不对称问题，改善公司的治理。强有力的信息披露制度也有助于公众了解企业组织结构和经营活动，有助于公司在环境问题、商业道德与社会关系方面取得较好的政策效力。

第三，投资银行通过帮助企业制定较为完善的内部激励制度（如分配股票期权），有助于提高公司治理水平。股票期权作为一种有效的分配激励方式，本身就是完善公司内部治理的一个重要组成部分。股票期权的顺利实施有助于国有企业解决由于投资主体缺位所带来的监督弱化问题，并通过产权这一纽带将经营者置于与股东相同的利益层面上，以减小客观存在于股东与经理人员之间的代理风险，构筑高效的公司法人治理结构。

第四，投资银行协助公司从事并购活动，兼并与收购行为的普及推动了公司治理水平的提高。一方面，由于资本市场的激烈竞争，任何公司都有被兼并与收购的危险，公司的经理人员也有被取代的风险，为了自己的利益，经理人员会较多地考虑广大股东的利益；另一方面，兼并与收购行为能够通过替换业绩差或是机会主义行为的经理人员，帮助被兼并或收购公司的管理活动走上正轨。所以，资本市场的兼并与收购活动被一些专家学者看作是能够维护广大股东利益的最有效的公司治理机制。

第五，投资银行还可以直接提供咨询、顾问服务，为企业改善经营管理、调整产品结构、进行技术改造和开拓市场等提供顾问建议，从而提高企业内在价值，使企业股票在二级市场表现良好，保护投资者的利益。

📖 知识小扩展

金手铐

金手铐（Golden Handcuffs）是指公司利用股票期权、奖金红利等预期收入手段留住企业高层管理者等人才的手段，一般都有时间等限制，期间辞职离开则无法兑现。

金手铐作为一种主要面向高管的激励工具，其目的在于通过向高管提供激励，以激发其动力，并与公司其他利益相关者共同分享成长的果实。

金手铐有以下两层含义。

一是"金"制的，很贵重，其目的在于以此倡导价值导向的现代企业精神，建立高管与股东之间的利益共享平台，确保企业的可持续健康发展。也就是说，金手铐首先是为企业发展战略服务的；同时也有助于平衡高管团队的长短期目标，吸引并留住优秀人才，鼓励创新，提高公司的竞争力。

二是"手铐"，而不是金砖，这就意味着高管不可能拿了就能走人，激励是有限制性条件的。

金色降落伞（针对退职）、金手铐（针对股权）与金阶梯（针对职业成长）并称"三金"，主要适用于核心管理团队，特别是企业家阶层，具有程序严、弹性大、价值高等特点。金色降落伞计划、金手铐计划、金阶梯计划，助力企业实现了"人才、股权、资本"的融合。

五、调整产业结构

投资银行一方面通过推动企业兼并与收购，促进和实现产业结构的优化升级，另一方面又通过发展风险投资业务，促进高新技术产业化发展，实现产业结构的升级换代。兼并与收购作为企业所有权或企业产权的转让方式，其实质是调整、优化既有资源，提高资源配置效率，促进产业结构的调整。企业并购活动克服了增量调节，即主要靠国家投资来调整产业结构的局限性。由兼并与收购推动所形成的社会资源流动机制，使资源配置格局不再是固定的，而是能够在经济增长过程中，随着需求、供给和技术的变化而经常性地实现优化。风险投资的产生，是技术创新和金融创新相结合的必然结果，其本身是一种与产业资本运营相结合的金融创新活动。发达国家的经验表明，在知识经济社会中，风险投资能够加速科技成果向生产力的转化，从而带动整个产业结构的升级和社会经济的高速发展。

以美国为例。美国是一个市场经济高度发达的国家，由于其市场机制比较成熟，资源配置的效率比较高，发达的兼并与收购机制促使资金不断由低效益企业向高效益企业流动。近百年来，美国经济史上形成了几次企业并购浪潮，每次浪潮都伴随着产业结构和企业结构的重新调整。在 19 世纪末 20 世纪初的兼并与收购浪潮中，以美国钢铁公司为代表的现代化大公司的形成，大大提高了美国经济的集中化程度，增强了美国企业的国际竞争能力。在 20 世纪 20 年代发生的兼并与收购浪潮正值第二次产业革命时期，能源的开发使用迅速向电力转移，为顺应这种变化，美国在电力、煤气方面的兼并与收购迅速增加，对促进美国技术变革富有深刻意义。进入 20 世纪 80 年代以后，对高新技术进行开发成为企业普遍关心的问题，从而导致为获得必需的技术而进行的兼并与收购迅速增加。例如，电信工业与计算机工业相互收购、相互兼并、相互渗透，形成了尖端数字通信设备制造的信息产业部门，加快了产业结构的升级。

同样，风险投资也对美国经济产生了深刻的影响，尤其是在推动美国高新技术成果的转化以及对美国产业结构的升级方面起到了不容忽视的作用。20 世纪高新技术领域内的许多成果，从 50 年代的半导体硅材料、70 年代的微型计算机、80 年代的生物工程技术一直到 90 年代以微软为代表的信息产业的兴起，无一不是在风险投资的推动下完成产业化并创造出巨大经济效益的。正是风险投资为美国经济不断注入新的活力，才使美国在新一轮国际分工中牢牢地掌握了主动权，取得了国际竞争中的优势。

本章小结

1. 由于历史发展的原因，投资银行的称谓在各国或地区不尽相同。美国称为投资银行，日本称为证券公司，英国称为商人银行，德国称为私人承兑公司，法国称为实业银行等。

2. 投资银行的定义是随着它的业务发展而逐步变化的，在现有文献中对投资银行已有多种不同的定义，美国著名金融专家罗伯特·库恩在其所著的《投资银行学》中将投资银行按业务范围的大小划分为四类。

3. 证券的承销和交易业务是投资银行的基础性业务，它在投资银行业务中占有举足轻重的地位，其他业务都是从这种基础性业务衍生与发展出来的。

4. 投资银行具有以下性质：属于金融服务业；主要服务于资本市场；是一个智力密集型行业；是一个资本密集型行业；是一个富有创新性的行业。

5. 投资银行作为一个十分具有生命力和挑战性的行业，其特征主要表现在创造性、专业性和职业道德三个方面。

6. 投资银行与商业银行的区别主要表现在性质和功能、本源业务、主要活动领域、业务特征、业务概貌、利润来源、经营风险、经营方针、监管部门、自律组织、适用法律等方面。

7. 投资银行的本源业务是证券承销，随着经济和金融的发展，其业务范围更为广泛，主要包括一级市场、二级市场、基金管理、兼并与收购、金融工程、风险投资、金融咨询、商人银行等业务。

8. 投资银行具有资金供求的媒介、构造证券市场、引导资源配置、影响公司治理水平、调整产业结构的功能。

课后练习题

一、名词解释

投资银行　信息隔离

二、填空题

1. 由于历史发展的原因，投资银行的称谓在各国或地区不尽相同。美国称为（　　），日本称为（　　），英国称为（　　），德国称为（　　），法国称为（　　）等。

2. 投资银行的早期活动见于 15 世纪欧洲的（　　），其主要目的是为海上贸易提供资金融通支持。

3. 19 世纪，美国的投资银行开始大量从事（　　）债券和（　　）债券的承销，进而开创了投资银行的基础业务，通过发行证券的方式为企业及大型项目提供筹融资服务。

4. 投资银行以灵活多变的形式参与（　　）市场配置，成为资金提供者和资金需求者之间的重要纽带。

5. （　　）是投资银行的基础性业务。

6. 投资银行的业务主要与资本市场紧密相连，其从业人员必须十分精通（　　）、（　　）、（　　）和（　　）等方面的知识，熟悉投资银行理论的最新进展，并掌握相关的基本技术，如资产组合理论、资本资产定价模型、金融衍生工具、套期保值技术，以及公司财务分析、成本分析、收益曲线分析等技术。

7. （　　）已成为现代投资银行业务领域中最激烈复杂和引人入胜的部分，并且成为核心部分。

8. 投资银行也提供一系列（　　）业务，如开发研究业务、信息服务业务等。

三、简答题

1. 投资银行的性质。

2. 投资银行的特征。

3. 投资银行业对职业道德的具体要求。

4. 美国金融中介机构的构成。

5. 投资银行与商业银行的比较。

6. 投资银行的主要业务。

7. 投资银行的功能。

第二章 投资银行的发展历程与发展模式

✅ **本章教学要求**

　　本章介绍投资银行的发展历程与发展模式，主要内容包括投资银行在欧洲、美国、中国的发展历史；投资银行的分离型和综合型两种发展模式；投资银行总体发展趋势以及在次贷危机后呈现出的新趋势。

　　通过本章的学习，了解投资银行在美国的发展历史、投资银行的发展模式；了解欧洲及我国投资银行发展历史；了解分离型和综合型发展模式各自的优缺点；理解投资银行的发展新趋势。

✅ **案例导入**

郁金香泡沫

　　"郁金香泡沫"，又称郁金香效应（经济学术语），源自 17 世纪荷兰的历史事件。作为人类历史上有记载的最早的投机活动，荷兰的"郁金香泡沫"昭示了此后人类社会的一切投机活动，尤其是金融投机活动中的各种要素和环节：对财富的狂热追求、羊群效应、理性的完全丧失、泡沫的最终破灭和千百万人的倾家荡产。

　　1635 年—1637 年间的郁金香泡沫事件，发生在当时的海上强国——荷兰。早年间，土耳其人从天山山脉将郁金香花种带入君士坦丁堡（今伊斯坦布尔），使郁金香进入宫廷，成为东方时尚。后来的德国植物学家进行人工栽培，发现病毒突变会导致郁金香球茎有美丽的变种。

　　到 17 世纪初期，郁金香中的一些珍品已经卖到了不同寻常的高价，富人们竞相在他们的花园中展示最新和最稀有的郁金香品种，植物爱好者和商业新贵们以培育不同变种花朵为荣。到 17 世纪 30 年代初期，这一时尚导致了一场经典的投机热，人们购买郁金香已经不再是为了观赏，而是希望牟取暴利。

　　阿姆斯特丹证券交易所内专门为郁金香开设了固定的交易市场。当时一名历史学家描述："1636 年，一棵价值 3 000 荷兰盾的郁金香可以交换 8 头猪、4 头公牛、2 吨奶油、1 000 磅乳酪、一个银质杯子、一包衣服、一张附有床垫的床外加一条船。"许多郁金香品种在一年内价格上升百倍，进一步刺激了市场需求。

　　1637 年 2 月 4 日，卖方突然大量抛售郁金香，公众开始陷入恐慌，郁金香市场一夜之间崩溃。虽然荷兰政府发出紧急声明，认为郁金香球茎价格无理由下跌，劝告市民停止抛售，并试图以合同价格的 10%来了结所有的合同，但这些努力毫无用处。一个星期后，郁金香的价格已平均下跌了 90%，而那些普通的品种甚至卖不到一个洋葱的价钱。绝望之中，人们纷纷涌向法院，希望能够借助法律的力量挽回损失。但在 1637 年 4 月，荷兰政府决定终止所有合同，禁止投机式的郁金香交易，从而彻底击破了这次历史上空前的经济泡沫。

17

第一节 投资银行的发展历程

投资银行最原始的形态可以追溯到 5 000 年前的金匠，经过古希腊、古罗马的业务扩展，直至欧洲工业革命的萌芽时期，金匠们利用职务之便为商人提供资金融通，如票据兑现、各类证券的抵押放贷和转让、财务和经营咨询等投资银行业务；同时从货币保管人到货币兑换商，从收取储存货币到"库存货币"转借获利，从开具存款收据到据此直接支付，行使着商业银行的一些基本职能。正是从这个意义上说，金匠既是商业银行的鼻祖，又是投资银行的初始状态，由此说明商业银行与投资银行从一开始就存在着千丝万缕的联系。如果说原始形态的投资银行与商业银行同出一源，均诞生于古代的金匠铺的话，那么现代意义上的投资银行则起源于 18 世纪中叶的欧洲商人银行，它是由从事贸易的商人转化为专职提供资金融通的承兑所逐渐演变而来的。

虽然投资银行在各国的发展历程有许多相似之处，但其具体的起源和现实的运营模式在各国并不完全相同。因此，投资银行在不同的国家有不同的称谓。不同的称谓实际上反映了各国金融制度和管理模式的差异，而这种差异又主要是由各国经济发展环境和法律制度的演变所决定的。

投资银行早期的发展主要得益于以下几个方面：贸易活动的日趋活跃、证券业的兴起与发展、基础设施建设的高潮、股份公司制度的发展。

一、欧洲主要国家投资银行业的发展概况

一般认为，现代意义上的投资银行始于 18 世纪的英国商人银行，但早期商人银行可以追溯到中世纪的欧洲。作为意大利著名的海港和旅游城市——威尼斯，凭借欧、亚、非三大洲贸易交汇的枢纽地位、向君主提供信贷以及发达的结算信贷系统，从 13 世纪开始到 15 世纪之前，一直占据着世界贸易中心和金融中心地位。政府公债及其自由转让市场最早都出现在威尼斯，其可以说是最早的金融市场雏形。进入 17 世纪，欧洲经济中心由地中海向北转移。1609 年，荷兰的阿姆斯特丹证券交易所成立，这是历史上第一个证券交易所，可以同时容纳 500 人，进行 300 多种商品交易。由于证券交易所的设立，西班牙、意大利等国家的资本纷纷涌入荷兰，使得阿姆斯特丹成为当时的世界投资中心，并且随着市场规模的发展，交易技术也趋于复杂化和专业化。股票的卖空、远期、期货、期权和担保契约等多种交易方式均在这一时期产生。正是凭借其优越的地理位置、欧洲商业信息中心、良好的经济环境、稳定的货币环境和发达的资本市场等优势，阿姆斯特丹成为当时的国际金融中心。然而，在股票市场飞速发展和国际资本大量流入的同时，资产泡沫也急剧膨胀。随着"郁金香泡沫"的破灭，荷兰经济从此走向衰落，欧洲的繁荣中心随即移向英吉利海峡彼岸。

（一）英国商人银行的发展历程

为了满足拓展国际贸易、分散海外市场风险和融通资金的需求，大约从 1825 年开始，大批承兑商号在伦敦迅速崛起，这些承兑商号便是商人银行的前身，当时著名的商人银行有巴林银行、罗斯柴尔德银行、施罗德银行、汉布罗银行等。起初，它们把主要业务局限在汇票承兑和贸易贷款上，后来，它们率先为外国政府和从事国际业务的大公司筹集长期资金，投资银行业务逐渐成为主要业务。

案例小链接

哪些银行最容易倒闭？世界 9 大银行倒闭案大揭秘

班克斯是一位银行家，一次他带孩子去参观他任职的银行，并逼着小儿子迈克拿出零用钱在银行开了个账户，给他灌输投资理念。但迈克却更想用钱买食物去喂银行外面的鸽子，

投资银行的发展历程

于是他大喊："把钱还给我！把钱还给我！"一些客户无意中听到迈克的喊声，以为银行出现危机，就开始从银行提款，并很快引发了大规模的储户挤兑风暴，最终导致银行破产。

虽然上面的故事并非现实生活中真实出现的一幕，而是 20 世纪 60 年代美国经典电影《欢乐满人间》里面的一个片段。但是，银行并非固若金汤，历史上，银行挤兑潮一直时有发生，有的银行在政府的救助下没有倒闭得以重组，更多的银行则是消失在历史的洪流中。

那么，什么样的银行容易倒闭呢？

内部人严重犯罪的银行易倒闭，典型代表：英国巴林银行。

巴林银行创建于 1763 年，是英国历史最悠久的银行之一，在全球范围内掌管 270 多亿英镑资产。世界上最富有的女人——伊丽莎白女王非常信赖它的理财水准，曾是它的长期客户。

巴林银行曾创造了无数令人瞠目的业绩，在世界证券史上具有特殊的地位，被誉为"金融市场上的一座耀眼辉煌的金字塔"。1995 年 2 月 27 日，英国中央银行突然宣布：巴林银行不得继续从事交易活动并将申请资产清理。这意味着具有 232 年历史、在全球范围内掌管 270 多亿英镑的英国巴林银行宣告破产。

巴林银行倒闭的原因说起来既可笑又具有讽刺性：一位年轻人——年仅 28 岁的巴林银行交易员尼克·里森的渎职将已有 232 年历史的英国巴林银行赔了个精光。

1995 年，时任巴林银行新加坡期货公司执行经理的尼克·里森一人身兼首席交易员和清算主管两职。有一次，他手下的一名交易员，因操作失误亏损了 6 万英镑，当里森知道后，因为害怕事情暴露便启动了 88888 "错误账户"（该账号是银行对代理客户交易过程中可能发生的经纪业务错误进行核算的账户的备用账户）。随着时间的推移，备用账户使用后的恶性循环使公司的损失越来越大。

为挽回损失，1994 年下半年，里森认为，日本经济开始走出衰退，股市将会大涨。于是大量买进日经 225 指数期货合约和看涨期权。然而 1995 年 1 月 16 日，日本关西大地震，股市暴跌，里森所持多头头寸遭受重创。为反败为胜，里森再次大量补仓日经 225 期货合约和利率期货合约，2 月 24 日，当日经 225 指数再次加速暴跌后，里森所在的巴林期货公司的头寸损失，可以称是巴林银行全部资本及储备金的 1.2 倍，于是尼克·里森畏罪潜逃。232 年历史的老银行就这样顷刻瓦解了，最后只得被荷兰某集团以 1 英镑象征性地收购了。

19 世纪的工业革命使英国的生产能力发生了质的飞跃（1860 年左右，英国人口仅占世界人口的 2%、欧洲人口的 10%，但它几乎生产了世界工业产品总量的 40%～50%，欧洲工业品总量的 55%～60%，占欧洲对外贸易量的 30%，欧洲出口工业品总量的 43%），1870 年英国对外贸易量超过法国、德国和意大利的总和。

伦敦成为世界级的国际金融中心：英国建立了世界上第一个实际的金本位制；世界 40% 的国际结算使用英镑；英国的海外投资高达 40 亿英镑，占西方总投资额的一半；19 世纪中期以后，股票交易在英国成为证券市场交易的核心业务，到 1905 年会员达到了 5 567 个，同时利物浦、曼彻斯特、格拉斯哥、爱丁堡等城镇都建立了以伦敦证券交易所为中心的大小不等的地方证券交易所。随着股票、债券的大量发行和证券交易的日益活跃，英国的商人银行逐步壮大起来，一些实力雄厚的大银行，如巴林银行，在证券市场和整个国民经济中都发挥着举足轻重的作用。然而，第一次世界大战以后，特别是第二次世界大战在欧洲爆发后，英国经济受到重创，国际金融中心从伦敦转移到纽约。直到 20 世纪 70 年代，英国商人银行才重新崛起。

（1）20 世纪 70 年代的两次石油危机使英国陷入了经济萧条，为此，英国政府在 20 世纪 70 年代末 80 年代初对铁路公司、货运公司、电信公司等国有企业实施上市、私募、出售、重组、分割及吸收私人资本等形式的"民营化"改革。巴林、华宝、施罗德等商人银行表现出色，并借此与企业之间建立了密切的合作关系。

（2）为扭转以中小商人银行为主的伦敦证券交易所难以与美国、日本以大投资银行为支柱的证券交易所和西欧大陆以大商业银行为主体的证券交易所相匹敌的局面，1986 年 10 月英国政府颁布了《金融服务法案》，允许英国商人银行直接进入投资银行领域开展业务，使英国的证券业发展有了更为强大的银行支持。

（3）英国商人银行利用自有资本或代管的共同基金积极参与到 20 世纪 80 年代的全球兼并与收购风潮中。1994 年底对全世界跨境并购业务的统计表明，当时全球前 10 大跨境并购业务中有 6 个业务是英国商人银行参与筹划的。

伴随着民营化、证券市场改革和企业并购浪潮而发展壮大的英国商人银行，形成了与商业银行共同经营投资银行业务的发展格局，并在国际投资银行业中处于领先行列。

（二）以德国为代表的欧洲大陆全能型投资银行的形成与发展

欧洲大陆各国基本采用混业经营的投资银行发展模式，其中德国和瑞士最具代表性。

德国是后起的资本主义国家，16 世纪末 17 世纪初，在英国、法国等国家的影响下，德国开始出现了股份公司，在以后的一个多世纪里，股票市场也得以缓慢发展，出现了法兰克福证券交易所等比较有名的证券交易所。但为了实施国家主导型的赶超经济发展战略，政府出面要求银行出资认购股票，实施金融市场准入限制和银行破产的保护性扶持政策，因而证券市场上的直接融资行为受到了限制。由此决定了德国金融制度的基本特征：银行与企业紧密结合；银行内部金融业务与证券业务紧密结合；企业融资制度以银行间接融资为核心。19 世纪后期，银行统一了证券买卖业务和金融信贷业务。此后，德国证券市场的发展完全随着银行体系的扩张和银行业务的发展而同步进行。1957 年以后，德国经济开始飞速发展，民间储蓄能力不断增强，股票投资才开始活跃，但证券市场的发展与其经济水平极不相称。而欧洲的债券市场发展规模庞大，商业银行雄厚的资金、成熟的技术实力与便利的分支机构为投资银行提供了在欧洲债券市场上的金融服务支持。

从 20 世纪 60 年代开始，垄断集团就在政府的默许下大规模地开展并购活动，银行又通过购买企业股票进而控制巨额资产与生产资料，银行与企业相互依托、共同发展的合作关系渐渐地形成了以大型商业银行等金融机构为中心的垄断性财团。名列全球投资银行十大排行榜之内的德意志银行就是这种典型的银企联合模式，它是由德意志银行、西门子电器、戴姆勒-奔驰等企业集团联合组建而成的。

正是由于上述银行与企业紧密合作的发展历史、资本市场的发展情况及无分业法律法规限定，德国的德累斯顿银行、德国商业银行和瑞士的瑞士信贷银行等欧洲大陆投资银行自然而然地采用了以商业银行为中心的全能型银行体制。

1980 年以来，为顺应世界金融自由化潮流，德国政府采取了一系列放松管制的措施，尤其是两德统一前后，世界各国投资者纷纷看好德国。1990 年初以德国电信改组上市为契机，德国证券市场得到快速发展。股票市值占德国国内生产总值的比重从 1991 年的 22.9%，迅速上升到 1997 年的 39.4%，2001 年达到 58.1%。法兰克福成为欧洲第二大金融中心，法兰克福证券交易所成为世界最大的证券交易所之一。

由于全能型银行体制下的投资银行竞争力先天不足，欧洲各国全能型银行近年来都加大了对投资银行业务的投入力度，如德意志银行通过 1989 年收购英国投资银行摩根-格林费尔、1993 年业务整合并将中心移至伦敦、1999 年耗资 92 亿美元收购美国信孚银行等一系列动作，说明了其调整业务结构向国际市场进军的决心，同时也表明依托全能型银行体制的投资银行体制在国际市场中能够获得更多便利。

二、美国投资银行业的变迁历程与发展格局

美国投资银行业的发展历程虽然不长，但发展速度在各个国家中最快，堪称现代投资银行发展的典范。美国投资银行起源于 19 世纪初，第一次世界大战之后得到快速发展，第二次世界大战后

美国经济高速腾飞，尤其是"马歇尔计划"实施后，美元取代了英镑成为国际货币，金融中心从欧洲转向美国，从而孕育出当今世界一流的投资银行，如高盛集团、摩根士丹利等。

（一）19 世纪自然分业阶段

美国最早的投资银行是 T. A. 汤毕尔在费城建立的，而公认最早的美国投资银行则是撒尼尔·普莱姆 1826 年创立的专营证券包销的普莱姆-伍德-金公司。在政府信用扩张和工业大量筹资的历史背景下，撒尼尔·普莱姆把从事几十年的股票经纪业务迅速拓展到证券批发业务。19 世纪中叶的杰伊·库克则是一个辛迪加领袖式的投资银行家，在美国南北战争期间多次买下政府债券，由公司成员推销到全美各地，战后杰伊·库克继续把他的证券推销术运用到铁路、桥梁等大型的项目建设中，然而在 1873 年的经济危机中，杰伊·库克的公司随着北太平洋铁路破产而破产。

经济大萧条过后，海内外投资者又携带巨资涌向美国大陆，掀起了建设基础设施的高潮，纽约雷曼兄弟公司、克鲁斯公司和库恩-洛布公司、费城的德雷克塞尔公司、波士顿基德尔-皮博迪公司等投资银行伴随着筹资和融资业务的开展而相继成长起来，其中最杰出的是摩根大通公司，1861年公司创立，1879 年利用与英国的天然联系，在伦敦为纽约中央铁路公司包销 25 万股股票，不但得到丰厚的推销费用，而且也获得了在中央铁路委员会中的代表权。

可见，美国投资银行的发展环境与发展路径与英国不同。第一，1812 年的英美战争与 1860 年美国南北战争发行的大量政府债券和铁路债券塑造了美国投资银行业，即以经营债券为主。第二，1850 年前后，特别是南北战争以后出现的铁路扩展热潮，铁路股票成为 19 世纪 70 年代美国证券交易的主体，从而使美国证券市场由过去的债券市场变成真正的股票市场，为当时愿意冒险创业的人提供了非常便宜的资本。第三，大量新兴产业的崛起和股份公司的发展，使美国建立了以股票市场为中心的金融体系以及激发了由股权文化引申出来的科技创新动力。继 19 世纪六七十年代的铁路股票炒作之后，1890 年—1910 年开始了电话、钢铁、石油股票炒作；1910 年—1929 年则是汽车股票泡沫（20 世纪 80 年代是电脑股票热，20 世纪 90 年代是互联网泡沫）。第四，从 1860 年至今，这 150 年的美国股市几乎是一部连续不断的股市膨胀发展史。美国股市为新兴热点行业提供充足的资本，由此体现了美国金融和当年英国金融的根本差别：英国盛世依赖海外商业贸易，美国盛世依赖科技创新。前者需要的金融支持是债务、银行和保险，后者需要的是以股权为代表的风险资本。正是美国发达的股票交易和股权融资市场，为美国近百年来作为投资银行的"领头羊"打下了坚实的基础。

（二）20 世纪初至 1929 年的早期自然混业阶段

19 世纪末 20 世纪初，美国铁路、钢铁、汽车等大工业的兴起和繁荣，带来了证券市场的投资、投机、包销、经纪活动的空前高涨，社会各界投资者和交易商都获利丰厚，但是也带来了隐患：一是吸引商业银行资金进入证券市场。1927 年《麦克法登法案》批准商业银行机构承销股票，商业银行由过去的控股证券附属机构转为可直接进入证券市场机构；二是争夺业务和高额利润，各银行机构和证券金融机构都成了万能的机构；三是 20 世纪 20 年代，几乎所有的金融机构都变成了大的证券投机分子。

1897 年—1904 年，美国发生了以大公司横向兼并和规模重组为特征的第一次并购浪潮。投资银行家凭借其信誉和可行的融资工具为企业筹集了大量资金，同时通过并购业务改变了美国的主要工业形式。如摩根大通对钢铁公司进行重组后，不仅通过华尔街市场和摩根大通银行向投资者销售股票，把美国证券公司的销售能力和投资理念提升到新的层次，同时摩根财团还控制着该钢铁公司。类似的还有通用电气公司、国际商用公司、美国电报电话公司、纽约中央铁路公司以及几家全国最大的保险公司等，到 1912 年后，摩根大通在 120 家大公司中占据 341 个董事席位，控制着规模高达 240 亿美元的资产。

1916 年—1929 年，美国发生了以纵向产业重组为特征的第二次并购浪潮，主要涉及公用事业、银行业、制造业和采购业。因反垄断法限制了横向兼并，此次并购浪潮转而以产业纵向兼并为主要形式；同时在股票市场的带动下，中小企业间的并购活动异常活跃，但带有明显的投机倾向。1929 年发生的股市崩溃把后者的兼并结果多数化为乌有。典型案例是美国通用汽车公司的纵向战略整合，摩根大通出任重组融资顾问。

1921 年美国组建第一只基金"美国国际证券信托基金"，真正现代意义上的投资基金是 1924 年 3 月 21 日在波士顿成立的"马萨诸塞投资信托基金"。当时大多数基金属于数量少、规模小、投资品种单一的封闭型基金，从投资目标上看是以收入型基金为主、投资对象是以公债为主的海外证券，从投资基金来源上看，全部为中小投资者。

两次并购浪潮不但使投资银行成为美国工业结构的策划者，而且就此拉开了金融控制工商业的时代帷幕。

（三）1929 年金融危机爆发后至 1973 年的现代分业阶段

1929 年证券市场的"非理性繁荣"导致的金融危机，使 1929 年前迅速发展的投资银行业惨遭重创。1921 年纽约股票交易额为 1.7 亿股，股票平均价格为 66.24 美元，到了 1929 年 9 月，股票交易额为 21 亿股，股票平均价格为 569.49 美元，共同看涨的预期使股票与债券价格背离其价值越来越远。1929 年 10 月 29 日，股市出现了灾难性的风暴，一天之内抛售了 1 600 多万股，一些主要股票的价格下跌了 40%，转眼间，许多人破产。到 11 月，纽约股市的各种股票损失高达 260 多亿美元。尽管摩根大通、花旗等银行承诺救市，但仍没有抵挡住股价的狂跌不止，1929 年—1930 年，纽约证券交易所的股票价值下跌 82.5%。股市危机的连锁反应是银行业危机，从 1929 年末到 1933 年末，美国近万家银行关停并转，大批投资银行纷纷倒闭，证券业萎靡不振。

美国政府在对证券业和银行业进行周密而详尽的调查后认为，银行信用盲目扩张和商业银行直接涉足证券市场对经济安全而言是重大的隐患，投资银行和商业银行业务游离于监管之外，使危机爆发成为可能。1933 年受命于危难之际的罗斯福政府上台，首先形成了一系列的金融立法，加强了对经济的全面控制；其次调整了联邦储备体系，加强了 12 个地区联邦储备银行的权限。这些立法中最著名的是《格拉斯-斯蒂格尔法案》，它不仅标志着现代商业银行与现代投资银行的分业和诞生，也为英国、日本等国家的银证分业经营管理提供了成功的经验。该法案主要内容有以下三点。

第一，商业银行必须与投资银行严格分离。

第二，建立联邦存款保险公司。

第三，对银行支付活期存款利率进行限制。

根据《格拉斯-斯蒂格尔法案》，金融机构必须在一年内对其从事证券业务或存贷款业务做出抉择：花旗银行、美洲银行等甩掉其证券附属公司退回到商业银行领域；所罗门兄弟公司、美林公司、高盛公司、雷曼兄弟公司等都选择了证券业务；摩根大通则分拆为专营商业银行的大通银行和专营投资银行业务的摩根士丹利。

第二次世界大战后投资银行业务重新扩张。《格拉斯-斯蒂格尔法案》及其后的《1933 年证券法》《1934 年证券交易法》《1938 年玛隆尼法案》《1939 年信托契约法》《1940 年投资公司法》《1940 年投资顾问法》等一系列法规，使投资银行业成为美国立法最为健全的行业之一。伴随着战后西方工业国家发展黄金时期的到来，美国金融格局发生了重大变化，公司股票、债券、公用事业债券和市政债券的发行、上市显著增长，筹资工具日趋多样化，促进了证券业电子技术的普遍应用。美国政府于 1970 年颁布了《证券投资者保护法》，设立了与商业银行存款保险制度相似的投资银行保险制度。

第二次世界大战后基金管理业务全面兴起。第二次世界大战前后，美国的投融资体系发生了巨大变化：战前，公司是普通股票的主要发行者；战后，共同基金、保险基金、养老基金纷纷登场；投资者和储蓄者开始把资金投入到投资公司，倾向于利用共同基金规避风险，建立分散投资组合。这时的基金投资转向了国内市场，投资对象以股票证券为主；基金来源以中小投资者为主，机构投资者不多；从基金类型看，开始从封闭式基金转向开放式基金；投资目标从追求稳定的收入增长转向长期资本利得，这是与投资者心理素质及基金管理者经营能力逐步走向成熟相适应的。

20 世纪 60 年代，美国出现了以混合兼并为主的第三次并购浪潮，其特征是以跨国公司多元化产业扩张为内容的品牌重组。第二次世界大战后国际市场一体化，为跨国公司品牌的迅速成长提供了发展空间。1960 年—1970 年间共发生了 25 598 起并购，其中工业企业占一半以上，典型案例是可口可乐的品牌重组。

（四）1973 年至 20 世纪 80 年代末，放松限制下的投资银行

这一时期，金融自由化趋势开始萌芽。1973 年布雷顿森林体系解体后实行的浮动汇率制，以及石油危机带来的通货膨胀加剧和利率剧烈变动，促使金融创新工具层出不穷。投资银行在开拓创新并向多元化发展的同时，向商业银行资金存贷市场渗透；相反，商业银行的重要性日渐下降，不得不利用其网络、人才、经验和技能优势，与投资银行展开激烈的角逐，金融"防火墙"开始松动。如美林证券 1977 年为投资者推出的现金管理账户，花旗银行推出的大额可转让存单，都是相互渗透的结果。这些金融创新工具规避了现行法规的制约，从而迫使美国当局颁布了一系列放松管制条例，如《1975 年证券法增补案》《1980 年放松存款机构管制和货币控制法》。

这一期间投资银行业务出现了多元化、国际化、专业化和集中化倾向。

（1）各种金融创新产品层出不穷，带来了投资银行业务的多元化。例如，1969 年摩根士丹利推出的附加股票权证，1968 年美国政府国民贷款抵押协会首次公开发行"过手证券"，开创全球资产证券化之先河。

（2）实施跨国发展战略。特别是东盟经济的起飞、各国贷款需求的旺盛、中国香港经济的繁荣，吸引投资银行纷纷涌入跨国发展行列。

（3）业务专业化。如摩根士丹利擅长包销大公司证券；美林公司则擅长组织企业并购和项目融资；瑞士信贷第一波士顿公司擅长组织辛迪加包销证券；所罗门兄弟公司则善于商业票据发行和政府债券交易等。

（4）投资银行的发展史正是投资银行创立、兼并、集中的历史，由于缺乏注册资本，难以驾驭不断创新的金融市场，从 20 世纪 80 年代开始，投资银行纷纷放弃合伙人体制，加入了上市行列。

这一时期货币市场基金开始崛起。为规避通货膨胀损失和摆脱存款利率制约，中小投资者纷纷选择货币市场基金，20 世纪 80 年代初货币基金占到基金总资产的 3/4，达到历史最高峰。投资者结构由过去的中小投资者为主，向机构投资者并重方向发展。

1981 年—1989 年，美国发生了以金融杠杆运作为特点的第四次并购浪潮，并延续了整个 80 年代，1985 年为最高潮。投资银行既为收购方提供专业服务，也为出售方出谋划策，还为目标企业及大股东提供反收购服务，出现了如杠杆收购、管理层收购、垃圾债券、过桥融资等并购新技巧和新工具，以及"毒丸"和"焦土"等反并购策略。随着"大企业病"的显现和内部人控制问题的日益突出，同时随着机构投资者的发展壮大，小公司开始借助金融杠杆兼并多元化发展的大公司，通过并购与分拆转让，调整大公司内部产业结构。因此，此次并购的本质特征是美国企业资本结构和运营机制的全面重组。由于机制变革涉及所有者与经营者之间的深层矛盾，致使敌意收购案例增多。

（五）20 世纪 90 年代的现代混业经营确立

20 世纪 90 年代，国际投资银行业出现了"百花齐放，百舸争流"的局面，投资银行业日益向"金融超市方向"发展。1989 年，美国政府批准 J.P.摩根银行重返证券业，接着一些重量级的商业银行纷纷建立各自的证券机构；20 世纪 90 年代，美国银行业兴起的业内并购浪潮，对美国的严格分业管理制度造成了极大的冲击，银证再度融合的趋势变得越来越明显；1999 年 11 月 4 日美国国

会通过的《金融服务现代化法案》，标志着美国废弃分业经营，开始跨入混业经营的新纪元。

在此期间，直接融资比重已经超过间接融资比重，而直接融资更倾向于证券化，使资本市场得到前所未有的发展，1999 年全球股票市价总值首次超过全球生产总值，标志着证券市场在金融自由化中扮演着重要角色。到 2007 年底，美国投资基金总资产达到 12 万亿美元，远远超过商业银行规模，是美国最大的金融中介机构。美国家庭投资基金的比例，由 1980 年的 6.25%上升到 2007 年的 50%以上，基金占家庭资产的 40%左右。

20 世纪 90 年代以来，美国出现了以大银行和大企业为主角的"跨行业、跨国兼并和强强联合"为特征的第五次并购浪潮。投资银行不仅作为兼并的中介机构，其本身也卷入了此次并购浪潮中。1997 年 2 月摩根士丹利与证券零售商添惠公司的合并；1998 年 5 月旅行者集团与花旗集团的合并；美林公司收购英国兆富、西班牙独立证券商以及日本山一证券等，美国前十大投资银行通过行业内兼并、重组与整合交易，实现其资本总额占全行业比重由 20 世纪 70 年代初的 1/3 增至 90 年代的 2/3。投资银行的规模化与行业内集中聚合的趋势表明，投资银行在全球金融业中扮演的角色越来越重要。

但是，2007 年下半年美国次贷危机爆发所引发的华尔街金融危机，被称为是 20 世纪 30 年代以来最为严重的一次。2008 年 3 月 16 日，因次贷危机导致破产的美国第五大投资银行贝尔斯登被摩根大通收购；2008 年 9 月 7 日，涉及 5 万亿美元贷款规模的美国联邦国民抵押贷款协会（简称"房利美"）、联邦住房贷款抵押公司（简称"房地美"）被美国政府接管；2008 年 9 月 14 日，雷曼兄弟宣布破产，巴克莱银行趁机以低价购买其相关资产；为免遭破产，美林公司被美国银行以 440 亿美元收购；2008 年 9 月 17 日，为防止金融危机继续恶化，美国政府提供 850 亿美元贷款出手援救美国最大的保险公司——美国国际集团。在不到 6 个月的时间里，美国前 5 大独立投资银行消失了 3 家，剩下的高盛集团与摩根士丹利两家，也于 2008 年 9 月 21 日被美联储批准转型为联邦银行控股公司。至此，象征美国华尔街的"投资银行时代"宣告结束。

三、中国投资银行的发展历程

自 1987 年我国设立证券公司以来，证券公司在我国大体上经历了四个发展阶段。

（一）前交易所时期（1987 年—1991 年）

1987 年深圳特区证券公司成立，这是我国第一家专业性证券公司。此后了配合国债交易和证券交易市场的发展，中国人民银行牵头陆续组建了 43 家证券公司，同时批准部分信托投资公司、综合性银行开展证券业务，初步形成了证券专营和兼营机构共存的格局。1990 年，中国人民银行颁布了《证券公司管理暂行办法》等规章，初步确立了证券公司的监管制度。

（1）1981 年恢复国债发行，标志着我国证券市场开始出现。

（2）1984 年 11 月，中华人民共和国第一家股份公司——上海飞乐音响股份公司成立。

（3）1986 年 9 月 26 日，中华人民共和国第一家代理和转让股票的证券公司——中国工商银行上海信托投资公司静安证券业务部宣告营业，从此恢复了我国中断了 30 多年的证券交易业务。

（4）1986 年 11 月 14 日，邓小平会见纽约证券交易所董事长约翰·范尔霖，并向其赠送了中华人民共和国第一股——上海飞乐音响股股票。

（5）1990 年 11 月 26 日，上海证券交易所成立。

（6）1990 年 12 月 1 日，深圳证券交易所成立。

（二）快速发展时期（1992 年—1997 年）

上海证券交易所、深圳证券交易所成立之后，我国证券公司开始进入快速发展时期。1992 年，国务院证券委员会（简称"国务院证券委"）和中国证监会成立，中国人民银行继续对证券经营机构的主体进行管理，国务院证券委和中国证监会对证券经营机构的业务进行监管。

1992 年，经中国人民银行批准，设立了有银行背景的华夏、国泰、南方三个全国性证券公司。证券公司开始全面开展证券承销、经纪和自营业务，证券营业网点逐步由地方走向全国。一些证券公司开始从事实业投资、房地产投资和违规融资活动（例如代理发售柜台债券、国债回购等），产生了大量的不良资产和违规负债。这些违规行为给证券公司的发展埋下了隐患。为此，监管部门加强了对证券经营机构的监管。1996 年中国人民银行颁布《关于人民银行各级分行与所办证券公司脱钩的通知》，推动了银行业、证券业和保险业的分业经营。国务院证券委和中国证监会先后发布了有关股票承销、自营、经纪、投资咨询等业务的管理办法。这一时期证券经营机构的数量达到 90 家。

（三）规范发展时期（1998 年—2003 年）

1998 年年底《证券法》出台。证券业和银行业、信托业、保险业分业经营、分业管理，证券公司与银行业务机构、信托业务机构、保险业务机构分别设立。这一年，国务院决定由中国证监会集中监督管理全国证券市场，证券经营机构的监管职责全部移交中国证监会。为贯彻分业经营、分业管理的原则，中国证监会将证券公司分为综合类证券公司和经纪类证券公司，实行分类管理。为了解决历史上形成的证券公司挪用客户资产等问题，2003 年中国证监会颁布了"三条铁律"：严禁挪用客户交易结算资金；严禁挪用客户委托管理的资产；严禁挪用客户托管的债券。随着行业秩序的规范，证券公司资产的总规模和收入水平都迈上了新台阶。

（四）综合治理时期（2004 年—2007 年）

2004 年，国务院印发《关于推进资本市场改革开放和稳定发展的若干意见》，该意见明确提出，大力发展资本市场是一项重要的战略任务，提出把证券公司建设成为具有竞争力的现代金融企业。2005 年 7 月，国务院办公厅转发中国证监会《证券公司综合治理工作方案》，并成立证券公司综合治理专题工作小组，由中国证监会、中国人民银行牵头，中华人民共和国公安部、中华人民共和国财政部、中国银行业监督管理委员会（简称"中国银监会"）、中华人民共和国最高人民法院、国务院法制办公室参加。三年间，证券行业大清理，共处置了 30 多家高风险券商，指导重组了近20 家风险券商。在此基础上，监管部门对证券公司实行客户交易结算资金第三方存管制度，从制度上杜绝了挪用保证金的可能性，同时建立和完善了以净资本为核心的风险监控和预警制度。截至2007 年 8 月，历时三年的综合治理工作如期结束。

📚 案例小链接

南方证券正式破产 创下中国最大证券公司破产案

2006 年 8 月 16 日，负债高达 228 亿元人民币的南方证券资不抵债正式破产。

深圳市中级人民法院称，该证券公司资不抵债达 121 亿余元人民币，须破产还债。这是继大鹏证券有限责任公司"折翅"之后，第二个走向破产清算程序的深圳券商，也是迄今为止中国最大的证券公司破产案。

自 2001 年南方证券公司爆发危机开始，业界就传言下一个倒下的大券商很有可能就是南方证券。之后，管理层开始对南方证券"进行手术"，希望其重返健康状态，2002 年，深圳市政府还力邀业界风云人物阚治东等出任其总裁，以期将泥足深陷的南方证券拔出泥潭。

一年之后，阚治东辞职不到一个月，中国证监会和深圳市政府联合公告称，由于南方证券违法违规经营，管理混乱，2004 年 1 月 2 日南方证券被行政接管。虽经央行通过再贷款的方式为其"输血"，让其经纪业务得以正常运转，但"窟窿太大"，挪用客户准备金高达 80 亿元人民币，以及自营业务也巨额亏损，此后，央行提供了 80 亿元人民币再贷款，用以弥补南方证券挪用的个人保证金的"资金黑洞"。

2005 年 4 月 29 日，南方证券被宣布关闭。

法院在裁定其破产时称，据会计师事务所出具的报告显示，截至 2005 年 12 月 31 日，南方证券的物业资产以及全国 74 家营业机构资产总和，包括其股票当时的市值总和资产总额为 106.31 亿元人民币，而其负债总额为 228.08 亿元人民币，资不抵债金额为 121.77 亿元人民币，资产负债率高达 214.55%。2006 年 6 月 6 日，中国证监会批复同意南方证券破产还债。

（五）综合治理后时期（2008 年至今）

大清理赋予了证券行业长久稳健发展的生命力。2007 年以来，虽然国际、国内金融市场经历了巨幅波动，但没有一家券商出现财务危机或严重违法违规的情况。截至 2017 年 6 月，我国共有 129 家券商，其中 32 家为上市券商。中国证券业协会的数据显示，截至 2017 年 6 月 30 日，129 家证券公司总资产为 5.81 万亿元人民币，净资产为 1.75 万亿元人民币，净资本为 1.50 万亿元人民币，客户交易结算资金余额（含信用交易资金）1.27 万亿元人民币，托管证券市值 37.67 万亿元人民币，受托管理资金本金总额 18.06 万亿元人民币。

第二节　投资银行的发展模式

一、分离型模式

（一）含义

分离型模式是指投资银行与商业银行在组织体制、业务经营等方面相互分离，不得混合的管理与发展模式。

20 世纪 30 年代大危机以前，美国虽然有《国民银行法》（1864 年）禁止国民银行进入证券市场。但是由于 20 年代美国证券市场的快速发展，商业银行对投资银行在这个市场上所获得的巨大的承销费收入分外眼红，再加上缺乏专门机构的强有力监管，于是商业银行纷纷通过附属公司向股票经纪人和顾客提供大量的保证金贷款以获取利息。1927 年《麦克法顿法》进一步放松了商业银行承销股票的限制，使商业银行大规模地进入证券市场。而当时的联邦政府对证券市场采取放任自流的政策，致使恶性投机行为不断增加，连此前的美国总统沃伦·甘梅利尔·哈定也加入了炒股的行列。商业银行与投资银行出于利益上的考虑，普遍反对政府的干预，每个人都希望能从股市里大发其财。这一切必然致使股市的泡沫不断膨胀，最终导致了 1929 年 10 月的股市大崩溃，美国经济乃至整个世界经济遭受了惨重的损失。

这一灾难的一个直接结果就是促使新任总统富兰克林·罗斯福与国会一起就证券市场的监管问题加紧进行立法并组建执法监管机构。于是，《1933 年证券法》《1933 年银行法》《1934 年证券交易法》，以及以后的《1935 年公用事业持股公司法》《1938 年马伦耐法》《1939 年信托契约法》《1940 年投资公司法》和《1940 年投资顾问法》相继问世，美国证券交易监督委员会（简称"美国证监会"）也于 1934 年正式组建。一系列法律和监管组织的建立把美国的证券业与银行业彻底分开，开始了世界金融史上最严格的分业经营模式。这一经营模式对世界证券市场的监管体系设计产生了重大影响。日本，以及后来的中国都仿效了美国的模式。

（二）优点及缺点

分离型模式是美国政府对 1929 年股市大危机产生原因所进行反思的产物。在当时的历史环境下，监管立法和监管机构几乎处于空白的状态，要从混乱的证券市场中分析灾难产生的原因并找出对策，一个简便有效的方法就是把投资银行与商业银行的业务彻底分开。

这种分离至少有以下三个方面的优点。

1．建立防火墙制度，分散和降低金融风险

实行分离型模式，切断商业银行与投资银行之间的业务联系和资金联系，使两者的经营活动限制在一定的专业领域内，商业银行的投资者存款无法通过贷款转到风险极大的股市中去，信息也比较单一和明朗。这就可以极大地降低金融风险，至少可以使金融风险被限制在某一个专业领域而不至于扩散并引起整个经济体系的动荡。这种金融防火墙制度的建立，对于在监管手段有限的环境下保证金融体系的安全是十分有效的。

2．便于专业化分工协作和管理

实行商业银行业与投资银行业分业经营、分业管理模式，有利于实现两者专业化分工协作。商业银行可以尽心做好自己的信贷业务，投资银行也可以专注地做好自己的投资银行业务。它们都可以充分利用各自领域的资源，发展自己的业务市场。在某一类业务中牵涉到双方的业务领域时（债券业务或资产证券化业务），双方也可以通过合作，做好各自领域内的业务。这种模式在管理上也显得比较简单和有效。

3．有利于实现市场的公正、透明和有序

实行分业经营、分业管理的分离型模式，有利于政府部门进行严格的监管，使投资银行与商业银行的业务更加透明和有序。并且双方的信息不能互通，降低了内幕交易的发生频率，使自律管理在制度上得到保证和强化。其结果是进一步实现金融市场的公正与公平，使中小投资者的利益真正得到有效保护。

当然，分离型模式也有不可避免的缺点：它将整个融资体系人为地分割为两块运行，客观上限制了银行业的发展规模和综合业务能力，限制了银行业的综合竞争能力。

二、综合型模式

（一）含义

综合型模式，又称混业经营模式，是指同一家金融机构可以同时经营商业银行业务和投资银行业务，相互之间在业务上没有法律限制。

一家商业银行或投资银行想要经营何种业务，完全根据其自身能力和需要自行决定，政府监管部门不加干涉。欧洲大陆国家大多数采用这种模式，泰国也采用这种模式，其中最典型的是德国。德国银行业的混业经营模式具有很长的历史，尽管作为第二次世界大战的战败国，德国在分业经营方面承受着很大的压力，但它始终保持着传统模式。这种在当时属于非主流的经营模式，为后来德国经济的起飞起到了极大的推动作用。同时，德国的银行业也不断巩固和发展壮大。这一巨大的成功不但使实行分离型模式国家的银行业刮目相看，而且也成为日后美国银行业取消分业经营、实行混业经营的一个成功例证。

（二）优点及缺点

可以说，分离型模式的缺点就是综合型模式的优点，这些优点主要表现在以下三个方面。第一，综合型模式的资源利用效率要远远高于分离型模式的资源利用效率。商业银行与投资银行各自的硬件资源、资本资源和人力资源往往具有很强的互补性，双方在不增加资源的情况下进行合并，就可以获得比在不合并情况下双方各自的效益之和还要大得多的效益。第二，双方信息沟通能力的加强有助于提高工作效率，增加收入。第三，综合型模式扩大了单个银行的规模，增强了全能银行的竞争实力。

相应地，综合型投资银行模式的缺点表现在：综合型投资银行模式不如分离型投资银行模式那样容易监管，缺乏自律。综合型投资银行因获得信息便利，容易产生内幕交易，如果内部不加防范，就会产生诸如挪用客户存款进行证券投资等弊病，增加金融风险。

随着经济发展而开拓的许多金融新市场，特别是金融衍生品市场，成为商业银行和投资银行可以绕开原有法律而进行竞争的新领地。同时，商业银行与投资银行在竞争中相互寻找能够侵蚀对方传统领域的新业务。例如，按照美国法律，货币市场只有商业银行能够进入并从事短期资金拆借业务。投资银行为了介入货币市场，也创造了一个回购市场。这是《格拉斯-斯蒂格尔法案》中没有限制的市场，投资银行通过它进入了货币市场。而在金融国际化的背景下，由于国际业务的发展避开了国内的监管，使商业银行与投资银行都能够利用海外的"监管真空区"从事对方的业务，或者注册对方的经营机构后再回到国内开展对方业务，使混业经营业务范围不断扩大。

于是，在理论上的争论持续了近 20 年以后，放松管制和混业经营的思想终于逐步占了上风。美联储逐步放宽对《格拉斯-斯蒂格尔法案》中条款的解释和监管限制，综合型模式不断在金融领域的缝隙中发展，理论争论与实践发展朝着一个方向前进。英国、日本等国也纷纷仿效美国的做法，这又反过来推动了美国综合型模式的加速发展。于是，《格拉斯-斯蒂格尔法案》逐渐成为一纸空文，在 1999 年 11 月 12 日终于被《金融服务现代化法案》所代替，金融业综合型模式终于在法律上正式被确立起来。

三、金融危机对投资银行体制的质疑

综合型投资银行模式确立后，投资银行进入快速发展阶段，以其强大的盈利能力为世人所瞩目。在 2007 年次贷危机爆发之前，大型投资银行每年的盈利能力已经达到了 50 亿～100 亿美元。例如 2006 年，高盛集团实现盈利 94 亿美元，其中仅第四季度就盈利 31.5 亿美元。

次贷危机于 2007 年春初露端倪，2007 年夏开始爆发，2008 年秋全面恶化，引发全球金融危机，金融市场几近崩溃，金融体系遭受重创。2008 年 3 月 16 日，美国第五大投资银行贝尔斯登被摩根大通收购；2008 年 9 月 15 日，美国第四大投资银行雷曼兄弟向美国法院申请破产保护，第三大投资银行美林被美国银行收购；2008 年 9 月 21 日，随着美国联邦储备委员会宣布批准高盛集团和摩根士丹利提出的转为银行控股公司的请求，华尔街前五大投行尽数沉没，传统的投资银行模式在美国消失，美国金融体系正面临自 20 世纪 30 年代经济大萧条以来最大的格局调整。

美国金融业的发展经历了从混业到分业再到混业经营的过程。次贷危机爆发前，美国投资银行的模式可以说是在混业经营和金融创新条件下产生的高风险、高回报、低资本消耗、密切依赖市场的经营模式，整个模式完全为追求短期利润服务，设计精巧，结构复杂。但这一模式忽视了至关重要的两点：一是价值链首端借款人现金流所代表的还款能力与意愿，这是价值链维系的基础；二是价值链末端市场流动性所代表的投资者的认可和信任，这是价值链经营运转的支撑。其具体表现在以下 5 个方面。

（一）高杠杆率

投资银行业务核心是高杠杆的风险操作，其系统杠杆率过高，以很少的资本支撑过多的资产。30 倍的杠杆率意味着投资银行用 1 美元就可以做 30 美元的投资，而只要这些投资有 3% 的收益，投资银行就可以赚取近乎一倍的利润，但同时，只要投资损失 3%，投资银行的投资本金就损失殆尽。2007 年美林公司的杠杆率曾高达 28 倍，摩根士丹利为 33 倍，连一向以稳健著称的高盛集团也有 28 倍。投资银行可以从事如此高风险的业务，一方面是近些年来的金融自由化使得投资银行没有面临太多的法规约束；另一方面是金融市场和金融工具的发展为投资银行带来了暴利，金融技术的进步使得投资银行认为自身有能力掌控风险，淡化了风险防范意识。高盛和摩根士丹利转为银行控股公司之后，可以成立吸纳存款的商业银行，改善资金状况，同时相关监管部门将对其金融杠杆进行严密监管，以降低杠杆风险。

（二）过度证券化和无节制的创新

美国的金融创新发展迅猛，其中投资银行又是金融创新的领跑者。投资银行推出令人眼花缭乱的金融产品，为市场投资、为投机者创造了各种牟利机会，各大投资银行也获利颇丰。据统计，2001 年次贷证券化率为 54%，到 2007 年这一比率上升到了 85%。2006 年，抵押贷款支持证券（MBS）总额约 6 万亿美元、债务担保凭证（CDO）约为 2 万亿美元。2007 年仅信用违约互换（CDS）就高达 62 万亿美元，与全球生产总值相当。金融创新使金融风险更为隐蔽，放大了金融风险对金融体系的破坏力。金融创新在为单个经济主体提供市场风险保护的同时，又将风险转移到了另一经济主体身上。对整个经济体系而言，风险只发生了转移，并没有被消除，风险仍然存在于经济体系中。投资银行大力进行金融创新的同时，风险评估体系却无法跟上金融创新和金融衍生工具的发展速度，导致金融机构愈加强大的同时也愈加脆弱，并积累了大量风险。

（三）运营模式发生巨大变化，倚重交易类业务

投资银行的传统业务包括证券发行与承销、证券交易经纪等，这些业务为投资银行带来了佣金收入，投资银行不需要投入自己的资本金，不用承担太大的风险。现代投资银行已经突破了传统业务的框架，企业并购、项目融资、风险投资、投资咨询、资产及基金管理、资产证券化、金融创新等已成为投资银行的核心业务。理想情况下，投资银行各项业务的收入贡献比例是比较均衡的。但是，近年来传统投资银行业务比重不断降低，金融衍生品和资产证券化产品的交易越做越大，造成了投资银行等金融机构过强的投机性，在带来巨额利润的同时，风险也在逐步积累，发展到一定程度后，就导致了系统风险的全面爆发。例如，2007 年高盛集团 80%左右的利润就来自证券交易和私募股权投资。

（四）缺乏必要的监管和信息披露制度

投资银行运用金融工程技术设计出各种金融衍生产品，这些金融工具交易程序复杂，缺乏透明度和必要的监管与信息披露制度。如特殊目的机构（SPV）不受任何审慎监管，不少次贷衍生品如 MBS 和 CDO 主要在场外交易，无场内交易规则的约束，发行人信息披露不全，交易信息不多，交投不活跃。美国经济学家、前美国联邦储备委员会委员爱德华·葛兰里奇曾经多次揭示美国的金融监管存在着严重的失控问题："次级房贷市场就像是狂野的美国西部，超过一半以上的这类贷款由没有任何联邦监管的独立房贷机构所发放"。而次贷危机清楚地揭示了美国监管机构崇尚的"最少的监管就是最好的监管"存在过于放任自流的弊端，使得金融机构有机会利用金融衍生产品的信息不对称来误导客户，最终造成金融风暴。

（五）激励机制不合理

投资银行业的激励机制不合理，对高管的激励措施往往与短期收益挂钩，过分追求短期利润，大量涉足高风险业务，为了短期利益而承担过多长期风险。例如，贝尔斯登 5 名高管 2004 年—2006 年收入总额高达 3.81 亿美元，较其被摩根大通收购的金额还要多近 1.5 亿美元。而根据标准普尔公司对华尔街 7 家大公司高管收入状况的统计，从 2004 年—2007 年，贝尔斯登、花旗集团、高盛集团、摩根大通、雷曼兄弟、美林公司和摩根士丹利支付给高管的工资、奖金、赠股和已行使的期权的总价值就高达约 36.3 亿美元。

第三节　投资银行业的发展趋势

一、投资银行业发展的总体趋势

随着各国金融监管的放松，金融自由化趋势日益加强；资本跨国流动日益频繁，大大超过了跨国贸易流量，各大金融市场已在世界范围内融为一体，各国经济、金融政策的相互影响已十分明显，各国金融机构在世界范围内展开较量；金融工程不断发挥巨大威力，金融衍生工具种类迅速增多……在金融自由化、金融市场的全球化、资产的证券化、金融工程的迅速崛起等因素的影响下，投资银行正向着全能化、国际化、集中化的方向发展。

（一）投资银行的全能化趋势

全能化趋势，又叫混业化趋势，是指投资银行经营金融业务的全面化，投资银行通过整合商业银行、保险公司、信托公司等各类金融机构，开展多元化的业务经营，向大型和超大型金融集团发展的趋势。20世纪80年代以来，以美国、日本、英国等国家为代表的投资银行逐步从分业经营模式走向混业经营模式，向全能化方向迈进。欧洲大陆则一直沿袭综合型混业经营的"全能银行制"传统，从事存款、贷款、证券的一级市场承购包销、二级市场投资和交易、保险、信用卡、担保等现存的全部金融业务，形成无所不能的"金融超市"。其中，投资银行分支依托银行集团的优势，在证券的发行承销、兼并收购、资产管理以及金融衍生品的开发和交易等方面，占据国际金融市场的重要地位。这种模式的最大优点在于可以充分有效地利用资源，实现金融业的规模效益。

1. 美国"金融自由化"大潮下投资银行混业经营模式的形成

如上所述，20世纪70年代以后，全球金融体制发生了重大变化。放松管制的呼声以及实际经济生活中金融机构对法规巧妙的规避，迫使美国当局颁布了一系列放松管制的条例。如1977年对《1933年证券法》做出新解；颁布了《1980年放松存款机构管理和货币管制法》；1982年又放宽了对储蓄和贷款行业的管制；1989年美联储首次以"个案处理"方式批准同意花旗、大通曼哈顿等5大商业银行直接承销企业债券；1990年美国财政部出台了《关于金融体系全面改革的报告》《1991年联邦存款保险公司改建条例》；1994年8月和1995年5月，先后解除了不允许商业银行跨州设立分行及经营证券业务的限制；1997年1月，美联储放松了不允许商业银行子公司从事证券承销业务的限制。1999年11月4日，美国参众两院分别以多数票通过了《金融服务现代化法案》，宣告历经60多年的金融业分业经营模式彻底终结，并允许银行持股公司升级为金融控股公司，允许其从事具有金融性质的所有业务，包括银行、证券和保险业务。

摩根士丹利与证券零售商添惠公司合并，美林公司收购英国兆富、西班牙独立证券商以及日本山一证券，美国国民银行收购蒙哥马利证券公司，纽约银行家信托银行兼并艾利斯·布朗投资银行，美国银行兼并罗伯逊·斯蒂芬基金管理公司，花旗集团与旅行者集团合并，美国国民银行与美洲银行合并，美国第一银行与芝加哥第一银行合并。这些合并案的相继产生，促使了若干个集多种服务于一身的"全能银行"的产生。

2. 英国通过金融"大爆炸"改革实现投资银行的完全混业经营

1986年英国完成的金融"大爆炸"改革，全面摧垮了英国本土及有关英联邦国家金融分业经营体制，改革允许商业银行兼并证券公司，形成了经营多种金融业务的企业集团。在与实力雄厚的商业银行同台竞争时，投资银行因面临生存威胁而不得不进行重大合并，其规模不断扩大，业务重心从全能战略转向主攻战略，主要致力于专业化服务。

1997年以前，英国一直采取分业管理的模式，名义上由财政部负责对整个金融机构监督管理，实际上由英格兰银行负责对银行部门进行监督管理，由证券和投资理事会负责对从事证券和投资业务的金融机构进行管理。1997年4月，英国劳工党政府上台后对金融监管体制进行了全面改革：1997 年 10 月，建立了金融监管局；1998 年 6 月，新《英格兰银行法》实施，完成了英格兰银行将监督管理银行的权力逐步移交给金融监管局的立法程序；2000 年 6 月 14 日，《金融服务和市场法》颁布，赋予了金融监管局对金融业实行全面、单一监管的权力，所有金融机构和市场的审慎监管和日常监管由金融监管局负责。至此，英国完全实行了混业经营。

（二）投资银行的国际化趋势

1. 国际化趋势

国际化趋势，又叫市场全球化趋势，是指投资银行业务经营空间的全球化，投资银行通过遍布全球的网络机构，开拓国际市场，在全球范围内拓展业务经营的趋势。

20 世纪 80 年代以来，世界各大投资银行在伦敦、纽约、东京、巴黎、苏黎世等国际金融中心扩展其原有分支机构的同时，进一步把业务扩展到亚太地区和拉美地区的发展中国家，竞相开发新兴市场国家和地区的业务，如在新加坡、韩国等地都设有分支机构。进入 21 世纪后，随着中国资本市场的逐步开放，全球各大投资银行都把目光集中在潜力巨大的中国市场上。

20 世纪 80 年代以来，各国相继拆除金融壁垒，对国外投资银行开放本国证券市场，同时投资银行以股权结构的国际化（组建合资机构）、筹资渠道的国际化（国外证券交易所上市）、证券投资国际化（投资海外市场）等优势为吸引力，组建当地金融机构，并以此开拓当地金融市场。大型国际投资银行成为全球证券市场的主要力量。

2. 投资银行业务经营的国际化

投资银行业务经营国际化主要表现为证券承销、兼并收购、资产管理、财务咨询、风险控制等原有国内业务在国际范围内展开，同时还出现了国际存托凭证、全球债券等新的国际业务。许多投资银行从事欧洲债券的承销和交易、买卖外汇、向国外公司和政府提供金融服务等业务，并努力成为东道国的承销商、做市商和交易商。

由于资本市场发展的不平衡性导致资本跨国流动，亚洲、北欧和拉丁美洲等低效的新兴市场取代了纽约、伦敦和东京等高度成熟和同质的市场，成为国际投资银行获取短期利润的靶子。同时，数字化通信、计算机联网等信息技术在国际金融领域建立了广泛而高效的信息传输系统，使投资随时进入世界各地的金融市场和资本市场成为可能，促进了资本和金融交易的全球化。因此，资本的国际化进一步促进了投资银行业务的国际化，一批超大投资银行巨头因此而诞生。美国等发达国家投资银行在国际市场上收益大增：美林证券和雷曼兄弟在 2002 年—2004 年的收入构成中，国际业务都达到了 25% 以上，最高年份甚至达到了 37.14%。

（三）投资银行的集中化趋势

集中化趋势，又叫规模化趋势，是指投资银行业的市场集中度越来越高的趋势。投资银行通过与其他金融机构的并购与合作，机构规模日益大型化，金融资本日益集中。

1. 投资银行机构规模的大型化

20 世纪 90 年代以来，欧美金融业并购活动迅速开展，1995 年—2001 年欧美投资银行业国际化并购的主要案例有 16 起，主要是商业银行主导的金额巨大的并购活动。

（1）1995 年 5 月瑞士银行并购英国最大的商人银行——华宝银行，1997 年 12 月瑞士银行被瑞士联合银行吸收合并，2000 年瑞士联合银行并购美国普惠证券投资咨询公司。

（2）1998 年美国花旗银行吸收合并旅行者集团，并购金额达 829 亿美元。

（3）1999 年 6 月德意志银行并购美国信孚银行，2000 年 3 月合并德国德累斯顿银行。

（4）1996 年 3 月美国大通银行吸收合并美国华友银行，1999 年 9 月吸收合并英国投资银行，2000 年 9 月吸收合并 J.P.摩根，并购金额达 360 亿美元。

并购作为全球金融业务中最具有创造性的和盈利性的投资银行业务，必然成为上述国际"超级银行"争夺的焦点。2001 年，花旗集团取代美林公司成为华尔街最大的投资银行，结束了美林公司长达 11 年的霸主地位。2004 年，花旗、高盛、摩根士丹利三家投资银行占全球兼并收购、股票承销和债券承销三大主要业务收入的 25%。根据美国彭博新闻社对 2007 年上半年全球投资银行业务的统计显示，以花旗为首的全球前十大投资银行，占据了 2007 年全球证券发行（包括股票、债券和可转债）市场的 59%，可谓当之无愧的寡头。在这前十大投资银行中，除了花旗集团、J.P.摩根、德意志银行、巴克莱银行、瑞士信贷第一波士顿、瑞士银行 6 家金融集团的身影外，我们尚能看到高盛、摩根士丹利、美林、雷曼兄弟 4 家独立投资银行机构，但在 2008 年的排行榜单上，美林、雷曼兄弟的名字已被删除，2008 年 9 月 15 日，雷曼兄弟宣布破产，美林公司被收购。2008 年 9 月 22 日，日本第一大银行东京三菱 UFJ 金融集团公告将收购摩根士丹利最多 20%的股份。国际投资银行业将面临重新洗牌。

2．投资银行业务的专业化

大规模的并购使得投资银行的业务高度集中，对专业化服务要求更高。与其他产业一样，金融领域的多元化经营也会因缺乏专门领域的优势，导致管理成本的增加。多元化经营和跨国经营都会带来相应的管理难题。因此，强化优势业务项目，进而强化核心竞争力成为必然。各大投资银行在拓展业务多样化的同时，在专业化服务方面也各具优势。2004 年—2007 年花旗集团和高盛集团分别在证券承销和并购咨询领域中连续 4 年排名全球第一；2007 年在全球股票发行（不包括可转债和优先股）领域，高盛集团排名第一，占据13.6%的市场份额，遥遥领先排名第二的瑞士银行；在全球债券发行领域，花旗集团、J.P.摩根、德意志银行排名前三；在并购咨询这一利润丰厚的业务领域，高盛集团和摩根士丹利连续多年排名前两位，它们占据的市场份额总共高达 62.6%（含重复占有的市场份额）。由此可以看出，传统商业银行与投资银行在业务经营方面仍然各具优势。

二、次贷危机后美国投资银行的发展趋势

20 世纪后期，美国华尔街引领了全球的金融创新，甚至引领了现代金融前进的步伐。但是，当 2008 年美国金融风暴席卷全球、华尔街五大投资银行轰然倒塌时，华尔街的投资理念、经营模式以及现代金融技术，引起了全球金融界的反思和怀疑。

（一）从独立投资银行模式走向全能银行模式

华尔街五大投资银行的破产、转型或被收购，标志着盛极一时的美国独立投资银行模式的淡去，也意味着自 1933 年开始构建的美国"分业经营"体系的彻底瓦解，至此商业银行和投资银行将重新步入"混业经营"时代。高盛集团和摩根士丹利已于 2008 年 9 月 21 日转为银行控股公司。

混业经营之后，随着监管部门的增加，监管成本将有所上升。由于新业务的开展必须获得监管部门的审批，非传统业务的灵活性也将大大降低。未来美国投资银行在严格的监管框架下将不可避免地失去原有的高效率和灵活性，但全能银行模式也将使美国投资银行的稳健性和抗风险能力不断增强。

（二）去杠杆化使杠杆比率结构性下降

高杠杆率是引起美国投资银行倒闭的罪魁祸首之一。金融危机的爆发，从根本上改变了投资银行对高杠杆率的看法，加上监管趋严，投资银行纷纷通过降低融资融券规模、削减自营业务等方式大规模降低杠杆比率。

截至 2012 年 6 月，美国部分投资银行的去杠杆过程已基本结束，摩根士丹利和高盛集团的杠杆率已降约 13～14 倍，而杠杆比率的下降必然带来投资银行收益率的摊薄。去杠杆化标志着美国投行杠杆比率结构性下降的长期变化，但随着市场形势的稳定以及新商机的涌现，未来总体杠杆比率可能回升，摩根士丹利的管理层认为在正常条件下总体杠杆比率应该在 14～20 倍。

（三）业务结构与盈利模式将发生转变

由美国次贷危机所引发的全球金融海啸严重冲击了美国投资银行的各项业务，多元化业务格局将发生改变。

华尔街的各家投资银行均在降低其自营交易业务的风险，本金交易与投资业务已明显收缩，高盛集团压缩了股票自营交易部门的人员编制，摩根士丹利管理层已表示今后希望降低本金投资。在对回报率要求更高以及杠杆限制更严的情况下，信贷资产证券化结构性产品如商业房地产抵押贷款支持证券（CMBS）的业务规模将明显萎缩。我们可以看到，CMBS 新发行规模的逐渐萎缩对摩根士丹利的盈利造成了损害，而摩根士丹利在 CMBS 市场上曾一度占有最大份额；另外，由于市值缩水导致资产管理规模下降、产品结构向低利润率产品倾斜，美国投资银行的资产管理业务也会面临挑战。短期内，并购及承销业务也将表现不佳，但这并非常态，未来投资银行业务以及资产管理业务的核心地位依然难以改变。总之，投资银行业务、资产管理业务以及传统低风险、增长稳定的业务将成为美国投资银行未来收入的主要来源。

（四）公司治理结构中受行政干预的程度加大

股权结构的变化将使美国投资银行的公司治理结构发生重大变化，公司治理结构中受行政干预的程度将加大。次贷危机之后，美国大型投资银行的杠杆率将从原有的 20 倍以上大幅下降，过去美国投资银行大量使用杠杆来提升自身盈利的策略将改变，净资产占美国投资银行资金来源的比例必将上升。在公司治理的目标中，公司经营管理层将更多地从稳健的角度保护股东、债权人等相关主体的利益。虽然债务人在公司治理中承担的风险减少，但是由于美国政府在本轮危机中充当了担保、资产注入等救援者的角色，从而成为美国投资银行隐形的债权人和股权投资者。因此，美国投资银行在未来的公司治理结构中受行政干预的程度会加大，花旗银行 2009 年初的"高红利"事件（在国会议员压力下，花旗集团行政总裁潘迪特和董事长温·比朔夫选择放弃他们 2008 年的红利奖金）就是最好的例证。

（五）金融危机后大型投资银行垄断格局逐步被打破

美国投资银行业的规模经济特性决定了其具有较高的市场集中度，但是随着金融危机的爆发，美国大型投资银行的金融风险逐渐暴露。美国政府已经意识到少数超大型金融机构的寡头垄断可能集聚更大的金融风险，而中小型投资银行却将体现更强的生命力。从未来的发展趋势来看，防止金融企业的"超大型合并"，有望成为美国投资银行竞争格局的引导方向。依据美国监管部门的思路，未来部分重新纳入国有控股的超大型投资银行存在分拆出售的可能性，大型投资银行垄断的格局将逐步被打破，美国投资银行业市场竞争格局面临重构。

（六）金融监管架构改革势在必行

美国次贷危机引发的金融危机暴露出美国金融监管体系存在着严重的问题，过去曾经被人们推崇的美国分散制约式的功能型监管体系在危机面前漏洞百出。未来，随着独立投资银行模式向全能银行模式的转变，美国投资银行的监管者也将由美国证券交易监督委员会（SEC）转变为美联储。美联储监管职责将得到进一步扩展，其监管权力从商业银行扩展到投资银行及对冲基金等，监管理念也将从监管局部性风险向监管金融市场系统性风险转变。未来美国金融监管将逐步实现从分业机构、分业监管向综合、跨业监管转变；监管导向也将从规则导向向目标导向转变，监管不再区分银行、保险、证券和期货几个行业，而是按照监管目标及风险类型的不同划分监管层次。为推动美国经济金融长期发展与繁荣，金融监管构架改革势在必行。

尽管美国次贷危机的阴影正在逐步淡去，但危机并没有改变美国投资银行高度开放、高度市场化的本质特征，也不会改变美国投资银行业长期激烈竞争的格局，而在激烈竞争的环境下，原有的业务利润将被摊薄。美国投资银行人士必须找回美国投资银行应有的敏锐性和开拓能力，在经济复苏和新经济领域中开辟金融创新的新天地，寻找新的收入来源。

三、次贷危机后我国证券公司的发展趋势

2008 年，在美国次贷危机引发的全球金融海啸的冲击下，我国证券市场面临市值缩水、成交萎缩、筹资停滞的困境。全球金融危机的挑战、国内经济的不确定性、日益激烈的市场竞争环境，都对我国证券公司的发展提出了新的要求。作为我国证券公司发展标杆的美国大型投资银行纷纷倒下，给我们带来许多宝贵的经验和有益的思考。展望我国证券公司的未来发展之路，机遇与挑战并存。一方面，受全球金融危机的影响，加上我国证券行业发展的基础仍较薄弱、金融业经营的混业化和国际化等因素将使证券行业遭受前所未有的竞争压力；另一方面，未来一段时间内，我国宏观经济环境率先复苏、证券市场步入黄金发展时期、行业综合治理措施将进一步完善等因素使我国证券业面临宽松的发展环境和广阔的发展空间。

（一）危机之后证券行业将迎来全新的发展阶段

市场环境的巨大变化使得国内证券公司面临新的历史机遇。宏观经济环境、证券市场与行业监管是决定证券业发展的三大关键因素。在未来，这三大因素尽管会有局部变化和调整，但总体上将支撑证券行业的持续稳健发展。经过宏观调控的国内经济将维持持续增长的态势、证券市场创新将更为深化，行业监管将适度放松，这些都将为证券行业景气度的持续提升提供动力。

证券行业经过几年的综合治理，在规范业务发展、建设基础性制度和优化行业竞争格局三个方面都取得了关键性成效。长期来看，经过国际金融海啸冲击和国内宏观调控洗礼后的中国证券市场仍然保持着优于周边国家和地区的宏观经济环境；中国证券市场正在酝酿构建包括主板、中小板、创业板、场外交易市场在内的多层次的证券市场结构，这种多层次的证券市场结构，能更加适应不同偏好的投资者和筹资者的需求，将为证券公司提供更多的业务机会；制度体系建设的不断完善将使证券行业得到进一步的健康发展，创业板、融资融券、股指期货已经推出，红筹回归等制度变革也将循序推出。在这些因素的综合推动下，随着国际金融新秩序的建立，中国证券市场在度过短暂的低迷和萧条时期后，有望重新步入稳健快速的发展时期。

（二）证券公司的经营模式或向金融控股集团迈进

随着证券市场竞争的加剧，分业经营已成为我国证券公司做大做强的制约因素。从长远来看，我国证券公司的发展方向是成为适应混业经营的金融控股集团，这种转变不仅能健全证券公司的治理结构，以应对国外同行及国内其他金融机构对券商生存空间的挤压，还能有效地提高抗风险能力及开拓业务和市场的能力。目前我国的法律法规已经允许证券公司设立业务子公司，因此，我国部分大型优质证券公司如中信证券、银河证券正向金融控股集团模式迈进。

（三）券商业务结构将朝多元化方向发展

2006 年以来，在以股权分置改革为核心的制度变革的推动下，我国证券市场已经发生了根本性转折。未来相当长的一段时间内，我国证券市场将面临经济复苏、流动性充裕、人民币升值的宏观环境，股指期货、融资融券等制度变革也已循序推出，在这些因素的综合推动下，我国证券市场将步入增长的黄金时期。同时，随着证券市场基础性制度建设的日渐深入，不但传统业务规模将急速扩张，而且证券公司的业务范围也将大大拓展，业务结构将逐步完善，产品创新前景更加广阔，业务种类也将呈现多元化特征。

（四）行业竞争有望形成差异化、专业化局面

目前我国证券行业面临同质化竞争局面，证券公司业务结构大体相同。未来激烈的市场竞

争将使我国证券公司逐步走上差异化和专业化的道路，这是我国证券公司未来的发展趋势。证券公司将明确自身发展定位，根据自身的特色制订不同的发展战略，有针对性地培育各自专业细分领域内的核心竞争力，例如并购领域、投资咨询领域，或是单纯的经纪业务领域，从而寻找各自生存的空间。行业组织结构以及市场竞争格局的有效优化有利于证券公司的可持续发展。

（五）循序渐进的金融创新成为发展的活力和源泉

目前，我国证券市场还处于发展的初级阶段，金融创新依然是未来发展的重要方向，无论是新业务的开展还是传统业务的转型，都要依赖强大的创新能力。备兑权证、直接投资、资产证券化等多项金融创新业务都已酝酿多时，未来将为我国证券公司提供广阔的业务机会。当然，此次美国次贷危机也告诫我们：在注重金融创新的同时，要建立一整套风险纠错机制或危机处理机制。在推进金融创新业务时要坚持"谨慎经营"原则，提高对金融衍生产品的定价能力，确保对风险与收益进行较为准确的评估。同时，合理降低金融衍生产品的复杂性，防范其高杠杆和放大效应导致的投资风险和交易风险。此外，金融衍生品市场是一把"双刃剑"，虽然可以对冲和分散风险，但同时也需要加强金融监管，完善相关的政策法规和监管框架，不断提高监管水平。因此，美国次贷危机虽然源于金融创新过度，但我国不会因噎废食地停止金融创新，而是要抓住世界金融格局重新洗牌的机会，谨慎稳健地推进金融创新。在控制好风险的前提下积极推动金融创新，将是证券行业发展的重要活力和源泉。

（六）在新的发展中构建科学的公司治理结构

证券业是一个高风险的行业，风险管理的目标是提高承担风险的能力。公司治理结构是公司对股东会、董事会、监事会以及经营管理层之间的一套制衡机制，有利于提高抗风险能力。目前，我国证券公司的治理结构和内控机制还有待进一步提升。一方面，我国证券公司将提升各个治理主体的专业能力，切实发挥各主体的职能，加强监事会的独立性，建立外部监事制度，有效监督企业发展过程中存在的不规范行为。另一方面，在长期的公司治理实践中将形成有效的治理机制，包括薪酬激励机制、审计内控机制、风险管理机制等；同时，重视合规部门的作用，建立完整的并能够覆盖整个业务与管理线条的风险控制体系和风险控制机制；汲取美国投资银行的经验教训，注重长期激励方式，避免激励机制与约束机制的不对称；另外，在内控制度方面，通过董事会的审计委员会加强对内部控制的审查，严格防范与监控经营风险。

（七）行业监管规范与发展并重

从监管的思路来看，循序渐进、控制风险是管理层推进行业监管的主基调。当然，过度管制在很大程度上也成为金融创新业务难以较好开展的主要原因。目前，我国证券行业的综合治理在业务的规范发展、基础性制度建设和行业竞争格局优化三个方面都取得了关键性的成效。经过综合治理，我国证券公司的国债回购、自营和委托理财等高风险业务已得到规范，30家高风险的证券公司已退出市场，其他高风险的证券公司的重组也都已落实，行业系统性风险基本释放完毕；同时，经纪业务中客户的保证金第三方存管、承销业务中发行保荐制等制度已全面铺开，行业的分类监管机制、市场化进入与退出机制、以净资本为核心的风险控制机制都已建立起来，基础性制度的日趋完备、风险控制机制的逐步完善都使得证券行业的规范程度大为提高，经营环境已有根本改善。在综合治理基本完成之后，管理层对行业的监管思路将由重"规范"转变到"规范"与"发展"并重上来，将适度放松管制，减少行政干预，积极推动行业自律建设。证券业将面临更为宽松的政策环境，从而打开全新的发展局面。

次贷危机之后我国证券公司将进入一个全新的发展阶段，面临更为广阔的发展空间。借鉴欧美投资银行的教训和经验，我国证券行业也将在规范中发展壮大，在世界金融重新洗牌的格局中占据重要的地位。

本章小结

1. 原始形态的投资银行与商业银行均诞生于古代的金匠铺，现代意义上的投资银行则起源于 18 世纪中叶的欧洲商人银行，它是由从事贸易的商人转化为专职提供资金融通的承兑所逐渐演变而来的。

2. 由于银行与企业紧密合作的发展历史、资本市场的发展情况及无分业经营法律法规限定，德国和瑞士等国的投资银行采用了以商业银行为中心的全能型银行体制。

3. 美国金融和英国金融的根本差别：英国盛世依赖海外商业贸易，美国盛世依赖科技创新。前者需要的金融支持是债务、银行和保险，后者需要的是以股权为代表的风险资本。正是美国发达的股票交易和股权融资市场，为美国近百年来作为投资银行的"领头羊"打下了坚实的基础。

4. 1933 年的《格拉斯-斯蒂格尔法案》不仅标志着现代商业银行与现代投资银行的分业和诞生，也为英国、日本等国家的银证分业经营管理提供了成功经验。1999 年 11 月 4 日美国国会通过的《金融服务现代化法案》，标志着美国废弃分业经营，开始跨入混业经营的新纪元。

5. 1897 年—1904 年，美国发生了以大公司横向兼并和规模重组为特征的第一次并购浪潮；1916 年—1929 年，美国发生了以纵向产业重组为特征的第二次并购浪潮，主要涉及公用事业、银行业、制造业和采购业；20 世纪 60 年代，美国出现了以混合兼并为主的第三次并购浪潮，其特征是以跨国公司多元化产业扩张为内容的品牌重组；1981 年—1989 年，美国发生了以金融杠杆运作为特点的第四次并购浪潮，并延续到整个 80 年代，1985 年为最高潮；20 世纪 90 年代以来，美国出现了以大银行和大企业为主角的"跨行业、跨国兼并和强强联合"为特征的第五次并购浪潮。

6. 自 1987 年我国设立证券公司以来，证券公司在我国大体上经历了 4 个发展阶段：前交易所时期（1987 年—1991 年）、快速发展时期（1992 年—1997 年）、规范发展时期（1998 年—2003 年）、综合治理时期（2004 年—2007 年）。

7. 分离型模式是指投资银行与商业银行在组织体制、业务经营等方面相互分离，不得混合的管理与发展模式。分离型模式的优点是：建立防火墙制度，分散和降低金融风险；便于专业化分工协作和管理；有利于实现市场的公正、透明和有序。分离型模式的缺点是：限制了银行业的发展规模和综合业务能力，限制了自身的综合竞争能力。

8. 综合型模式，又称混业经营模式，是指同一家金融机构可以同时经营商业银行业务和投资银行业务，相互之间在业务上没有法律限制。综合型模式的优点是：资源利用效率要远远高于分离型模式；双方信息沟通能力的加强有助于提高工作效率，增加收入；扩大了单个银行的规模，增强了全能银行的竞争实力。综合型模式的缺点是不如分离型投资银行那样容易监管，缺乏自律。综合型投资银行因获得信息便利，容易产生内幕交易，如果内部不加防范，就会产生诸如挪用客户存款进行证券投资等弊病，增加金融风险。

9. 美国金融业的发展经历了从混业到分业再到混业经营的过程。次贷危机爆发前，美国投资银行的模式可以说是在混业经营和金融创新条件下产生的高风险、高回报、低资本消耗、密切依赖市场的经营模式，整个模式完全为追求短期利润服务，设计精巧，结构复杂。具体表现在：高杠杆率；过度证券化和无节制的创新；运营模式发生巨大变化，倚重交易类业务；缺乏必要的监管和信息披露制度；激励机制不合理。

10. 在金融自由化、金融市场的全球化、资产的证券化、金融工程的迅速崛起等因素影响下，投资银行正向着全能化、国际化、集中化的方向发展。

课后练习题

一、名词解释

投资银行全能化 投资银行国际化 投资银行集中化 分离型模式 综合型模式

二、填空题

1. 德国金融制度的基本特征：（   ）；银行内部金融业务与证券业务紧密结合；企业融资制度以（   ）融资为中心。

2. 美国最早的投资银行是 T.A.汤毕尔在（   ）建立的，而公认最早的美国投资银行则是撒尼尔·普莱姆 1826 年创立的专营证券包销的（   ）公司。

3. 美国政府于 1970 年颁布了《证券投资者保护法》，设立了与商业银行存款保险制度相似的（   ）制度。

4. 可口可乐的品牌重组是美国第（   ）次并购浪潮的典型案例。

5. 1968 年美国政府国民贷款抵押协会首次公开发行（   ），开创全球资产证券化之先河。

6. 1987 年（   ）成立，这是我国第一家专业性证券公司。1992 年，经中国人民银行批准，设立了有银行背景的（   ）、（   ）、（   ）三个全国性证券公司。证券公司开始全面开展证券承销、经纪和自营业务，证券营业网点逐步由地方走向全国。

三、简答题

1. 美国投资银行的发展环境与发展路径与英国的不同之处。

2. 美国投资银行的发展历程。

3. 我国投资银行的发展历程。

4. 《格拉斯-斯蒂格尔法案》的主要内容。

5. 分离型模式的优缺点。

6. 综合型模式的优缺点。

7. 金融业综合经营模式确立的原因。

8. 次贷危机对投资银行体制质疑的主要方面。

9. 次贷危机后美国投资银行的发展趋势。

10. 次贷危机后我国证券公司的发展趋势。

第三章　证券发行、承销与上市业务

✓ 本章教学要求

　　本章介绍证券发行、承销与上市业务，这是投资银行最重要、最本源的业务之一。主要内容包括证券发行、承销与上市业务概述；股票的发行、承销与上市；债券的发行与承销。

　　通过本章的学习，熟悉股票、债券发行、承销与上市的基本步骤与要求，并结合我国的证券发行制度，了解证券市场直接融资的内在机制以及投资银行在其中所起的作用；理解证券一级市场业务的概念及分类；熟悉证券发行承销与上市的程序以及相关风险和收益；掌握股票、债券发行与承销的程序。

✓ 案例导入

投资银行 IPO 年度大榜：承销收入广发第一，过会率民生最强

　　复盘 2017 年，中国 A 股 IPO（首次公开发行）数量继续领跑全球股市，这也是 A 股 IPO 有史以来发展最为蓬勃的一年！同时也让券商投行收获颇丰。

　　2017 年，共有 59 家券商投行分食了 A 股 IPO 提速的"大蛋糕"。一方面，投行龙头抢得先机，大券商排名座次"咬得太紧"，投行竞争格局进一步分化；另一方面，天风证券、渤海证券、国融证券、华英证券、九州证券、首创证券等中小券商分得一杯羹，2017 年全年均实现一单 IPO 项目顺利过会，创下了近两年来的历史最好成绩。

　　根据资料梳理出的 A 股 IPO 年度十大龙虎榜，全方位呈现券商 IPO 业务以及全国各地区各行业的 A 股 IPO 业务的实力版图。

　　1. IPO 承销收入：广发证券是最大赢家

　　2017 年全年，有 436 家公司（剔除"上海环境"和"招商公路"）完成 IPO 并登录 A 股，为 59 家券商贡献了约 148 亿元人民币的承销收入。59 家券商中，共有 15 家券商 2017 年全年的 IPO 承销及保荐收入超过 3 亿元人民币。

　　无论是 IPO 承销收入还是 IPO 项目数（剔除联席保荐项目）排名，广发证券均位居行业首位，成为 2017 年 IPO 投行最大赢家。

　　2017 年全年，35 单 IPO 项目（均为主承销商）为广发证券带来承销及保荐收入合计 12.47 亿元人民币，排名位列行业第一。相较于 2016 年，广发证券 2017 年的 IPO 承销收入实现了翻倍，同比增长 113%。

　　……

　　中信证券 2017 年以 12.4 亿元人民币的 IPO 承销收入紧随其后，同比增长 49.38%，IPO 承销收入占市场份额的 8.26%。

　　相较于 2016 年，2017 年中银国际证券、中国民族证券、英大证券、湘财证券、太平洋证券、世纪证券、南京证券、摩根士丹利华鑫证券、江海证券、红塔证券、广州证券、财富证券等券商 IPO 承销及保荐业务"颗粒无收"，尚未录得 IPO 保荐收入。

　　……

2．IPO 募资金额：中信、广发、国信位列前三

2017 年，A 股 IPO 募集资金总额创下近年来的历史最高纪录，达 2 301 亿元人民币。此外，还有 26 家公司 IPO 审核通过但尚未发行，预计募集资金 236.43 亿元人民币。

作为一路为企业上市"保驾护航"的中介机构，券商投行 IPO 承销金额的实力显得十分重要。中信证券以 210.99 亿元人民币位居第一，广发证券以 177.14 亿元人民币位列第二。国信证券、中信建投证券、海通证券、国金证券和中金公司 IPO 承销金额亦均超过 100 亿元人民币。

……

3．A 股 IPO 企业融资额：前 10 名融资总额下降 4 成

在整体活跃的 IPO 市场背后，还出现了另一种现象：IPO 单家企业发行股数和单家融资额与往年相比明显下降。

2017 年，共有 57 家企业在 A 股 IPO 募资金额超过 9 亿元人民币。2017 年登录 A 股的前 10 名企业 IPO 募集资金总额约 290 亿元人民币，较去年下降了 40%，这 10 家企业平均筹资额跌破 30 亿元人民币。

业内人士分析，IPO 单家平均融资规模较低的原因，或与拟 IPO 企业体量分布、兼顾市场承受力以及 IPO 改革需求等多方面因素有关。

4．近 4 年 IPO 市场：IPO 数量、募资额创下历史新高

监管部门治理 IPO 排队"堰塞湖"信心之坚决，也使得 2017 年 IPO 市场异常活跃。

2017 年，新上市企业数量、累计融资额均创下近 4 年来最高纪录，IPO 排队企业审核周期开始缩短。

2017 年有 436 家公司完成 IPO 并登录 A 股，同比增长 92%，数量创下历史新高；2017 年全年 A 股首发募资总额共计 2 301.09 亿元人民币，同比增长 53.81%。

……

第一节　证券发行、承销与上市业务概述

一、证券发行、承销与上市业务的概念和分类

（一）证券发行、承销与上市业务的基本概念

证券发行、承销与上市业务是投资银行最本源、最核心、最基础的业务活动，是投资银行为公司或政府机构等组织进行融资的主要手段之一。

证券发行、承销与上市业务是投资银行的标志性业务，也是投资银行区别于商业银行的最本质特征之一。考查美国投资银行的发展历程，我们可以看出它最初的业务是政府债券承销，而后是公司股票和债券承销，再逐渐发展为如今的各种证券经纪、自营、兼并收购、资产管理、创业投资、项目融资等业务。

证券承销，顾名思义，包含"承接"和"销售"两个过程。投资银行首先从发行者手中以一定的价格买进证券，然后通过自己的销售网络再把证券推销给广大投资者。投资银行在证券承销中发挥桥梁作用，把发行者和投资者各自的目标很好地结合起来，撮合他们成交。最终，发行者实现了上市融资，投资者实现了投资获利，投资银行则在承销过程中收取到佣金。

投资银行的证券发行、承销与上市业务范围很广，不但包括本国中央政府、地方政府、政府机构发行的债券，企业发行的股票和债券，金融机构发行的债券，基金证券等；而且包括外国政府和

证券发行、承销与
上市业务概述

公司在本国和世界各国发行的证券，国际金融机构发行的证券等。

（二）证券发行、承销与上市业务的分类

证券承销可按以下三种类别划分。

1. 按承销证券的类别划分

证券承销可以分为中央政府和地方政府发行的债券承销，企业发行的股票承销和债券承销，外国政府发行的债券承销，国际金融机构发行的证券承销等。

2. 按证券发行方式划分

证券承销可分为公募发行承销和私募发行承销。

（1）公募发行主要指面向社会公众投资者，而非特定投资者发行证券的行为。其中股票的公募发行包括拟上市公司的首次股票公开发行（IPO）、上市公司再融资所进行的增资发行以及面向老股东的配股发行。最常见的公募发行主要是股票、公司债券、政府债券、公司可转股债券、投资基金证券等品种。公募发行要满足烦琐的注册手续，如在美国发行的证券必须在出售证券的所在州注册登记，满足《蓝天法》的要求。

知识小扩展

蓝天法

早在制定《联邦证券法》和建立美国证券交易监督委员会（SEC）之前，美国有一部《蓝天法》，由州一级政府制定并监管证券的发行和销售，以保护公众免受欺诈。

《蓝天法》的法规制定得很具体，虽然各个州的法律细则不尽相同，但都要求注册所有证券的发行和销售情况，包括每一个股票经纪商和经纪公司。《蓝天法》对股票发行公司的质量要求非常高，申请上市的公司如果不符合其要求，哪怕在招股说明书中实事求是地披露了公司的缺点和不足，也不被允许注册以及向公众发行股票。

"道高一尺，魔高一丈"。为了获取利润，申请上市的公司通过隐瞒事实的手段，不向投资者公开披露相关的信息，通过上市圈钱来获取巨额利润。而美国抵押贷款银行协会（MBA）则告诉其成员，他们可以"忽略"《蓝天法》的存在，通过邮件跨州进行证券的销售和发行。这在《蓝天法》里是跨州销售证券的欺诈行为。由于这些不法的获利行为，最终导致美国在 1929 年 10 月股市崩盘，使投资者的利益遭受巨大损失。

（2）私募发行主要是通过非公众渠道，直接向特定的机构投资者发行的行为，主要发行对象包括各类共同基金、保险公司、各类养老金（社保基金）、投资公司等。私募发行方式一般较多采用直接销售方式，也不必向证券管理机构办理发行注册手续，因此可以节省承销费用。在美国等发达证券市场上，鉴于私募发行对象具备专业投资能力，监管机构对私募发行在信息披露等多方面的监管要求比公募发行宽松得多，美国为此专门制定了《144A 私募法案》。私募发行不受公开发行的规章限制，除了能节约发行时间和发行成本外，还能比在公开市场上交易相同结构的证券给投资银行和投资者带来更高的收益率。但是，私募发行也有流动性差、发行面窄、难以公开上市扩大企业知名度等缺点。

3. 按承销协议划分

可分为包销、代销、投标承购。

（1）证券包销是指投资银行作为主承销商和它的辛迪加成员同意按照协议的价格，全部购入发行的证券（全额包销），或者在承销期结束时将售后剩余证券全部自行购入（余额包销），再把这些证券卖给他们的客户。发行人不承担风险，发行失败的风险转嫁到了包销人——投资银行的身上。

（2）证券代销是指当所发行证券的信用等级较低时，投资银行只接受发行人的委托，代理其发行证券，如在规定的期限内发行的证券没有全部售出，则将其剩余部分返还发行人，发行失败的风险由发行人自己承担。

（3）证券投资承购是指投资银行通过参加投标承购证券，再将其销售给投资者，这种方式在债券（特别是国债发行）中较为常见。

通常，几乎所有的承销都采取包销的方式。包销的方式将发行人的风险全部转移到投资银行身上，因此发行人必须付给投资银行更多的报酬。

二、证券发行、承销与上市的程序

（一）发行准备

发行人根据自身的经营情况提出融资需要后，投资银行利用其经验、人才及信息上的优势，在对发行人的基本情况（包括公司发展历史、财务状况、组织结构状况、募集资金的投向、拟发行证券在市场上的受欢迎程度、领导成员等）进行详细调查、研究、分析的基础上，就证券发行的种类（债券还是股票）、时间、条件等方面向发行人提出建议。如果双方能就此达成初步意向，投资银行还要向发行人提供其所需的资料，包括宏观经济分析、行业分析、同行业公司股票状况等，以供参考。

（二）签订承销协议

当发行人确定证券的种类和发行条件，并且报经证券管理部门（如美国证券交易监督委员会、中国证券监督管理委员会）批准后，与投资银行签订承销协议，由投资银行帮助其销售证券。

承销协议的签订是发行人与投资银行共同协商的结果，双方都应本着坦诚、信任的原则进行谈判。比如发行价格的确定就要兼顾发行人和投资银行双方的利益，较高的发行价格对发行人有利，可以使发行人获得更大的融资额度，但投资银行可能要冒很大的发行失败的风险；反之，较低的发行价格虽然有利于投资银行，但发行人的筹资计划目标可能就无法满足。因此，投资银行与发行人之间应综合考虑股票的内在价值、市场供求状况及发行人所处的行业发展状况等因素，确定双方都能接受并有助于保证发行获得成功的合理价格。

如果发行人的证券金额数量较大时，一家投资银行可能难以承受，则可以组成辛迪加或承销团，由多家投资银行一起承销。如我国规定当发行的证券票面总值超过人民币 5 000 万元时，应当由承销团承销。根据各家投资银行在承销团中的不同地位，分为主承销商、副主承销商和其他承销商。

（三）证券销售

投资银行与证券发行人签订协议后，便着手证券的销售，把要发行的证券销售给广大投资者（在私募发行方式中，投资银行只把证券销售给少数特定投资者）。投资银行强大的销售网络使证券顺利实现销售。

（四）证券上市

投资银行为发行人承销证券、成功完成发行募集工作后，还将协助其联系证券交易所安排上市，并履行信息披露义务。经过一系列程序，所发行的证券获得批准在证券交易所挂牌上市，发行公司正式转变成为上市公司，投资银行在 IPO 融资环节提供的服务也就圆满完成，此后还可以继续为该上市公司在挂牌期间的再融资活动提供新的发行承销服务。

三、证券发行、承销与上市业务的风险和收益

（一）承销收益

按照国际惯例，投资银行在承销业务中可以以两种方式得到报酬：一种是差价（毛利差额），即投资银行支付给证券发行者的价格和投资银行向社会公众出售证券的价格之间的差价；另一种是佣金，通常按发行金额的一定百分比计算。在我国，后者比较多见。

决定证券承销收益大小的因素主要有承销规模、证券种类、发行方式（公募方式一般高于私募方式）等。通常情况下，对于相同发行规模的不同证券，承销的收费标准也不同；首次公开发行（Initial Public Offerings，IPO）的承销费用一般高于再次发行普通股的费用，这是因为IPO的风险高于再次发行普通股的风险；对于同一个发行人，其债券的发行承销费用往往比股票要低，因为债券的风险通常低于股票；对于不同的发行人，信用等级高的证券的发行承销费用一般比信用等级低的证券要低，因为前者更受投资者欢迎。

承销收益不应简单地用货币来衡量，品牌和信誉同样是发行成功的回报。我们看到，承销业务的利润率虽然比不上兼并收购业务（例如美林公司的企业并购部门利润率高达50%，而承销业务利润率仅为20%），但正如前文所述，证券承销业务是投资银行的标志性业务和招牌，承销业务利润率的高低是判断一家投资银行整体实力强弱的重要指标。因此，各投资银行都十分重视承销业务的发展，在承销业务中投入大量的人力和物力，争夺国际知名企业集团的证券承销业务，以扩大自身的知名度，在同行中树立良好的形象，从而使自己在激烈的竞争中立于不败之地。

（二）承销风险

投资银行在承销证券过程中获得高额报酬的同时，也承担着承销风险。当投资银行采用代销方式时，它本身不参与投资，则其作为投资者的风险是不存在的，只承担作为中介机构的承销风险。但是投资银行在包销过程中则具有双重身份，一方面作为中介机构，另一方面作为投资者，所以承销风险也表现出双重性。

影响承销风险的因素一般有以下五个方面。

（1）市场状况：承销业务与经济状况及二级市场的表现关系密切，股市低迷状态往往会直接影响承销业务的发展。在交易市场处于不景气的状况下，投资者信心和购买力不足，证券推销的任务就很难完成，投资银行最终将被迫持有部分股票。

（2）证券潜质：尤其对股票来说，如果潜质优良，则投资银行能有效地规避风险，即使推销不出证券，当持有的股票在二级市场上得到升值时，也能顺利抛售并获得利差收入。

（3）发行方式设计：采用公募发行还是私募发行，定价发行还是竞价发行，网上发行还是网下发行等，也影响着承销风险的大小。

（4）承销团：一般来说，组建一个大型的承销团通常可以抵消一些风险因素。

（5）其他风险：如承销人为了承揽业务而支出的费用，向发行人提供融资而承担的财务风险等。

如何有效地规避风险是投资银行在承销业务中面临的一个重要课题，通过优选发行项目、合理制定发行价格、采取合适的承销方式和发行方式，投资银行通常可以达到规避部分风险的目的。

四、证券发行管理制度

证券发行对任何一个国家来说都是一件非常严肃的工作。事实上，各国政府都将证券的发行工

作纳入法制化管理的轨道。由于各国经济发展状况的不平衡，尤其是证券市场的发展程度不同，各国证券市场法律法规制度的健全程度不一致，以及政治、文化、历史等多种因素的不同，各国对证券发行管理制度采取的具体形式便多种多样。但概括而言，大体可分为两种基本的发行管理制度：证券发行登记制和证券发行核准制。

1. 证券发行登记制

证券发行登记制又称注册制、注册登记制。其主要内容是：证券发行人在准备发行证券时，必须将依法公开的各种资料完全、准确地向证券主管机关呈报并申请注册。证券主管机关要求发行人提供的资料不得包含任何不真实的陈述和事项。如果发行人未违反上述原则，则证券主管机关准予注册。从法律关系来说，如果发行人所公开或呈报的资料在内容上有虚假成分或重大遗漏，则应承担刑事处罚或民事赔偿责任。登记制遵循的是公开管理原则。

证券发行登记的内容主要包括以下五个方面。

（1）公司的经营情况，包括开始营业日期、过去若干年的历史发展情况、主要顾客情况、重要国内外市场、同业竞争状况、未来发展趋势等。

（2）公司财务信息，包括公司前若干年（一般为 3 年或 5 年）内的经营情况和财务状况，具体包括营业收入（尤其是主营业务收入）、利息支付情况、资产、负债及其构成情况和变化趋势，以及其他财务资料等。

（3）资产状况、资产总额及其构成情况。如资产是矿产，则要说明矿质、开矿成本等。

（4）证券主要持有者名单，即 90 天以内持有公司 10% 以上证券的持有者名单。

（5）公司重要人员及其报酬情况，具体包括董事人员、监事人员、高级管理人员及其报酬情况。

2. 证券发行核准制

核准制是指证券发行人不但必须公开其发行证券的真实情况，而且需经证券主管机关对若干实质条件审查，经批准后才能发行。在这一过程中，主管机关有权否决不符合规定条件的证券发行申请。

核准制吸取了登记制强制性信息披露原则，同时要求申请发行股票的公司必须符合有关法律和证券监管机构规定的必备条件。证券监管机构除了进行登记制所要求的形式审查外，还关注发行人的法人治理结构、营业性质、资本结构、发展前景、管理人员素质、公司竞争力等情况，并据此做出发行人是否符合发行条件的判断。核准制遵循的是实质管理原则，体现在强制性信息披露和合规性相结合。

核准制是一个市场参与主体各司其职的体系。实行核准制，就是要明确中介机构（如董事、监事、主承销商及律师、会计师等）、投资者以及监管机构等各自的责任和风险，做到市场参与者和监管者相互制约、各司其职，形成一个完整的、符合市场化原则的证券发行监管体系。

3. 登记制与核准制的区别

登记制依靠健全的法律法规对发行人的发行行为进行约束。该制度假定投资者能阅读并理解发行的公开说明书，能够自己做出正确判断，保护自己的利益。但事实上，投资风险不可能被全部写进公开说明书中。在登记制下，虽然不能杜绝低质量、高风险的证券进入证券市场，但在市场机制和信用体系较为健全的情况下，这种现象会得到有效的遏制。

在核准制下，由于政府主管机关在"实质条件"的审查过程中有权否决不符合规定条件的证券发行申请，从而可以在信息公开的条件下，把一些不符合要求的低质量发行人拒之于证券市场之外，以保护投资者的利益。但是，这种做法很容易导致投资者对政府产生依赖，而有时政府主管机关的意见也未必完全正确。在核准制下，高技术、高风险行业的开发性证券，发行阻力会很大。投资方针和策略的选择是投资者自己的事，证券投资本身就是以承担风险来获取高收益的。政府限制过严对证券的发行市场也有诸多不妥之处，会出现以行政手段代替市场规律所引发的一系列不正常现象，如权力寻租导致发行过程的腐败。

理论上说，登记制比较适合证券市场发展历史较长、各项法律法规健全、行业自律性较好、投资者素质较高（理性的机构投资者在市场中占有一定的比重）、证券市场发展水平相对较高的国家和地区；核准制则比较适合证券市场处于发展初期、法律法规的建立健全尚需一个相当长的过程、而证券市场的投资者结构不甚合理的国家和地区。从核准制向登记制过渡，是证券市场发展日益成熟的标志。

4．我国股票发行管理制度的历史沿革

实施科学严谨的股票发行制度，有利于从证券市场入口处把好关，正本清源，防患于未然，从而保证上市公司的质量，有效地增强和恢复投资者的信心。我国证券市场建立近 20 年来，股票发行制度经历了三次大的变革。

（1）行政审批制度。

自 1990 年我国证券市场建立直至 2000 年，我国股票发行制度一直实施的是行政审批制度。这种审批制度采取的是完全计划发行的模式，实行额度控制，即拟发行公司在申请公开发行股票时，在征得地方政府或中央企业主管部门同意后，向证券管理部门提出发行股票的申请。经证券管理部门受理审核同意转报中国证监会核准发行额度后，公司可提出上市申请，经审核、复审，由证监会出具批准发行的有关文件后方可发行。

在这种审批制度下，从企业的选择到发行上市的整个过程透明度不高，市场的自律功能得不到有效发挥，弊端较多，无法保证上市公司质量。这期间，大量国有企业通过改制完成了上市融资。

（2）核准制。

1999 年 7 月《证券法》颁布，明确要求我国股票发行制度要实施核准制。从 2001 年 3 月 17 日开始，我国正式实施核准制，并一直持续到 2004 年 2 月。核准制是指发行人在发行股票时，不需要获得各级政府批准，只要符合《证券法》和《中华人民共和国公司法》（以下简称《公司法》）的要求即可申请上市。但是发行人要充分公开企业的真实状况，证券主管机关有权否决不符合规定条件的股票发行申请。公司上市由券商进行辅导，由中国证监会发行审核委员会审核。不少企业通过各种形式的公关达到了上市的目的。企业上市后，券商不再负责公司辅导，因此出现了不少企业上市后业绩马上"变脸"的情况。

核准制的核心内容是通道制，即对券商每年授予一定数目的发行股票。通道数量根据证券公司的规模大小来分配，大的不超过 8 个通道，小的不少于 2 个通道。当时各家券商有 380 多条发行通道。自通道制实行以来，取得了一些良好效果：为监管部门调控市场供求关系提供了一种相对公平的排队机制；通过不良记分制、通道暂停与扣减等措施，客观上促使券商提高了执业水准。

但是，通道制作为一种临时性的安排，自实施以来功能不断弱化，显现出通道周转率低等妨碍高层次竞争和牺牲市场效率的弊端。于是，逐步改善通道制成为中国证监会一直以来研究的问题。

（3）保荐人制度。

从 2004 年 2 月 1 日起，我国开始推行的保荐人制度，在世界上是绝无仅有的。保荐机构是指具有承销资格的证券经营机构，保荐人则是指具有一定专业知识和投资银行工作经验，并通过证券监管部门的统一考试获得保荐资格的人员。公司上市要由保荐机构和保荐人推荐、担保，上市以后，保荐机构和保荐人也要承担持续督导的责任。

实行保荐人制度是为了在现有框架内最大限度地发挥核准制的作用，提高我国上市公司整体质量，增强中介机构对于发行人的筛选把关和外部督导责任，促使中介机构能够把质量好、运作规范的公司推荐给证券市场。保荐人制度避免了公司虚假上市、包装上市的情况，把中介机构和上市公司紧紧捆在了一起。这种发行制度实现了变"关口式监管"为"管道式监管"。

保荐人制度的实施为核准制向登记制的过渡做了必要的准备。

纵观我国证券发行管理制度的历史变迁，可以看出，这是从一个基本依靠行政手段逐渐走向市场化的过程，是一个让投资者付出了较大代价的过程。在证券市场市场化改革不断深化的今天，有许多的问题值得我们反思。在大的体制环境未发生重大变化的情况下，现行股票发行制度的改革就只能是一种过渡性安排。从根本方向上讲，股票发行制度改革要与政府体制改革相配套和相一致；从具体内容上讲，股票发行制度要逐步减少行政干预色彩并向登记制过渡。

第二节 股票的发行、承销与上市

证券发行的准备过程与企业的改制重组过程融为一体。为了确保企业重组和股票发行上市工作顺利进行，投资银行的项目人员将进驻现场进行调查、编制调查报告，制订企业重组方案，实施发行方案（召集中介机构协调会、编写招股说明书和发行方案等），对企业进行股票发行上市辅导，项目人员按照申报材料目录，整理好全套材料后即可结束在企业的现场工作。随后进行项目报批（首次公开发行股票的推荐与核准），如果证券监管部门对改组工作和发行方案表示认可并予以核准，投资银行将作为证券发行的承销人着手组织面向公众的股票销售。

可见，投资银行在股票发行与承销中发挥了核心作用，是企业股票发行、承销、上市过程中最重要的中介机构。

一、股票发行上市的条件

股票发行是指符合条件的发行人，依照法定程序向投资者募集股份的行为。

在 2016 年 1 月 1 日起施行的《首次公开发行股票并上市管理办法》中，第二章发行条件中包括第一节主体资格 6 条，第二节规范运行 7 条，第三节财务与会计 10 条，均是对首次发行股票的法律规定。

知识小扩展

《首次公开发行股票并上市管理办法》

第二章 发行条件
第三节 财务与会计
第二十六条 发行人应当符合下列条件。
（一）最近 3 个会计年度净利润均为正数且累计超过人民币 3 000 万元，净利润以扣除非经常性损益前后较低者为计算依据。
（二）最近 3 个会计年度经营活动产生的现金流量净额累计超过人民币 5 000 万元。或者最近 3 个会计年度营业收入累计超过人民币 3 亿元。
（三）发行前股本总额不少于人民币 3 000 万元。
（四）最近一期末无形资产（扣除土地使用权、水面养殖权和采矿权等后）占净资产的比例不高于 20%。
（五）最近一期末不存在未弥补亏损。

二、股票发行与承销的准备

（一）承销商资格的取得

承销商是指与发行人签订协议，以包销或者代销的方式为发行人销售股票的证券经营机构。根据我国现行规定，证券经营机构从事股票承销业务需要取得证券监管部门颁发的股票承销业务资格证书。

牵头组织承销团的证券经营机构或独家承销某一只股票的证券经营机构为主承销商。

（二）股票承销前的尽职调查

承销商的尽职调查是指承销商在股票承销时，以本行业公认的业务标准和道德规范，对股票发行人及市场的有关情况及有关文件的真实性、准确性、完整性进行核查、验证等专业调查。主要调查以下三个方面。

1．发行人

调查发行人是否符合股票发行条件，是否具备优秀的管理层，是否具备完善的管理制度。为此，承销商需要搜集企业的重要资料并进行分析，包括企业最近 3 年的财务报表、历年的股东大会和董事会决议、公司章程、营业执照、主要股东资料、组织结构状况、行业背景资料、企业中长期发展计划、风险与对策等。通过调查企业的组织结构，要明确发行主体、行业地位和募集资金投向。对于已改制企业，还要对其股份制改造的情况进行调查。

2．市场

要调查证券市场的总体供求情况、不同证券交易所（上市地）的具体要求、同行业上市公司的发展情况、投资者的评价标准和预期等因素，以便进行发行策划（确定是否发行、发行时机、发行方式、发行地点、发行定位和筹资目标等）。

3．产业政策

要调查企业及其主要生产项目是否符合国家产业政策导向，企业所坚持的主要技术标准是否得到政府有关部门的认可和扶持，这是企业最终能否成功上市融资的关键因素。

（三）股票发行与上市辅导

股票发行与上市辅导是指有关机构对拟发行股票上市的股份有限公司进行的规范化培训、辅导与监督。

1．辅导的目的和意义

新的股票发行核准程序规定，主承销商在报送申请文件之前应对发行人辅导 1 年。为此，中国证监会颁布了《股票发行上市辅导工作暂行办法》，这是推行核准制的重要配套措施。

我国自 1995 年开始实行对公开发行股票公司进行辅导的办法，并要求拟上市公司在发行前应做到人员、资产、财务三分开，从而在实践中取得了较好的效果。在总结经验的基础上推行对发行人辅导 1 年的做法，其意义体现在以下 4 点。

第一，这是贯彻《公司法》和《证券法》关于建立规范的法人治理结构和完善的运行机制的需要。我国企业面临改革、改制和改组的历史任务，进行上市前的规范辅导有利于企业转换经营机制。

第二，这是切实提高上市公司质量的必要措施。由主承销商对发行人进行发行前的辅导和培育，有助于提高拟上市公司的素质。

第三，这是发行人进入证券市场的必备条件。通过规范辅导，可以增强董事、监事及高级管理人员的诚信责任和法制观念。

📚 案例小链接

*ST 博元出现奇葩年报　董监高无法保证真实性

*ST 博元昨日公布了一份董事、监事及高级管理人员无法保证真实性的年度报告。上海证券交易所关注到年报中披露文件存在问题，对公司股票实施临时停牌，并发出监管问询函，要求公司对上述情况及其发生原因做进一步解释说明并公开披露。律师认为该公司高管存在失职，应承担赔偿责任。大众证券报和财信网记者还发现了此次年报和以往年报不一样的地方，公司称报告期内无实际控制人。

*ST 博元在 2014 年年度报告中做出重要提示："本公司董事会、监事会及董事、监事、高级管理人员无法保证年度报告内容的真实、准确、完整，不存在虚假记载、误导性陈述或重大遗漏，并不承担个别和连带的法律责任。"理由是："鉴于公司的现状。"

此外，在报告中还有多处关键地方没有填写，如"董事会关于公司报告期内经营情况的讨论与分析""董事会对会计师事务所'非标准审计报告'的说明""董事履行职责情况""公司治理""内部控制"等内容都是空白。会计师事务所对这份年报出具了 "无法表示意见"的审计报告。

……

第四，这也是增强主承销商责任的需要。对发行人进行发行前的培育和辅导，既是推荐合格发行人的必要环节，也是主承销商履行尽职调查，做到勤勉尽责的基本要求。

2．辅导的时间和内容

辅导期自拟发行人与投资银行签订证券承销协议和辅导协议起至公司股票上市后 1 年止。辅导期包括承销过程的辅导和上市后的持续辅导。

（1）在承销过程中，投资银行的辅导内容主要包括：对发行人的高级管理人员和拟担任公司高级职务的人员进行培训，培训的内容包括《中华人民共和国公司法》《中华人民共和国刑法》《股票发行与交易管理暂行条例》等法规中有关上述人员责任、义务的条款以及与股票发行和上市有关的证券知识、法律、法规和政策等；协助公司进行资产重组，界定产权关系；协助公司按照《公司法》制订公司章程，建立规范的组织机构；协助公司进行账务调整，执行股份制企业会计制度；协助公司制订筹措资金的使用计划；协调各中介机构，制作规范的股票发行申报材料。

（2）在上市后的持续辅导过程中，投资银行的辅导内容主要是帮助公司及其高级管理人员做好以下工作：敦促公司严格执行《公司法》、公司章程，保证股东大会、董事会、监事会等依法履行职责，严格按照上市公司信息披露的要求披露信息；按发行募集计划合理运用资金；制定规范的财务管理制度，严格执行国家财务管理法规，按照上市公司利润分配的有关规定分配股利；编制年度财务报告、中期财务报告；完善内部监督机制，建立内部控制制度；切实保障中小股东的利益；制定董事、监事及高级管理人员切实履行诚信义务的办法；严格按照《公司法》《股票发行与交易管理暂行条例》有关上市公司的股票交易规定运作。

辅导机构在辅导工作中，应当制作工作底稿；分阶段辅导结束后，应当出具各阶段辅导的工作报告，并由中国证监会验收。

（四）募股文件的准备

募股文件主要包括以下 8 个内容。

1．招股（配股、增发）说明书（意向书）

招股（配股）说明书是股份有限公司发行股票时就发行中的有关事项向公众做出披露，并向特定或非特定投资者提出购买或销售其股票的要约或要约邀请的法律文件。招股（配股）说明书的有效期是 6 个月，自招股说明书签署完毕之日起计算。

2．招股（配股、增发）说明书（意向书）概要

招股说明书概要应当记载以下内容：绪言、新股发售有关当事人、发行情况、风险因素与对策、募集资金的运用、股利分配政策、发行人及发行人主要成员情况、经营业绩、股本、主要会计资料、资产评估主要情况、盈利预测、公司发展规划、重要合同及重大法律诉讼事项、其他重要事项、招股说明书及备查文件查阅地点等。

承销期开始前 2～5 个工作日将招股说明书概要刊登在至少一种由中国证监会指定的全国性报

刊上及发行人选择的其他报刊上。

3．资产评估报告

资产评估报告是评估机构完成评估工作后出具的具有公正性的结论报告。

4．审计报告

审计报告是审计人员向发行人及利害关系人报告其审计结论的书面文件，也是审计人员在股票发行准备中尽职调查的结论性文件。

5．盈利预测的审核函

盈利预测审核函是经注册会计师对发行人的盈利预测进行审核后出具的审核确认函。

6．发行人法律意见书和律师工作报告

法律意见书是律师对股份有限公司发行准备阶段的审查工作依法做出的结论性意见。

7．承销商律师的验证笔录

验证笔录是主承销商律师对招股说明书所述内容进行验证的记录，制作验证笔录的目的在于保证招股说明书的真实性、准确性。

验证笔录的结构由重要信息、依据或确认、确认人三个部分组成。

8．辅导报告

辅导报告是证券经营机构对发行公司辅导工作结束以后就辅导情况、效果及意见向有关主管单位出具的书面报告。

三、股票发行与承销的实施

（一）承销方式

承销是指将股票销售业务委托给专门的股票承销机构代理。按承担发行风险的大小、划拨所筹资金的多少及手续费高低等因素划分，承销方式有包销和代销两种。

1．包销

包销是指证券公司将发行人的证券按照协议全部购入或者在承销期结束时将售后剩余证券全部自行购入的承销方式。一般可分为全额包销和余额包销。

（1）全额包销是指由承销商（承销团）先全额购买发行人该次发行的股票，然后再向投资者销售的承销方式。

（2）余额包销，又称助销，是指承销商（承销团）按照规定的发行额和发行条件，在约定期限内向投资者销售股票，到销售截止日，如投资者实际认购总额低于预定发行总额的，未售出的股票由承销商负责认购，并按约定时间向发行人支付全部证券款项。在承销期内，承销机构应当尽力向投资者销售所承销的股票，不得为本机构保留所承销的股票。

股票包销的特点是：股票发行风险转移；包销的费用高于代销；发行人可以迅速可靠地获得资金。

📚 案例小链接

发行人与主承销商直接定价　投资银行包销风险加剧

日前中国证监会颁布修订后的《证券发行与承销管理办法》（下称《办法》），放宽对新股定价方式的限制并鼓励创新，允许发行人与承销商直接协商定价等。这标志着新股发行改革向市场化方向更进一步。

投资银行人士认为，直接定价有利于减少询价程序、降低发行成本，但也将考验承销商的定价能力，同时包销风险加大也对投资银行构成了较强的约束力。

《办法》指出，首次公开发行股票除可以采用询价方式定价外，也可以通过发行人与主承销商自主协商直接定价等其他合法可行的方式确定发行价格。采用询价方式定价既可以根据初步询价结果直接确定价格，又可以通过初步询价结果确定发行价格区间，再在价格区间内通过累计投标询价确定价格。

某南方券商投资银行部副总经理认为，从实际操作经验来看，路演推荐对发行大盘股更具意义。小型公司采用直接定价的方式，可以缩短询价流程、大幅降低发行人的相关成本，同时小型公司的承销商通常只有一家，在赋予投资银行定价权后，投资银行出于对包销风险的考虑，定价将更为审慎。

这一观点与上海某券商保荐人的观点不谋而合。他指出，实际上，自去年出现大面积破发潮以来，某些小型公司在路演时仅吸引了 20 多家机构投资者的参与，这与投行采用直接定价方式的小范围、非公开询价的效果相差无几。

"直接定价将考验承销商的定价能力。"上海某券商执行总经理指出，在大盘行情走弱的背景下，如果定价过高市场遇冷，投资银行将被迫大额包销，一旦亏损将令公司的净资本直接受损。

数据显示，主承销商披露的投资价值分析报告上所给出的价格区间往往与询价机构的报价区间存在一定的差距。比如，同大股份的主承销商研究员给出的合理估值区间为 26.18 元～30 元，但其询价区间却低至 12 元～26.18 元；又如珈伟股份的主承销商给出的报价区间为 18.2 元～19.6 元，但机构给出的询价区间为 4 元～13.5 元，远低于其下限水平。

某北京券商分析师指出，主承销商给出的价格区间往往代表着发行人与投资银行对价格的心理预期，询价区间则是投资者对新股的价值预判。目前两者的大价差将给直接定价方式带来一定的挑战。即使保荐公司成功实现 IPO，承销商无奈吞下包销股份，其专业能力也将招致广泛质疑。

事实上包销风险正逐渐从再融资向 IPO 蔓延。数据统计显示，去年以来上海深圳两市 13 家采用公开增发股份进行再融资的上市公司中有 6 家的线下线上认购不足，5 家主承销商不得不包销剩余增发股份，为此垫付近 60 亿元人民币的"真金白银"。2012 年 2 月上市的中国交建由于顶格上限定价导致联席主承销商包销 1.02 亿股，占用资金 5.5 亿元人民币。虽然该股上市首日大涨，但潜藏在其背后的风险不容忽视。

……

2．代销

代销是指证券公司代发行人发售证券，在承销期结束时，将未售出的证券全部退还给发行人的承销方式。

证券的代销、包销期限最长不得超过 90 日。

（二）承销协议与承销团协议

1．承销协议

承销协议是指股票发行人就其所发行股票的承销事宜与股票承销商签订的具有法律效力的文件。

拟公开发行或配售的证券票面总值超过人民币 5 000 万元或预期销售总金额超过人民币 5 000 万元的，应当由承销团承销。承销团由主承销和参与承销的证券公司组成。

承销协议应载明下列事项：当事人的名称、住所及法定代表人姓名；代销、包销证券的种类、数量、金额及发行价格；代销、包销的期限及起止日期；代销、包销的付款方式及日期；代销、包销的费用和结算办式；违约责任；国务院证券监督管理机构规定的其他事项。

2．承销团协议

承销团协议，又称分销协议，是指组织承销团的主承销商与其他承销团成员就承销事项明确各自权利、义务关系的合同文件。

49

（三）发行方式

1．网上发行方式

网上发行是指主承销商利用证券交易所的交易系统，由主承销商作为唯一卖方，投资者在指定的时间内，按现行委托买入股票的方式进行股票申购的股票发行方式。网上发行又包括网上定价和网上竞价两种发行方式。其中，网上定价发行方式具有成本低和发行速度快的特点，近年来为我国多数发行人和承销商所采用。

2．法人配售发行方式

法人配售发行是指发行人在公开发行新股时，允许一部分新股配售给法人的发行方式。根据证监会颁布的《法人配售发行方式指引》，需由主承销商与发行人确定下列事项：本次发行价格；发行规模和申购数量；法人最短持股时间；申购缴款时间。根据有效申购情况确定申购法人的获得配售比例，并与获得配售的法人签署配售协议，申购者按配售协议的约定数量进行申购缴款。配售结束后，主承销商将配售结果报给中国证券登记结算有限责任公司进行股权登记。

3．其他发行方式

（1）认购证方式，又称认购证抽签发行方式，现已不采用。

（2）储蓄存单方式。它是通过发行储蓄存单抽签决定认股者的发行方式，现已很少采用。

（3）全额预缴、比例配售方式。它是指投资者在规定申购时间内，将全额申购款存入主承销商在收款银行设立的专户中，申购结束后全部冻结，在对到账资金进行验资和确定有效申购后，根据股票发行量和申购总量计算配售比例，进行股票配售，余款返还投资者或转为存款的发行方式。2016 年 1 月 1 日起投资者申购新股时无须再预先缴款。

四、股票发行价格与发行费用

（一）股票发行价格的种类

股票发行价格指股份有限公司将股票公开发售给特定或非特定投资者时所采用的价格。股票不得以低于股票票面金额的价格发行。根据发行价与票面金额的差异，发行价格可以分为面值发行与溢价发行：面值发行指股票发行价格等于股票面值；溢价发行指股票发行价格超过股票面值。

溢价发行的发行价格由发行人与承销的证券公司协商确定，报国务院证券监督管理机构核准。

（二）影响发行价格的因素

影响股票发行价格的因素主要包括：企业净资产值；经营业绩；发展潜力；发行数量；行业特点；股市当时的运行状态等。

（三）确定发行价格的方法

1．国际资本市场上新股定价的主要方法

（1）协商定价法。

由发行人和承销商根据发行人的经营业绩、盈利预测、项目投资规模、市盈率、发行市场与交易市场上同类股票价格以及影响股票发行价格的其他因素等情况共同协商确定股票发行价格。

（2）市盈率法。

$$发行价＝每股净收益×发行市盈率$$

$$每股收益＝[发行当年预测税后利润×（12－发行月份）÷12]÷[发行前总股本数＋$$
$$本次公开发行股本数×（12－发行月份）÷12]$$

（3）竞价确定法。

竞价确定法是指投资者在指定时间内通过证券交易场所的交易网络，以不低于发行底价的价格

并按限购比例或数量进行认购委托，申购期满后，由交易系统将所有有效申购按照价格优先、同价位申报时间优先的原则，将投资者的认购委托由高价位向低价位排序，并由高价位向低价位累计有效认购数量，累计数量恰好达到或超过本次发行数量的价格即为本次发行的价格。

（4）净资产倍率法。

$$发行价格＝每股净资产值×溢价倍率（或折扣倍率）$$

（5）现金流量折现法。

通过预测公司未来盈利能力，计算出公司净现值，并按一定的折扣率折算，从而确定股票发行价格。

2．我国新股定价的方法

我国新股定价办法从整体操作方式上看，可以分为 1999 年以前的市盈率法和 1999 年以后的询价法。

1999 年以来，我国实行的是由发行公司与主承销商协商确定新股发行价。1998 年 12 月 29 日全国人民代表大会（简称"全国人大"）通过的《证券法》第二十八条规定：股票发行采取溢价方式发行的，其发行价格由发行公司与承销的证券公司协商确定，报国务院证券监督管理机构核准。1999 年 2 月，中国证监会颁布了《股票发行定价分析报告指引（试行）》，明确由发行公司和主承销商协商确定价格。同时，发行公司应向中国证监会报送其与主承销商共同签署的定价分析报告，作为中国证监会依法核准发行价格的重要依据之一。定价分析报告的基本内容包括：行业概况及发展前景分析；公司现状与发展前景分析；二级市场平均市盈率、大盘走势及可比上市公司分析；发行价格的确定方法和结果。在商定价格的过程中，发行公司和主承销商还采取了向机构投资者询价的做法，希望使股票发行价格能在一定程度上体现投资者的意愿。

从此以后，我国新股发行价格不再是按照公式计算得出来的，而是由发行公司和主承销商在了解市场情况和投资者需求的基础上商定的。招股说明书中披露的市盈率也不再是事先选定的，而是根据已确定的发行价格和每股税后利润计算得出的。

（四）发行费用

发行费用指发行公司在筹备和发行股票过程中发生的费用，该费用可在股票发行溢价中扣除，主要包括以下三个项目。

1．中介机构费

中介机构费包括支付给承销商的承销费，支付给注册会计师的注册会计师费用（审计、验资、盈利预测、审核等费用），支付给资产评估机构的资产评估费用，支付给法律顾问的律师费用等。

2．上网费

采用网上发行方式发行股票时，发行人需向证券交易所缴纳网上发行手续费，为发行总金额的 3.5‰。

3．其他费用

其他费用包括广告费、材料制作费等。

第三节　债券的发行与承销

一、债券发行的目的与条件

（一）债券发行的目的

债券发行是发行人以借贷资金为目的，依照法律规定的程序向投资者要约

债券的发行与承销

发行代表一定债权和兑付条件的债券的法律行为。

1．国债发行的目的

发行国债主要是为了弥补财政赤字、平衡财政收支；扩大政府的公共投资；解决临时性资金需要；归还债务本息；调节社会货币供应量和流通量，为国家综合运用财政政策和货币政策调控经济服务；引导储蓄转化为投资，从而调节生产与消费等。

2．金融债券发行的目的

发行金融债券主要是为了改善负债结构，增强负债的稳定性；获得长期资金来源；扩大资产业务等。

3．企业债券、公司债券发行的目的

发行企业债券、公司债券主要是为了多渠道筹集资金；调节负债规模，实现最佳的资本结构；维持对企业的控制等。

（二）债券发行市场的要素

债券发行市场由债券发行市场主体、债券工具和发行的组织形式三大要素构成。

1．债券发行市场主体

按照债券发行市场主体在债券发行市场扮演的角色的不同，可以划分为发行人、投资者、中介机构和管理者四类。

2．债券分类

（1）按照发行主体分类，可以把债券分为政府债券、公司债券和金融债券。

（2）按照偿还期限的长短分类，可以把债券分为短期债券、中期债券和长期债券，期限分别为1年以内、1年以上10年以下和10年以上。

（3）按照发行方式分类，可以把债券分为公募债券和私募债券。

（4）按照债券发行地区分类，可以把债券分为国内债券和国际债券。

3．债券发行市场的组织形式

债券发行市场的组织形式是指把债券销售出去，从而把市场参与者联系起来的一种市场组织方式，分为有形市场方式和无形市场方式两种。有形市场方式是指通过证券交易所这一有形市场的交易系统发行债券；无形市场方式是指通过证券经营机构、柜台等非特定场所发行债券。

（三）债券发行条件和发行方式

1．债券发行条件

债券发行条件是指债券发行者在以债券形式筹集资金时所必须考虑的有关因素，包括发行金额、票面金额、期限、偿还方式、票面利率、付息方式、发行价格、发行费用、税收效应以及有无担保等多项内容。

2．债券发行方式

债券的发行方式有两种：一种是私募发行，又称定向发行或私下发行，即面向少数特定的投资者发行；另一种是公募发行，又称公开发行，是由承销商组织承销团将债券分销给广泛的非特定投资者。

二、债券的信用评级

债券信用评级就是由专门的信用等级审定机构根据发行人提供的信息材料，并通过预测、调查等手段，运用科学的分析方法，对拟发行的债券募集资金使用的合理性和按期偿还债券本息的能力及其风险大小所做的综合评价。

（一）信用评级的目的

债券信用评级的目的是将发行人的信誉和偿债能力的可靠程度公之于投资者，以保护投资者的利益，使之免遭由于信息不完备或判断不准而造成的损失。

信用评级的作用主要包括：保护投资者的利益；提供债券发行的参考依据。

（二）信用评级的根据

证券评级机构在债券评级过程中主要根据三个因素进行判断。

（1）债券发行人的偿债能力。

（2）债券发行人的资信状况。

（3）投资者承担的风险水平。

（三）信用评级的程序

（1）由债券发行人或其代理人向证券评级机构提出评级申请，并根据评级机构的要求提供详细的书面材料。

（2）证券评级机构与发行单位的主要负责人见面，就书面材料中值得进一步调查的问题和其他有关情况提出询问。

（3）证券评级机构对申请评级单位的各方面情况进行分析。分析的内容主要包括：发行人所属行业的动向以及发行人在该行业中的地位；发行人的经营管理情况、内部审计体制、资本构成的安全性和偿付本息的能力；信托合同中规定的财务限制条款和债券的优先顺序；对发行人所属国家或地区做出评价，分析其政治风险和经济风险；分析发行人在国家政治经济中的重要性以及国家与发行人之间的关系。

（4）在调查分析的基础上，证券评级机构会通过投票决定发行人的信用级别，并与发行人联系，征求其对评级的意见。如果发行人不服评级机构的评定时，可提交理由书，申请变更信用级别，但这种变更申请只限一次。

（5）证券评级机构评定其债券信用级别后，一方面通知评级申请人，另一方面将评级结果汇编成册，公开发行。

（6）证券评级机构根据各申请评级单位的财务、经营活动变化情况，定期调整债券信用级别。

（四）债券的等级划分及等级定义

债券的信用级别，按债券风险程度大小分为四等十级两大类。两大类是指：投资类，包括一等的 AAA、AA、A 级与二等的 BBB 级；投机类，包括二等的 BB、B 级，三等的 CCC、CC、C 级与四等的 D 级。

三、我国债券的发行

（一）金融债券的发行

1．发行人

金融债券的发行人是国有商业银行、政策性银行以及其他金融机构。

2．发行资格

具有发行金融债券资格的是国有商业银行、政策性银行以及其他金融机构。

3．发行审核

准备发行金融债券的各银行与非银行金融机构根据实际需要，按照规定的要求和程序向中国人民银行报送本单位发行金融债券的计划，计划的主要内容包括：金融债券的发行额度；金融债券的面额；金融债券的发行条件；金融债券的转让、抵押等规定；金融债券的发售时间与发售方式；所筹资金的运用。

同时，中国人民银行根据信贷资金的平衡情况确定金融债券的年度发行额，并向各银行与非银行金融机构下达发行金融债券的指标。省级非银行金融机构如果需要发行金融债券，要向同级中国人民银行申报，由中国人民银行分行在中国人民银行下达的控制额度内进行审批，在申报的同时也要报送如前面所述的有关发行金融债券的具体计划。

4．发行方式

金融债券的发行方式有自办发行和代理发行两种。

（二）企业债券的发行

1．发行人

企业债券的发行主体是具有法人资格的企业。

2．发行资格

（1）企业规模达到国家规定的要求。

（2）企业财务会计制度符合国家规定。

（3）具有偿债能力。

（4）企业经济效益良好，发行企业债券前连续 3 年盈利。

（5）所筹资金投向符合国家产业政策。

3．发行审核

按照《企业债券管理条例》的规定，国家计划委员会会同中国人民银行、财政部、国务院证券监督管理机构拟定全国企业债券发行的年度规模内的各项指标；报国务院批准后，下达各省、自治区、直辖市、计划单列市人民政府和国务院有关部门执行。企业发行企业债券受国家计划发行规模的限制，要经过配额与发行的双重审核。

4．发行方式

根据《企业债券管理条例》规定，企业发行企业债券，应当由证券经营机构承销。我国企业债券的发行采用包销和代销两种方式，即先由某家证券经营机构同发行债券的企业签订承销协议，企业拟发行的债券由该机构承销，未销完部分按协议规定处理。此外，对于一些数额较大的企业债券，多采用组织区域性承销团的承销方式。

（三）公司债券的发行

1．发行人

股份有限公司、国有独资公司和两个以上的国有企业或者其他两个以上的国有投资主体投资设立的有限责任公司，为筹集生产经营资金时，可以发行公司债券。

2．发行资格

发行公司债券，必须符合下列条件。

（1）股份有限公司的净资产额不低于人民币 3 000 万元，有限责任公司的净资产额不低于人民币 6 000 万元。

（2）累计债券余额不超过公司净资产额的 40%。

（3）最近 3 年平均可分配利润足以支付公司债券 1 年的利息。

（4）筹集的资金投向符合国家产业政策。

（5）债券的利率不得超过国务院限定的利率水平。

（6）国务院规定的其他条件。

凡有下列情形之一的，不得再次发行公司债券。

（1）前一次发行的公司债券尚未募足的。

（2）已发行的公司债券或者其债务有违约或者延迟支付本息的事实，且仍处于继续状态的。

发行公司债券筹集的资金，必须用于审批机关批准的用途，不得用于弥补亏损和非生产性支出，不得用于股票、房地产和期货买卖等与本公司生产经营无关的风险性投资。

3．发行审核

公司债券的发行规模由国务院确定。国务院证券管理机构审批公司债券的发行，不得超过国务院确定的规模。公司债券的发行审核也包括配额审核与资格审核两部分。

4．发行方式

公司债券的发行主要是由证券经营机构负责承销，发行方式与企业债券基本相同。

（四）可转换公司债券的发行

可转换公司债券是指股份有限公司依照法定程序发行，在一定期间内依据约定的条件可以转换成股份的公司债券。

1．发行人

我国上市公司和重点国有企业经批准可以发行期限最短为 3 年、最长为 5 年的可转换公司债券。

2．发行资格

（1）最近 3 年连续盈利，且最近 3 年净资产利润率平均在 10%以上；属于能源、原材料、基础设施类的上市公司不得低于 7%。

（2）可转换公司债券发行后，资产负债率不高于 70%。

（3）累计债券余额不超过公司净资产额的 40%。

（4）筹集资金的投向符合国家产业政策。

（5）可转换公司债券的利率不超过银行同期存款的利率水平。

（6）可转换公司债券的发行额不少于人民币 1 亿元。

（7）有具有代为清偿债务能力的保证人担保。

3．发行审核

公司发行可转换公司债券，应当由发行人提出申请，经省级人民政府或者中央企业主管部门推荐，报中国证监会审批。

4．发行方式

可转换公司债券采取记名式无纸化发行方式。

发行人应当在承销期前 2～5 个工作日内，将可转换公司债券募集说明书刊登在至少一种由中国证监会指定的全国性报刊上。

可转换公司债券的发行，应当由证券经营机构承销，发行程序与发行股票程序基本相同。

5．可转换公司债券的上市

可转换公司债券在发行人股票上市或者拟上市的证券交易所上市交易。

上市公司发行的可转换公司债券，在发行结束 6 个月后，持有人可以依据约定的条件随时转换股份。

可转换公司债券在转换期结束前的 10 个工作日内停止交易，停止交易到转换结束之前不影响持有人依据约定的条件转换股份的权利。

四、我国国债的发行与承销

（一）我国国债的发行方式

1．公开招标方式

国债公开招标发行是指承销商按照财政部确定的当期国债招标规则，以竞标方式确定各自包销的国债份额及承销成本，财政部则按规定取得发行国债的资金。

（1）缴款期招标。在规定的最长缴款期限内，由各承销商就缴款日期投标，然后按投标的缴款日期从短到长排序，时间短者优先中标。

（2）价格招标。价格招标方式就是以承销机构向财政部报价的价位自高向低排序，报价高者优先中标。一般是在贴现国债的发行中使用。

（3）收益率招标。即按各承销机构向财政部投标的收益率自低向高排序，投标的收益率最低者优先中标。收益率招标方式多适用于附息债券，此时国债发行的标的物是收益率。

一般来说，对利率（或发行价格）已确定的国债，采用缴款期招标；对短期贴现国债，多采用单一价格的荷兰式招标；对长期零息和附息国债，采用多种收益率的美国式招标。

2．承购包销方式

承购包销是指各金融机构按一定条件向财政部或地方财政部门承销国债并在市场上分销，未能发售的余额由承销商购买的发行方式。目前主要应用于不可上市流通的凭证式国债的发行。承销机构赚取的不是发行者支付的手续费，而是包销价与转卖债券的差价。

3．行政分配方式

少量的特种国债，采取行政分配方式发行，这属于私募发行。

（二）国债承销程序

1．记账式国债的承销程序

（1）场内挂牌分销的程序。承销商在分得包销的国债后，向证券交易所提供一个自营账户作为托管账户，将在证券交易所注册的记账式国债全部托管于该账户中。同时，证券交易所为每一位承销商确定当期国债各自的承销代码。在此后发行期中的任何交易时间内，承销商按自己的意愿确定挂牌卖出国债的数量和价格，进行分销。投资者通过证券交易所购买债券，买卖成交后，客户认购的国债自动过户至客户的账户内，并完成国债的认购登记手续。

（2）场外分销的程序。发行期内承销商也可以在场外确定分销商或客户，并在当期国债的上市交易日前向证券交易所申请办理非交易过户。证券交易所根据承销商的要求，将原先注册在承销商托管账户中的国债依据承销商指定的数量过户至分销商或客户的账户内，完成债券的认购登记手续。国债认购款的支付时间和方式由买卖双方在场外协商确定。

2．无记名国债的承销程序

（1）场内挂牌分销的程序。承销商在分得包销的国债后，立即确定各自无记名国债在场内的注册数量和场外分销的数量，以及各种券面的需求情况，由中央国债登记结算有限公司在发行期之前完成实物券的调运工作。同时承销商必须向证券交易所提供无记名国债托管的席位和注册账户。

（2）场外分销的程序。承销商在分得包销的国债后，所确定的用于场外分销的部分国债，由承销商在开始发行前从中央国债登记结算有限公司在全国各大城市的指定库房中提取。发行期内，承销商以发售实物券的形式进行柜台销售或提供给分销商，完成国债的发行。

3．凭证式国债的承销程序

凭证式国债是一种不可上市流通的储蓄型债券，主要由银行承销，各地财政部门和各国债一级自营商也可参与发行。承销商在分得所承销的国债后，通过各自的代理网点进行发售。

（三）国债承销的价格、风险和收益

1．国债承销的价格及其影响因素

（1）国债承销的价格。在传统的行政分配和承购包销的发行方式下，国债按规定以面值出售，不存在承销商确定承销价格的问题。在现行的多种价格的公开招标方式下，每个承销商的中标价格与财政部按市场情况和投标情况确定的发售价格是有差异的。如果按发售价格向投资者销售国债，承销商就有可能发生亏损。因此，财政部允许承销商在发行期内自定承销价格，随行就市发行。

（2）国债承销价格的影响因素。主要包括市场利率、承销商承销国债的中标成本、流通市场上可比国债的收益率水平、国债承销手续费收入、承销商所期望的资金回收速度、国债分销过程中的其他成本等。

2．国债承销的风险

（1）国债承销的风险。在国债承购包销中，承销商有可能要承担一定的承销失败的风险，即因承销而产生亏损。

（2）国债承销风险的影响因素。主要包括国债本身的条件、发行市场状况、宏观经济因素等。

3．国债承销的收益

主要包括差价收入、发行手续费收入、资金占用的利息收入、留存自营国债的交易收益。

本章小结

1．投资银行一级市场业务主要是指证券的发行与承销业务，证券发行、承销与上市业务是投资银行最本源、最核心、最基础的业务活动，是投资银行为公司或政府机构等组织进行融资的主要手段之一。

2．投资银行的承销业务，按承销证券的类别划分可以分为中央政府和地方政府发行的债券承销，企业发行的债券承销和股票承销，外国政府发行的债券承销，国际金融机构发行的证券承销等；按证券发行方式划分，可分为公募发行承销和私募发行承销；按承销协议划分，可分为包销、代销、投标承购。

3．证券发行承销与上市的程序是：发行准备；签订承销协议；证券销售；证券上市。

4．证券发行管理制度大体可分为两种基本的发行管理制度：证券发行登记制和证券发行核准制。

5．自1990年我国证券市场建立直至2000年，我国股票发行制度一直实施的是行政审批制度。1999年7月《证券法》颁布，明确要求我国股票发行制度要实施核准制。从2001年3月17日开始，我国正式实施核准制，并一直持续到2004年2月。从2004年2月1日起，我国开始推行保荐人制度。

课后练习题

一、名词解释

证券承销　证券发行登记制　证券发行核准制　保荐人制度　网上发行方式　法人配售发行方式　协商定价法　竞价确定法　债券信用评级　可转换公司债券　国债公开招标发行

二、填空题

1．证券的承销一般都采取（　　　）方式。这种方式将发行人的风险全部转移到（　　　）身上，因此发行人必须付出更多的报酬。

2．投资银行在承销业务中可以以两种方式得到报酬：一种是（　　　），即投资银行支付给证券发行者的价格和投资银行向社会公众出售证券的价格之间的差价；另一种是（　　　），通常按发行金额的一定百分比计算。

3. 证券发行登记制遵循的是（   ）原则；证券发行核准制遵循的是（   ）原则，体现在强制性信息披露和合规性相结合。

4. 比较证券发行管理制度，可以发现（   ）制比较适合证券市场发展历史较长、各项法律法规健全、行业自律性较好、投资者素质较高（理性的机构投资者在市场中占有一定的比重）、证券市场发展水平相对较高的国家和地区；（   ）制则适合证券市场处于发展初期、法律法规的建立健全尚需一个相当长的过程、而证券市场的投资者结构不甚合理的国家和地区。

5. 从 2004 年 2 月 1 日起，我国证券发行管理制度开始推行（   ）制度。

6. 辅导期自拟发行人与投资银行签订证券承销协议和辅导协议起至公司股票上市后（   ）年止。辅导期包括承销过程的辅导和上市后的持续辅导。

7. 采用网上发行方式发行股票时，发行人需向证券交易所缴纳网上发行手续费，为发行总金额的（   ）。

三、简答题

1. 影响承销风险的因素。
2. 证券发行登记的主要内容。
3. 我国证券发行管理制度的历史沿革。
4. 股票发行上市的条件。
5. 股票承销前的尽职调查范围。
6. 股票发行方式。
7. 新股定价的主要方法。
8. 企业债券的发行资格。
9. 可转换公司债券的发行资格。
10. 国债公开招标方式。

第四章 证券交易业务

本章教学要求

本章介绍投资银行的证券交易业务，主要内容包括投资银行的证券经纪业务、做市业务、自营业务、融资融券业务、股指期货业务。

通过本章的学习，应该掌握投资银行的证券经纪业务、做市业务以及自营业务的含义与分类；掌握融资融券业务的主要模式与证券信用交易风险识别与风险管理；掌握金融创新的含义、发展动因及发展趋势；理解不同业务的操作模式和责任关系；理解金融工具的产品创新，主要掌握股指期货业务。

案例导入

2017 年百大券商经纪业务排名：华泰领衔，二三名位置互换

2017 年券商股基交易额合计 241.88 万亿元人民币，华泰证券以 19.01 万亿元人民币股基交易额、7.86%的市场份额稳居榜首。

根据 Wind 数据统计显示，2017 年券商股基交易额合计人民币 241.88 万亿元，较 2016 年人民币 276.48 万亿元同比减少人民币 34.6 万亿元，降幅为 12.51%。

根据 Wind 数据统计显示，2017 年，榜单前十强较 2016 年未发生变化，华泰证券以人民币 19.01 万亿元股基交易额、7.86%的市场份额稳居榜首。

国泰君安证券超越中信证券位列第二，市场份额为 5.89%，较 2016 年提升了 0.7 个百分点。

中信证券位列第三，2017 年股基交易额约 13.61 万亿元人民币，市场份额为 5.63%。

四五名位置互换，海通证券超越银河证券位列第四，股基交易额约 11.56 万亿元人民币，且市场份额较 2016 年提升了 0.12 个百分点。

中国银河位列第五，2017 年股基交易额约为 11.09 万亿元人民币，市场份额为 4.58%。

十强其余 5 家分别是广发证券、申万宏源证券、招商证券、国信证券和中信建投证券，排名较 2016 年均未发生变化。

总体来看，2017 年券商经纪业务集中度环比略有下滑，前十强券商经纪业务市场份额合计为 47.39%，较 2016 年 48.33%的市场份额减少了 0.94 个百分点。

第一节 证券经纪业务

证券经纪业务

在二级市场中，投资银行可以扮演证券经纪商、自营商和做市商三种角色。作为证券经纪商，投资银行代表着买卖双方，接受客户委托代理买卖证券并收取适当的佣金。

一、证券经纪业务的概念和基本要素

（一）概念

投资银行证券经纪业务是指具备证券经纪商资格的投资银行通过其设立的证券营业部，接受客户委托并代理客户买卖有价证券的业务。证券经纪业务又可分为柜台代理买卖（场外交易）和证券交易所代理买卖（场内交易）两种。在我国，证券经纪业务主要是指证券公司按照客户的委托，代理客户在证券交易所买卖证券的有关业务。

在我国，证券经纪业务具体包括 A 股代理业务、B 股代理业务、基金（上市基金和开放式基金）代理业务、债券代理业务等。每类业务一般又有开户（包括证券账户和资金账户）、开通网上交易、银证通开户、开通银证转账功能、上海股东账户办理指定交易、资金存取、委托买卖、清算交割、上海股东账户撤销指定交易、深市股票转托管、账户或证件挂失、冻结、解冻、清密、销户、咨询等环节。

证券经纪业务的特点是：业务对象广泛；经纪商作为中介收益稳定；客户指令最具权威性；经纪商必须替客户保密。

（二）基本要素

1．委托人

在证券经纪业务中，委托人是指依照国家法律法规的规定，可以进行证券买卖的自然人或法人。委托人可以自由选择一家或多家证券经纪商作为自己日常交易的代理人，其选择的依据主要是经纪商的信誉状况、收费标准、服务质量等。委托人如果是自然人，则其绝不能是证券市场禁入者（如未经法定监护人代理或允许的未成年人、违反证券法规并正在接受处罚者、被破产宣告者等）；委托人如果是法人，则必须提供法人授权开户证明书。证券经纪商在接受委托时，有权对委托人的资格进行审查，而委托人也应对自身资金来源的合法性负全责。

2．证券经纪商

证券经纪业务之所以存在，其重要原因之一就是在现实条件下不可能允许绝大部分投资者进入证券交易所内进行交易。因此，投资者如果需要从事证券交易，必须通过某家投资银行的代理。在美国，投资银行在二级市场中代理买卖证券收取佣金时，被称为经纪公司。

目前，我国合法的证券经纪商是指接受客户委托、代理客户买卖证券并在买卖成交后收取佣金的证券公司。证券交易所通常都规定一般的投资者不得进入证券交易所参加交易，必须由经纪商代理交易，因此，经纪商在交易中的地位极为重要。在从事证券的经纪业务时，投资银行并不承担证券价格波动的风险，相应地，其赚取的也只是手续费。

根据从事证券经纪业务的具体交易方式来细分，目前的证券经纪商基本可以分成三类：一类是以现场交易为主的中小证券公司；另一类是以非现场交易为主的网络经纪商；还有一类是强调现场交易和非现场交易同步发展的大证券公司。

投资银行作为证券经纪商出现在证券市场上，其主要作用是成为买方和卖方的经纪商，发挥着沟通供需、执行指令、代办手续的中介作用。

证券经纪业务关系到投资者的利益和证券市场的稳定，因此，各国对投资银行证券经纪业务资格都有严格规定。总的来讲，投资银行经营证券经纪业务应当具备的条件有：第一，投资银行必须向当地证券监管部门和证券交易所提出资格申请并获得批准；第二，投资银行必须拥有充足的资本金、固定合法的营业场所、完善的管理制度、能够保证交易正常进行的通信设备等条件，其员工必须具有证券经纪商资格；第三，投资银行在获得证券交易所提供的交易席位后，每年要向证券交易所交纳一定数量的资格会费。

证券经纪商在证券交易活动中所起到的中介作用十分重要，证券交易所和监管部门对经纪商的行为要做出明确的规范，要求他们遵循公开、公平、公正的原则，忠实办理受托业务，不得从事内幕交易或发生其他有损客户利益的行为，并全面履行交易信息处理、反馈和保密的义务。既从事经纪业务又从事自营业务的综合性投资银行，应当将经纪业务和自营业务严格分离，贯彻客户委托优先的原则，不得为谋取自营收益最大化而损害客户利益。

二级市场越不发达、流动性越差的证券越无人问津，除非其能够提供足够的流动性溢价报酬作为补偿；二级市场越发达、流动性越好的证券，即使发行公司提供相对较低的收益率预测或承诺，其仍然有机会畅销。因此，投资银行在二级市场担任经纪商具有重要意义。

3．证券交易所

证券交易所是挂牌上市的证券进行交易的场所。符合条件的投资银行可以申请成为证券交易所的会员从而获得交易席位，之后就能够通过向场内派驻出市代表（"红马甲"）或者场外报盘等方式将客户的操作指令送达证券交易所的电脑主机。

知识小扩展

红马甲

"红马甲"指证券交易所内的证券交易员，因穿红色背心而得名。他们又称"出市代表"，由于早期没有远程自助交易，所有的客户交易指令都是通过电话报给交易员，由交易员敲进证券交易所的交易主机内撮合成交的。

在证券交易所里，一线柜台员工穿的是黑色马甲，证券交易所交易员穿的是红色马甲，证券交易所管理人员穿的是黄色马甲。

红马甲是券商的交易员，黄马甲是证券交易所的工作人员，当年这么设计其实并不符合国际惯例，但这是具有中国特色的红黄马甲制度。其实，红黄马甲的产生是一种误会和巧合，当时因为上海证券交易所大厅的色彩为冷色调，如果交易人员穿红色，那么整个市场的色彩就比较鲜艳，气氛就会显得比较有活力。结果负责服装的同志去买布做马甲的时候，看黄颜色比红颜色好，就自己擅自决定买了黄布。但是黄布并不符合要求，只好重新买红布去做。到证券交易所开业的时候，因为已经做了几件黄马甲，因此临时决定证券交易所人员穿黄马甲。一次错误的购买后为了节省原料，才产生了后来的红黄马甲。所以全世界的证券交易所里，只有中国有红黄马甲之分。

非上市证券的场外经纪业务并不通过证券交易所进行，它没有十分固定的交易场所，也不像证券交易所那样会对交易品种和交易流程进行标准化的处理。而事实上，场外交易活动并不必然需要证券公司的全面介入，而证券公司也根本无法参与所有的场外交易活动。随着场外交易市场的发展和第四市场的出现，在场外市场做交易的一部分投资者更倾向于双方直接自营买卖，而不需要投资银行等中介机构的参与，即可以绕开证券经纪商。因此，场外经纪业务发生的比例并不高，目前大部分经纪业务还是通过证券交易所进行的。

4．证券交易的标的物

证券交易的标的物就是证券代理买卖委托合同中约定的交易对象。目前，我国证券交易的标的物可以是A股、B股、基金、债券（包括可转换债券）等。

在上述4个要素均齐备的情况下，投资银行的证券经纪业务就可以顺利开展了。

二、证券经纪业务的流程

综观证券经纪业务的流程，大部分经纪业务是通过证券交易所来完成的。不同国家、不同证券交易所，其对于经纪业务的程序会有不同的规定。以我国证券交易所为例，在国内买卖无纸化（挂牌、记名）证券时，完整的证券经纪业务的流程一般如下所述。

（一）证券账户的开立

投资者应先到当地中国证券登记结算有限公司的分支机构及其代理点开立证券账户。证券账户有两种分类方法。

1．按照开户人分类

按照开户人的不同，可以分为个人账户（A 字账户）和法人账户（B 字账户）。

个人投资者原规定只能凭本人身份证开设一个证券账户，不得重复开户。2015 年 4 月 13 日，取消自然人投资者开立 A 股账户的"一人一户"限制，允许自然人投资者根据实际需要开立账户，最多可以开立 20 个账户，2016 年 10 月 14 日修改为 3 个账户。法人投资者不得使用个人证券账户进行交易，投资银行开展证券自营业务必须以本公司名义开立自营账户。法人投资者买卖上海证券交易所和深圳证券交易所挂牌证券，应分别开设上海证券账户和深圳证券账户。证券账户全国通用，投资者可以在自己就近选择的证券营业部委托交易。

2．按照目前上市品种和证券账户用途分类

按照目前上市品种和证券账户用途的不同，证券账户可以分为股票账户、债券（回购）账户和基金账户。

股票账户可以用于买卖股票，也可用于买卖债券和基金及其他上市证券；债券账户和基金账户则分别只能用于买卖上市债券（回购）和上市基金。已开立证券账户的投资者不得再开立基金账户；已开立基金账户的投资者需要开立证券账户时，应申请合并两个账户并注销基金账户。

（二）资金账户的开立

投资者持证券账户卡与证券经纪商签订的证券交易委托代理协议，开立资金账户。证券交易结算资金账户是投资者用于证券交易资金清算的专用账户，该账户的开设标志着证券经纪商与投资者之间已经建立起了委托代理关系，投资者只要往自己的账户内存入资金就可以进行操作了。

（三）交易委托

1．交易委托的要求

办理委托的手续包括投资者填写委托单和证券经纪商受理委托，这就相当于合同关系中的要约与承诺。委托单明确了委托人和受托人（代理人）的权利义务关系，是处理交易纠纷的依据。不管委托是否成交，证券经纪商都要将委托记录按照规定的期限予以保存。

2．交易委托的种类

（1）整数委托与零数委托。

按照委托数量的不同，交易委托可以分为整数委托和零数委托。整数委托是指委托买卖证券的数量为一个交易单位（目前我国股票的交易单位为 100 股）或交易单位的整倍数。零数委托是指委托买卖证券的数量不足交易所规定的一个交易单位。按现行规定，1～99 股均为零数委托。目前，我国只在卖出证券时才有零数委托。

（2）市价委托和限价委托。

按照委托价格的不同，交易委托可以分为市价委托和限价委托。市价委托是指投资者发出买卖某种证券的委托指令时，要求证券经纪商按证券交易所内当时的市场价格买进或卖出证券。限价委托是指投资者要求经纪商在执行委托指令时必须按限定的价格或比限定价格更有利的价格买卖证券（即必须以限价或低于限价买进证券、以限价或高于限价卖出证券）。目前我国主要使用限价委托，并规定委托单当日（交易时间）内有效。

（四）委托成交

众多投资者的合法有效委托经证券公司受理并代为报盘之后，应如何判断其是否成交、以什么价格成交呢？

1. 成交原则

委托成交必须遵循以下两个基本原则。

（1）价格优先，即价格较高的买进申报优先于价格较低的买进申报，价格较低的卖出申报优先于价格较高的卖出申报。

（2）时间优先，即同价位申报，依照申报时间决定优先顺序。

2. 竞价原理

在不同的交易时段，上海证券交易所和深圳证券交易所的电脑主机会对投资者的委托采取以下两种不同的具体竞价方式进行判断处理。

（1）集合竞价。

集合竞价是指每个交易日 9：25 时，证券交易所电脑主机对 9：15～9：25 所接受的全部有效委托进行一次集中撮合处理，从而产生当日开盘价（即第一笔成交价）的过程。具体处理方法是将 9：15～9：25 的所有买方有效委托按照委托价格由高到低的顺序排列，所有卖方有效委托按照委托价格由低到高的顺序排列，价格相同者则按照进入主机的先后顺序排列。然后，在有效价格范围内（比如在涨跌停板之间）选取一个能够使所有买方和卖方产生最大成交量的价位。如果这样的价位有两个以上，则按如下规则筛选：必须保证委托价格高于选取价格的所有买方和委托价格低于选取价格的所有卖方都能够如愿全部成交；还必须保证委托价格等于选取价格的买方和卖方当中至少有一方全部成交；如果满足上述条件的价位仍有多个，上海证券交易所规定采用其中间价作为开盘价，深圳证券交易所规定采用离前收盘最近的价位作为开盘价。无论怎样，开盘价只能有一个（即所有成交均是以同一价格），集合竞价阶段未能成交的委托将自动进入 9：30 以后的连续竞价阶段。在交投清淡的行情中，出价条件相符的买家和卖家实际上并不多，因此很有可能在集合竞价阶段根本无法产生开盘价。因而开盘价也可以等到连续竞价阶段再产生，而集合竞价阶段的所有委托也将全部自动进入连续竞价处理。

（2）连续竞价。

连续竞价是指在集合竞价结束后，正常交易时间（9：30）开始时，每一笔买卖委托输入电脑撮合系统后，当即判断并进行不同的处理，能成交者予以成交，不能成交者等待机会成交，部分成交者则让剩余部分继续等待的竞价方法。连续竞价阶段对委托指令的具体处理方法同样是按照价格优先、时间优先的原则，与集合竞价不同的是连续竞价是进一笔单子就当即处理一笔。

任何竞价的结果都只有三种可能：全部成交、部分成交和不成交。

（五）登记结算

无纸化记名证券在二级市场流通转让的过程中，必定伴随着股权登记、证券存管、证券结算等步骤，只有这些程序的运行准确无误，才能支持证券交易的正常开展。

1. 股权登记

现代证券交易的对象多为无纸化证券，由于没有实物载体，股东的所有权无法凭借实物券来体现，在流通转让中就容易发生混乱。为了保护投资者的合法权益、增强投资者的信心，同时也便于了解公司本身的股权分布情况，发行公司往往都会委托专门的证券登记机构建立其所有股东的名册，并在每一次转让行为发生后进行变更登记，这就是所谓的股权登记。股权登记的委托人是发行公司，受托人是证券登记结算公司，它们之间应当建立长期的股权登记服务合同，以明确双方长期的权利义务关系。在证券交易所中，股权登记一般都是通过证券交易所的电脑系统自动完成。由专门的中介机构来承担股权登记职能，在一定程度上简化了投资银行的经纪业务流程。

2．证券存管

证券存管是指在交易过户、非交易过户、分红派息、账户挂失等变更中实施的财产保管制度，是证券买卖过程中的一项安全保护措施。证券存管的委托人是投资者，受托人仍然是证券登记结算公司。对于无纸化记名证券通常采用中央存管的办法，存管后的证券若发生转移，无须签发实物券，而是通过电子化账面系统进行划转。目前我国上海证券交易所实行的是一级存管、全面指定交易制度。每一家证券公司都是以一级法人名义委托登记结算公司直接集中管理其证券总账及每一位投资者名下的明细证券，而不具备法人资格的证券营业部所管理的信息则只记录到股东资料这一层，因此投资者必须指定一家证券营业部作为自己买卖证券的唯一交易点，不能随处通买通卖，但是在履行完交收责任的条件下可以撤销原来的指定交易并指定新的营业部进行交易。深圳证券交易所实行的则是二级存管制度（也叫托管证券公司制度），除了登记结算公司直接管理证券公司的证券总账及每一位投资者名下的明细证券之外，不具备法人资格的证券营业部同时也管理其投资者名下的明细证券。在此项制度下，投资者名下的股份明细资料由登记结算机构和托管证券经营机构双重管理、双重备份（即通常所说的"双保险"），因此投资者可以实现以下 4 项权利。

（1）自动托管：投资者在任何一家证券营业部买入证券，这些证券就自动托管在该营业部。

（2）随处通买：投资者可以利用同一证券账户在国内任何一家证券营业部买入证券（当然首先必须在该营业部开设资金账户并存入足够的资金）。

（3）哪买哪卖：在哪里买入，证券就托管在哪里，因此也只能在该营业部卖出。

（4）转托不限：投资者可以将一只证券的部分或全部，或将多只证券从一个营业部转移到另一个营业部存管，这就叫"转托管"。投资者办理转托管后的第二个交易日（$T+1$ 日），即可在新转入的营业部卖出证券。

3．证券结算

清算、交割与交收统称为证券结算。在场内交易中，投资者与投资者之间、投资银行与投资银行之间并不进行直接的清算往来，而是由每一家投资银行（它首先必须注册成为结算机构的会员单位）分别与结算机构发生应收应付。在这种结算制度下，结算机构不得以应付会员未付为由而拖延对应收会员的支付，从而使结算机构承担会员不支付的风险。

（1）清算。

证券清算业务，主要是指在每个营业日收盘后对各会员投资银行所属席位成交的证券数量与价款分别进行轧抵，对证券和资金的应收或应付净额进行计算的处理过程。净额清算的意义在于同时减少通过证券交易所实际交割的股票与价款，节省大量的人力、物力和财力。证券交易所如果没有开展清算业务，那么每家证券公司都必须向对方逐笔交割股票与价款，手续相当烦琐，占用大量的人力、物力、财力和时间。

（2）交割、交收。

证券交易买卖双方达成交易后，应按照规定的时间履行合约，在这"钱货两清"的过程中，证券的收付称为交割，资金的收付称为交收。一般来说，交割、交收的方式有四种。

一是当日交割、交收：是指证券买卖双方在证券交易达成之后，于成交当日即进行证券的交割和价款的交收，完成交易的全过程。

二是次日交割、交收：是指证券买卖双方在交易达成之后，于下一营业日进行证券的交割和价款的交收，完成交易的全过程。

三是例行日交割、交收：是指证券买卖双方在交易达成之后，按证券交易所的规定，在成交日后的某个营业日进行交收。应当注意，这种交割、交收的时间是完全由相应证券交易所规定的。例如，上海证券交易所的 A 股例行日交割、交收为次日（$T+1$）交割、交收，B 股例行日交割、交收则为成交日后第三个营业日（$T+3$）。在实际当中，多数证券交易都为例行日交割、交收。

四是特约日交割、交收：是指证券交易双方在达成交易后，由双方根据具体情况商定，商定在从成交日算起 15 天以内的某一特定契约日进行交割、交收。特约日交割、交收方式是为了方便那些无法进行例行日交割、交收的客户（如异地客户）而设立的。

案例小链接

2017 年上半年全国证券公司经纪业务排行榜

2017 年上半年，受交易量及佣金费率双降影响，券商经纪收入降幅较大，全行业实现代理买卖证券业务净收入（含席位租赁收入）388.54 亿元人民币，同比减少 30.59%。2017 年上半年行业平均净佣金率下降至 3.75‰。

根据中国证券业协会统计，2017 年上半年，仅 11 家代理买卖证券业务净收入突破 10 亿元人民币，从高到低分别是：国泰君安证券、中国银河证券、国信证券、华泰证券、广发证券、中信证券、申万宏源证券、招商证券、海通证券、中信建投证券及中泰证券。

三、证券经纪业务的营销策略和营销体系

1. 投资银行经纪业务步入营销时代

（1）机构投资者迅速成长导致需求规模及需求结构发生巨变。

近年来，以开放式证券投资基金、养老基金、企业年金等为主体的机构投资者已经成为国际资本市场的中坚力量。机构投资者的迅速成长对经纪业务的影响主要表现在两个方面。

一是投资者需求规模发生变化。催生价值投资理念，导致经纪业务市场规模不能与证券市场规模同步增长，机构投资者的快速发展促使投资者结构不断改善、优化，逐渐引导广大中小投资者走向成熟和理性，投资理念向注重基本分析、崇尚价值投资转变，其直接结果是二级市场的投机性减弱，换手率明显下降。对经纪业务而言，证券市场的总体规模虽然还会在较长时期内保持相当高的增长速度，但由于交易换手率不断降低，导致经纪业务的市场规模不能同步增长，于是经纪业务的需求进入缓慢增长阶段。

二是投资者需求结构发生根本变化。机构投资者实力增强，经纪商则处于相对弱势地位。机构投资者除了对交易通道的及时性、安全性要求苛刻外，更看重证券公司的研究实力和综合服务能力。投资者需求的综合化、个性化直接导致证券公司经纪业务竞争模式和竞争格局的转变，一些综合性证券公司将因其综合服务能力强而获得机构投资者青睐并逐步成长为市场的中坚力量。

（2）管制放松使竞争者多元化。

证券业对外开放的深入将使本土投资银行证券经纪业直接面临全球竞争，竞争的结果是原有的格局被打破，国际范围内的各投资银行重新洗牌。

同时，随着经济自由化，各国证券市场的准入壁垒逐步降低，使经纪业务供给日趋增加，这使证券经纪业务市场进入买方市场。

浮动佣金制的广泛推行也将改变证券公司经纪业务的生存方式。实施浮动佣金制必将导致佣金费率逐步降低，大大压缩经纪业务的利润空间，经纪业务垄断利润的时代一去不复返。因此，佣金费率的放开就将成为行业竞争格局重新演变和分化的导火索，证券经纪业务的市场结构、产品结构都将发生剧烈变化。

投资者结构的变化和证券经纪业管制的放松使证券公司的竞争环境发生了深刻变化，并将促使经纪业务从成长期向成熟期过渡。营销竞争将成为短期内抢占市场先机和长期内获取竞争胜利的关键，营销水平的高低将直接影响证券经纪商的生死存亡。

2. 国外投资银行经纪业务的营销策略演变

从国际经验看，随着技术进步和管制放松，证券经纪业务的进入门槛逐步降低，利润率趋于平均化。以最早实现佣金自由化的美国为例，纽约证券交易所及场外交易市场经纪业务的佣金水平已从 20 世纪 80 年代的每股 0.30 美元以上降至 21 世纪初的 0.02 美元左右，降幅在 90% 以上。这直接导致占证券公司总收入半壁江山的经纪业务收入和利润大幅减少。为摆脱这种困境，一方面，各大投资银行纷纷拓展业务范围、寻找新的业务收入来源，于是证券经纪业务逐步多元化；另一方面，各大投资银行纷纷引入先进的营销理念，逐步转变经纪业务的经营模式。

（1）营销战略逐步分化，形成多层次竞争格局。

经典的营销理论将营销战略划分为低成本、差异化和市场细分三种，企业应根据自身实力和资源的差异确立各自的营销战略。事实上，国外证券经纪商在长期的竞争过程中形成了全方位服务商、成本领先的折扣经纪商等不同的战略定位。

全方位服务商拥有强大的研究实力及庞大的营销网络，借助其综合业务优势、业务间的相互关联为经纪业务提供强大支持，对各类投资者提供差异化和高附加值服务（比如全方位个性化理财服务），在市场中占据举足轻重的地位。典型代表是美林证券。

成本领先的折扣经纪商利用技术优势和成本优势，为客户提供价格低廉的通道服务，但不会牺牲服务质量，从而获取高于同行业平均水平的收益。典型代表是嘉信理财。

采取市场细分化战略的证券公司面向特定的细分市场和特定的客户群，在该领域它们具有比较优势，从而能够以更高的效率、更好的效果提供产品。

采取全程在线服务战略的证券公司几乎没有实体营业网点，交易基本通过网络完成。竞争策略是以尽可能低的在线交易成本吸引对价格敏感同时对服务要求不高的投资者，同时注重先进信息技术的运用以降低运营成本、保持其核心竞争优势。

（2）营销竞争手段由价格竞争向产品、服务竞争转变。

随着客户需求趋于个性化和复杂化，特别是美国 1975 年佣金自由化政策的实施，国际证券经纪业务客户服务体系经历了从价格竞争到产品竞争再到服务竞争的变迁。在服务竞争阶段，证券公司经纪业务的基本职能发生了重大转变：由传统的通道提供者转变为客户资源开发和服务中心。各主要证券公司在前期积累的客户服务经验的基础上，纷纷建立起健全的客户服务体系和客户管理机制，从而为主要客户提供系统完善的服务。

（3）营销服务的商业模式逐步由佣金模式向费用模式转变。

"费用模式"按照资产规模、收益状况、咨询服务等情况向客户收取一揽子费用，将证券公司与客户利益紧密捆绑在一起，有利于证券公司获取长期稳定收益。20 世纪 90 年代以来，随着市场环境的变化及交易手段的不断改进，证券公司为满足个人投资者和机构投资者全方位、多样化、综合性的金融服务需求，摒弃了传统的按交易次数和交易金额收费的方式，费用模式应运而生并迅速发展起来。通常的做法是投资者每年向证券公司交纳一定的年费，然后可免费进行在线交易或咨询。也有证券公司将固定年费制与会员制度相结合，并免费提供各种会员服务以吸引客户。美林证券推出了"综合性选择"金融经纪服务产品，其中"无限优势""全权管理"服务是费用模式的典型代表。表 4-1 所示是美林证券"综合性选择"服务产品及其特征和收费方式。

表 4-1　美林证券"综合性选择"服务产品及其特征和收费方式

服务产品	特征	收费方式	模式
完全自己管理	不需要金融顾问意见和指导	29.95 美元/每笔交易	佣金模式
金融顾问咨询＋自己管理	客户可即时通过免费电话向金融顾问获取信息、咨询和下单	可选择按资产比例付费或者按每笔交易付费	费用模式＋佣金模式
传统经纪业务的延伸	可自己交易，也可咨询金融顾问	交易佣金＋咨询收费	佣金模式

服务产品	特征	收费方式	模式
无限优势服务	可享有金融顾问的个性化服务，交易次数不限，也可自己交易	按客户资产比例收取年费，收费起点为 1 500 美元	费用模式
全权管理服务	客户全权委托资金管理经理来管理自己的资产	根据具体情况按资产比例收费	费用模式

（4）以证券经纪人制度为核心的营销组织模式日益成熟。

证券经纪人负责市场开发和客户维护，是与客户接触的第一线人员。市场竞争日趋激烈，这要求证券公司在经纪业务中必须注重客户资源开发和维护，使得证券经纪商日趋重要。西方证券公司借鉴了保险代理人制度的成功之处，普遍建立了相当完善的经纪商制度，通过经纪商为客户提供高质量的经纪服务，如编制财务计划书，为客户投资交易提供便利、及时的金融信息资讯，根据客户的风险偏好提供投资组合等。美林证券的理财顾问制度（Financial Consultant，FC）是西方证券公司经纪商制度的典范。FC 的主要职能是"市场营销"，FC 独立负责各自客户的开发和服务，并借助于公司强大的信息平台及研究力量为客户提供财务计划书、金融信息、投资组合等服务。每个FC 管理着数百个甚至上千个客户，管理的资产可高达数百亿美元。如今，美林证券拥有 1.5 万名经纪商，以经纪商为核心的网下服务仍是其主要的经纪业务模式之一。

第二节　做市业务

作为做市商，在证券承销结束之后，投资银行有义务为该证券创造一个流动性较强的二级市场，并引导和维持市场价格的稳定。

一、证券交易机制和做市商

证券交易机制涉及证券交易市场的微观结构，不同的证券交易市场可能会有不同的交易机制。按照价格决定机制的不同，除了一对一询价谈判交易制度（买卖双方不通过中介，而是直接就交易价格、数量、交割方式等交易要素进行自主谈判，逐笔成交）之外，现代证券市场还有两种基本的交易制度：指令驱动系统和报价驱动系统。

指令驱动系统是一种竞价市场，也称为订单驱动市场。在竞价市场中，证券交易价格是由市场上的买方订单和卖方订单共同驱动的。如果采用经纪商制度，投资者在竞价市场中将自己的买卖指令报给自己的经纪商，然后经纪商持买卖订单进入市场，市场交易中心以买卖双向价格为基准进行撮合。

报价驱动系统是一种连续交易商市场，或称为做市商市场。在这一市场中，证券交易的买价和卖价都由做市商给出，做市商将根据市场的买卖力量和自身情况进行证券的双向报价。投资者之间并不直接成交，而是从做市商手中买进证券或向做市商卖出证券。做市商在其所报的价位上接受投资者的买卖要求，以其自有资金或证券与投资者交易。做市商的收入来源是买卖证券的差价。

这两种交易机制有着不同的特点。指令驱动系统的特点有：证券交易价格由买方和卖方的力量直接决定；投资者买卖证券的对手是其他投资者。报价驱动系统的特点有：证券成交价格的形成由做市商决定；投资者买卖证券都以做市商为对手，与其他投资者不发生直接关系。

在做市商制度下，做市商通过充分发挥交易中介的作用，可以大大提高市场的流动性和稳定性，并有利于大宗交易的顺利完成。其弊端也显而易见：首先，交易成本高。实证研究表明，做市商市场的买卖差价高于竞价交易市场，这主要是对做市商提供做市服务的补偿；其次，信息透明度低。相对于其他市场参与者，做市商具有独特的信息优势，因此，做市商常会利用内幕消息提前行动或者合谋限制竞争，不利于市场效率的提高和投资者利益的保护。与做市商制度相比，竞价交易制度交易成本低，市场透明度高，但其最大弊端是不利于大宗交易的顺利完成，且竞价交易市场流动性和稳定性比做市商市场差。

从近年国际证券市场发展趋势来看，混合型交易制度已开始取代单一的交易制度，成为市场主流。作为做市商制度起源地的纳斯达克市场，在 1997 年采用新的委托处理规则后，又于 2002 年全面启动"超级蒙太奇"交易制度改革方案，使所有投资者和做市商的限价委托和报价都由主机集中显示撮合。这样，在纳斯达克市场上一直处于垄断地位的做市商制度，开始逐渐转变为做市商与竞价交易相混合的制度。传统的竞价交易市场，如巴黎新市场和法兰克福市场，也先后于 1996 年和 1998 年引入做市商制度，以补充和完善竞价交易制度，撮合效率较低的交易。目前，在全球各大证券交易所中，纽约证券交易所、纳斯达克、东京证券交易所、伦敦证券交易所、德国证券交易所、澳大利亚证券交易所等，均在不同程度上采用了做市商制度。在全球主要的场外交易市场中，大多实行做市商制度，或者采取做市商制度与竞价交易制度相结合的混合交易机制。

在我国，竞价交易制度在上海证券交易所、深圳证券交易所居于主导地位，大宗交易可以通过询价谈判来完成。在银行间债券市场上，询价谈判交易制度居于主导地位，做市商制度虽然于 2001 年确立，但一直交易清淡，而且报价不规范，提高市场流动性和稳定性的作用也不明显。2015 年 8 月 25 日新三板做市商制度正式启动，首批参与做市商交易的企业共有 43 家，涉及 42 家做市商。

二、做市商的种类

按照同一证券做市商数量的不同，做市商制度可分为垄断做市商制度和竞争做市商制度两类。在垄断做市商制度下，一个证券只有一个做市商，典型的如纽约证券交易所的专家制；在竞争做市商制度下，一个证券至少有两名（含两名）做市商，如美国的纳斯达克市场和政府债券市场。

1. 垄断做市商制度

在垄断做市商制度下，做市商为某个券种单独做市，该券种所有交易都通过做市商来完成，做市商不会为了客户委托份额而竞争。这种情况下，做市商具有很强的信息优势，为了自己的利益很可能损害投资者的合法权益。为防止垄断做市商损害客户的合法权益，该制度一般都融入竞价交易系统，以增强其竞争性。以纽约证券交易所的专家制为例，某只证券的专家在收集完所有投资者买卖委托后，首先进行撮合成交，而不是用自己的资金和股票进行交易。这时，专家实际起到竞价交易系统的作用，从中赚取一定佣金，而非买卖差价。进行撮合成交时，专家也可以充当做市商角色，用自己的资金和证券与投资者进行交易，但其报价必须优于投资者提交的价格，以保护投资者合法权益。从实际成交情况看，纽约证券交易所的专家主要为投资者的买卖委托进行撮合成交，其作为做市商与投资者的交易只占总交易量的 10%左右。

2. 竞争做市商制度

在竞争做市商制度下，一个证券有多名做市商。2000 年 12 月，纳斯达克市场每只股票平均有 13.9 名做市商，交易量排名在前 10%的股票平均有 62.8 名做市商，而交易量排名在最后 10%的股票平均只有 5.55 名做市商。竞争做市商必须直接为客户委托份额而竞争，以扩大市场份额，增加做市利润。在竞争做市商制度下存在两个层次的交易市场：一个是做市商与一般投资者的市场，称为公共市场或零售市场。通过公共市场，做市商赚取买卖价差，获取利润。另一个是做市商之间的市场，称为做市商内部市场，也称批发市场。做市商主要通过内部市场来调整存货水平的变化，规避存货风险。竞争做市商内部市场存在两种不同的交易机制：一是询价交易机制，做市商通过一对一询价谈判进行实名交易；二是通过做市商的经纪商进行匿名交易。

纳斯达克市场是一个以做市商制度为核心的市场，通过做市商竞争性报价来保证市场的效率。为了保持做市商之间的报价竞争，纳斯达克市场对做市商资格的管理十分宽松，做市商进入和退出都十分自由。全美证券交易商协会（NASD）的会员公司只要达到一定的最低净资本要求，同时拥有做市业务所必须的软件设备，都可以申请注册成为纳斯达克市场做市商。会员公司一旦获取做市商资格，就可以通过纳斯达克市场网络以电子化的方式注册成为某只股票的做市商。做市商可以在任何时候撤销做市注册，但通常在撤销做市注册后的 20 个交易日内，做市商不能再重新申请对该股票的做市注册。

纳斯达克市场的做市商大致可以分为以下 5 类：一是批发商。这类做市商的前身是在纳斯达克市场诞生以前的柜台市场批发商，其最大特点是通常同时担任超过 3 000 只股票的做市商，做市是该类公司的最主要业务。二是全国性零售经纪商。这类做市商是综合类证券公司，往往拥有全国性的经纪业务，主要服务于该公司自己客户提交的委托。三是机构经纪商。这类做市商一般只服务于大客户，主要集中于机构投资者，通常做市股票少于 500 只。四是地区性公司。这类做市商规模较小，通常位于纽约以外。这类公司的做市业务主要是为了向公司的承销业务和经纪业务提供支持。五是电子交易网络。根据 1997 年美国证监会新颁布的《委托处理规则》，过去的另类交易系统可以申请获得做市商资格，但获得做市商资格的电子交易网络只是负责将内部最好的报价传送给纳斯达克市场，而没有持续双边报价的义务。

做市商最核心的义务是保持持续双边报价（包括价格和相应的买卖数量），在每个交易日的上午 9：30 到下午 4：00，这些报价必须是确定的。也就是说，任何一位 NASD 会员向做市商提交委托时，该做市商有义务以不劣于报价的条件执行交易，否则将构成违规行为。当然，做市商只对报价数量内的交易委托负有该义务。做市商报出确定性价格的同时，必须有相应的至少一个正常交易单位的数量。但当做市商的报价是在显示客户的限价委托时，则不受此限制。

做市商在正常交易时间内必须维持其确定性报价，如果取消报价，可以分为两类情况加以处理：一类是临时性的取消报价，做市商由于一定的原因而临时取消报价时，必须先与纳斯达克市场运行部联系，市场运行部会告知做市商是否要提交书面文件，并决定是否准许其取消报价；另一类是无故取消报价，若做市商没有任何理由取消报价，其在该股票上的做市商资格将被撤销，而且必须在 20 个交易日后，才能重新申请注册成为该股票的做市商。

在做市商制度下，所有的交易都在做市商或会员公司处完成，都需要做市商向市场管理者报告，然后由市场管理者统一汇总并向公众发布。成交报告的及时性、准确性关系到做市商制度的透明度和市场效率，所以成交报告管理是做市商制度的重要内容。纳斯达克市场规则规定，开市期间，所有的交易必须在成交后 90 秒内完成成交报告。

三、做市商的功能

1．做市商制度可增强证券市场的流动性

做市商最基本的功能就是提供流动性保障，流动性可以直观地理解为投资者以现行市价变现的成本，变现的成本越低则该证券市场的流动性就越强。变现成本不仅包括交易成本，也包括像交易等待或者未成交风险所带来的间接成本，因此任何单项指标都难以全面体现市场的流动性，必须采用一组指标才能综合评价市场的流动性。

最简单常用的一项指标是市场的买卖价差。作为衡量交易成本的指标，市场买卖价差越大，表明投资者交易的成交价格相对于均衡价格的折扣越大，流动性也就越差。由于做市商报价要留有赚取做市收入的空间，一般来说做市商市场的买卖价差会高于竞价市场。然而，比较另外两项交易成本指标，即交易等待时间和对市场价格的不利影响，做市商市场对于正常市场规模的交易来说，会优于竞价市场。做市商具有确定性报价，报价数量一般会大于正常市场规模，正常市场规模的小额委托不需要等待即可成交，也不会影响市价。

另一项评价流动性的指标是市场表现指标，它根据交易频率和价格、报价变更频率、换手率等实证指标综合评价市场的流动性表现。依据市场表现指标，以做市商制度为主的纳斯达克市场比以竞价制度为主的纽约证券交易所市场表现出更强的流动性。

2．做市商市场在大宗交易的处理上具有更强的适应性和竞争力

连续竞价市场要求所有的交易集中在场内进行，然而大宗交易往往需要交易双方在场外充分协商沟通后才能成交，因此竞价市场的大宗交易撮合效率较低。做市商可以运用灵活的处理手段，有针对性地提高大宗交易的撮合效率。由于各国证券市场的具体情况和发展历史不同，做市商市场处理大宗交易的方式也有所不同。伦敦证券市场是传统的"批发性"市场，机构投资者比例非常高且平均每笔交易额较大。伦敦证券交易所做市商在处理大宗交易委托时主要依靠做市商自有的资本与大额委托直接成交。由于做市商以自有资本与大宗委托成交会加大做市商头寸变动的风险，伦敦证券交易所对做市商的大宗交易采取允许延迟公告的制度，对于超过正常市场规模 75 倍的大宗交易甚至可以延迟 5 天进行公告。做市商在延迟公告期间，可以利用反向交易，抵消头寸变动的风险。在纳斯达克市场，由于所有交易在成交 90 秒内必须做出成交公告，大宗交易双方主要通过电话或另类交易系统协商方式撮合成交，成交后由做市商通过成交自动确认系统完成成交报告和确认。从英国、美国做市商市场的实践表现看，做市商市场在大宗交易的处理上确实表现出了更强的适应性和竞争力。做市商市场可以运用多种灵活手段处理大宗交易，从而使做市商市场的大宗交易成本经常低于竞价市场。

3．做市商制度更有利于证券推介

由于做市商的做市收入取决于其做市证券交易的频率，并且为了增进投资者对做市商做市证券的了解，增强其对交易该证券的兴趣，做市商普遍都有很强的动机向投资者推介自己做市的证券。对于一些中小企业的证券，做市商的推介功能对于提高其证券的知名度、改善其证券定价低估的状况，具有十分重要的作用。由于各国证券市场制度设计存在一些差异，做市商推介证券的方式有所不同。在美国证券市场，一般投资者的交易决策很大程度上受其经纪商的影响，经纪商通过推荐股票和出版研究报告等方式指导投资者。为了鼓励经纪商更多地向投资者介绍做市商做市的证券，做市商一般会给经纪商提交的交易委托一定的折扣，让经纪商分享做市收入，从而提高经纪商向客户推介该证券的积极性。德国、法国证券市场的主导交易制度是电子化的集中竞价交易制度，引入做市商制度是将其作为一种辅助交易手段。证券交易所一般规定做市商必须推介其做市的证券，并允许做市商向上市公司收取相应的费用。比如，德国法兰克福证券交易所的指定保证人具有以下推介义务：定期出版做市证券发行人的全面研究报告和频率更高、篇幅更短的调查报告；建立上市公司与投资者之间的沟通渠道，指导和建议上市公司的信息披露工作；向上市公司提供有关证券的市场报告，例如市场交易情况、机构投资者持有情况、目前价格、交易量趋势、预期价格走势等。

四、做市业务与投资银行其他业务相结合

1．做市业务与承销业务相结合

上市公司在股票发行上市过程中，与主承销商建立了密切的关系，所以主承销商一般同时兼任做市商。承销合同一般会要求主承销商在股票上市后的一段时间内承担稳定股价的责任，有的还需要行使超额配售权，所以主承销商兼任做市商对于其完成这些任务都是十分有益的。

另外，主承销商兼任做市商来开展做市业务也具备一定的优势。主承销商对上市公司十分了解，因此做市业务的不对称信息风险较低。同时，主承销商对新股配售的股东素质比较了解，与机构股东保持着良好的关系，便于其做市业务的展开。在新股上市后的相当长一段时间内，由于主承销商会对上市公司提供持续的咨询服务，主承销商与主要股东之间保持有良好的关系，由主承销商担任的做市商仍会保持较强的做市竞争优势。

2．做市业务与经纪业务相结合

只要证券公司做市商的报价条件与其他做市商相同，证券公司经纪业务获得的客户委托一般会流向证券公司自己的做市商，从而使做市业务有稳定的客户委托流保障。同时，证券公司在选择做市股票时，为了配合公司经纪业务，往往会根据公司经纪业务客户的投资特征来选择做市股票。如机构经纪类做市商，其经纪业务的客户主要是机构投资者，这些机构客户投资的证券往往是市值大、交易量大的股票，因此机构经纪类做市商选择的做市股票一般会倾向于市值大、交易量大的股票。对全国性零售经纪类做市商而言，其经纪业务的对象是遍布全国的众多零售客户，其推荐买入卖出的股票必须能够容纳全国零售客户的进出，因此全国性零售经纪类做市商选择做市股票时，一般会倾向于市值较大、流动性较强的股票。

3．做市业务与公司的优势业务相结合

一些中小型做市商在选择做市股票时，注重与公司优势相结合，表现为注册的股票集中在公司熟悉的某个行业。由于公司对某个行业十分了解，可以有效控制该行业股票做市的信息不对称风险，从而在与其他做市商的竞争中，可以形成一定的专业竞争优势。

第三节　自营业务

作为自营商，投资银行本身有自营买卖证券的需要，这是因为投资银行接受客户的委托，管理着大量的资产，必须保证其保值增值，所以投资银行经常在二级市场进行无风险套利和风险套利等活动。

一、自营商的概念和特点

自营商，又称为交易商，是指为自己的账户买卖证券的证券机构。证券自营业务是指投资银行出于盈利目的，以自己的名义和资金，为自己的账户买卖上市证券，独自承担风险。投资银行的经纪商、做市商和自营商的身份有着明确的区别。经纪业务和做市业务的收入是对投资银行所提供的交易服务给予的回报，二者均是销售业务。而在自营业务中，投资银行的利润来自投资银行自己的持仓行为，投资银行持有证券的头寸并非是做市需要，而是期望从价格变动中获取利润。

自营业务具有以下三个基本特点。

1．决策的自主性

证券公司自营买卖业务的首要特点即为决策的自主性，表现在以下 3 个方面：一是交易行为的自主性。投资银行自主决定是否买入或卖出某种证券。二是选择交易方式的自主性。投资银行在买卖证券时，是通过证券交易所买卖，还是通过其他场所买卖，由投资银行在法规范围内根据一定的时间、条件自主决定。三是选择交易品种、价格的自主性。投资银行在进行自营买卖时，可根据市场情况，自主决定买卖证券的品种、价格。

2．交易的风险性

风险性是自营买卖业务区别于经纪业务的另一重要特征。由于自营业务是投资银行以自己的名义和合法资金直接进行的证券买卖活动，证券交易的风险性决定了自营买卖业务的风险性。在证券的自营买卖业务中，证券公司自己作为投资者，买卖的收益与损失完全由自身承担。而在代理买卖业务中，经纪商仅充当代理人的角色，证券买卖的时机、价格、数量都由证券委托人决定，由此而产生的收益和损失也由委托人承担。

3．收益的不稳定性

进行证券自营买卖，其收益主要来源于低买高卖的价差。但这种收益不像收取代理手续费那样稳定。

二、自营业务的原则

1．客户委托优先原则

投资银行同时经营自营业务和经纪业务时，应该把经纪业务放在首位。对同一证券来说，当自营业务的报价与经纪业务的报价同时发生，并且交易价格相同时，经纪业务的买卖应该优先成交。投资银行不得损害客户的利益而为自己牟利。

2．公开交易原则

投资银行在自营业务过程中，相对其他客户而言，在资金、信息和技术上具有优势，为了保证交易的公平合理，自营商应当向客户明确表明自营业务的内容，将交易的程序、价格和数量公开，以防止欺诈客户，也便于监管部门的管理。

3．风险控制原则

自营业务是一项充满风险的业务，所有交易的不确定性，都将由投资银行自己承担。为了防范和控制投资风险，投资银行必须适度控制自营业务的规模，保持良好的资产流动性，避免风险过于集中。投资银行必须加强自身的内部管理，建立完备的内部监督机制、风险预警系统和风险防范系统等。

4．守法经营原则

投资银行从事证券自营业务，必须依法经营，不得利用资金、信息等优势操纵市场，禁止内幕交易、欺诈客户等行为发生。

案例小链接

证券公司 2017 年上半年业绩点评

2017 年上半年，上证综指上涨 2.86%，深证成指上涨 3.46%，而以沪深 300 指数为代表的大盘蓝筹股涨幅高达 10.78%。同期，证券公司自营业务收入同比增幅达 49.43%，表现出较好的弹性。自 2016 年以来，随着股票指数的震荡上行，部分中小证券公司逐步扩大了对自营业务的布局，以提升自身业绩。从 28 家上市证券公司的半年报看，截至 2016 年 6 月末，9 家证券公司的投资资产占比超过 40%，以地方性中小券商为主，其中，东方证券期末投资资产占比达 53.21%，居行业首位。同期，东方证券、西南证券、国海证券、广发证券、东兴证券和兴业证券整体投资规模较大，且收益率水平相对较高，其投资收益对营业收入的贡献率较高。自营业务投入的增加使得证券公司业绩表现出良好的弹性，但证券市场波动的加剧也将进一步考验证券公司的投研能力。

……

三、自营业务的类型

根据自营业务获利方式的不同，可以把自营业务区分为两种主要类型，即套利业务和投机业务。

1．套利业务

套利是利用资产定价的错误、价格联系的失常以及市场缺乏有效性等机会，通过买进价格被低估的资产，同时卖出价格被高估的资产来获取利润的交易行为。套利有两种基本的形式，即无风险套利和风险套利。

无风险套利是指交易商在两个或两个以上的不同市场中，以不同的价格进行同一证券或证券组合的交易，利用市场价格差异来获利。"不同市场"包括国内不同交易市场和国外不同交易市场。由于买卖行为是同时发生的，其利润是可以确定的，无风险套利没有时差带来的风险。无风险套利的不断进行，使不同市场上的同一证券或证券组合的价格趋于一致。

风险套利指在套利的过程中没有采取规避汇率风险的措施，主要涉及股票市场上的收购与兼并活动，或公司债务重组等。风险套利进行的买卖交易存在着时差，有时时差可能长达几个月，且风险是随着时差的增加而增大的，所以风险套利是一种相当复杂的交易策略。在兼并收购交易中，通常收购方的股票价格会在并购成功后下跌，而被收购方的股票价格则会上升。被收购公司股票的市场价格与收购公司支付的股票的市场价格之间会出现差异。风险套利者往往会在并购前买入被收购方的股票，而抛售收购方的股票，等待并购完成之后，再做相反的交易，以期获利。风险套利中的高风险，使得交易方在采用这种交易策略时十分谨慎，每笔交易之前，都会对相关公司和交易事项进行深入的调查研究，制订出周密的套利交易方案。美国法律严禁在收购中充当收购与反收购顾问的投资银行从事该项并购的风险套利，因此美国的各大投资银行为了避免指责和嫌疑，一般在收购意向向公众宣布之后，才开始进行风险套利活动。

2．投机业务

投机是指投资银行通过预期证券价格的变动方向，试图赚取差价收益并承担风险的证券买卖行为。投机交易是建立在对相关信息的分析和市场行情变化的预测的基础上，投机者要承担预测失误所蒙受的风险。如果预测证券价格将会上升，一般就会买入该证券，并持有至价格上升后卖出；如果预测证券价格下跌，一般会卖出或卖空该证券，等待价格回落后再买入。

投资银行在采取投机交易之前，会进行周密的基本分析和技术分析，尽量降低风险。任何证券市场都不排斥适度的投机活动。投机使得证券市场具有了发现价格的功能，投资银行通过发现价格与内在价值不符的证券，利用价格向价值回归的基本规律，进行证券买卖。投机还具有活跃证券市场、提高市场流动性、引导市场资源有效配置的功能。投机力量聚集起来时，足以推动整个市场发生变化。投机在寻找新的市场价格时，加速了市场流动的速度，使得市场价格对各种信息做出敏捷的反应，提高了市场效率。

四、我国证券公司自营业务

1．证券自营业务的对象

证券自营业务是指经中国证监会批准经营证券自营业务的证券公司用自有资金和依法筹集的资金，用自己名义开设的证券账户买卖有价证券，以获取盈利的行为。该定义有以下四层含义：一是只有经中国证监会批准经营证券自营业务的证券公司才能从事证券自营业务，从事证券自营业务的证券公司的注册资本最低限额应达到人民币1亿元；二是自营业务是证券公司以盈利为目的，为自己买卖证券，通过买卖价差获利的一种经营行为；三是在从事自营业务时，证券公司必须使用自有资金或依法筹集可用于自营的资金；四是自营买卖必须在以证券公司自己名义开设的证券账户中进行。

证券自营买卖的对象主要有两大类：一类是上市证券。上市证券是指在证券交易所挂牌交易的人民币普通股、基金券、权证、国债、公司或企业债等，这是证券公司自营买卖的主要对象。上市证券的自营买卖是证券公司自营业务的主要内容。另一类是非上市证券。非上市证券是指已发行在外却没有在证券交易所挂牌交易的证券。非上市证券的自营买卖主要通过银行间市场、证券公司的营业柜台实现。银行间市场的自营买卖，是指具有银行间市场交易资格的证券公司在银行间市场以自己名义进行的证券自营买卖。柜台自营买卖，是指证券公司在其营业柜台以自己的名义与客户之间进行的证券自营买卖。另外，证券公司在证券承销过程中也可能出现证券自营买入。如在股票承销中，采用包销方式发行股票时，由于种种原因未能全额售出，按照协议，余额部分由证券公司买入。同样，在配股过程中，投资者未配部分，如协议中要求包销，也必须由证券公司购入。

2．证券自营业务的管理

证券公司应根据公司经营管理特点和业务运作状况，建立完备的自营业务管理制度、投资决策机制、操作流程和风险监控体系，在风险可测、可控、可承受的前提下从事自营业务。同时，应当建立健全自营业务责任追究制度。

（1）证券自营业务的决策与授权。

证券公司应建立健全相对集中、权责统一的投资决策与授权机制。自营业务决策机构原则上应当按照"董事会——投资决策机构——自营业务部门"的三级体制设立。董事会是自营业务的最高决策机构，在严格遵守监管法规中关于自营业务规模等风险控制指标规定的基础上，根据公司资产、负债、损益和资本等情况确定自营业务规模、可承受的风险限额等，并以董事会决议的形式进行落实。自营业务具体投资运作管理由董事会授权公司投资决策机构决定。投资决策机构是自营业务投资运作的最高管理机构，负责确定具体的资产配置策略、投资事项和投资品种等。自营业务部门为自营业务的执行机构，应在投资决策机构做出的决策范围内，根据授权负责具体投资项目的决策和执行工作。

（2）证券自营业务的操作管理。

根据证券公司自营业务的特点和管理要求，自营业务运作管理重点主要有以下五个方面：一是应通过合理的预警机制、严密的账户管理、严格的资金审批调度、规范的交易操作及完善的交易记录保存制度等措施，控制自营业务运作风险；二是应明确自营业务部门在日常经营中自营总规模控制、资产配置比例控制、项目集中度控制和单个项目规模控制等原则；三是应建立严密的自营业务操作流程，确保自营业务部门及员工按规定程序行使相应职责；四是重点加强投资品种的选择及投资规模的控制、自营库存变动的控制，明确自营操作指令的权限及下达程序、请示报告事项及程序等；五是自营业务的清算、统计应由专门人员执行，并与财务部门资金清算人员及时对账，对账情况要有相应记录及相关人员签字。

3．自营业务风险的监控

（1）自营业务的规模及比例控制。

由于证券自营业务的高风险特性，为了控制经营风险，中国证监会对证券公司自营业务的规模、资产的流动性及资产负债的比例等方面做了以下规定。

第一，证券公司自营账户上持有的权益类证券按成本价计算的总金额，不得超过其净资产的80%。

第二，证券公司从事自营业务，持有一种非国债类证券按成本价计算的总金额不得超过其净资产的 20%。"一种非国债类证券"是指一个发行人发行的股票、可转换债券、企业债券及其他证券。

第三，证券公司自营买入任一上市公司上市股票按当日收盘价计算的总市值，不得超过该公司已流通股总市值的 20%。

第四，证券公司的对外负债（不包括客户存放的交易结算资金和受托投资管理的资金）不得超过其净资产额的 9 倍；流动资产余额不得低于流动负债余额（不包括客户存放的交易结算资金和受托管理的资金）。

（2）自营业务的内部控制。

证券公司应加强自营业务投资决策、资金、账户、清算、交易和保密等方面的管理，重点防范规模失控、决策失误、超越授权、变相自营、账外自营、操纵市场、内幕交易等方面的风险。

4．证券自营业务的信息报告

（1）建立健全自营业务内部报告制度，报告内容包括但不限于：投资决策执行情况、自营资产质量、自营盈亏情况、风险监控情况和其他重大事项等。董事和有关高级管理人员应当对自营业务内部报告进行阅签和反馈。

（2）建立健全自营业务信息报告制度，自觉接受外部监督。证券公司应当按照监管部门和证券交易所的要求报送自营业务信息。

（3）明确自营业务信息报告的负责部门、报告流程和责任人，对报告信息存在虚假记载、误导性陈述或重大遗漏负有直接责任和领导责任的人员要给予相应的处理，并及时向监管部门报告。

5. 证券自营业务的禁止行为

由于证券公司在市场上处于特殊地位，为了加强管理，《中华人民共和国证券法》明确规定了禁止的交易行为。

（1）禁止内幕交易。

内幕交易是指证券交易内幕信息的知情人和非法获取内幕信息的人利用内幕信息从事证券交易活动。《证券法》规定，证券交易内幕信息的知情人和非法获取内幕信息的人，在内幕信息公开前，不得买卖该公司的证券，或者泄露该信息，或者建议他人买卖该证券。内幕交易行为给投资者造成损失的，行为人要依法承担赔偿责任。

（2）禁止操纵市场。

操纵市场是指机构或个人利用其资金、信息等优势，影响证券交易价格或交易量，制造证券交易假象，诱导或者致使投资者在不了解事实真相的情况下做出证券投资决定，扰乱证券市场秩序，以期获取利益或减少损失的行为。证券公司在从事自营业务过程中不得出现操纵市场的行为。

（3）其他禁止的行为。

其他禁止的行为包括：假借他人名义或者以个人名义进行自营业务；委托其他证券公司代为买卖证券；当上市公司或其关联公司持有证券公司10%以上的股份时，自营买卖该上市公司的股票；将自营账户借给他人使用，将自营业务与代理业务混合操作等。

五、自营业务的基本分析

（一）基本分析的含义

一般我们所讲的基本分析是指对宏观经济层面、公司主营业务所处行业、公司业务同行业竞争水平和公司内部管理水平（包括对管理层的考察）等诸多方面的分析。数据在这里充当了最大的分析依据，但往往不能以数据来做最终的投资决策。

基本分析并没有定式，可以说是很主观的。不同的方法分析的侧重面也不同，这都会造成对同一只股票完全不同的分析结果。

基本分析最终结果是要找到独树一帜的公司，即使在同行业，也具有别人无法比较的优势，比如贵州茅台，其白酒的品质是无法复制的、唯一的。

（二）基本分析法的理论基础

1. 经济学

经济学包括宏观经济学、微观经济学，主要内容是揭示经济变量与股票价格的关系。

2. 财政学、金融学

财政学、金融学主要揭示财政政策与货币政策对股市的影响。财政政策如税收，货币政策如利率、存款准备金的调整等，都会对股票市场有影响。

3. 财务管理学

财务管理学是研究上市公司的财务状况。

4. 投资学

投资学主要揭示投资方法、投资回报等。

5. 政治学

政治学主要研究对股票市场产生直接或间接影响的政治方面的因素，如国际的政治形势、政治事件、国家之间的关系、重要的政治领导人的变换等，这些都会对股价产生巨大的、突发性的影响。这也是基本面中应该考虑的一个重要方面。

6．心理因素

投资人在受到各个方面的影响后心理状态发生改变，往往导致情绪波动、判断失误，做出盲目追随大户、狂抛、抢购行为，这往往也是引起股价狂跌暴涨的重要原因。

（三）基本分析法的内容

1．宏观经济分析

从长期和根本上看，股票市场的走势和变化是由一国经济发展水平和经济景气状况所决定的，股票市场价格波动在很大程度上也反映了宏观经济状况的变化。从国外证券市场历史走势中不难发现，股票市场的变动趋势大体上与经济周期相吻合。在经济繁荣时期，企业经营状况好，盈利多，其股票价格也在上涨；经济不景气时，企业收入减少，利润下降，也将导致其股票价格不断下跌。但是股票市场的走势与经济周期在时间上并不是完全一致的，通常，股票市场的变化有一定的超前，因此股票市场被称作是宏观经济的"晴雨表"。

2．中观经济分析

行业在国民经济中地位的变更，行业的发展前景和发展潜力，新兴行业引来的冲击，以及上市公司在行业中所处的位置、经营业绩、经营状况、资金组合的改变及领导层人事变动等因素都会影响相关股票的价格。

3．微观经济分析

微观经济分析即分析具体企业，对于具体的个股而言，影响其股票价位高低的主要因素在于企业本身的内在素质，包括财务状况、经营情况、管理水平、技术能力、市场大小、行业特点、发展潜力等一系列因素。

第四节　融资融券业务

一、信用交易

（一）信用交易的概念

信用交易是指客户在买卖证券时，只向证券公司交付一定数额的款项或者证券作为保证金，其支付价款或证券不足的差额部分由证券公司提供融资或者融券的交易。

客户向投资银行借入资金或证券的数量多少，是由规定的保证金比例决定的。投资者在以保证金方式买卖证券时支付的保证金比率，以及证券公司取得证券融资的条件和数量限制，必须由中央人民银行或证券主管机关规定。受货币信用松紧、通货膨胀或紧缩以及证券成交量多少的影响，不同国家和地区、不同时期对保证金比率的规定有所不同。客户缴纳的保证金按缴纳时间不同，分为起始保证金和维持保证金两种。起始保证金是交易前缴纳的保证金，其实质是客户从证券公司融资或融券的抵押金；维持保证金是交易后缴纳的，是指为弥补因证券价格发生变化造成亏损而追加的保证金。为了保证提供融资融券的证券公司能够有效控制风险，法规一般规定证券公司在客户不能按期支付融入资金和证券时，有权直接变卖客户保证金账户中的证券予以抵偿。

（二）信用交易的形式

信用交易是一种运用杠杆力量的交易方式。投资银行开展信用交易的融资融券业务，一方面可以扩大交易量，赚取更多的佣金；另一方面可以通过向客户收取较高的融资利率，赚取息差收入。

信用交易包括融资交易和融券交易两种形式。

1．融资交易

融资交易是指客户以部分自有资金作为保证金，向证券经纪商融资，利用杠杆力量购买超过本身资金量的证券数量，期望证券价格上升后抛出证券，返还所借款项并从中获利。融资交易又称为买空交易或者保证金购买。经纪商所垫付的资金除了来自自身的流动资金以外，还向其他金融机构申请融资。这些金融机构包括商业银行和证券金融公司。银行向经纪商提供的这种贷款利率称为通知放款利率，或者经纪商贷款利率。经纪商向投资者收取的利率等于通知放款利率加上手续费。因而，经纪商通过融资交易可以获得佣金和利差的双重收入。证券金融公司是专门向投资银行提供融资和融券服务的机构，在日本的金融市场上存在这类机构。专业的证券金融公司便于监管机构监督投资银行信用交易，便于观测和调控市场，有利于提高融资与融券的效率，提高融资能力，降低融资成本。

在融资交易中，如果投资者预期某一证券价格可能上升，就可以缴纳部分保证金，向经纪商借入资金买入证券，买入的证券要作为抵押物存放在经纪商手中，等到价格上升后，投资者再卖出买入的证券获取价差。融资交易有三个步骤：首先，经纪商为客户开立信用交易账户，客户按照法定比例向证券公司缴纳买入证券所需要的保证金。然后，证券经纪商按照客户委托买入证券，并为客户垫付购买证券所需要的其余资金，完成交割。融资期间，经纪商对此证券拥有控制权。如果融资买入的证券价格下跌，客户需要在规定时间内补充维持保证金，否则经纪商可以代客户平仓了结。最后，融资期内，客户可以随时卖出融资买进的证券，以所得价款偿还融资本息，或者随时以自有资金偿还融资。到期无法归还的，经纪商有权强制平仓。

2．融券交易

融券交易是指投资者以部分自有资金为保证金，向投资银行借取证券抛空，期望价格下跌后买回证券，返还所借证券并从中获利。这一交易过程中，投资者手中并没有真正的证券，交易过程是先卖出后买回，所以融券交易也称为卖空交易。融券交易的步骤包括：首先，开立信用交易账户。然后，客户进行融券委托，缴纳保证金，证券公司为客户卖出证券，完成交割。卖出证券所得资金存放在证券公司处作为借入证券的押金。如果委托卖出的证券价格上升，卖空客户需要追加维持保证金，否则证券公司有权以抵押金购回证券平仓。最后，当证券价格下跌后，客户买回证券并归还给证券公司。如果客户不能按时偿还所借证券，证券公司可以强行以抵押金购回证券平仓。

世界各国大部分较为发达的证券市场都允许投资银行提供证券的信用交易，同时设立严格的法律规定进行严密监督。我国 1998 年颁布的《证券法》严禁证券公司为客户提供融资服务和融券服务，主要是出于控制投机行为和市场风险的考虑。但融资融券是资本市场发展应具有的基本功能，通过融资融券可增加市场流动性，提供风险回避手段，提高资金利用率，融资融券也是实施期货等金融衍生工具交易必不可少的基础。因此，2005 年修订的《证券法》第一百四十二条修改了关于融资融券的禁止性规定："证券公司为客户买卖证券提供融资融券服务，应当按照国务院的规定并经国务院证券监督管理机构批准。"据此，证券公司为客户买卖证券提供融资融券服务，除了要符合国务院的规定外，还要经中国证监会批准。为此，监管部门必将制定有关融资融券的规定，在严格监管的条件下，逐步推进证券信用交易。中国证监会于 2006 年 6 月 30 日颁布了《证券公司融资融券试点管理办法》，并于 2006 年 8 月 1 日起施行。中国证监会于 2008 年 4 月 24 日颁布了《证券公司监督管理条例》，对融资融券业务做出了明确规定，融资融券业务被正式列入证券公司业务中。2010 年 3 月 30 日，上海证券交易所、深圳证券交易所分别发布公告，于 2010 年 3 月 31 日起正式开通融资融券交易系统，开始接受试点会员融资融券交易申报。2011 年 10 月 28 日，中国证监会正式颁布《转融通业务监督管理试行办法》，同时还颁布了《关于修改〈证券公司融资融券业务试点管理办法〉的决定》和《关于修改〈证券公司融资融券业务试点内部控制指引〉的决定》，证券公司的融资融券业务正式从试点转入常规。

（三）信用交易的模式选择

1. 全能银行制下的"市场化"模式

以美国为代表，市场上没有专门为证券公司提供融资的证券金融公司。证券公司提供融资融券业务，资金不足时向银行或非银行金融机构进行转融通。任何机构只要资金富裕，就可以参与融资；只要拥有证券，就可以参与融券。美国有全球最开放的金融体系，资金来去自由，法制环境完善，云集全世界大型金融机构，资金供给充裕。

2. 集中授信模式

（1）单轨制。

以日本为代表，市场上设有专门为证券公司提供融资的证券金融公司，其他金融机构不能办理该业务。证券公司提供融资融券业务，资金不足时向该机构融资，如果资金还不足，还可以向银行或非银行金融机构提出借贷要求。

具有特许权和垄断地位的证券金融公司专门负责办理证券公司申请的转融通业务，其他任何金融机构都无权直接办理。如果证券金融公司需要资金支持，它可以向别的金融机构提出借贷要求。在这种模式中，证券公司与银行在证券抵押融资上被分隔，证券金融公司作为中介，形成了证券市场与货币市场之间的一座桥梁。这种模式的主要优点是：首先，有利于政府对证券市场信用总量的控制。证券金融公司是整个证券市场中证券和资金的中转枢纽，客户不可以绕过证券公司直接向金融公司申请融资融券，证券公司也不可以向银行等金融机构获得信用交易中所需的证券或资金。因此，日本财务省只要通过控制证券的金融公司，就可以调控进出证券市场的资金和证券的流量，控制信用交易的放大倍数。其次，有利于市场的稳定。证券金融公司同时还获得政府授权，可确定一定时期内全市场融资融券的总额度，并将这些额度以内控的方式分配给各个证券公司。如果某个证券公司的融资融券额已达到了限额，证券金融公司将停止向其提供资金转融通业务。融资融券总额度是根据市场状况调整的：当市场过热时，额度会下调；而当市场过于低迷时，额度又会放宽。从而有利于防止市场的大起大落，起到稳定市场的作用。这种模式的缺点也很突出，即非市场化导致融资成本上升及效率下降。

（2）双轨制。

以我国台湾为代表，证券公司办理融资融券业务需要获得许可，没有许可的不能办理。

双轨制和单轨制十分相似，但是有一个显著的差异，就是双轨制实行的是证券金融公司对证券公司和一般投资者可同时融资融券的制度。在实行双轨制的国家和地区中，只有一小部分证券公司是获得许可可以办理融资融券业务的机构，其余的证券公司则没有营业许可。获得融资融券许可的证券公司可以给客户提供融资融券服务，然后从证券金融公司转融通，而没有许可证的证券公司，只能接受客户的委托，代客户向证券金融公司申请融资融券。

我国所确立的融资融券模式是在借鉴我国台湾地区双轨制的基础上形成的。选择这一模式既有利于防范由于我国资本市场不成熟、市场信用薄弱等缺陷所带来的市场风险，又可以避免像日本采用单轨制所带来的市场垄断弊端，有利于融资融券市场的竞争。

（四）信用交易的影响

1. 正面影响

（1）信用交易可以为投资者提供融资，进而给证券市场带来了新的资金增量，对证券市场产生了积极的推动作用。但出于对控制风险的考虑，各市场都会对融资的比例有一定的限制，如欧美国家一般不超过2%。如果这样，那么按照A股3万亿元人民币的市值，新增资金在450亿元人民币左右，这对市场有一定积极作用，但并不是决定性的。

（2）融资融券有明显活跃交易的作用，以及完善市场价格的发现功能。融资交易是市场上最

78

活跃的、最能发掘市场机会的部分，对市场的合理定价、对信息的快速反应起到了促进作用。欧美市场融资交易的成交额占股市成交额的18%～20%，因此，融资融券的引入对整个市场的活跃会产生极大的促进作用；而卖空机制的引入将改变原来市场单边市的局面，有利于完善市场价格的发现功能。

（3）融资融券的引入为投资者提供了新的盈利模式。融资使投资者可以在投资中借助杠杆，而融券可以使投资者在市场下跌的时候也能实现盈利。

2. 负面影响

（1）可能助涨助跌，增大市场波动。这是证券信用交易普遍意义上的影响，即当股价上涨时，投资者利用保证金的交易量也上涨，进一步推动股价继续上涨；当股价下跌时，投资者利用保证金的交易量也随之下跌，投资者出于避免损失的考虑或受到交易商或经纪商增加保证金的要求，越跌越卖，推动股价进一步下跌。

（2）可能增大金融体系的系统性风险。当市场上的投资者采取趋同行为时，会导致市场出现不正常波动，从而产生金融体系的系统性风险。

3. 证券公司收益

（1）融资融券的引入，会大大提高交易的活跃性，为证券公司带来更多的经纪业务收入。根据国际经验，融资融券一般能给证券公司经纪业务带来30%～40%的收入增长。

（2）融资融券业务本身也可以成为证券公司的一项重要业务。在美国1980年的所有证券公司的收入中，有13%来自对投资者融资的利息收入。在我国香港和台湾地区则更高，可以达到经纪业务总收入的1/3以上。

案例小链接

证券公司2017年上半年业绩点评

……

证券公司资本中介型业务的发展对营业收入的推动作用不断显现，利息净收入保持增长态势。2017年上半年，证券公司实现利息净收入197.93亿元人民币，较上年同期增长17.09%。2017年上半年，证券公司融资融券日均余额为9 014亿元人民币，同比增长1.7%。预计下半年证券市场仍将延续小幅回暖的趋势，融资融券余额将保持增长，但空间有限。融资融券业务的发展一定程度上取决于证券公司经纪业务的基础，大型证券公司竞争优势明显。从余额排名看，国泰君安、中信证券等8家证券公司余额处于第一梯队，明显高于其他券商，均为经纪业务排名位居行业前列的券商，而其他地方性的中小券商融资融券业务规模相对较小。

二、证券信用交易风险识别与风险管理

（一）证券信用交易风险识别

证券信用风险分为系统性风险与非系统性风险。系统性风险是宏观方面的风险，如政策风险、利率风险与汇率风险等；非系统性风险是企业自身风险，如经营管理、投资失败等。

证券信用交易风险主要有以下五种。

1. 体制风险

体制风险属于系统性风险，是国家金融体系存在缺陷所造成的风险。1997年亚洲金融危机所造成的风险即属于此类。但需要说明的是，即使在制度完善的发达国家，体制风险仍然存在，否则也不会发生2007年起源于美国的金融危机。

2．市场风险

市场风险属于系统性风险，是市场变动引起的风险，最严重的会导致投资银行倒闭。

3．信用风险

信用风险属于非系统性风险，主要是交易对手违约给自己造成损失的风险。

4．资金流动性风险

资金流动性风险属于非系统性风险，如果证券公司贪图资金，将融资融券的规模做得过大，就会引发资金流动性风险。例如在融资业务中，到期客户不能如期偿还融资款项，证券公司就会面临资金流动性风险。

5．业务管理风险

业务管理风险属于非系统性风险，由于相关制度、功能不健全，造成证券公司经营管理上的风险。

（二）证券信用交易风险管理

1．加强对客户资质的审查力度

证券公司开展融资融券业务时，应加强对客户资质的审查力度，限制信用额度，规定最低保证金等。

2006 年 6 月，中国证监会《证券公司融资融券试点管理办法》（以下简称"《管理办法》"）规定，投资者参与融资融券交易前，证券公司应当了解该投资者的身份、财产与收入状况、证券投资经验和风险偏好等方面的情况。对于不满足证券公司征信要求、在该公司从事证券交易不足半年、交易结算资金未纳入第三方存管、证券投资经验不足、缺乏风险承担能力或者有重大违约记录的投资者，以及证券公司的股东、关联人，证券公司不得向其融资融券。

保证金比例不得低于 50%。如果按 50%计算，投资者向证券公司融资 100 万元人民币，就需要提供 50 万元人民币的保证金，50 万元人民币可以做 100 万元人民币的交易，资金放大 1 倍，杠杆倍数为 2。

2．单只证券的信用额度管理

《管理办法》没有明确此问题，而是规定证券交易所可以对每一只证券的市场融资买入量和融券卖出量占其市场流通量的比例、融券卖出的价格做出限制性规定。

2006 年 8 月，上海证券交易所、深圳证券交易所颁布《融资融券交易试点实施细则》（以下简称"《实施细则》"），对单只证券的信用额度管理规定相同：单只标的证券的融资余额达到该证券上市可流通市值的 25%时，本所可以在次一交易日暂停其融资买入，并向市场公布；该标的证券的融资余额降低至 20%以下时，本所可以在次一交易日恢复其融资买入，并向市场公布。单只标的证券的融券余量达到该证券上市可流通量的 25%时，本所可以在次一交易日暂停其融券卖出，并向市场公布；该标的证券的融券余量降低至 20%以下时，本所可以在次一交易日恢复其融券卖出，并向市场公布。

3．业务集中监控

办理融资融券业务的证券公司要监控客户账户的质押比例、警戒线、平仓线等，这需要按照维持担保比例进行确定。

维持担保比例是指客户担保物价值与其融资融券债务之间的比例。其计算公式为：

$$\text{维持担保比例} = \left(\text{现金} + \text{信用证券账户内证券市值总和} \right) \div \left(\text{融资买入金额} + \text{融券卖出证券数量} \times \text{当前市价} + \text{利息及费用总和} \right)$$

根据《实施细则》，投资者信用账户维持担保比例不得低于 130%。证券公司在不超过上述证券交易所规定比例的基础上，可以根据客户资信状况等因素，自行确定维持担保比例的最低标准。

当投资者维持担保比例低于 130%时，证券公司应当通知投资者在不超过 2 个交易日的期限内追加担保物，且客户追加担保物后的维持担保比例不得低于 150%。投资者未能按期交足担保物或者到期未偿还融资融券债务的，证券公司将采取强制平仓措施，处分投资者担保物，不足部分还可以向投资者追索。

当投资者维持担保比例超过 300% 时，投资者可以提取保证金可用余额中的现金或充抵保证金的证券部分，但提取后维持担保比例不得低于 300%。

实际上，130% 只是证券交易所规定的一个底线，只要超过这个比例就可以了。当然，证券公司可以根据实际情况，适当提高比例，如 140% 或 150%，以降低证券公司风险。

4．制订完善的业务操作流程

融资融券基本业务流程包括评估融资融券额度、进行融资融券、实行风险监控、归还资金证券、补足担保品或平仓等环节。证券公司应该严格按照监管部门的规定，制订融资融券业务的详细业务操作制度和业务流程，同时加强内部控制，对重要的业务流程环节采用双人双岗制，加强监督与制约。加强对相关业务部门人员进行管理制度和业务知识的培训教育，同时设立专门机构对融资融券管理部门的业务操作进行定期检查和不定期检查。

第五节　金融创新

一、金融创新的含义

金融创新定义虽然大多源于奥地利著名经济学家熊彼特对创新所下的定义："创新是指新的生产函数的建立，也就是企业家对企业要素实行新的组合。"但随着时代的发展，出现了众多理论、众多定义，各个定义的内涵差异较大，总括起来对于金融创新的理解主要有三个层面。

（一）宏观层面

宏观层面的金融创新将金融创新与金融史上的重大历史变革等同起来，认为整个金融业的发展史就是一部不断创新的历史，金融业的每项重大发展都离不开金融创新。

从这个层面上理解，金融创新有如下特点：金融创新的时间跨度长，将整个货币信用的发展史视为金融创新史，金融发展史上的每一次重大突破都视为金融创新；金融创新涉及的范围相当广泛，不仅包括金融技术的创新、金融市场的创新、金融服务与产品的创新、金融企业组织和管理方式的创新、金融服务业结构上的创新，而且包括现代银行业产生以来有关银行业务、银行支付和清算体系、银行的资产负债管理，乃至金融机构、金融市场、金融体系、国际货币制度等方面的历次变革。如此长的历史跨度和如此广的研究空间使得金融创新研究可望而不可即。

（二）中观层面

中观层面的金融创新是指 20 世纪 50 年代末至 20 世纪 60 年代初，金融机构特别是银行的中介功能的变化，它可以分为技术创新、产品创新以及制度创新。技术创新是指制造新产品时，采用新的生产要素或重新组合要素，形成新的生产方法的过程；产品创新是指产品的供给方生产比传统产品性能更好、质量更优的新产品的过程；制度创新则是指一个系统的形成和功能发生了变化，从而使系统效率有所提高的过程。本节主要介绍产品创新。

从这个层面上，可将金融创新定义为：政府、金融当局或金融机构为适应经济环境的变化，在金融过程中的内部运动，防止或转移经营风险和降低成本，为更好地实现流动性、安全性和盈利性目标而逐步改变金融中介功能，创造和组合一个新的高效率的资金营运方式或营运体系的过程。中观层面的金融创新概念不仅把研究的时间限制在 20 世纪 60 年代以后，而且研究对象也有明确的内涵，因此，大多数关于金融创新理论的研究均采用此概念。

（三）微观层面

微观层面的金融创新仅指金融工具的创新。金融工具的创新大致可分为四种类型：一是信用创新型，如用短期信用来实现中期信用，以及分散投资者独自承担贷款风险的票据发行便利等；二是风险转移创新型，它包括能在各经济机构之间相互转移金融工具内在风险的各种新工具，如货币互换、利率互换等；三是增加流动创新型，它包括能使原有的金融工具提高变现能力的金融工具和可转换性的新金融工具，如长期贷款的证券化等；四是股权创造创新型，它包括使债权变为股权的各种新金融工具，如附有股权认购书的债券等。

我国学者对此的定义为：金融创新是指金融内部通过各种要素的重新组合和创造性变革所创造或引进的新事物，并认为金融创新大致可归为三类：金融制度创新、金融业务创新、金融组织创新。

从思维层面上看，"创新"有三层含义：原创性思想的跃进，如第一份期权合约的产生；整合性地将已有观念重新理解和运用，如期货合约的产生；组合性创新，如蝶式期权的产生。

二、金融创新的动因

（一）规避管制、转嫁风险

金融创新产生的目的就在于规避管制和转嫁风险。

"二战"后西方国家为维持金融稳定而对金融业实行长时间的严格管制，使金融机构的业务范围、利率、信贷规模、分支机构的设立等诸多方面受到限制，这些限制实际上构成了对金融机构的成本追加或隐含税收，因而成为诱发旨在逃避管制、摆脱不利于实现利润最大化的约束条件的金融创新活动的重要因素。例如在美国，商业银行通过开设可转让支付命令账户和自动转账服务账户等来规避金融当局的利率管制；通过设立控股公司来规避金融当局对商业银行不准跨州设立分支机构的限制等。表 4-2 所示是 20 世纪 50 年代末至 20 世纪 60 年代初所产生的避管性金融创新产品。

表 4-2　避管性金融创新产品

时间	名称	目的	创新者
20 世纪 50 年代末	外币掉期	转嫁风险	国际银行机构
1958 年	欧洲债券	突破管制	国际银行机构
1959 年	欧洲美元	突破管制	国际银行机构
20 世纪 60 年代初	银团贷款	分散风险	国际银行机构

（二）追求利润

金融创新的另一个目的就是追求利润了，这是任何一个经营者进行业务经营时永恒追求的主题。只要有收益大于成本的机会，就会有金融创新产生。如 20 世纪 70 年代末，金融管理部门要求银行在经营中保持较低的杠杆率，银行便很快推出了票据发行便利、远期利率协议、互换交易等不影响资产负债表构成却可以增加收益的金融创新业务。

（三）竞争加剧

金融业的迅速发展和市场边界的不断扩大，使进入竞争性市场的经营主体迅速增加。竞争个体的数目增加，竞争必然加剧，其结果是金融机构的成本增加，收益普遍下降。在这种竞争局面下，金融机构只维持传统的经营业务和服务项目已经不能保证正常的发展，甚至还会威胁到生存。于是，开发业务新品种、开辟新领域，成为金融机构首选的谋生之道。

（四）市场发展与变化

进入 20 世纪 90 年代以后，世界经济发展区域化、集团化，国际金融市场趋于全球化、一体化，证券化趋势增强，国际债券市场和衍生品市场发展迅猛，新技术广泛被使用，金融市场结构发生了很大变化。从金融创新的宏观生成机理来看，金融创新是与经济发展阶段和金融环境密切联系在一起的。20 世纪 60 年代各国对金融实行严格管制；20 世纪 70 年代以来，电子计算机技术进步并在金融行业中迅速推广，金融当局开始放松管制。在进入 20 世纪 70 年代中后期以后，西方国家普遍出现经济"滞胀"，同时，"石油危机"造成全球能源价格大幅上涨，形成金融"脱媒"现象，风险加剧；20 世纪 80 年代以后，各国普遍放松管制，金融自由化增强，出现了利率自由化、金融机构自由化、金融市场自由化、外汇交易自由化的趋势。在这种情况下，金融创新业务更是层出不穷，令人眼花缭乱。

（五）科学技术的迅猛发展——金融创新的最大推手

20 世纪 70 年代以后，以计算机技术为核心的信息通信技术在金融业得到广泛应用，它为金融创新提供了强大的技术支持。如利用电子通信技术的辐射功能和电脑的自动化信息处理功能，银行业务实现了跨越时空的延伸，一家银行可以同时处理远在另一半球的分支机构或客户之间的业务，ATM 机（自动提款机）、POS 机（销售终端机）、电话银行、自助银行、网络银行等设备可以连续 24 小时准确、及时地为所有通过电讯联系的机构和客户服务。银行业务的创新随着金融市场全球化、一体化的进程而不断纵深发展，新工具的设计、定价、运行和管理等，统统都在非常先进的电子信息技术的支持下进行，创新更具有紧迫性和挑战性。

三、金融创新的趋势

（一）理论创新趋势

1．数量化、精确化趋势

1970 年，美国经济学家、金融学家尤金·法玛提出了有效市场假说，其对有效市场的定义是：如果在一个证券市场中，价格完全反映了所有可获得的信息，那么就称这样的市场为有效市场。

衡量证券市场是否具有外在效率有两个标志：一是价格能否根据有关信息自由地变动；二是证券的有关信息能否充分地披露和均匀地分布，使每位投资者在同一时间内得到等质等量的信息。

根据这一假说，投资者在买卖股票时会迅速有效地利用可能的信息，而所有已知能影响一种股票价格的因素都已经反映在股票的价格中了，因此根据这一理论，股票的技术分析是无效的。

随后在此基础上建立的资产组合、期权定价等现代投资理论具有同样的特点，即均是以精确的数学方法为基础。

2．非线性科学的兴起

非线性科学是一门涉及众多学科和工程技术的交叉学科。非线性问题，是各门自然科学中出现的非线性问题的总称。近半个世纪以来，理论自然科学发展的一个重要特点是研究各种非线性问题。非线性科学的三大理论前沿问题是：混沌学、分形理论和孤立子理论。此外，非线性科学还包括或涉及系统论、协同论、突变论、超循环理论、信息论等学科。

非线性科学认为，世界本质上是非线性的。非线性科学的产生，标志着人类的认识由线性现象进入非线性现象，标志着哲学的自然科学基础由线性扩展到非线性，即哲学的自然科学基础发生变革。非线性科学引发了一系列哲学思想的重大突破，如对偶然性与必然性关系的新认识，内在随机性与外在随机性的发现等。

非线性科学对还原论产生了巨大冲击。客观事物是复杂的，但以往人们对复杂事物的认识总是通过还原论方法把它加以简化，即把非线性问题简化为线性问题，以求得问题的近似解。这种线性化的认识方法虽然在科学研究中发挥过巨大作用，但随着科学技术和社会的发展，已经暴露出它的局限性，以前认为可以忽略的因素现在就不能忽略了，考虑的因素多了，描述系统的方程就变成非线性的了，大量非线性问题并不能通过线性化方法来解决，从而要求我们直接研究复杂事物，以便更准确、更全面地反映其本来面目。因此，研究复杂现象的非线性科学便应运而生。它标志着人类对世界认识的深化和历史性飞跃。

3．理论融合程度加深

人们逐渐认识到用精确的数学模型和非线性手段来描述金融市场都各有利弊，因此不得不跳出原有理论，从人类知识库中寻找其他方法，从而使人类行为学、投资心理学等交叉学科日益兴起。

（二）金融实务创新趋势

1．金融创新工具更加多样化

金融工具的创新是金融创新中最主要的内容。在近三四十年来出现的金融创新中，最显著、最重要的特征之一就是大量的新型金融工具以令人目不暇接的速度被创造出来。这些新型金融工具的出现，使人们对于"货币""资金""资本""金融商品""金融资产"等原有概念的认识产生了困惑。因为这些事物的出现，是当今特定历史时期的新生事物，要求人们重新审视和界定上述概念的含义及范畴。其中，特别是20世纪70年代出现的各种衍生金融工具，更是向人们展示了金融资产保值和风险规避的全新概念。

（1）基本存款工具的创新。

众所周知，基本的存款工具有：活期存款、定期存款、储蓄存款等。但是，在金融工具的创新过程中，这些基本存款工具的界限早已被打破，并且形成了一些全新的存款工具。如上所述的各种新型存款账户，这些账户的特点是既能灵活方便地支取，又能给客户计付利息。这些新型存款账户的出现，为客户提供了更多的选择，充分满足了存款人对安全、流动和盈利的多重需求，从而吸引了更多的客户，扩大了商业银行的资金来源。

（2）大额可转让定期存单。

商业银行的定期存款由于有较高的利率而吸引资金，但其最大的弱点在于流动性差。1961年，由美国花旗银行发行的第一张大额可转让定期存单，既可以使客户获得高于储蓄账户的利息，又可以在二级市场上流通、转让而变现，使客户原本闲置在账户的资金找到了短期高利率投资的对象，所以大额可转让定期存单一经面世就大受欢迎。

（3）金融衍生工具的创新。

金融衍生工具也称金融衍生产品，它是伴随着近二十年来新一轮金融创新而兴起和发展起来的。它的出现，可以说是给当代金融市场带来了划时代的贡献。金融衍生工具除了让人们重新认识了金融资产保值和规避风险的方式之外，还具有很强的杠杆作用，让人们充分体会到了"四两拨千斤"的快感。因此，人们把金融衍生工具称为"双刃剑"，如果运用得当，可以给金融业带来许多好处，能起到传统避险工具无法起到的保值、创收作用；但如果运用失误，也会使市场参与者遭受严重损失，甚至危及整个金融市场的稳定与安全。2007年爆发的以美国为发源地的全球金融危机就是最好的证明。

金融衍生工具主要包括以下类型：远期合约、金融期货、金融期权、金融互换等。上述四类金融衍生工具中，远期合约是其他三种金融衍生工具的始祖，其他金融衍生工具均可认为是远期合约的延伸或变形。此外要说明的是：由两种、三种甚至更多不同种类的金融衍生产品及其他金融产品，经过变化、组合以及合成等方式，还可以创造出无限丰富的再衍生产品，如期货期权、互换期权、远期互换等。目前，国际金融市场上已知的金融衍生产品已有数千种。

2. 为企业提供的服务更加全面细致

金融创新为企业提供的服务主要体现在以下四个方面。

（1）满足企业流动性需求，改善企业财务状况。

（2）满足企业回避风险的需求，实现资产保值增值。

（3）满足企业降低成本的需求，便利兼并重组。

（4）满足企业使用金融工具进行套利的需求。

（三）金融制度创新趋势

1. 金融组织制度的创新

（1）非银行金融机构迅速崛起，其发展很快超过了银行，如保险公司、养老基金、金融公司、投资基金等非银行金融机构。

（2）国际金融市场一体化，跨国公司成了金融机构的重要组织形式。第一家跨国公司是 1882 年由 27 家公司合并组成的美孚石油公司，现为埃克森美孚石油公司。跨国金融机构突出代表是美国的花旗银行，但大部分跨国金融机构在 2007 年金融危机中遭受重创，最有代表性的即为破产的雷曼兄弟。

（3）银行业混业经营的兴起。

2. 金融监管制度的创新

（1）金融管制放松。

金融管制放松主要体现在利率自由化、市场自由化、业务综合化。

从 1929 年—1933 年大危机后的"严格管制"到 20 世纪 70 年代以来的"金融自由化"改革，国际监管领域经历了一个大规模放松管制的过程。但是，在这一阶段放松管制具有很大的被动性，即严格的金融管制本来就已在实践中失去有效性，规避管制的金融创新已使不少限制性措施名存实亡。另外，在放松管制的过程中，金融监管虽然不再完全以限制竞争、维护金融稳定为指导思想，而是适当考虑监管本身所带来的成本，即监管对金融业效率和竞争力的影响。但是，在这一阶段对金融效率的考虑依然缺乏主动性，放松管制在客观上提高了金融机构的效率和竞争力，但放松管制后的金融监管尚未明确地把监管成本和金融业的效率作为重要的考虑对象，监管与效率仍然更多的是一种对立关系。

然而，近几年来，不少国家的监管当局越来越重视监管成本与金融业的效率和竞争力问题，并将其明确列为监管的一项重要原则。英国《2000 年金融服务与市场法》提出了"好监管"的 6 条原则，要求在实施监管时必须同时考虑效率和竞争力并将 6 条原则作为新监管方式的指南。

日本从 1994 年着手进行的"金融大爆炸"也诞生出一个综合性的金融监管机构——金融厅。金融厅一改过去的监管以安全为主的目标，将确保金融体系的安全、活力和金融市场的公正和效率作为自己的首要任务。

美国在酝酿十余年之后，终于在 1999 年 11 月通过了《金融服务现代化法案》。该法案出台的背景是原有的以分业经营、限制竞争来维护金融稳定的法规体系所形成"金融抑制"，其严重损害了金融业的效率和竞争力，使消费者不能享受全方位的金融服务，金融机构不能通过分散经营来降低风险。因此，促进金融业的效率和竞争力成为这次改革的主要推动力。

由此看来，监管与效率在历史上的对立关系正在转向相互融合、相辅相成的关系，在监管取向越来越多地考虑金融业的效率和竞争力的同时，监管政策和手段也在向以市场激励机制为基础，致力于增强市场灵活性、适用性和友善性的方向转变。

（2）金融管制加强。

金融管理加强包括加强法制建设、促进谨慎经营、监管国际合作、金融衍生监管等。

四、金融工具的创新

金融工具的创新主要是将传统金融工具（如股票、债券等）与衍生金融工具（如远期、期货、期权、互换等）灵活运用并将它们组合在一起形成新的金融工具。

（一）远期合约

1．概念

远期合约是最简单的一种金融衍生工具，产生于 20 世纪 80 年代，目的是保值。它是交易双方在合约中规定在未来某一确定时间以约定价格购买或出售一定数量的某种资产。它常发生在两个金融机构或金融机构与客户之间，是一种场外交易产品，包括远期利率协议、远期外汇合约、远期股票合约等，其中远期利率协议发展最快。

远期合约的最大功能在于转嫁风险。例如，远期利率协议的买方可以将未来的利率成本或收益提前锁定，且交易方式简单，交易对象、交易期限便灵活，限制少，费用低，是一种应用广泛且能够避险增值的金融衍生工具。

买方称多头，卖方称空头，股票市场上经常提到的做多或做空就来源于期货市场。

2．远期交易的主要种类

（1）远期利率协议。

远期利率协议是交易双方签订的一种远期贷款合约，即约定从将来某一日期开始，以约定的利率水平，由一方（买方）向另一方（卖方）借入一笔数额、期限、币种确定的名义本金，并约定在结算日根据约定利率与当日的参考利率之间的利息差额加上名义本金额一并由一方支付给另一方作为结算金。

（2）远期外汇合约。

远期外汇合约是指双方约定在将来某一时间按约定的汇率买卖一定金额的某种外汇的合约。交割时并不交割本金，而是结算汇率差额。

（3）远期股票合约。

远期股票合约是指在将来某一特定日期按特定价格交付一定数量单个股票或一揽子股票的协议。远期股票合约在市场上出现时间不长，总交易规模也不大。

（二）期货合约

期货合约是指在期货交易所交易的、协议双方约定在将来某个日期按事先确定的条件（包括交割价格、交割地点和交割方式等）买入或卖出一定标准数量的特定金融工具的标准化协议。同样，在期货合约中称未来将买入标的物的一方为多方，在未来将卖出标的物的一方为空方。合约中规定的价格就是期货价格。

从本质上说，期货与远期是完全相同的，都是在当前时刻约定未来的各交易要素。

但期货与远期也有区别，其显著区别就在于交易机制的差异。与场外交易的非标准化远期合约相反，期货是在期货交易所内交易的标准化合约。期货交易所同时还规定了一些特殊的交易制度和交割制度，如每日盯市结算制度和保证金制度等。

期货合约是一种标准化的合约，是买卖双方分别向对方承诺在合约规定的未来某一时间按约定价格买进或卖出一定数量的某种金融资产的书面协议，是一种在期货交易所交易的、用独特的结算制度进行结算的标准化合约。期货合约主要包括货币期货、利率期货和股指期货。1972 年 5 月 16日，美国芝加哥商品交易所的国际货币市场率先推出了包括英镑、加拿大元、德国马克、日元、法国法郎等货币在内的货币期货交易，标志着货币期货的正式产生。

期货合约的最主要的功能就在于风险转移和价格发现。风险转移功能是指套期保值者通过金融期货交易将价格风险转移给愿意承担风险的投机者。期货合约之所以能够转移价格风险，就在于金融资产的期货价格和现货价格受相同经济因素的影响和制约，它们的变动趋势是一致的，且期货价格与现货价格具有市场走势的收敛性，即当期货合约临近到期时，两种价格逐渐趋合，价格差接近于 0。

价格发现功能是指在一个公开、公平、高效、竞争的期货市场中，通过集中竞价形成期货价格的功能。期货合约之所以具有价格发现的功能，是因为期货市场将众多影响供求关系的因素集中于交易场内，通过买卖双方公开竞价，集中转化为一个统一的交易价格。该价格一旦形成，即刻向世界各地传播并影响供求关系，从而形成新的价格，如此循环往复，价格趋于合理。

1. 股票指数期货——股指期货

股票指数期货，简称股指期货，是指以股票市场的指数为标的物的期货。具体地讲，股指期货是指期货交易所同期货买卖者签订的、约定在将来某个特定的时期，买卖者向期货交易所结算中心收付等于股价指数若干倍金额的合约。

股指期货是全球金融衍生品中最成功的创新品种。自美国堪萨斯交易所（KCBT）于 1982 年推出股指期货以来，股指期货得到迅速发展。据美国期货业协会（FIA）统计，截至 2005 年底，在 29 个国家和地区有 32 家期货交易所至少有一个股指期货品种在挂牌交易。在 2005 年全球期货合约 39.61 亿张的成交量中，股指期货稳居第二，占全球期货交易量的 22.2%，仅次于利率期货（53.17%）。目前，股指期货已成为发达国家和地区资本市场上最活跃的交易品种和不可或缺的风险管理工具。

股指期货的特点很多，以下五个特点需要特别关注。

（1）股指期货采用保证金交易制度。

保证金交易制度具有一定的杠杆性，投资者不需要支付合约价值的全额资金，只需要支付一定比例的保证金就可以进行交易。保证金交易制度的杠杆效应在放大收益的同时也成倍地放大了风险，在发生极端情况时，投资者的亏损额甚至有可能超过所投入的本金。

股指期货作为一种期货品种，与普通商品期货具有相同的特征和流程。它们都是以某一标的物为对象、以标准化合约的形式进行交易，交易双方在正规的期货交易所进行撮合和结算，并以保证金交易制度进行交易。

保证金通常规定为交易金额的 10%左右。其合约的价格为当前市场股价指数乘以每一点所代表的金额，不同国家股指期货的每一点所代表的金额各不相同。如标准普尔 500 指数每个点 250 美元；中国香港恒生指数每个点 50 港元；日经 225 指数每 10 个点（最小跳动点）10 000 日元。我国 2010 年 4 月 16 日推出的沪深 300 指数的每个点为 300 元人民币，按照 5 000 点计算为 150 万元人民币，按照 10%的保证金，每笔合约的保证金为 15 万元人民币。

（2）股指期货采用当日无负债结算制度。

在当日无负债结算制度下，期货公司在每个交易日收市后都要对投资者的交易及持仓情况按当日结算价进行结算，计算盈亏及相关费用并进行划转。当日结算后保证金不足的投资者必须及时采取相关措施以达到保证金要求，以避免被强行平仓。

（3）股指期货合约有到期日。

每个股指期货合约都有到期日，不能无限期持有。投资者要么在合约到期前平仓，要么在合约到期时进行现金交割。

期货合约与股票不同。正常情况下，股票没有期限，只要该上市公司的业绩良好就不会有退市和股票取消的情况出现。但股指期货合约都有一个期限，它不会永远存在，股指期货合约的最后交易日为合约到期月份的第 3 个星期五。当到期日当天的交易结束之后，该合约便进入交割阶段，交割完毕，该合约便自动消失，到下一个交易日该合约不会再出现在市场上。交易一般以 3 月、6 月、9 月、12 月为循环月，少数国家全年每个月都有交易。

（4）股指期货的交易对象是标准化的期货合约。

股指期货的交易对象不是股票价格指数，而是以股票价格指数为基础资产的标准化股指期货合约。在标准化的股指期货合约中，除了合约价格以外，包括标的资产、合约月份、交易时间等其他要素都是事先由期货交易所设定好的。需要提醒的是，合约价格是指该合约到期日的远期价格，而非交易时点的即期价格。

（5）股指期货以现金结算，不进行实物交割。

股指期货是以现金交割而不是实物交割，这是股指期货与商品期货的最大不同之处。在交易时把股票指数按点数换算成现金进行结算，合约到期时以股票市场的收市指数作为结算标准，买卖双方按交易合约时的股票指数的点数与到期时的实际点数进行折算，交付和收取现金完成交割。由于股指期货是现金交易，它的杠杆效应更为突出，引发的市场风险更大。

股指期货是股票现货市场发展到一定程度的必然产物。近年来，证券、期货市场的法律法规更加完善加上股权分置问题的成功解决，使资本市场进入了新的发展时期，这些都为股指期货的上市创造了良好的条件，而我国商品期货市场十多年的发展则为股指期货的平稳运行积累了丰富的经验。股指期货的上市不仅在我国期货市场发展史上具有里程碑的意义，而且对于丰富投资组合、提高市场流动性、维护我国金融体系安全也具有重要的战略意义。

我国在 2010 年 4 月 16 日已经正式推出了股指期货合约，中国金融期货交易所规定，股指期货合约每次只有 4 个月份的合约在交易，即当月、下月、其后第一个季末月、第二个季末月。

因为 2010 年 4 月 16 日第一次推出股指期货合约，所以 4 月就不安排合约了，于是只有 5 月（算当月合约）、6 月（下月）、9 月（第一个季末月）、12 月（第二个季末月）四个月份了。到了 5 月合约交割后，该合约便自动消失，6 月成为下一个交易月，随即会推出 7 月合约，这样同时交易的就是 6 月、7 月、9 月、12 月四个月份了。

2．外汇期货

外汇期货是指交易双方约定在未来某一时间，依据现在约定的比例，以一种货币交换另一种货币的标准化合约。外汇期货是指以汇率为标的物的期货合约，用来回避汇率风险。它是金融期货中最早出现的品种。自 1972 年 5 月芝加哥商品交易所的国际货币市场分部推出第一张外汇期货合约以来，随着国际贸易的发展和世界经济一体化进程的加快，外汇期货交易一直保持着旺盛的发展势头。它不仅为广大投资者和金融机构等经济主体提供了有效的套期保值的工具，而且也为套利者和投机者提供了新的获利手段。

3．利率期货

利率期货是指以债券类证券为标的物的期货合约，它可以回避银行利率波动所引起的证券价格变动的风险。利率期货的种类繁多，分类方法也有多种。通常，按照合约标的的期限，利率期货可分为短期利率期货和长期利率期货两大类。

利率期货合约最早于 1975 年 10 月由芝加哥期货交易所推出，在此之后利率期货交易得到迅速发展。虽然利率期货的产生比外汇期货晚了三年多，但其发展速度却比外汇期货快得多，其应用范围也远较外汇期货广泛。目前，在期货交易比较发达的国家和地区，利率期货早已超过农产品期货成为成交量最大的一个类别。

（三）期权合约

1．概念

期权合约又称选择权合约，是指当期权购买者支付给期权出售者一定的期权费后，赋予购买者在规定期限内按双方约定的价格（又称协议价格、执行价格或敲定价格）购买或出售一定数量某种标的物的权利的合约。这实质上是一种权利的有偿使用。

从本质上讲，期权合约是在金融领域中将权利和义务分开进行定价，使权利的受让人在规定时间内对于是否进行交易做出决定、行使其权利，而义务方必须履行。在期权合约交易时，购买期权合约的一方称作买方，而出售期权合约的一方则叫作卖方；买方即权利的受让人，而卖方则是必须履行买方行使权利的义务人。

每一张期权合约都包括四个特别的项目：标的资产、期权行使价、数量和行使时限（到期日）。

（1）标的资产。

每一张期权合约都有一个特定的标的资产，标的资产可以是众多金融产品中的任何一种，如普通股票、股价指数、期货合约、债券、外汇等。通常，把标的资产为股票的期权称为股票期权，依此类推。所以，期权有股票期权、股票指数期权、外汇期权、利率期权、期货期权等，它们通常在证券交易所、期权交易所、期货交易所挂牌交易，当然，也有在场外交易挂牌的。

（2）期权行使价。

期权行使价，即权利金，是指在行使期权时用以买卖标的资产的价格。行使价在期权合约中都有明确的规定，通常是由期权交易所按一定标准以减增的形式给出，故同一标的的期权有若干个不同价格。一般来说，在某种期权刚开始交易时，每一种期权合约都会按照一定的间距给出几个不同的执行价格，然后根据标的资产的变动适时增加。至于每一种期权有多少个执行价格，取决于该标的资产的价格波动情况。投资者在买卖期权时，对执行价格选择的一般原则是：选择在标的资产价格附近交易活跃的执行价格。

（3）数量。

期权合约明确规定合约持有人有权买入或卖出标的资产数量。例如，一张标准的期权合约所买卖股票的数量为 100 股，但在一些交易所亦有例外，如在香港交易所交易的期权合约，其标的股票的数量等于该股票每手的买卖数量。

（4）行使时限（到期日）。

每一张期权合约具有有效的行使期限，如果超过这一期限，期权合约即失效。一般来说，期权的行使时限为一个至三个、六个、九个月不等。场外交易期权的到期日根据买卖双方的需要量身定制。但在期权交易场所内，任何一只股票都要归入一个特定的有效周期，有效周期可分为这样几种：一月、四月、七月和十月；二月、五月、八月和十一月；三月、六月、九月和十二月。它们分别称为一月周期、二月周期和三月周期。

2．期权的种类

（1）按期权的权利不同，期权可分为看涨期权、看跌期权和双向期权。看涨期权是指在期权合约有效期内按执行价格买进一定数量标的物的权利，当期权买方预期标的物价格会超出执行价格时，他就会买进看涨期权；看跌期权是指在期权合约有效期内按执行价格卖出一定数量标的物的权利，当期权买方预期标的物价格会低于执行价格时，他就会买进看跌期权。双向期权是指同时买进看涨期权和看跌期权，一般用于买方预测将来的市场价格会出现大幅度的波动，但又不能明确是涨是跌，因此买入双向期权，期望在剧烈的市场价格波动中两头获利的情况。

（2）按执行期权的时限不同，期权可分为欧式期权、美式期权和百慕大期权。欧式期权是指期权买方只有在合约到期日才能行权的期权，多在场外交易中被采用。美式期权是指期权买方可以在成交后有效期内任何一个时间行权的期权，多在场内交易所采用。美式期权有更大的灵活性和更高的风险，因此期权费也更高一些。百慕大期权是指期权买方可以在到期日前所规定的一系列时间内行权的期权。比如，期权可以有 3 年的到期时间，但只有在 3 年中每一年的最后一个月才能被执行，它的应用常常与固定收益市场有关。百慕大期权可以被视为欧式期权与美式期权的混合体，如同百慕大群岛混合了英国文化和美国文化一样。

（四）互换合约

互换合约是指买卖双方达成协议并在一定的期限内转换彼此货币种类、利率基础或其他资产的一种交易。互换合约就是买卖双方在一定时间内交换一系列现金流的合约。互换合约主要包括利率互换和货币互换。利率互换与货币互换都是于 1982 年开拓的，是适用于银行信贷和债券筹资的一种资金融通新技术，也是一种新型的避免风险的金融技巧，目前已在国际上被广泛采用。

1．利率互换

（1）概念。

利率互换是指交易双方同意在未来的一定期限内根据同种货币同样的名义本金交换现金流，其中一方的现金流根据浮动利率计算出来，而另一方的现金流根据固定利率计算。利率互换交换的只是不同特征的利息，没有实质本金的互换。利率互换的期限通常在 2 年以上，有时甚至在 15 年以上。

（2）运行过程。

进行利率互换的主要原因是双方在固定利率和浮动利率市场上具有比较优势。假定 A、B 公司都想借入 5 年期的 1 000 万美元的借款，A 想借入与 6 个月期限相关的浮动利率借款，B 想借入固定利率借款。但两家公司信用等级不同，故市场向它们提供的利率也不同。表 4-3 所示是 A、B 公司信用等级与市场提供给 A、B 公司的借款利率。

表 4-3　A、B 公司信用等级与借款利率

	信用评级	固定利率	浮动利率
A 公司	AAA	7%	6 个月期 LIBOR＋0.4%
B 公司	BBB	8.5%	6 个月期 LIBOR＋0.7%

注：LIBOR（London Inter Bank Offered Rate），即伦敦同业拆借率。

假设 B 公司想借入固定利率的资金，A 公司想借入与 6 个月 LIBOR 相关的浮动利率资金（在上述互换中，每隔 6 个月为利息支付日，因此利率互换协议的条款应规定每 6 个月一方向另一方支付固定利率与浮动利率的差额）。

由于 B 公司信用低于 A 公司，因此不管是固定利率市场还是浮动利率市场，B 公司的融资成本都高于 A 公司，但不是成正比升高。从表 4-3 中可以看到，在固定利率市场，B 公司利率比 A 公司高 1.5%，但在浮动利率市场只高了 0.3%，这说明在固定利率市场，A 公司有比较优势，而在浮动利率市场，B 公司有比较优势，这就为利率互换创造了条件。

利率互换过程如下所示。

第一步，在各自有比较优势的市场上借入款项：A 公司按照固定利率 7%借款，B 公司按照 6 个月 LIBOR＋0.7%借款。

第二步，双方签署利率互换协议，A 公司向 B 公司支付 LIBOR－0.2%，B 公司向 A 公司支付 7%。各自的现金流与利率如下所示。

A 公司三笔现金流：7%的利息支出，LIBOR－0.2%的利息支出，7%的利息收入，计算结果是 A 公司借入的资金利息为 LIBOR－0.2%，比它在浮动利率市场借款少付了 0.6%的利息。

B 公司也有三笔现金流：LIBOR＋0.7%的利息支出，LIBOR－0.2%的利息收入，7%的利息支出，计算结果是 7.9%的利息支出，比它在固定利率市场借款少付了 0.6%的利息。

这样双方都减少了利息支出，并得到了自己想要的借款。

A、B 公司总收益就是固定利率与浮动利率的借款成本差额之差：1.5%－0.3%＝1.2%。

2．货币互换

货币互换是指将一种货币的本金和固定利息与另一种货币的等价本金和固定利息进行交换。货币互换的主要原因是双方在各自国家中的金融市场上具有比较优势。

货币互换又称货币掉期，是指两笔金额相同、期限相同、计算利率方法相同但货币不同的债务资金之间的调换，同时也进行不同利息额的货币调换。简单来说，利率互换是相同货币债务间的调换，而货币互换则是不同货币债务间的调换。货币互换双方互换的是货币，它们之间各自的债权债务关系并没有改变。初次互换的汇率以协定的即期汇率计算。货币互换的目的在于降低筹资成本以及避免汇率变动风险造成的损失。

货币互换与利率互换可以分别进行，同时也可结合同时进行，操作原理相同。

（五）互换期权

互换期权是指在公司股价下落的条件下，为了保证股票期权预期目标的实现，避免员工的利益损失而采取的一种调整行权价格的方式。本质上它是期权而不是互换，该期权的标的物为互换，而该互换期权的买方要支付一笔现金，作为在未来某一个时期可以行使互换合约的成本。值得注意的是，互换期权差不多都是欧式期权，即期权合约只能在到期日行权，而不能在此之前行权。

采用互换期权的主要目的有以下两个。

1. 激励员工和留住人才

在股价因非营业因素下落且持久低迷时，许多公司采用了"互换期权"。例如，当股票市价从 50 元/股下落到 25 元/股时，公司就收回已发行的旧期权而代之以新期权，新期权的授予价格为 25 元/股。在这种"互换期权"的安排下，当股票市价下跌时，股东遭受损失，而员工却能避免损失。

2. "金手铐"

许多公司对股票期权附加限制条件：在期权持续期为 10 年的条件下，规定在期权授予后 1 年之内，员工不得行使该期权，第 2—4 年间，员工可以行使部分期权。这样，如果员工在限制期内离开公司，就将丧失剩余的期权。这一方法被称为"金手铐"。

互换期权合约赋予期权买方在指定的日期或某一指定的日期之前，选择是否按照事先约定的条件进行互换的权利。这种权利可在规定的期限内行使，也可以放弃。由此可见，互换期权增强了金融机构与企业进行资产负债管理的灵活性。因为在互换期权没有产生以前，人们只能通过支付债券的场内期权交易或场外期权交易进行利率避险。

互换期权本身的种类较多，如可赎回互换、可延期互换、可卖出互换、可取消互换等，它们的交易性质相同，都是在买权和卖权的基础上发展而来。

本章小结

1. 在二级市场中，投资银行可以扮演证券经纪商、自营商和做市商三种角色。作为证券经纪商，投资银行代表着买卖双方，接受客户委托代理买卖证券并收取适当的佣金。作为做市商，在证券承销结束之后，投资银行有义务为该证券创造一个流动性较强的二级市场，并引导和维持市场价格的稳定。作为自营商，投资银行本身有自营买卖证券的需要，这是因为投资银行接受客户的委托，管理着大量的资产，必须保证其保值增值，所以投资银行经常在二级市场上进行无风险套利和风险套利等活动。

2. 投资银行证券经纪业务是指具备证券经纪商资格的投资银行通过其设立的证券营业部，接受客户委托并代理客户买卖有价证券的业务。证券经纪业务的基本要素包括：委托人、证券经纪商、证券交易所、证券交易的标的物。证券经纪业务的流程包括证券账户的开立、资金账户的开立、交易委托、委托成交、登记结算。

3. 按照价格决定机制的不同，除了一对一询价谈判交易制度之外，现代证券市场还有两种基本的交易制度：指令驱动系统和报价驱动系统。

4. 在做市商制度下，做市商通过充分发挥交易中介的作用，可以大大提高市场的流动性和稳定性，并有利于大宗交易的顺利完成。其弊端也显而易见：首先，交易成本高；其次，信息透明度低。与做市商制度相比，竞价交易制度交易成本低，市场透明度高，但其最大弊端是不利于大宗交易的顺利完成，且市场流动性和稳定性比做市商市场差。在全球主要的场外交易市场中，大多实行做市商制度，或者采取做市商制度与竞价交易制度相结合的混合交易机制。

5. 按照同一证券做市商数量的不同，做市商制度可分为垄断做市商制度和竞争做市商制度两类。做市商具有以下功能：做市商制度可增强证券市场的流动性；做市商市场在大宗交易的处理上具有更强的适应性和竞争力；做市商制度更有利于证券推介。

6. 证券自营业务是指投资银行出于盈利的目的，以自己的名义和资金，为自己的账户买卖上市证券，独自承担风险。自营业务具有以下基本特点：决策的自主性；交易的风险性；收益的不稳定性。自营业务要遵循客户委托优先、公开交易、风险控制、守法经营的原则。根据自营业务获利方式的不同，可以把自营业务区分为两种主要类型，即套利业务和投机业务。

7. 信用交易是指客户在买卖证券时，只向证券公司交付一定数额的款项或者证券，作为保证金，其支付价款或证券不足的差额部分由证券公司提供融资或者融券的交易。信用交易是一种运用杠杆力量的交易方式。投资银行开展信用交易的融资融券业务，一方面可以扩大交易量，赚取更多的佣金；另一方面可以通过向客户收取较高的融资利率，赚取息差收入。信用交易包括融资交易和融券交易两种形式。

8. 中国证监会于 2006 年 6 月 30 日颁布了《证券公司融资融券试点管理办法》，并于 2006 年 8 月 1 日起施行。中国证监会于 2008 年 4 月 24 日颁布了《证券公司监督管理条例》，对融资融券业务做出了明确规定，融资融券业务被正式列入证券公司业务中。

9. 2010 年 3 月 30 日，上海证券交易所、深圳证券交易所分别发布公告，于 2010 年 3 月 31 日起正式开通融资融券交易系统，开始接受试点会员融资融券交易申报。2011 年 10 月 28 日，中国证监会正式颁布《转融通业务监督管理试行办法》，同时还颁布了《关于修改〈证券公司融资融券业务试点管理办法〉的决定》和《关于修改〈证券公司融资融券业务试点内部控制指引〉的决定》，证券公司的融资融券业务正式从试点转入常规。

10. 中观层面的金融创新可以分为技术创新、产品创新以及制度创新。从这个层面上，可将金融创新定义为：政府、金融当局或金融机构为适应经济环境的变化，在金融过程中的内部运动，防止或转移经营风险和降低成本，为更好地实现流动性、安全性和营利性目标而逐步改变金融中介功能，创造和组合一个新的高效率的资金营运方式或营运体系的过程。中观层面的金融创新概念不仅把研究的时间限制在 20 世纪 60 年代以后，而且研究对象也有明确的内涵，因此，大多数关于金融创新理论的研究均采用此概念。

11. 金融工具的创新主要是将传统金融工具如（股票、债券等）与衍生金融工具（如远期、期货、期权、互换等）灵活运用并将它们组合在一起形成新的金融工具。

12. 股指期货是全球金融衍生品中最成功的创新品种。自美国堪萨斯交易所（KCBT）于 1982 年推出股指数期货以来，股指期货得到迅速发展。

课后练习题

一、名词解释

证券经纪业务　证券经纪商　市价委托　限价委托　集合竞价　连续竞价　证券清算业务
信用交易　融资交易　融券交易　指令驱动系统　报价驱动系统　自营商　证券自营业务
无风险套利　风险套利　内幕交易　操纵市场　金融创新　股指期货

二、填空题

1. 在二级市场中，投资银行可以扮演（　　）、（　　）和（　　）三种角色。

2. 在我国，证券经纪业务具体包括（　　）业务、（　　）业务、（　　）业务、（　　）业务等。

3. 目前的证券经纪商基本可以分成三类：一类是以现场交易为主的（　　）；另一类是以非现场交易为主的（　　）；还有一类是强调现场交易和非现场交易同步发展的（　　）。

4. 证券交易所委托成交的两个基本原则是（　　　）和（　　　）。

5. 目前我国上海证券交易所实行的是（　　　）交易制度，由于每一家证券公司都是以一级法人名义委托登记结算公司直接集中管理其证券总账及每一位投资者名下的明细证券，而不具备法人资格的证券营业部所管理的信息则只记录到股东资料一层。深圳证券交易所实施的则是（　　　），除了登记结算公司直接管理证券公司的证券总账及每一位投资者名下的明细证券之外，证券营业部同时也管理其投资者名下的明细证券。

6. 投资银行营销服务的商业模式逐步由（　　　）模式向（　　　）模式转变。

7. 客户缴纳的保证金按缴纳时间不同，分为（　　　）和（　　　）两种。

8. 在纳斯达克市场上一直处于垄断地位的做市商制度，开始逐渐转变为（　　　）与（　　　）相混合的制度。

9. 中国证监会规定，证券公司自营买入任一上市公司上市股票按当日收盘价计算的总市值，不得超过该公司已流通股总市值的（　　　）%。

10. 信用交易包括（　　　）交易和（　　　）交易两种形式。

11. （　　　）是全球金融衍生品中最成功的创新品种。

12. 我国 2010 年 4 月 16 日推出的沪深 300 指数期货合约的每一点为 300 元人民币，按照 5 000 点计算为（　　　）万元人民币，按照 10% 的保证金，每笔合约的保证金为（　　　）万元人民币。

13. 我国在 2010 年 4 月 16 日已经正式推出了股指期货，中国金融期货交易所规定，股指期货合约每次只有四个月份的合约在交易，即（　　　）、（　　　）、（　　　）、（　　　）。

14. 每一张期权合约都包括四个特别的项目：（　　　）、（　　　）、（　　　）、（　　　）。

15. 根据期权的权利将期权分为（　　　）、（　　　）、（　　　）。

三、简答题

1. 投资银行经营证券经纪业务应当具备的条件。

2. 证券经纪业务的流程。

3. 证券交割、交收的方式。

4. 纳斯达克市场的做市商种类。

5. 做市商的功能。

6. 自营业务的基本特点。

7. 自营业务的原则。

8. 我国证券自营业务的禁止行为。

9. 融资交易和融券交易的步骤。

10. 金融创新的动因。

11. 股指期货的特点。

第五章　企业并购

☑ 本章教学要求

　　本章介绍投资银行的收购兼并业务，主要内容包括收购兼并的基本概念、分类及作用；收购兼并的成因理论；收购兼并的操作流程与风险防范；杠杆收购和管理层收购；反收购策略；国际收购兼并历程；我国上市公司的收购兼并等。

　　通过本章的学习，理解收购兼并业务的基本概念、分类、作用等；理解收购兼并的成因理论；熟悉掌握收购兼并业务流程；了解杠杆收购和管理层收购及反收购策略；了解收购兼并业务在我国的开展概况。

☑ 案例导入

中海油 151 亿美元完成收购尼克森　创中企海外收购记录

　　2013 年 2 月 26 日，中国海洋石油有限公司宣布，中海油完成收购加拿大尼克森公司的交易。收购尼克森的普通股和优先股的总对价约为 151 亿美元。这是中国企业成功完成的最大一笔海外并购。

　　中海油董事长王宜林说，通过收购尼克森，使公司获得一个国际领先的发展平台。中海油坚信收购尼克森符合公司发展战略并将为股东带来长远利益。

　　中海油首席执行官李凡荣说，尼克森是一个较强且具备较好增长前景的多元化公司，拥有丰富的资源量及储量、较高的勘探前景以及能够实现其资产价值的高素质员工。中海油将充分发挥该平台的功能，进一步拓展公司的海外业务。

　　尼克森作为中海油全资子公司，将由首席执行官 Kevin Reinhart 继续负责管理，Kevin Reinhart 在尼克森有 18 年以上的工作经验。新董事会由中海油、尼克森现有管理团队及加拿大籍独立董事组成，李凡荣担任该公司董事长。

　　中海油于 2012 年 7 月宣布，与总部位于加拿大艾伯塔省的尼克森公司达成协议，将以 151 亿美元收购尼克森。尼克森现有约 43 亿美元债务将予以维持。

　　中海油称，尼克森分布在加拿大西部、英国北海、墨西哥湾和尼日利亚海上等全球最主要产区的资产中包含了常规油气、油砂以及页岩气资源，是对中海油现有资产的良好补充，同时也使中海油全球化布局得以增强。

　　这笔交易已获得尼克森股东、加拿大当地法院、加拿大政府、美国外国投资委员会以及中国国家发展改革委等批准。

第一节　收购兼并业务概述

收购兼并业务概述

一、收购兼并的概念

　　收购兼并是在一定的财产权利制度和企业制度条件下进行的，某一个或某一部分权利主体通过

出让其所拥有的对企业的控制权而获得相应的收益，另一个或另一部分权利主体则通过付出一定代价而获取这部分控制权。企业收购兼并的过程实质上是企业权利主体不断变换的过程。收购兼并合称并购。

并购机制是一种利益分配机制，通过市场机制实现的企业成功并购行为必然伴随着可支配资源向高效企业的集中。并购的过程同时也是企业重组的过程，通过并购与重组，企业可以重新整合资源，获得新的发展动力。

二、收购兼并的分类

（一）按并购的表现形式分类

1. 新设合并
新设合并是指两个或两个以上企业合成一个新的企业。特点是伴有产权关系的转移，多个法人变成一个新的法人（新设公司），原合并各方法人地位都消失，用公式表示就是 A+B=C。

2. 吸收合并
吸收合并是指 A 公司兼并 B 公司，A 公司保留存续（称为兼并公司），B 公司解散（并入 A 公司，称为被兼并公司），丧失法人地位，用公式表示就是 A+B=A。

3. 控制权转移
控制权转移是指 A 公司通过主动购买目标 B 公司的股权或资产，获得对目标 B 公司的控制权，收购后 A、B 两个企业仍为两个独立的法人，只发生控制权转移，通常也只进行业务重组而非企业重组。

（二）按并购前企业间的市场关系分类

1. 横向并购
横向并购是指并购企业的双方或多方原属同一产业，生产同类产品。并购方的主要目的是扩大市场规模或消灭竞争对手。

2. 纵向并购
纵向并购是指并购企业的双方或多方之间有原料生产、供应和加工及销售的关系，分处于生产和流通过程的不同阶段。它是大企业全面控制原料生产、销售的各个环节，建立垂直整合控制体系的基本手段。

3. 混合并购
混合并购是指同时发生横向并购和纵向并购，或并购双方或多方是属于没有关联关系产业的企业，通常发生在某一产业的企业试图进入利润率较高的另一产业时，常与企业的多元化战略相联系。简单地说，当并购企业与被并购企业分别处于不同的产业部门、不同的市场，且这些产业部门的产品没有密切的替代关系，并购双方企业也没有显著的投入产出关系时，那么称这种并购为混合并购。

在三种并购方式中，混合并购受到的争议最多，对于混合并购及由此引发的多元化经营战略的利弊及可行性目前仍争论不休。有的学者将此形象地称为"多元化经营的馅饼与陷阱""多元化陷阱与并购泡沫"等。

（三）按并购的对价支付方式分类

1. 用现金购买资产
用现金购买资产是指并购公司支付一定数量的现金，购买目标公司的资产，以实现对目标公司的控制。

2. 用现金购买股票
用现金购买股票是指并购公司支付一定数量的现金，购买目标公司的股票，以实现对目标公司的控制。

3．用股票购买资产

用股票购买资产是指并购公司向目标公司发行并购自己公司的股票，以交换目标公司的资产。

4．用股票交换股票

用股票交换股票又称"换股"，指并购公司直接向目标公司的股东增加发行本公司的股票，以新发行的股票交换目标公司的股票。特点是无须支付现金，不影响并购的现金流状况，同时目标公司的股东不会失去其股份，只是股权从目标公司转移到并购公司，从而丧失了对目标公司的控制权。

5．用资产收购股份或资产

用资产收购股份或资产是指并购公司使用资产购买目标公司的股份或资产，以实现对目标公司的控制。

（四）按并购动机分类

1．善意收购

善意收购又称为"白衣骑士"，指并购公司通常事先与目标公司经营者接触，愿意给被并购的目标公司提出比较公道的价格，提供较好的条件，双方在相互认可的基础上协商制订收购计划（协议）。

2．恶意收购

恶意收购又称为"黑衣骑士"，指收购公司首先通过秘密收集被收购目标公司分散在外的股票等非公开手段，对之进行隐蔽而有效的控制，然后在事先未与目标公司协商的情况下突然提出收购要约，使目标公司最终不得不接受苛刻的条件，把公司出售。恶意收购的企图暴露后，收购公司往往会遇到目标公司董事会的反击（反收购行动），甚至爆发激烈的股票收购战。虽然该收购行为遭到目标公司的反对，但收购者仍要强行收购，最终双方成为敌人和对手，因此也称为"敌意收购"。

📚 案例小链接

软件业最大收购案出炉 103 亿美元甲骨文收购仁科

经过了 18 个月的"长跑"，甲骨文如愿以偿地完成了软件业最大的一起收购案——以 103 亿美元收购仁科。合并后的公司将成为继微软之后的软件业"老二"。

尽管仁科用了 18 个月时间来反对竞争对手甲骨文对自己的收购，但后者最终以高出最初提出价格 65%左右的重金，赢得了仁科股东们的欢心。此番，仁科以每股 26.50 美元现金，合计总额 103 亿美元的价格被甲骨文收购。根据达成的协议，甲骨文将在周三前调整其收购要约，有效期将持续至 12 月 28 日。

就在成功收购消息公布的当天，甲骨文公司的股票就上攀了 9.1%，达到每股 14.49 美元，而仁科股票也相应上涨了 10.3%，达到每股 26.42 美元。

事实上，在此前的 18 个月中，仁科一直反对被甲骨文收购。对此，甲骨文公司的 CEO 拉里·艾里森在接受《商业周刊》采访时："促使我们完成收购的最主要动力是仁科的商业规模和利润远远大于我们的预测。我们可以出更高的收购价，甚至高于每股 26.50 美元。我们认为，这是一个新世界，恶意收购也同样可以奏效。"

甲骨文收购仁科以后，整个商用软件市场的格局将会发生巨大的变化。以前SAP、仁科和甲骨文三足鼎立的局面，将演变成为 SAP 和甲骨文的两强争霸。对正在试水企业软件领域的微软公司，也将起到一定的威慑作用。拉里称："在软件业，规模大是一件好事。我们可以增加在工程领域的投资，并进一步降低软件价格。微软试图进军企业软件领域，他们很有进攻能力。他们会在企业软件领域取得成功。"据悉，收购完成后，甲骨文的应用软件客户会增长一倍，应用软件销售额会提高 50%。

此次收购对于仁科公司现有雇员的影响不言而喻。早在收购行动初期，拉里就曾经向外界暗示，计划对合并后的仁科大幅裁员。而根据分析家的估算，仁科公司将会有6 000名员工从此丢掉工作。然而几个月前，甲骨文公司的态度出现了一定的转变，表示将考虑保留一部分仁科公司的研发以及销售人员。

（五）按收购对象的范围分类

1. 要约收购

要约收购是指收购人为了取得上市公司的控股权，向所有的股票持有人发出购买该上市公司股份的收购要约，从而收购该上市公司的股份。公开收购要约要写明收购价格、数量及要约期限等收购条件。

2. 协议收购

协议收购是指由收购人和上市公司特定的股票持有人就收购该公司股票的条件、价格、期限等有关事项达成协议，由公司股票的持有人向收购者协议转让股票，收购人则按照协议条件支付对价，从而达到收购的目的。

三、收购兼并的作用

（一）企业并购促进了产业结构的调整，提高了资源的配置效率

当今科学技术日新月异，科技越发达，社会分工越细密，生产社会化程度也越高。与此同时，新兴产业不断出现，它们利用科技进步的后发优势，抢占市场竞争的最有利位置，通过并购集中全社会乃至全球范围内的生产要素，谋求规模经营，以获取最大可能的利润；同时它们也推动了全社会存量资产和闲置资产的有序合理流动。夕阳产业为了在市场竞争中求得生存发展，必须通过各种方式进行资本、人才、产品生产和技术开发的调整与联合协作。这样社会各产业通过并购机制达到此消彼长的状态，从而实现调整产业结构和提高资源配置效率的宏观经济目标。

（二）企业并购普遍提高了企业的经济效益

据统计分析表明，1960年—1974年美国被兼并企业平均利润率要比联邦贸易委员会计算的基准利润率高出10个百分点左右。另据密尔福德·格林研究的材料表明，在20世纪80年代兼并高潮时期，并购公司平均每年利润是高潮前平均利润额的21倍，其中横向兼并为1.3倍，纵向兼并为3.6倍，混合兼并为2.1倍。正如一位学者罗伯特·麦古肯证实：80年代后期经营不佳的大公司在兼并后情况稍有改善。

（三）企业并购提高了一国经济在国际市场的竞争力和资本集中度

作为革新代表的美国资本市场，近年来的发展在很大程度上得益于并购行为的推动，而这种推动力最终反映在对美国经济保持活力的巨大贡献上。重组和战略并购已经成为美国经济增长和股市活跃的发动机。

资本主义生产和资本的集中度主要表现在若干大公司占有的生产要素、商品或劳务市场份额在行业、产业乃至社会相应总额中的比例不断增加。大企业不仅在国内市场占据垄断优势，而且凭借其雄厚的资金技术和人才实力，在国际市场实施跨国并购，越过准入壁垒，将其生产及销售的网络遍布全球，掌控了国际市场。

第二节　企业并购动因理论

一、规模经济效应论

规模经济效应是指企业通过收购兼并、扩大经营规模而引起的企业投资和经营成本的降低，从

而减少单位成本、获得较高利润的现象。企业并购对规模经济产生直接影响，企业通过并购实现产量规模的扩大，使其经营成本最小化。同时并购所带来的生产分工和专业化、连续化生产可以使企业实现深化产品，减少生产过程的环节间隔，充分利用生产能力。

通过收购兼并还能够把不同企业的优势融合到一起，有利于从技术、市场营销、管理、企业文化等环节促进企业的经营优势互补，减少不经济的摩擦成本。企业并购后经营范围扩大，一方面将更加节约资源，管理费用、研发费用、营销费用、售后服务费用、采购费用、融资费用都可能得到统筹节约；另一方面可以在更高的层面上实现资源共享，实现品牌、技术、信用等互相吸收和共享。企业规模越大，经营越多样化，其生产率波动就越小，从而能够减少目标企业的资本成本，实现规模经济。

不过，从严格的数量关系上讲，企业获利能力与企业规模大小并不完全成正比，同时在实践中也还没有充足证据可以证明并购一定会使成本普遍下降。

二、财务重置成本论

从财务角度审视相对价值关系是企业并购过程中非常重视的一个方面。并购企业购买目标企业的股票时，必须考虑当时目标企业股票市场的价格总额（同时考虑加上并购后税收效应对总价值的实际贡献）与该企业的即时全部重置成本的相对大小，如果前者小于后者，并购的必要性和可能性都比较大，成功率往往很高，反之则相反。托宾（J. Tobin）把这一原理概括为托宾比率，又称 Q-Ratio（以下用 "Q" 表示），即企业股票市场的价格总额（同时考虑加上并购后税收效应对总价值的实际贡献）与企业重置成本之比。当 $Q > 1$ 时，形成并购的可能性较小；当 $Q < 1$ 时，形成并购的可能性较大。

20 世纪 60 年代美国企业并购高峰前，Q 达到一定高度，1965 年曾为 1.3，后来逐步缩小，到 80 年代初，这一比率下降幅度较大，1981 年已降至 0.52，这意味着并购目标企业比新建一个同样的企业的代价减少一半，这从很大程度上诱导了 20 世纪 80 年代的第四次企业并购浪潮。从实践上看，20 世纪 80 年代并购高峰时，美国企业的 Q 一般为 0.6 的水平，而并购企业投标收购目标企业时一般溢价幅度是 50%，那么综合计算可得，并购总成本为目标企业重置成本的 0.9 倍，这样的并购仍比新建一家企业节省 10%左右。而且这种并购一旦完成，即可投入运营，这样的财务协同效应有利于增加合并后新企业的总价值，成为企业并购的极大推动力。

并购总成本低于目标企业重置成本（从而促使并购达成）常常基于以下原因：通过并购，可以利用被兼并企业原有的原材料、生产能力、销售渠道和已占领的市场份额，减少投资风险和资本成本，同时也大大缩短了投入产出的时间差；通过并购，可以有效降低进入新行业的壁垒和减少进入新行业的障碍，避免在市场容量一定的情况下，通过直接投资使生产能力增加而导致市场供求关系失衡的局面；通过并购，可以充分利用被兼并企业已有的经验，合并后的新企业可以全面汲取原有企业的经验教训。

此外，并购完成后所获得的合理避税及证券价格重估的机会，也可以促使并购总成本减少，从而进一步拉大其与目标企业重置成本之间的差距。

三、市场优势论

市场优势论认为，企业并购的主要动因是提高产品的市场占有率，从而控制市场、获取市场垄断利润。企业并购提高了行业集中程度，减少了竞争者数量，加强了进入壁垒；当行业出现寡头垄断时，企业即可凭借垄断地位获取长期稳定的超额利润。大公司不易受市场环境变化的影响，在利润方面比较有保证。

横向兼并常常可以减少竞争对手，还可以形成市场进入壁垒，限制竞争者进入，形成市场垄断；进而可以控制资源和销售渠道，保证有独断性的资源（如专利权、商业机密等）在同一企业内部使用而减少对外泄露的危险；同时集中控制销售渠道，减少同行业的竞争压力。

纵向兼并容易获得价格优势。每一个企业面对的都是有限理性、机会主义动机、不确定性和信息不完全的市场，不同企业之间的并购正好达到了进一步节约交易费用的目的，结果是并购后的新企业更容易在激烈的市场竞争中获得价格优势。

事实上，在产品需求下降造成生产能力过剩、削价竞争危险和国际化程度加深导致竞争对手增加、垄断经营受到严重威胁，以及由于人才流动使技术机密难以内部保有等情况下，企业往往会自发地趋向于进行以增强市场控制能力为目标的并购活动。

与此同时，企业一定程度地控制市场与完全垄断市场之间的界限很难界定，因此完全基于控制市场目的的并购行为一直存在争议。过度并购还容易造成被并购企业原有的文化丧失，原有的个性创造与特色消逝，尤其是对原企业的品牌效应、地标效应、推广渠道等方面会产生负面影响。

四、代理问题理论

代理问题理论认为，由于所有权与经营权的分离，经理在很大程度上控制着公司的实际经营管理权，尤其是在股权分散的大型上市公司中，经理几乎拥有一切决策权，很容易产生内部人员控制问题和代理问题。公司的发展（包括规模的扩大）会使经理层获得更高的收入和地位，所以他们首先追求的往往是增长率（包括规模增长）而非利润率，尽管这对股东可能是不利的。

利用并购机制可以引导经理人行为，进而解决代理问题。并购动力常常来自对经理层表现不满意的股东，对并购后的前景没有信心的经理人会更加努力。如果公司经常面临被并购的危险，那么并购机制可能会代替个别股东来对经理层进行监控。通过要约收购或者代理权之争，可以使外部管理者（股东）战胜现有的董事会和管理层，从而取得对目标企业的控制权。在这种危险和压力下，经理人会明白只有经营的企业得到真正的发展才不易被吞并，只有得到股东的认可才不易被"夺权"，这样自己才会得到更高的保障。

另外，在有的情况下并购的最大动力直接来自经理层的支持和推动，对并购后的前景充满信心的经理人会积极主动地推动并购成功。并购扩大了企业的规模，增加了企业可以利用的资源，经理人能够控制更大范围的资产、更多的员工、更广泛的产供销渠道，从而扩大了经理人的权力。并且，在更大规模的企业中，经理人的工资保障和各种奖励也有望增加，因此经理人成为企业通过并购获得更大发展的直接受益者，他们将竭诚为新企业工作和服务。

代理问题理论认为，并购机制是约束和引导经理人行为的有效办法，同时又是经理人追求企业规模增长和自身发展（而非利润率）的必然结果。换言之，并购的动因主要来自股东对经理人行为进行约束（解决代理问题）的需要，或者是来自经理人本身追求企业规模增长和自身发展空间（而非利润率）的推动。将这两种不同的情形归结到一起，该理论认为，不管并购是由股东还是由经理层直接推动的，产生并购的最根本动因都不在于利润目标，而是在于经理人行为以及由此产生的代理问题。

综合以上理论，从总体上分析，企业并购的动机分为两大类：一类是与规模经济、财务重置成本、市场扩张与占有等密切联系的利润动机；另一类是与经理人追求企业规模增长和自身发展的行为、解决代理问题等密切相关的非利润动机。此外，企业并购动因还与股票投机等因素密不可分。一起并购案例往往是上述几个方面因素共同作用的结果。

第三节 收购兼并的操作流程与风险防范

一、收购兼并的操作流程

企业并购是一个复杂的过程，涉及《中华人民共和国公司法》《中华人民共和国证券法》《中华人民共和国信托法》《中华人民共和国会计法》《中华人民共和国税法》《中华人民共和国金融法》

以及《反托拉斯法》等多项综合性的法律，并购的策略和技巧方面也十分复杂，以下仅结合投资银行发挥的作用作简要介绍。

（一）企业合并的主要流程

企业合并大致分为五个阶段。

（1）合并双方高管层进行接触，商谈合并的意向，同时可聘请相关财务顾问和法律顾问进行协助，就一些财务和法律问题提供解决方案。

（2）合并双方的公司董事会通过相关决议，决议的内容应符合有关法律的规定，明确合并的具体条件，明确合并双方的股份、资产、负债的计划安排，明确与合并相关的各方利益主体的权利和义务等。

（3）董事会将决议提交股东大会讨论，获得股东大会的有效批准。股东大会是一家公司的最高权力机构，公司合并对合并双方而言都属于重大事项，必须提交股东大会讨论并获得批准才能进行有效实施；并由股东大会给予董事会授权，董事会根据授权范围，完成具体实施工作。

（4）合并双方签署正式合并协议，该协议需获得双方董事会和股东大会批准。

（5）进入具体实施阶段：应在规定的时间内到有关政府部门登记，同时存续公司应当进行变更登记，新设公司应登记注册，被解散的公司应进行清算和解散登记等；一些特殊行业或涉及行业垄断等重大问题的，须上报政府主管部门特别批准；如涉及上市公司的合并，以上各个阶段的工作均需按照法律规定，履行信息披露义务。

（二）企业并购的主要程序

1．并购分析与决策规划

企业根据自身的发展战略及当前宏观经济与行业状况、企业资产与经营状况、市场规则与机会等情况正确安排企业的并购需求、明确企业的并购目标与清楚企业的并购能力，在符合企业发展战略、能力满足并购需求且确有并购需求时形成并购规划。并购规划包括企业并购需求分析、并购目标的特征模式，以及并购方向的选择与安排等内容。

2．寻找、过滤与筛选潜在目标企业

收购方在充分策划的基础上对收购对象进行全面、详细的调研，对收购过程中将会涉及的财务、法律等相关重大问题进行详细的研究和论证，一般应聘请财务顾问和法律顾问等专业机构参与。

3．评估目标企业的价值

目标企业定价较常用的方法是现金流量法，也称为现金流量折现法，即将未来公司可预期收益按照一定的折现率折算成现值之和。另一种常用的方法是可比公司价值定价法，即选定若干家同类可比公司作为参照来评估目标公司价值。除了用这些常规方法评估目标企业的账面价值之外，投资银行还应通过表层现象看出目标企业存在的其他问题，此类问题包括：是否已濒临破产？是否存在明显的资产负债表表外债务？是否存在重大法律问题？是否存在严重的用人问题或劳动纠纷等。

4．接洽与尽职调查

在对目标企业做出价值初评并拟定并购方案之后，并购方就可以直接或者委托财务顾问与目标企业管理层接触与洽谈，并向并购目标企业提出并购建议。如果目标企业愿意在当前条件下继续进行并购事宜的磋商与合作，就可以签订并购意向书。在双方签署正式的并购协议或目标企业拒绝合作而并购方采取下一步并购行动之前，并购方必须展开深入的尽职调查。尽职调查是降低并购过程中信息不对称风险最主要的手段，尽职调查的范畴包括从资产、负债、财务、经营、战略和法律角度对目标企业进行一系列深入的调研、核查与分析，了解目标企业真实的经营业绩和财务状况以及目标企业面临的机会和潜在的风险，以获得目标企业更全面、真实、准确的信息资料，从而对目标企业做出客观评价，为并购报价和并购条件的最终确定提供可靠依据。尽职调查通常由财务顾问、注册会计师、律师等拥有不同专业技能的学科领域的专家与并购方有关人员组成综合性团队，共同开展调查工作。

5．确定并购价格与并购方式

在尽职调查的同时，并购方要及时地对所获得的信息进行整理、分析，并根据所掌握的信息适时地对目标企业的估价、并购后的预期效应及并购成本进行重新分析与修正。与此同时，还要对可能的并购方式及融资计划、融资方案进行分析评估，确定合适的并购方式，适时地对并购方案进行完善、调整。值得注意的是，要在权衡资金成本和财务风险的基础上，根据实际需要选择一种或多种融资方案，包括但不限于公司自有资金、银行贷款、股票、债券和其他有价证券的融资等。

6．谈判签约

谈判主要是确定并购的方式、价格，支付时间和方式等重大事项。

7．报批及登记过户

企业并购必须由公司董事会通过决议，并提交公司股东大会批准，涉及重大事项、重要行业的（如军工等）要向政府有关部门报批。涉及国有股权转让的，我国《关于股份有限公司国有股权管理工作有关问题的通知》规定必须经财政部审核批准。若涉及上市公司的收购，应按照《公司法》《证券法》《上市公司股东持股变动信息披露管理办法》及其他相关法规及时披露有关信息。并购合同生效后，双方办理股权转让的登记过户手续。

8．并购后的整合工作

企业并购后必须在公司治理、经营战略、管理制度、资源配置等各个方面进行重新整合，提高效益，才能达到收购的真正目的。

具体并购程序的主要步骤如图 5-1 所示。

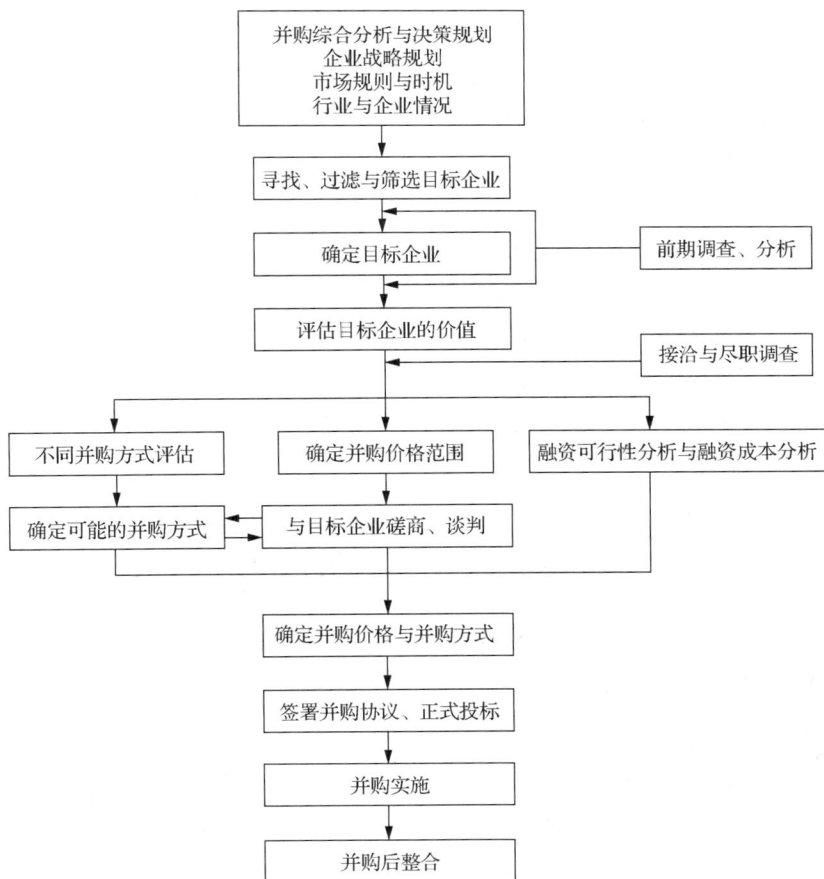

图 5-1　企业并购程序及步骤

以上仅是公司并购的一般程序，实际操作中，应根据个案的具体情况做出相应调整。例如在善意收购与恶意收购之间，对上市公司与非上市公司并购方面将会有很大的差别。

二、收购兼并的风险及其防范

（一）收购兼并的风险

著名学者波特对 1956 年—1986 年美国企业成长失败率的一项调查结果表明：新建企业的失败率为 44%，合资企业的失败率为 50.3%，并购企业的失败率最高，范围为 53.4%～74%；而在并购中，不同的情况下，其风险也不同，相同领域不同行业的并购失败率为 53.4%，相关领域不同行业的并购失败率为 61.2%，非相关领域的并购失败率则高达 74%。由此可见，并购过程中隐藏着巨大的风险。

1．政策风险

政策风险就是由于政策的不确定性对并购造成的不利影响。这一风险在 2004 年—2005 年发生的联想收购 IBM 公司 PC 业务、中海油竞购美国优尼科石油公司等案例中表现得尤其明显。由于政策的变化、政府的阻挠或者经济和法律体制的束缚，很多并购活动在中途就被迫放弃。

案例小链接

香港和黄放弃收购美国环球电讯　专注 3G 业务

持续了 16 个月的美国环球电讯公司收购战，我国的香港和记黄埔（和黄）集团终究还是功亏一篑。2002 年 4 月 30 日晚上，"和黄"突然宣布，该集团已经撤回了收购"环球电讯"的计划。这意味着收购行动将由其合作伙伴新加坡科技电信媒体独立完成。财经界人士普遍指出，"和黄"之所以放弃，主要原因是美国官员担心电信受到外国公司监控。

"环球电讯收购战"一波三折，情节引人入胜，绝对是畅销小说的上佳素材。"环球电讯"在 20 世纪 90 年代末崛起，正当全球电信业繁荣期，该公司曾经雄心勃勃地要称霸全球光纤通信市场，其业务涵盖全球 27 个国家和地区，光纤网络长达 10 万英里（1 英里≈1.609 千米）。可惜，光纤网络容量严重过剩令整个市场趋于崩溃，"环球电讯"陷入财务困境，并在 2002 年 1 月提出破产申请，震动一时。

"和黄"与新加坡科技电信媒体在此时提出收购计划，欲以 7.5 亿美元收购该公司 79% 的股权。不料，由于"环球电讯"债权人认为他们的出价太低，双方无法达成协议，"和黄"与新加坡科技电信媒体在 2002 年 4 月末宣布退出收购。

谁知，电信市场继续低迷，形势不断恶化。"环球电讯"在多次延长接受竞投股权的期限后，最终还是否决了其他新的方案，在 8 月 9 日与"和黄"、新加坡科技电信媒体达成新的收购协议。令人惊愕的是，它们这次仅以 2.5 亿美元的价钱收购了"环球电讯"61.5% 的股权，比第一次出资额大约减少了 2/3。

记者当时到"和黄"总部采访，该集团董事总经理霍建宁春风满面。他透露，能够成功地以低价完成收购行动，主要原因是"环球电讯"行政总裁主动接触"和黄"，双方最终均同意这次的收购价。

收购计划在 2003 年 1 月顺利获得了欧洲委员会的批准。但是，很快就节外生枝了。2003 年 2 月，美国电讯服务公司 IDT 突然放出风声，计划出资 2.55 亿美元收购"环球电讯"的股权，还批评"和黄"的收购会危害到美国的国家安全。

尽管 IDT 的收购建议最终被法院否决，但是形势已经不容乐观。3 月，外电报道指出，"和黄"准备修改收购计划，放弃"环球电讯"的管理权和决策权，改任为"沉默的股东"，以争取美国外国投资委员会的批准。4 月 28 日，外国投资委员会发表声明指出，经过长达数月的初步调查后，该委员会还将对这次收购展开新一轮为期 45 天的调查，然后才向布什总统提交建议。根据该委员会的条例，这是最为严格的一种调查。

此时，"和黄"的收购计划已经拖了 16 个月，"和黄"终于失去了耐性，打起了退堂鼓。4 月 30 日，"和黄"发言人指出，该集团虽然已经与美国当局紧密合作，致力处理有关规管问题，但是仍然未能在合理时间里达成双方都满意的架构。由于收购"环球电讯"对于"和黄"的全球电讯策略而言，并非一项重大权益或必要投资，因此"和黄"决定退出收购计划。

2．营运风险

营运风险是指由于营运方面的问题对并购造成的不利影响。具体地说就是指并购完成后，并购者无法使整个企业产生经营、财务、市场份额等协同效应，从而无法实现并购的预期效果，有时较好企业还受到较差企业的业绩拖累。

营运风险的表现大致有两种：一是并购行为产生的结果与初衷相违；二是并购后的新公司因规模过大而产生规模不经济的问题，这种效率与规模成反比的现象值得被重视。

3．财务风险

财务风险是指在一定时期内，因并购融资或因兼并背负债务，使企业发生财务危机可能性的风险。企业并购往往需要大量的资金支持，并购者有时用本公司的现金或股票去并购，有时则利用卖方融资、杠杆并购等债务支付工具，通过向外举债来完成并购。不过无论通过何种融资途径，均存在一定的财务风险。

（1）现金支付因自身的缺点而带来风险。首先，现金支付需要一笔巨额的即时现金，这对一个正常经营的企业来说往往比较困难；其次，使用现金支付方式，交易规模常常会受到获现能力的限制；最后，被并购者因不能拥有新公司的股东权益而不接受现金方式，这会降低并购成功的概率。

（2）债务风险也威胁着并购的成功。这有两种情况：一是被并购方举债过重且大量债务集中到期，那么并购方将其并购后可能会因付不出债务本息而破产倒闭；二是并购方本身为了支付并购对价背负巨大的债务而导致的风险。

4．信息不对称风险

通常，在掌握信息方面被并购方处于有利地位，因为被并购方对自己的资产负债情况了解得最清楚，并购方则知之甚少。双方信息的不对称必然会给并购带来风险。被并购方会利用自身所处的有利地位损害并购方利益以获取不正当的收益。在实际并购中因不了解被并购企业的底细，而使并购企业蒙受损失的例子比比皆是。

5．反并购风险

在企业并购活动中，当企业对目标企业的股权进行并购时，目标企业并不甘心"束手就擒"，通常会采取措施进行反并购，尤其是在面临恶意收购时，目标企业可能会不惜一切代价，在投资银行的协助下，采用各种反并购措施，西方称为"驱鲨剂"，其中各种具体的技术手段也被赋予五花八门的头衔，如"毒丸""金降落伞""跷跷板""反绿色邮件"等。反并购的行动会增大并购工作的难度和风险，从而给并购活动带来种种不利后果：一是打乱并购企业的工作计划，使并购工作停顿乃至夭折；二是目标企业反并购行为抬高了目标企业的股票价格，提高了并购方的并购成本；三是并购方被目标企业控告到法院或证券管理部门，延误了并购时间，降低了并购方的声誉。

（二）收购兼并的风险防范

企业在并购活动的整个过程中将会面临众多风险，这些风险直接关系着企业并购的成败。因此作为并购活动中的中介机构，投资银行应谨慎对待各个环节中的风险，并主动采取防范措施，以帮助客户并购成功。

1．明确并购目的

从事并购活动前，首先应明确目的。为了防范并购风险，投资银行在帮助客户寻找并购机会时应注意以下两点。

（1）并购战略必须与企业的发展战略一致。战略是决定企业命运的关键，一个企业在其成长、发展过程中均有自己的中长期发展战略，企业的一切行为均应围绕企业的发展战略展开，因而企业的并购活动应作为实现企业发展战略的重要手段。

（2）必须从企业长远利益出发。由于企业并购受到社会各方的关注，凡是有并购活动的企业都会成为市场的热点，这种效应容易使企业把并购作为目的——为了并购而并购。投资银行作为专业的中介机构，应该建议企业从自身实际情况出发，并帮助其确定适合的并购目标。

2．正确选择并购方式

并购方式包含两个含义：并购资金筹集的方式和并购方向的选择。

（1）并购资金筹集的方式。并购资金的出资方式有很多，不同的出资方式不仅仅是支付方式上的差别，它们也各有特点，当单纯采用一种方式受到某种条件限制时，可以考虑采取变通或采用混合的方式。

（2）并购方向的选择。企业并购中可供选择的模式也有很多，它们各有所长，正确的选择可以使企业的发展如虎添翼；反之，不仅达不到发展企业的目的，还会浪费人力、物力和财力。因此投资银行应该帮助企业结合自身发展战略的需要，决定是横向兼并、纵向兼并还是混合兼并。对那些行业相关度较小的企业并购方案操作起来要更加谨慎。

3．充分了解宏观经济形势

充分了解并购过程中国家有关部门的政策和法规变化，不仅能降低并购成本，而且能有效地防范和控制并购风险。对宏观经济的了解大致包括三个方面的内容：经济景气度、政府政策、法律规定。

（1）经济景气度。

对经济景气度的研究包括对宏观经济的研判和行业波动的分析。经济周期的研究是宏观经济研究的主要内容，经济周期处于不同阶段的企业，并购的成本和成功率是不同的。通常在一个经济周期的启动初期和调整末期，企业并购的成功率相对大些，成本相对低些。

（2）政府政策。

研究政府的政策对企业并购也相当重要，如果企业并购能得到当地政府的支持和协助，则会大大降低企业并购的成本。

（3）法律规定。

企业并购必然要受到法律规定的限制，只有研究相关的法律规定并依法办事才能减少诉讼方面的麻烦，从而降低并购成本，提高并购的成功率。

4．谨慎选择目标企业

并购方了解目标企业的情况并选择合适的并购对象至关重要，现实中有许多因错选目标企业而导致并购失败的例子。对目标企业，要着重作好产业环境分析和财务状况分析。

（1）产业环境分析。

产业是对企业影响最直接、作用最大的外部环境。产业环境分析主要研究产业处于哪个阶段，产业是否是经济发展中的主导产业，产业的特征如何，国家是否给予扶持等。投资银行应帮助并购方深入分析影响产业发展的各种因素，从而决定是否并购该产业内的企业以加强竞争力。

（2）财务状况分析。

对目标企业的财务状况分析主要通过其中期业绩报告和年终报表来进行。考察的重点是目标企业的财务状况是否良好，财务比例是否恰当，资产结构是否合理，会计程序和会计处理方法有无不合规定的地方，企业有无潜在的亏损。

5．组建一个高效的并购班子

企业并购是一个复杂的系统工程。西方国家成功的并购活动，通常从寻找并购目标到最后的决策，都是在投资银行、主要债权银行、资产评估事务所、律师事务所、会计师事务所、企业管理层的通力合作下完成的。由于我国正处于转轨的特殊时期，而企业并购涉及方方面面的利益，在并购活动中更应充分发挥投资银行、律师事务所、会计师事务所等机构的作用。

为了防范并购风险的发生，投资银行在帮助客户制定并购策略的时候，除了采取以上措施外，还应注意一些其他问题，比如：并购方案应包括对可能出现的意外情况做出预测并提出初步解决方案，以防患于未然；在法律框架内妥善处理与其他主体（包括政府）的协调关系，并增强意外发生时的危机公关能力；重视与目标企业的关系，注意并分析其可能对并购活动做出的反应；并购方案中应对企业并购后的整合过程做出周密的分析安排。

三、投资银行在企业并购中的角色

在企业并购业务活动中，并购双方一般都要聘请财务顾问，通常专门称其为"并购顾问"。并购顾问一般由投资银行担任，有时也会由专业咨询机构担任。为维护并购双方各自的利益，一家机构不能同时担任并购双方的并购顾问。投资银行作为并购顾问提供的服务包括以下两方面。

（一）为并购方企业提供的服务

（1）寻找合适的目标企业，并根据并购方战略对目标企业进行评估。
（2）提出具体的并购建议，包括并购策略、并购价格、相关并购条件及相关财务安排。
（3）协助并购方与目标企业或大股东接洽，协商相关事宜。
（4）协助并购方准备所需的相关评估报告、信息披露文件等。
（5）与其他相关中介机构（律师事务所、会计师事务所等）的协调工作等。

（二）为被并购方（目标企业）提供的服务

（1）关注企业的股价变动情况，追踪潜在的并购方（敌意收购），及时向被并购方提供信息。
（2）制定有效的反收购方案，并提供有效的帮助，阻止敌意收购。
（3）协助被并购方与并购方的谈判，为被并购方争取最有利条件。
（4）协助被并购方准备相应的文件、资料，协助其进行股东大会的准备工作等。
（5）协助被并购方采取相应措施。

第四节　杠杆收购与管理层收购

一、杠杆收购及其操作

（一）杠杆收购特点

杠杆收购是一般意义上的融资收购，是指收购方以其准备收购的企业资产和将来的收益能力作抵押，利用大量的债务融资，收购目标企业的资产或股权的并购方式，其本质是通过举借债务进行收购。

杠杆收购起源于美国，是20世纪80年代第四次并购浪潮中出现的一种新的企业并购方式，是此次并购浪潮中美国投资银行业最引人注目的创举。在第三次并购浪潮中，美国的许多企业实行了跨行业大规模扩张，但大规模的盲目并购非但没能形成协同效应、提高企业竞争力，反而使许多企业负担越来越重。到了 20 世纪 80 年代中期，许多企业的经营和管理均出现了较大问题，企业收益不佳，经营陷入困境。为了尽快摆脱困境，提高资本收益率，许多公司不得不低价出售其非主营业务资产或子公司，为杠杆收购的产生提供了大量机会。同时，美国 20 世纪 80 年代前的通货膨胀导致大量企业的价值被低估，企业市场价值明显低于其重置成本，促进了杠杆收购的兴起。经济评论家认为，杠杆收购把企业界和金融界带入了"核金融"时代，它直接引发了 20 世纪 80 年代中后期的第四次并购浪潮。

与一般收购相比，杠杆收购的特点主要表现在以下五个方面。

1．高杠杆性

收购者只需要投入少量的自有资金便可以获得较大金额的银行贷款用于收购。投资者的资金只占并购资金的很小部分，通常为 10%；金融贷款（以目标公司资产作抵押）约占 60%；发行债券（次级债券、垃圾债券）约占 30%。这种融资结构产生的结果使企业负债率大幅上升，收购方在完成收购后一般会把目标公司的部分资产分拆变卖，利用出售资产所获得的收入偿还部分贷款，适当降低负债水平。

📖 知识小拓展

垃圾债券一词译自英文 Junk Bond。Junk 意指旧货、假货、废品、哄骗等，之所以将其作为债券的一项形容词，是因为这种投资利息高（一般较国债高 4 个百分点）、风险大，对投资者本金保障较低。

垃圾债券最早起源于美国，在 20 世纪二三十年代就已存在。70 年代以前，垃圾债券主要是一些小型公司为开拓业务筹集资金而发行的，由于这种债券的信用受到怀疑，问津者较少，70 年代初其发行量还不到 20 亿美元；70 年代末期以后，垃圾债券逐渐成为投资者狂热追求的投资工具；到 80 年代中期，垃圾债券市场急剧膨胀，迅速达到鼎盛。

在整个 80 年代，美国各个公司发行垃圾债券合计 1 700 多亿美元，其中被称作"垃圾债券之王"的德崇证券公司就发行了 800 亿美元，占比 47%。1988 年垃圾债券总市值高达 2 000 亿美元。1983 年德崇证券收益仅 10 多亿美元，但到了 1987 年该公司就成为华尔街盈利最高的公司，收益超过 40 亿美元。有"垃圾债券之神""魔术师"之称的该公司负责人米尔根在 1987 年的全年薪资高达 5.5 亿美元，"寻找资金就要找米尔根"成为当时市面的流行语。

然而，巨额的垃圾债券像被吹胀的大气泡，终有破灭的一天。由于债券质量日趋下降，以及 1987 年股灾后潜在熊市的压力，从 1988 年开始，发行公司无法偿付高额利息债券的情况屡有发生，垃圾债券难以走出"高风险→高利率→高负担→高拖欠→更高风险……"的恶性循环圈，因此逐步走向衰退。

2．高风险与高收益并存

利用杠杆收购方式完成并购后，企业的负债率往往很高，且贷款和债券的利率较高，因此并购后的企业面对沉重的偿债压力，则需要股东承担极高的财务困境风险。20 世纪 80 年代末，西方国家企业因发行垃圾债券而导致破产倒闭的例子比比皆是。

与高风险相对应的是高收益。一方面，并购方在杠杆收购获得成功后，原来被低估的企业价值回归以及经营管理的改善，将使收益大大增加；另一方面，高负债经营具有较好的节税效应，能使投资者获得更大的收益回报。被收购前目标企业若有亏损，则可递延冲抵被杠杆收购后各年份产生的盈利，节税效应更为明显。

3．投资银行等中介机构作用显著

投资银行在杠杆收购中的作用表现如下。

（1）以其专业技能帮助并购方物色和选择目标企业，有力地促进交易的顺利进行。

（2）提供过渡性贷款（如过桥贷款）。杠杆收购通常是由投资银行安排资金作为过渡性贷款，再由之后发行的垃圾债券募集资金偿还。如果没有过渡性贷款的支持，大规模的杠杆收购很难顺利完成。

（3）承担垃圾债的设计与发行工作。在杠杆收购中，具有高风险性质的垃圾债券被作为并购资金或偿还过渡性贷款的来源，因此垃圾债券的设计与发行在杠杆收购中起到了关键性作用。而垃圾债券的设计与发行，包括利率与期限确定、发行方式、销售对象、促销手段等工作内容，这些都需要由投资银行完成。因此有人将杠杆收购归纳为投资银行和并购企业的合作博弈，双方通过合作都能从巨额交易中获得声誉。

4．以发达的资本市场为基础

首先，市场允许企业利用多种金融工具（如垃圾债券等）进行融资，并具备相应的市场环境和制度保障；其次，大量的投资者认同这些投资工具，对杠杆收购有正确的评价；最后，企业能充分利用资本市场分散风险。

5．并购后的企业往往具有较好的管理效能

高比例负债与管理者持股机制，以及特殊的资本结构所带来的外部投资者更为强烈的监督约束，给企业经营管理者施以强大的压力和动力，促使其改善经营管理方式，提高经济效益。

（二）杠杆收购应具备的条件

正如上文所述，杠杆收购是一项高风险、高收益的并购活动，因此对于杠杆收购条件的考察与分析极为关键，这关系到并购的成败。一般而言，杠杆收购应具备以下七个条件。

（1）目标企业经营稳定，业务受经济周期波动影响较小，能具备充足而稳定的现金流，且可以对其进行准确预测。否则，并购后的企业未来支付债务本息的能力就无法保证，财务困境风险与成本较大。

（2）目标企业具有良好的经营前景与升值空间，市场竞争优势较为明显。杠杆收购的主要动机是财务回报，越是价值被低估或增值空间大的企业，越适合成为杠杆收购的目标。另外，因经营管理不善而导致亏损的企业经并购重组后，其业绩改善的空间很大，也可以作为杠杆收购的目标企业。

（3）并购后的企业能够拥有一个具有丰富管理经验和良好信誉的管理团队。贷款方对于收购者的管理能力和信誉的要求往往比较严格，高效的管理才能保证债务本金和利息的如期偿还。

（4）并购方的管理层有一个可行的企业经营计划。这既是保证企业将来有能力偿还债务的前提，也是企业实现价值增值的必要条件。

（5）目标企业负债率特别是长期负债率较低，且资产适合作为贷款抵押物。目标企业负债率的高低将影响并购资金的筹措能力（尤其是资产抵押贷款能力）及并购后的资本结构，这将直接关系到杠杆收购的成败。

（6）目标企业部分非核心资产易于变卖。必要时并购后的企业可以通过出售目标企业拥有的部分易于出售的非核心部门或资产，迅速获得偿债资金，支付部分债务。

（7）目标企业有明显的成本缩减空间。通过杠杆收购的方式完成收购后，企业面临的还本付息压力非常大。这就要求企业管理层能采取行之有效的方法减少费用开支，这些方法包括裁员、减少资本性支出、减少经营管理开支等。但是，这种成本缩减行为有时会有一定的负面效应，所以收购方必须充分考虑成本压缩计划的可操作性。

（三）杠杆收购的基本操作程序

杠杆收购交易的过程一般是先由收购方投入少量资金（约占总收购资金的 10%）作为权益资本，随后组建一个收购主体公司，不过这个主体公司只是一家壳公司，作为进行收购的法律实体，以便通过融资进行后续收购。然后，收购主体公司通过过渡性贷款等一系列的债务安排，收购目标公司的股权，收购完成后，收购方公司与目标公司合并。此时，存续公司已获得目标公司的资产，可向其他金融机构办理抵押贷款或发行债券，以偿还过渡性贷款。在随后的时间内，存续公司重组公司资产与债务，使资产与债务结构趋于合理。杠杆收购一般要经历以下 5 个阶段。

第一阶段：杠杆收购的设计准备阶段。主要工作是由收购方及财务顾问制订收购方案，与被收购方进行谈判，进行并购的融资安排。

第二阶段：资金筹集阶段。收购资金一般有三个来源：一是由收购者自筹收购约 10% 的资金作为壳公司的权益资本；二是以目标公司的资产作抵押取得银行贷款，这部分资金约占收购资金的50%～60%；三是通过向金融投资机构私募或公募的形式发行各种高风险、高收益的债券（垃圾债券），此部分约占收购资金的 30%～40%。这些债务处于银行优先债和投资者股权之间的层次上，因此常被称作"夹层债务"或"中间融资"。

第三阶段：对目标公司进行收购。即收购方购买目标公司所有发行在外的股票或者购买目标公司的资产。如果收购方收购目标公司股权，那么目标公司股东将其持有的股份转让给收购方，进而两个公司合并。在购买资产的形式下，收购方购买目标公司所有资产，此时，目标公司原有股东虽然仍持有目标公司股权，但目标公司已没有任何资产，只有大量现金，要么公司解散，要么转为新的投资型公司。

第四阶段：公司重组整合。完成并购后，收购方需对目标企业进行有效的重组整合，以提高目标企业的运行效率和经营收益。一般包括：对两个公司进行合并，将目标公司转为非上市企业，以降低财务成本、提高目标企业经营的灵活性和决策的效率；对存续公司进行整改，拆、卖部分非核心资产或未充分利用的资产以偿还债务，使资产与负债结构趋于合理；大力减少库存和应收款项，加强库存控制管理和应收款项管理；重组生产流程、改善产品质量并改进销售管理；努力与供应商达成更有利的条款；削减各方面的开支和不必要的投资甚至部分研究开发费用；进行人事改革与调整以适应公司发展战略等。

第五阶段：公司上市或公司出售、实现收入。如果调整后经过一段时间的发展，企业经营效率得到较大提高，公司逐步做大做强，收购者的目标已经达到，则可以将企业出售给其他收购公司，或在时机成熟时使其重新上市成为公众持股公司，实现所谓的"反向杠杆收购"。

二、管理层收购

管理层收购（Management Buy-out，MBO）是指目标企业的管理层通过债务融资方式购买目标企业的股权或资产，从而改变目标企业的所有权结构，获得目标企业控制权的收购形式。它最早出现在 20 世纪 80 年代美国兴起的杠杆收购浪潮中，之后被更多的国家所效仿和采用，并具有了一些新的特点。管理层收购实际上是杠杆收购的一种特殊形式，所以其操作程序基本与一般意义上的杠杆收购相同。

管理层收购往往是通过杠杆收购方式来完成的，实际上是杠杆收购的一种特殊表现形式，所以 MBO 的很多特征，成功并购需要的许多条件及操作程序与杠杆收购相同。在此，我们仅对 MBO 的一些特殊属性进行说明。

（1）收购主体的特定性。MBO 与其他企业并购方式相比最大的区别在于，其收购主体是本企业管理层团队。他们通常投入一定资本先组建一家壳公司，再由其作为收购的法律实体进行融资并完成并购。

（2）收购的对象是管理层所经营的公司。企业实施 MBO 的直接结果是，管理层的法律地位发生了变化，即管理层既具有公司管理层的身份，也具有了公司股东的身份，公司则由所有权与经营权相分离的现代企业制度转变为两权合一的企业制度。

（3）MBO 收购所需资金主要通过融资来完成。在收购中，管理层自身提供的资金只能占总收购资金的很小一部分，大部分收购资金还要依靠外部融资，这就要求收购者具有较强的组织能力和资本运营能力，同时还需要中介机构、财务顾问等机构的协助来完成。

（4）MBO 的商事性特征。在管理层收购中，目标企业必须具有巨大的资产增值潜力或存在潜在的管理效率空间，这是 MBO 实施的经济基础与动力。收购完成后，管理层通过控制企业及随后的资产、业务重组与整合，达到减少代理成本、增加企业经营效率与收益、获得超额回报的目的。

第五节　企业反并购策略

并购与反并购的实质是企业控制权的争夺，有并购就必然有反并购。近百年来，在全球市场并购浪潮一浪高过一浪的发展趋势中，反并购策略与措施也在不断创新。反并购是指目标企业为了防止企业控制权转移而采取的旨在预防或打击收购者并购本公司的行为。在面对一个企业对自己的收购行为时，企业有两种选择：其一，同意被并购，并与并购方合作完成并购；其二，反对或排斥并购并进行反并购。反并购的原因多种多样，其核心是被并购的目标企业为了获得自身最大利益。反并购活动与并购活动一样，是一项复杂且专业技术性很强的活动，目标企业在确定是否采取反并购措施以及合理设计和实施反并购策略时，通常聘请投资银行担任财务顾问，协助企业有效地完成反并购任务。

企业反并购策略

企业的反并购策略有很多，理论界对其进行的分类不尽相同。例如，有学者将各种反并购策略区分为管理方面、股票交易方面和法律方面的策略；也有学者将其划分为经济手段、法律手段和其他手段等。在此，我们从事先防御与事中积极对抗的角度，或者说从主动性与被动性的角度，将反并购策略区分为防御性策略和积极对抗性策略。需要强调的是，在这一系列的反并购策略中，有些反并购策略可能与某一国家的法律或市场法规相抵触，因而在设计反并购方案时，需结合当地的相关法律法规灵活实施。

一、防御性策略

防御性策略强调事先的防范，即在并购行为发生前，企业事先做出一系列预防性措施，如果将来遭到敌意并购，可以发挥抵御收购行为的作用，是企业着眼于未来任一潜在的敌意收购而设计的长期防御措施。

（一）"驱鲨剂"条款

"驱鲨剂"条款，又称反接收条款，指企业出于反并购目的而在公司章程中设置的一些并购障碍性条款，以增加并购的难度与成本，旨在吓阻或驱逐敌意收购者。常见的"驱鲨剂"条款有以下两种。

（1）绝对多数条款，指在企业章程中规定公司的合并、出售特定资产等可能影响企业控制权的重大事项必须获得绝对多数股东的同意，对公司章程相应条款的修订往往也要求获得绝对多数股东的通过。这一"绝对多数"通常为股东总数的 2/3 或 80%，在极端的情况下，可能达到 95%。这一规定无疑增加了收购的难度。

（2）分期分级董事会条款，又称"部分董事选制条款"或"交错选举董事条款"，指在公司章程中规定董事分为若干组，股东会每年只能依次改选其中一组，使收购方即使获得目标企业的多数股份，也难以在短期内控制董事会。例如，规定每年股东大会只能换届选举 1/3 的董事，即使敌意收购者成功获得上市公司相当数量的股票并开始选派董事候选人，也至少需要 2~3 年才能够控制董事会并取得企业控制权。

此外，"驱鲨剂"条款还包括累计投票制条款、董事资格限制条款等。

（二）"毒丸"计划

"毒丸"计划亦称"毒丸术"，是颇受争议同时又被广泛使用的反并购策略。"毒丸"计划是美国著名的并购律师马丁·利普顿（Martin Lipton）于1982年发明的。"毒丸"是指由目标企业发行的、给予持有者不同形式的特别权证券，当不受欢迎的收购方收购目标企业的股份达到一定比例时，这些证券可以按非常不利于收购方的价格，转换成目标企业或收购方的普通股股票。这些条款对收购方非常不利，一旦收购成功，收购方就像吞食了"毒丸"一样不易处理。最初的"毒丸"仅指优先股，后来得以不断发展。

在正常情况下，"毒丸"计划并没有作用，但目标企业一旦被敌意收购者控制或收购方持有股份达到一定比例时，就会触发这些"毒丸"，"毒害"敌意收购者或目标企业本身。设置"毒丸"的目的是使敌意收购成为非常"昂贵"的交易，迫使收购方因耗资巨大而放弃获得目标企业控制权。

1．优先股计划

优先股计划是最早采用的一种"毒丸"计划，指目标企业向其普通股股东发放可转换优先股，当遇到收购袭击时（即收购方购买目标企业有表决权的股份达到一定比例而成为目标公司的最大股东），优先股股东可以要求目标企业按过去一年中大股东购买普通股或优先股的最高价以现金赎回优先股，或者赋予优先股股东在目标企业被收购后以溢价形式兑换现金或以有利价格转换为普通股的权利。这些规定增加了收购者的收购成本或被稀释股权的概率，可以有效遏制收购方的收购意图。

除了优先股计划外，还存在一些其他类似的"毒丸"计划，如后期认股权证计划、表决权计划等。

2．人员"毒丸"

人员"毒丸"计划的基本方法是目标企业的绝大部分高层管理人员共同签署协议，在公司被以不合理价格敌意收购后，且这些人中有一人在收购后被降职或革职时，全部管理人员将集体辞职。这一策略会使收购方慎重考虑收购后更换管理层对公司带来的巨大影响。企业的管理层阵容越强大、人员越精干，实施这一策略的效果就越明显。但当管理层的价值对收购方无足轻重时，人员"毒丸"计划也就收效甚微。

3．负债"毒丸"

负债"毒丸"是指企业在发行债券或向金融机构借款时增加"毒丸"条款。这些条款约定在企业股份发生大规模转移、企业遭到并购或控制权发生变更时，债权人有权要求立刻兑付或将债券转换为股票，从而使收购公司在收购后立即面临巨额现金支出或股权稀释的情况，增加了收购的难度。

（三）"牛卡"计划

"牛卡"计划又称"不同表决权股份结构"，是指将公司股票按投票权分为高级和低级两个等级，且高级股票可以转换为低级股票。低级股票每股拥有一票的投票权，但股息较高；高级股票每股拥有多票的投票权，但股息较低。如果实行了"牛卡"计划，只要公司管理层掌握了足够多的高级股票，即使敌意收购者获得大量的低级股票，也难以取得公司的控制权。

（四）"金降落伞"协议

"金降落伞"协议是指目标企业与其高层核心管理人员签订的协议，协议规定当目标企业被并购接管、董事及高层管理人员被解职时，目标企业可以一次性获得巨额补偿金、股票期权收入或额外津贴。"金降落伞"协议的实质是带有附加条件的解雇协议。这部分用于补偿的现金或股票可能来源于收购方或目标企业本身，但无论哪种来源，都会间接增加收购成本。该项补偿金数额由于获得者的地位、资历和以往业绩的差异而有所不同，对于大型公司的 CEO（首席执行官）这一补偿甚至可达千万美元以上。

由于高管层得到的经济补偿有时可以达到一个天文数字，这种补偿反而可能成为高管层急于出售公司的动机，甚至是以很低的价格出售。如果是这样，股东的利益就将遭受极大的损害。因此，这一策略在国外曾一度饱受争议。

除了"金降落伞"协议外，现在存在与其含义相近的"灰色降落伞"（也称"银降落伞"）协议和"锡降落伞"协议。

"灰色降落伞"协议是指企业被并购后有义务向被解职的中层管理人员提供较"金降落伞"协议略微"逊色"的同类保证金。"灰色降落伞"协议曾经一度在石油行业十分流行。

"锡降落伞"协议是指目标企业的员工若在企业被收购后一定时间内被解雇，则可领取员工遣散费。显然，"灰色降落伞""锡降落伞"与"金降落伞"三种协议的内容与作用相似。

（五）交叉（相互）持股策略

交叉（相互）持股策略指目标企业可以通过与友好企业达成协议，交叉（相互）持有对方股份，并确保在出现敌意收购时，不将各自手中的股权转让，并增持对方股份，以达到防御敌意收购的目的。母公司与子公司之间、关联公司或关系较密切的几个公司之间均可形成交叉（相互）持股。

（六）员工持股计划

员工持股计划本质上是对员工的一种激励措施，目的是使员工与公司的利益关系更为密切，但鉴于人类心理因素上天然的"自我本位"和"排外倾向"，公司员工往往视公司为集体，从而排斥外侵、反对收购。同时，一般情况下员工为自己的工作及前途考虑，也不会轻易出让自己手中握有的本公司股份。况且，员工股份转让有时也会受到一定限制，易于被目标企业管理层控制，因而在控制权争夺战中，员工持股同样也起着锁定部分筹码的作用，具有反收购的功效。如果员工持股数额庞大，则目标企业的防线就比较牢固。

二、积极对抗性策略

积极对抗性策略是指收购方已经开始对目标企业进行收购活动，收购方进行收购活动时所采取的各种策略。

（一）股份回购

股份回购是指通过大规模回购本公司发行在外的股票来改变资本结构的一种反并购对抗办法。股票一旦被大量购回，在外流通的本公司股票就会减少，这样可以提高管理层或盟友集团的股东权益比例，从而增强对公司的控制。同时，伴随着股权的收购与回购，股价一般会上升，则收购者不得不提高收购价格，导致其收购成本急剧上升。该策略的做法主要有两种：一是公司用自留资金以不低于市场价的价格向股东发出回购要约；二是通过发行公司债券、优先股或其组合形式，以换股的方式回购股票。

（二）焦土战术

焦土战术是一种典型的两败俱伤策略，一般有以下两种方式。

1．售卖"冠珠"

"冠珠"又称"皇冠宝石"，是指公司所拥有的最具盈利潜力的资产或最具发展前景的业务部分或部门、子公司，也可能是一种营业许可、技术秘密、专利权或关键人才，更可能是这些项目的组合。"冠珠"富有吸引力，诱发收购行动，是收购者收购目标企业的真正用意所在。将"冠珠"售卖或抵押出去，可以消除收购的诱因，粉碎收购者的初衷，打消收购企图。

2."虚胖"战术

一家公司，如果财务状况良好，资产质量高，发展前景广阔，那么就相当具有吸引力，这种情况下往往会诱发收购行动。在遭到收购袭击时，此类公司往往采用"虚胖"战术。其做法有多种，或是购置大量与经营无关或盈利能力差的资产，使资产质量下降；或是大量增加公司负债，恶化财务状况，加大经营风险；或是进行一些长期才能见效的投资，使公司在短时间内资产收益率大减。运用这些方式，可以使公司从"精干"变得"臃肿"，收购之后，收购者将不堪重负。这种"虚胖"与"自残"的战术，使原有企业的魅力顿失，收购者只好望而却步。

（三）寻找"白衣骑士"

"白衣骑士"是指通常与目标企业有密切关系，并且当目标企业面对敌意收购时，应其要求参与对目标企业进行收购的企业，它是目标企业为了避免被敌意并购而自己寻找的并购企业。由于"白衣骑士"的参与引起了目标企业股权收购价格的轮番上涨，敌意收购者要么承认收购失败，退出竞争，要么必须付出更高的收购价才能达到目的。在这一过程中，目标企业还可以通过锁住选择权条款，给予"白衣骑士"优惠收购本企业的特权。

得到管理层支持和鼓励的"白衣骑士"，收购成功的可能性较大，尤其是在敌意收购者出价不是很高的情况下。当"白衣骑士"和敌意收购者属于同一行业时，"白衣骑士"出于对自身利益的担忧，往往也乐于参与竞价，发起溢价收购，但此时介入往往意味着收购价较高，需要花费较高的成本。

（四）帕克曼战略

最咄咄逼人而又行之有效的积极对抗性策略莫过于帕克曼战略，帕克曼战略也可称作"收购收购者战略"，指遭受敌意收购的目标企业反过来对收购方进行股份收购，即被收购方以攻为守，对收购方发起进攻，收购对方的股份，变被动为主动。帕克曼一词来源于 20 世纪 80 年代初美国一部流行的录像游戏，在该游戏中，每一个没有吞下其对手的一方都将自我毁灭。但具体运用需要具备以下三个条件：第一，袭击者（敌意收购者）本身应该是一家公众公司，否则目标企业难以收集袭击者股份；第二，袭击者存在被收购的可能性，即其财务状况、股权结构、股票市价等方面要符合被收购的条件；第三，目标企业对抗敌意收购者要有较强的资金实力和外部融资能力。

（五）"绿色邮件"

"绿色邮件"也称"绿色勒索"，是指目标企业同意以高于市价或高于袭击者当初买入价的价格购回袭击者先前持有的本公司股票，以直接的经济手段赶走外部的收购方，袭击者因此而获得溢价收益。同时，袭击者签署承诺书，保证它和它的关联公司在一定期间内不再收购目标企业，即所谓的"暂停协议"。

（六）法律策略

法律对股票的收购有严格的规定，当收购方的收购行为有不合法之处时，目标企业可以要求相关机构（或法院）确认禁止收购，或确认收购因违法而无效等。目标企业常使用的理由主要有反垄断、信息披露不充分；指控收购方目的为操作股市、哄抬股价、扰乱股票市场或"绿色勒索"；收购资金来源不合法等。目标企业求救于法律的主要目的是拖延收购进程，赢得反击的宝贵时间。

第六节 国外并购历程与我国企业的并购发展

一、全球并购发展历程

从 19 世纪末至今，全球已爆发五次并购浪潮，每一次浪潮都直接导致了大型公司与跨国公司的产生，每一次浪潮都导致产业结构和经济结构的调整，对世界经济产生了深远的影响。

（一）第一次并购浪潮

首次大规模并购浪潮发生在 1887 年—1904 年，这次并购浪潮以横向兼并为主，发生交易 2 943 起，涉及兼并资产总额 63 亿美元，涉及几乎每个工业部门，产生了杜邦、全美烟草、阿纳康达铜业等巨型公司。这次并购浪潮中形成的大型企业创造了前所未有的规模经济和垄断优势，支撑起了美国的工业结构。在钢铁、石油、烟草等行业，兼并后的企业控制了 50% 以上的市场。

（二）第二次并购浪潮

1916 年—1929 年的第二次并购浪潮规模超过了第一次，兼并形式开始多样化，纵向兼并增加，善意的收购兼并动机占据上风，目标企业也由被动兼并变为主动出售。此次并购浪潮约使近 12 000 家企业因兼并活动从美国经济生活中消失，工业以外的部门也发生了大量兼并，至少有 2 750 家公用事业单位、1 060 家银行和 10 520 家零售商进行了兼并，汽车制造业、石油工业、冶金工业及食品加工业都相继完成了集中兼并的过程。

（三）第三次并购浪潮

1965 年—1969 年第三次收购与兼并浪潮兴起，1960 年—1970 年间兼并收购达 25 500 多起，被兼并收购的企业超过 20 000 个。这个时期混合兼并盛行，产生了许多巨型的跨行业公司。据统计表明，在 20 世纪 60 年代后期，混合兼并方式占到兼并形式总数的 70% 以上；就兼并动因而言，股票市场的兴旺导致收购与兼并大量出现，企业也试图通过兼并活动来寻求经营上的保障。因此，企业在混合兼并中，掌握了互不相干，甚至是负相关的证券品种，可以有效地分散经营风险，以使企业集团在经营上增强保险系数，达到平稳、高额的利润指标。

（四）第四次并购浪潮

1981 年—1989 年间，第四次并购浪潮徐徐展开。此次并购浪潮从表现形式上看以投资性并购为特点，并购形式集中于相关行业和相关产品上。这次兼并浪潮席卷全球，出现了大量的公开上市公司被兼并的情况，还出现了杠杆收购、管理层收购等新的收购方式。在 1985 年高峰期，兼并事件达 3 000 多起，兼并收购金额达到 3 358 亿美元。涉及行业广泛，包括食品烟草、连锁超级市场、大众传播媒体、汽车、化学、银行、医药品、太空航空、电信、电子、石油、钢铁等众多领域。但是，由于这次并购浪潮比以往更加疯狂，且发展方向不够明确，许多并购的动因是通过买卖企业频繁转手投机而获利，这对美国经济造成了一定的伤害，也使全球经济元气大伤。

（五）第五次并购浪潮

1992 年开始，第五次全球并购浪潮发生并延续至今，且愈演愈烈，于 1998 年后发展到了一个新阶段。1998 年，全球并购额达到了 25 000 亿美元，比 1997 年上升了 54%，比 1996 年增长了两倍，其中美国发生的并购额达到 16 000 亿美元，比 1997 年上升了 78%；并且个案涉及价值连创历史新纪录，数百亿美元的巨型并购案接连出现。此次兼并收购行动表明出现了真正的全球性并购热潮。1998 年，欧洲并购额达到 8 200 亿美元左右，比 1996 年上升了 60%，亚洲地区的日本、韩国、马来西亚等国家的并购额大幅上升。

此次并购浪潮中有三个十分鲜明的特征：第一，属于从战略上考虑的巨额投资行为，更多的是跨行业和跨国兼并，出现了势不可挡的跨国并购热；第二，强强联合显著增多，并购额增加，强强并购对全球并购的影响是十分巨大的，它极大地冲击了原有的市场结构，刺激更多的企业为了维持在市场中的竞争地位，不得不卷入更狂热的并购浪潮之中；第三，1998 年以来横向并购几乎发生于所有行业，汽车、石油等重要支柱产业的横向并购非常引人注目，在横向规模扩张成为潮流以后，并购行为的产业集中化、专业化趋势日渐突出。

国际并购的新发展和出现的新动向不是偶然的，它实质上是全球一体化程度加深、国际竞争加剧、技术进步加快而带来的一次跨国重组和结构调整浪潮，并反过来促进全球一体化、国际竞争和技术进步。

二、我国企业并购发展历程

我国企业的并购起步较晚，1984 年河北省保定市企业间的并购开创了中国企业并购的先河。之后，企业并购发展迅速，并购数量与并购规模不断增加。我国企业并购的发展历程可大致分为以下三个阶段。

1．初试与探索阶段（1984 年—1991 年末）

1984 年 7 月，保定市纺织机械厂和保定市锅炉厂以承担被兼并企业全部债权债务的方式，分别兼并了保定市针织器材厂和保定市风机厂，开创了我国国有企业兼并的先河。同年，企业并购现象在武汉也陆续展开，形成了所谓的"保定模式"和"武汉模式"。从 1984 年仅见于保定、武汉等少数城市的兼并现象，到 1986 年下半年后在其他城市，如北京、沈阳、重庆、郑州、南京、成都、深圳等也普遍出现。

1989 年 2 月，国家经济体制改革委员会、国家计划委员会、财政部和国家国有资产管理局联合颁布了《关于企业兼并的暂行办法》。至此，在中央和地方各级政府的积极倡导和推动下，我国企业掀起了第一次并购浪潮。这是我国第一部有关企业并购的行政法规，对企业并购起到了积极的推动作用。

该阶段企业并购的主要特点有以下四点。

（1）交易的自发性和政府干预并存，自愿性与强制性并存。一方面，一些优势企业为了扩大经营规模、增强竞争实力，主动兼并了一些经营出现困难的企业；另一方面，我国正处于由计划经济向市场经济转轨的初期，大量国有企业出现亏损，基于解决国有企业经营困难的动因，政府积极地参与、主导企业间的并购，具有明显的强制性。在产权转让方式上，同地区、同部门内部无偿划拨的方式极为常见。

（2）国有企业与集体企业构成了并购主体，民营企业和外资企业基于多方面的限制，并购比较罕见。

（3）并购方式比较单一，承担债务式、出资购买资产和无偿划拨是主要的并购方式，其他方式虽有所涉及（如控股式、参股式等）但并不多见。

（4）企业并购的范围由初期的本地区、本行业内部逐步向跨地区、跨行业方向拓展。如首钢集团在大力发展主业的同时，开展跨地区、跨行业的多种经营。1988 年—1989 年，首钢集团通过各种方式兼并了 20 多家企业，成为跨冶金、机械、电子、建筑等行业的大型企业集团。

2．培育与转型阶段（1992 年—2000 年末）

20 世纪 90 年代以来，股份制改革登上了中国经济体制改革的历史舞台。1992 年以后，市场经济改革有了明确的方向，产权改革成为企业改革的重要组成部分，产权交易和产权交易市场的培育和发展越来越受到政府的重视。同时，私营经济得到了快速发展，在整个市场环境中有了明确的地位。企业基于自身发展需求的并购行为逐步进行规范，并购的战略意识逐步提高。

1993 年 10 月，深圳宝安集团通过在证券市场大量购买股票的方式收购并入了上海延中实业股份有限公司，成为上市公司并购第一案，由此引发的"宝延风波"则被认为是中国企业并购史上新的转折点，它是我国市场经济发展过程中以公司形态为特征的企业并购。

1997 年 9 月，党的十五大报告着重阐述了调整和完善所有制结构的任务，提出"通过资产重组和结构调整加强重点，提高国有资产的整体质量，对国有企业实施战略性改造"，进一步为企业并购的发展指明了方向。之后，上市公司的并购迎来了一个新的发展时期，资本市场中的并购迅速开展。

该阶段企业并购的主要特点为以下四点。

（1）上市公司的并购成为并购的焦点，大多并购都围绕上市公司展开，股权收购成为企业并购的重要形式之一。

（2）伴随着民营企业的迅速发展，民营企业广泛参与了全国企业重组与并购活动，在并购舞台上扮演着重要角色。同时，并购也促进了民营企业的快速发展。

（3）外资并购、我国企业跨国并购浮出水面并逐步发展，并购的国际化现象开始显现。1995 年 7 月，日本五十铃自动车株式会社和伊藤忠商事株式会社通过股权协议转让方式入股北旅股份，首开上市公司外资并购的先河。1998 年之后，外资并购范围不断拓展，并购活动开始涉及电子制造、玻璃、橡胶、食品等行业。

（4）企业并购的市场化行为逐步提高，并购的战略意图日益强化，并购的类型逐渐丰富。

3．发展与深化阶段（2001 年至今）

自从加入世界贸易组织（World Trade Organization，WTO）后，我国经济进一步对外开放，企业的并购活动亦随之跨入了新的发展阶段。2001 年中国证监会颁布实施的《关于上市公司重大购买、出售、置换资产若干问题的通知》，对于上市公司在并购过程中出现的问题起到了很好的规范和抑制作用。2002 年 10 月，中国证监会颁布《上市公司收购管理办法》和《上市公司股东持股变动信息披露管理办法》，标志着上市公司收购法律框架基本形成，对于我国企业通过资本市场进行并购重组具有里程碑的意义。中国证监会、中华人民共和国财政部、国家经济贸易委员会于 2002 年 11 月 1 日联合颁布了《关于向外商转让上市公司国有股和法人股有关问题的通知》，为外商直接收购我国上市公司非流通股打开了大门，停滞了几年的外资并购上市公司行为得以重新全面激活。2003 年 3 月，原对外经贸部、国家税务总局、国家工商总局、国家外汇管理局联合颁布了《外国投资者并购境内企业暂行规定》，为规范外资并购和合理配置资源提供了有力的法律保证。2006 年 9 月 8 日，我国颁布实施了《关于外国投资者并购境内企业的规定》，为外资并购提供了更为规范的指导文件。在这一过程中，企业并购行为不断规范与发展，并购数量明显增加，并购规模明显扩大，并购方式也日趋多元化。

该阶段企业并购的主要特点为以下七点。

（1）并购法律体系逐步完善，多种关于企业并购的法律、法规、规章等规范性文件出台并付诸实施。

（2）实质性资产重组日益得到重视，以产业整合为目的的战略性并购走向前列。

（3）上市公司并购活动不断创新，并购方式日趋多元化，要约收购、换股并购、定向发行、股份回购等国际通行的并购方式与手段在并购活动中被逐渐采用并不断创新。

（4）地方保护和行业壁垒被打破，跨行业、跨地区、跨所有制的并购得到进一步发展，多元化的企业集团开始出现。

（5）外资并购与国内企业海外并购发展迅速，跨国并购的广度与深度均明显提高，并购操作手段更为复杂。

（6）强强联手引人注目，并购规模与并购范围进一步扩大。

（7）企业并购的自主性与市场化进一步增强，政府的干预和主导作用开始减弱。

三、我国上市公司并购发展趋势

2002 年 12 月，中国证监会发布了《上市公司收购管理办法》和《上市公司股东持股变动信息披露管理办法》，这两个办法配合《证券法》中关于上市公司收购的原则规定，构成了我国初步的较为完整的上市公司收购法律框架。2003 年—2004 年又出台了相关操作细则，比如《关于要约收购涉及的被收购公司股票上市交易条件有关问题的通知》《关于规范上市公司实际控制权转移行为有关问题的通知》等。目前我国上市公司并购行为正在逐步得到规范。

上市公司收购，是指收购人通过在证券交易所的股份转让活动持有一个上市公司的股份达到一定比例或通过证券交易所股份转让活动以外的其他合法途径控制一个上市公司的股份达到一定程度，导致其获得或者可能获得对该公司实际控制权的行为。收购人可以通过协议收购、要约收购或者证券交易所的集中竞价交易方式对上市公司进行收购，获得该上市公司的实际控制权。

（一）协议收购

1．收购报告书的报送与公告

以协议收购方式进行上市公司收购的，收购人应当在达成收购协议的次日向中国证监会报送上市公司收购报告书，同时抄报上市公司所在地的中国证监会派出机构，抄送给证券交易所，通知被收购公司，并对上市公司收购报告书的摘要做出提示性公告。中国证监会在收到上市公司收购报告书后 15 日内未被提出异议的，收购人可以公告上市公司的收购报告书，履行收购协议。

2．协议收购方式不适用的情况

（1）收购人所持有、控制一个上市公司的股份达到该公司已发行股份的 30%时，继续增持股份或者增加控制的，应当以要约收购方式向该公司的所有股东发出收购其所持有的全部股份的要约。

（2）收购人拟持有、控制一个上市公司的股份超过该公司已发行股份的 30%时，应当以要约收购的方式向该公司的所有股东发出收购其所持有的全部股份的要约。

3．被收购公司应尽的职责

（1）被收购公司收到收购人的通知后，其董事会应当及时就收购可能对公司产生的影响发表意见，独立董事在参与形成董事会意见的同时还应当单独发表意见。

（2）被收购公司董事会认为有必要的，可以为公司聘请独立财务顾问等专业机构提供咨询意见。被收购公司董事会意见、独立董事意见和专业机构意见一并予以公告。

（3）管理层、员工进行上市公司收购的，被收购公司的独立董事应当就收购可能对公司产生的影响发表意见。独立董事应当要求公司聘请独立财务顾问等专业机构提供咨询意见，咨询意见与独立董事意见一并予以公告。聘请独立财务顾问的费用由被收购公司承担。

（二）要约收购

1．要约收购的一般规则

（1）持有、控制一个上市公司的股份低于该公司已发行股份的 30%的收购人，以要约收购方式增持该上市公司股份的，其预定收购的股份比例不得低于 5%，预定收购完成后所持有、控制的股份比例不得超过 30%；拟超过的，应当向该公司的所有股东发出收购其所持有的全部股份的要约；符合豁免条件的，可以向中国证监会申请豁免。

（2）收购人持有、控制一个上市公司的股份达到该公司已发行股份的 30%时，应当在该事实发生的次日向中国证监会报送上市公司收购报告书，同时抄报上市公司所在地的中国证监会派出机构，抄送给证券交易所，通知被收购公司，并对上市公司收购报告书的摘要做出提示性公告。收购人继续增持股份或者增加控制的，应当以要约收购方式向该公司的所有股东发出收购其所持有的全部股份的要约；符合豁免条件的，可以向中国证监会申请豁免。

（3）收购人做出提示性公告后至收购要约期满前，不得采取要约收购以外的形式和超出要约的条件买卖被收购公司的股票。

（4）收购人拟向同一个上市公司的股东连续公开求购其所持有的该上市公司股份，导致其在收购完成后持有、控制该上市公司已发行的股份达到或者超过 5%的，构成要约收购行为，应当遵守要约收购规则。

📖 知识小扩展

股票市场中的"举牌"指的是什么?

"举牌"一般是指投资者在证券市场的二级市场上收购的上市公司流通股份超过该股票已发行股本的 5%或者是 5%的整倍数时，根据有关法规的规定，必须马上通知该上市公司、证券交易所和证券监督管理机构，在证券监督管理机构指定的报刊上进行公告，并且履行有关法律规定的义务。

披露触发点：5%。

披露义务点：每增减 5%。

目前，我国大额持股披露制度相关规定主要来自《证券法》和《上市公司收购管理办法》。《证券法》第八十七条规定，应当披露的内容主要为名称、住所、数额和日期等客观信息。《上市公司收购管理办法》细化为：当投资者及其一致行动人不是上市公司的第一大股东或者实际控制人时，以 20%作为简式权益变动报告书和详式权益变动报告书的分界点，前者应披露的信息主要包括披露义务人及持有股票的基本信息，后者还额外包含是否存在持续关联交易、持股后续计划等主观决策信息。

📚 案例小链接

宝能系一年内五次举牌万科 A

2015 年 7 月 11 日，万科 A 公告，前海人寿保险股份有限公司于 7 月通过二级市场购入万科 A 5.53 亿股股份，占万科 A 总股本的 5%。前海人寿一跃超过万科合伙人公司股份，成为仅次于华润集团的第二大股东。一时之间，市场议论鼎沸，说万科一直防范的"野蛮人"已经如约而至。事实上，这不是万科第一次被保险行业的企业青睐。2014 年第三季度，安邦保险出现在万科 A 前十大股东名单上，持股比例占万科 A 总股本的 2.13%，是万科 A 第四大股东。但在 2015 年一季报中，安邦已经不在万科 A 前十大股东之列。

半个月不到，前海人寿第二次举牌万科 A。2016 年 7 月 25 日，万科 A 宣布前海人寿通过集中竞价交易买入万科 A 1.03 亿股股份，占万科 A 总股本的 0.93%，同时前海人寿一致行动人深圳市钜盛华股份有限公司买入万科 A 股 4.5 亿股，占万科 A 目前总股本的 4.07%。此轮举牌后，前海人寿及其一致行动人已拿下了万科 A 总股本的 10%，逼近万科 A 最大股东华润 14.97%的股权占比。

2015 年 8 月 27 日，前海人寿及其一致行动人（即宝能系）第三次举牌，已持有万科 A 15.04%的股份，超过华润 14.89%的持股比例，成为万科 A 第一大股东。仅仅几天之后，在 8 月 31 日及 9 月 1 日，华润通过两次增持，新增万科 A 约 0.4%的股份，使其持股达到了 15.29%，超过了宝能系的 15.04%，又重新夺回第一大股东之位。

第四次举牌发生在 12 月。2015 年 12 月 6 日万科 A 公告称，截至 2015 年 12 月 4 日，钜盛华及其一致行动人前海人寿合计持有 22.11 亿股，占总股本的 20.008%，成为第一大股东。

2015 年 12 月 8 日晚，万科 A 发布公告称，截至 2015 年 12 月 7 日，安邦保险集团与其旗下安邦人寿保险、安邦财产保险、和谐健康保险及安邦养老保险合计持有公司股份 55 252.63 万股，占公司总股本的 5%。安邦保险集团表示，其在未来 12 个月内将根据证券市场整体状况并结合万科 A 的发展及其股票价格情况等因素，决定何时增持万科 A 的股份及具体增持比例。

此后，从 2015 年 12 月 18 日至 2016 年 7 月 3 日，万科 A 经历了长达半年多的停牌。2016 年 7 月 4 日，万科 A 正式复牌，并宣布拟以 456 亿元人民币收购深地铁旗下前海国际。

2016 年 7 月 6 日，宝能系第五次举牌万科 A。万科 A 发布公告证实，2016 年 7 月 5 日至 7 月 6 日，钜盛华通过资产管理计划在二级市场增持公司 A 股股份 7 839.23 万股，占公司总股份的 0.710%。至此，钜盛华及其一致行动人前海人寿保险股份有限公司，合计持有公司 A 股 27.6 亿股，占公司总股份的比例为 25.00%。

2．要约收购报告书

（1）要约收购报告书应当载明的事项。

要约收购报告书应包括如下内容：收购人的名称、住所；收购人关于收购的决定；被收购的上市公司名称；收购目的；收购股份的详细名称和预定收购的股份数额；收购的期限、收购的价格；收购所需的资金额及资金保证；报送要约收购报告书时所持有被收购公司股份数占该上市公司已发行股份总数的比例；收购完成的后续计划；中国证监会要求载明的其他事项。

（2）收购人应当在要约收购报告书中做出的特别说明。

① 有无将被收购公司终止上市的意图。有终止上市意图的，应当在要约收购报告书的显著位置做出特别提示。

② 收购完成后，被收购公司股权分布发生变化是否影响该公司的持续上市地位。造成影响的，应当就如何维持公司的持续上市地位提出具体解决方案。

（3）律师和财务顾问的专业服务。

收购人应当聘请律师对其要约收购报告书内容的真实性、准确性、完整性进行核查，并出具法律意见书；应当聘请财务顾问等专业机构对收购人的实际履约能力做出评判。财务顾问的专业意见应当予以公告。

3．被收购公司应尽的职责

（1）被收购公司董事会应当为公司聘请独立财务顾问等专业机构，分析被收购公司的财务状况，就收购要约条件是否公平合理、收购可能对公司产生的影响等事宜提出专业意见，一并予以公告。

（2）管理层、员工进行上市公司收购的，被收购公司的独立董事应当为公司聘请独立财务顾问等专业机构，分析被收购公司的财务状况，就收购要约条件是否公平合理、收购可能对公司产生的影响等事宜提出专业意见，一并予以公告。财务顾问费用由被收购公司承担。

（3）被收购公司董事会应当在收购人发出收购要约后 10 日内，将被收购公司董事会报告书与独立财务顾问的专业意见一并报送中国证监会，同时抄报上市公司所在地的中国证监会派出机构，抄送给证券交易所，一并予以公告。

（4）被收购公司董事会报告书应当就是否接受收购要约向股东提出建议，被收购公司的独立董事应当单独发表意见，一并予以公告。

4．收购要约的有效期

收购要约是收购人向被收购公司股东公开发出的、愿意按照要约条件购买其所持有的被收购公司股份的意思表示。收购要约的有效期不得少于 30 日，不得超过 60 日（出现竞争要约的除外）。在收购要约有效期限内，收购人不得撤回其收购要约。收购要约期满前 15 日内，收购人不得更改收购要约条件（出现竞争要约的除外）。

5．要约收购义务的豁免

（1）收购人可以提出豁免申请的情形。

① 上市公司股份转让在受同一实际控制人控制的不同主体之间进行，股份转让完成后的上市公司实际控制人未发生变化，且受让人承诺履行发起人义务的。

② 上市公司面临严重财务困难的情况，收购人为挽救该公司而进行收购，且提出切实可行的重组方案的。

③ 上市公司根据股东大会决议发行新股，导致收购人持有、控制该公司股份比例超过已发行股份的 30% 的。

④ 基于法院裁决申请办理股份转让手续，导致收购人持有、控制一个上市公司已发行股份超过 30% 的。

（2）相关当事人可以提出豁免申请的情形。

① 合法持有、控制一个上市公司 50% 以上股份的股东，继续增持股份、增加控制后不超过该公司已发行股份的 75%。

② 因上市公司减少股本导致其持有、控制一个上市公司已发行股份超过 30% 的。

③ 证券公司因开展正常的股票承销业务导致其持有一个上市公司已发行股份超过 30%，但无实际控制该公司的行为或者意图，并且提出在合理期限内向非关联方转让超出部分的解决方案的。

④ 银行因开展正常的业务导致其持有一个上市公司已发行股份超过 30%，但无实际控制该公司的行为或者意图，并且提出在合理期限内向非关联方转让超出部分的解决方案的。

⑤ 当事人因国有资产行政划转导致其持有、控制一个上市公司已发行股份超过 30% 的。

⑥ 当事人因合法继承资产导致其持有、控制一个上市公司已发行股份超过 30% 的。

（3）可以申请豁免的事项。

符合上述情形的，可以向中国证监会申请以下三种豁免事项。

① 免于以要约收购方式增持股份。

② 免于向被收购公司的所有股东发出收购要约。

③ 免于要约收购被收购公司的全部股份。

（4）中介机构。

收购人提出豁免申请的，应当聘请律师事务所就其所申请的具体豁免事项出具专业意见；申请免于向被收购公司的所有股东发出收购要约和免于要约收购被收购公司的全部股份的收购人，应当聘请财务顾问等专业机构出具专业意见。

本章小结

1．收购兼并是在一定的财产权利制度和企业制度条件下进行的，某一个或某一部分权利主体通过出让其所拥有的对企业的控制权而获得相应的收益，另一个或另一部分权利主体则通过付出一定代价而获取这部分控制权。企业收购兼并的过程实质上是企业权利主体不断变换的过程。

2．按并购的表现形式，可以把并购分为新设合并、吸收合并和控制权转移；按并购前企业间的市场关系，可以分为横向并购、纵向并购和混合并购；按并购的对价支付方式，可以分为用现金购买资产的并购、用现金购买股票的并购、用股票购买资产的并购、用股票交换股票的并购、用资产收购股份或资产的并购；按收购动机，可以分为善意收购和恶意收购；按收购对象的范围，可以分为要约收购和协议收购。

3．企业并购促进了产业结构的调整，提高了资源的配置效率；企业并购普遍提高了企业的经济效益；企业并购提高了一国经济在国际市场的竞争力和资本集中度。

4．企业并购的动因理论包括：规模经济效应论、财务重置成本论、市场优势论、代理问题理论。综合以上理论，从总体上分析，企业并购的动机分为两大类：一类是与规模经济、财务重置成本、市场扩张与占有等密切联系的利润动机；另一类是与经理人追求企业规模增长和自身发展的行为、解决代理问题等密切相关的非利润动机。

5. 企业并购的主要程序：并购分析与决策规划；寻找、过滤与筛选潜在目标企业；评估目标企业的价值；接洽与尽职调查；确定并购价格与并购方式；谈判签约；报批及登记过户；并购后的整合工作。

6. 收购兼并存在着政策风险、营运风险、财务风险、信息不对称风险、反并购风险等诸多风险，因此作为并购活动中的中介机构，投资银行应谨慎对待各个环节中的风险，并主动采取防范措施，包括：明确并购目的、正确选择并购方式、充分了解宏观经济形势、谨慎选择目标企业、组建一个高效的并购班子等，以帮助客户并购成功。

7. 投资银行为并购方（企业）可以提供以下服务：寻找合适的目标企业，并根据并购方的战略对目标企业进行评估；提出具体的并购建议，包括并购策略、并购价格、相关并购条件及相关财务安排；协助并购方与目标企业或大股东接洽，协商相关事宜；协助并购方准备所需的相关评估报告、信息披露文件等；与其他相关中介机构（律师事务所、会计师事务所等）的协调工作等。

8. 投资银行可以为被并购方（目标企业）提供以下服务：关注企业的股价变动情况，追踪潜在的并购方（敌意并购），及时向被并购方提供信息；制订有效的反并购方案，并提供有效的帮助，阻止敌意并购；协助被并购方与并购方的谈判，为被并购方争取最有利条件；协助被并购方准备相应的文件、资料，协助被并购方进行股东大会的准备工作等；协助被并购方采取相应的措施。

9. 杠杆收购是指收购方以其准备收购的企业资产和将来的收益能力作抵押，利用大量的债务融资，收购目标企业的资产或股权的并购方式，其本质是通过举借债务进行收购。杠杆收购的特点主要表现在以下方面：杠杆收购以发达的资本市场为基础，具有高杠杆性、高风险、高收益性；在杠杆收购过程中投资银行等中介机构作用显著，并购后企业往往具有较好的管理效能。

10. 管理层收购是指目标企业的管理层通过债务融资方式购买目标企业的股权或资产，从而改变目标企业的所有权结构，获得目标企业控制权的收购形式。管理层收购实际上是杠杆收购的一种特殊形式，所以其操作程序基本与一般意义上的杠杆收购相同。

11. 我们从事先防御与事中积极对抗的角度，或者说从主动性与被动性的角度，将反并购策略区分为防御性策略和积极对抗性策略。防御性策略包括："驱鲨剂"条款、"毒丸"计划、"牛卡"计划、"金降落伞"协议、交叉（相互）持股策略、员工持股计划。积极对抗性策略包括：股份回购、焦土战术、寻找"白衣骑士"、帕克曼战略、"绿色邮件"、法律策略。

12. 从 19 世纪末至今，全球已爆发了五次并购浪潮，每一次浪潮都直接导致了大型公司与跨国公司的产生，每一次浪潮都导致产业结构和经济结构的调整，对世界经济产生了深远的影响。

13. 我国并购活动的发展历程可大致分为以下 3 个阶段：初试与探索阶段（1984 年—1991 年末）；培育与转型阶段（1992 年—2000 年末）；发展与深化阶段（2001 年至今）。

14. 上市公司收购，是指收购人通过在证券交易所的股份转让活动持有一个上市公司的股份达到一定比例或通过证券交易所股份转让活动以外的其他合法途径控制一个上市公司的股份达到一定程度，导致其获得或者可能获得对该公司实际控制权的行为。收购人可以通过协议收购、要约收购或者证券交易所的集中竞价交易方式对上市公司进行收购，获得该上市公司的实际控制权。

课后练习题

一、名词解释

横向并购　纵向并购　混合并购　善意收购　恶意收购　要约收购　协议收购　换股收购　杠杆收购　管理层收购　"驱鲨剂"条款　"毒丸"计划　"牛卡"计划　"金降落伞"协议　交叉（相互）持股策略　股份回购　帕克曼战略　"绿色邮件"　上市公司收购

二、填空题

1. 杠杆收购资金一般有 3 个来源：由收购者自筹收购价约（　　）%的资金作为壳公司的权益资本；以目标公司的资产作抵押取得银行贷款，这部分资金约占收购资金的（　　）%～（　　）%；通过向金融投资机构私募或公募的形式发行各种高风险、高收益的债券（垃圾债券），此部分约占收购资金的（　　）%～（　　）%。这些债务处于银行优先债务和投资者股权之间的层次上，因此常被称作（　　）。

2. 焦土战术是一种典型的两败俱伤策略，一般有两种方式：（　　）和（　　）。

3. MBO 与其他企业并购方式相比最大的区别在于，其收购主体是（　　），它们通常投入一定资本先组建一个壳公司，再由其作为收购的法律实体进行融资并完成并购。

4. （　　）是指企业在发行债券或向金融机构借款时增加"毒丸"条款。这些条款约定在企业股份发生大规模转移、企业遭到并购或控制权发生变更时，债权人有权要求立刻兑付或将债券转换为股票，从而使收购公司在收购后立即面临巨额现金支出或股权稀释的情况，增加了收购的难度。

5. 第四次并购浪潮从表现形式上看以（　　）并购为特点，并购形式集中于相关行业和相关产品上。这次兼并浪潮席卷全球，出现了大量的公开上市公司被兼并的情况，还出现了（　　）、（　　）等新的收购方式。

三、简答题

1. 收购兼并的含义及分类。
2. 企业并购动因理论。
3. 企业收购的主要程序。
4. 收购兼并的风险及防范方法。
5. 投资银行在企业并购中担任的角色。
6. 杠杆收购的含义及特点。
7. 杠杆收购应具备的条件。
8. 管理层收购的特点。
9. 五次并购浪潮过程及特点。
10. 我国企业并购发展历程。

第六章　资产证券化

本章教学要求

　　本章介绍资产证券化，主要内容包括资产证券化的概念、运作流程、特征、作用及投资银行在资产证券化中的作用；资产证券化的产生、发展与分类；资产证券化与美国次贷危机；我国资产证券化的实践。

　　通过本章的学习，应掌握资产证券化的概念；了解可资产证券化的特征，熟练掌握资产证券化的操作流程，理解资产证券化的作用；了解资产证券化的产生和发展，掌握各种资产证券化的分类；深刻理解各种证券化品种及其衍生品；了解中国资产证券化的发展和现状；熟练掌握证券化产品在次贷危机发生和传播中的作用。

☑ **案例导入**

阿里金融突围：资产证券化的典型案例

　　阿里巴巴的资产证券化已经报到中国证监会审批，这将是中国第一个小微企业和个人创业者贷款证券化案例，对中国解决中小企业融资困境具有榜样意义。

　　京东、苏宁、腾讯等电商企业，已经或者正准备进入小额贷款领域，阿里巴巴的资产证券化无疑为这些企业同样存在的贷款资金来源问题，率先探了一条路。而电商企业的小额贷款，是提供给电商平台上的小微企业和网商个人创业者的。因此，资产证券化成了解决小微企业和个人创业者融资难的有效手段，是促使金融更好地为实体经济服务的有效方式。

　　阿里巴巴的三个平台，阿里巴巴（B2B）、淘宝（C2C）、天猫（B2C），其中的商户绝大多数都是小微企业甚至个人创业者，这些商户基本上都得不到传统金融的贷款支持，导致发展受到资金约束，进而也约束了平台提供商——阿里巴巴集团的发展。也正因为此，三年前，阿里巴巴"掌门人"马云就公开说："如果银行不改变，阿里将改变银行。"

　　2010 年和 2011 年，浙江阿里小贷公司和重庆阿里小贷公司分别成立。这两家小贷公司为阿里平台上无法在传统金融渠道获得贷款的小微企业和网商个人创业者提供了"金额小、期限短、随借随还"的纯信用小额贷款服务。

　　尽管这些信用贷款相对于传统银行贷款来说没有抵押，但凭借阿里平台的历史交易数据判断客户信用状况，小额贷款服务的坏账率低于银行业的平均坏账率。借此，阿里巴巴的"平台、金融、数据"三大业务形成了良性互动。电子商务平台提供了大量历史交易数据，而这些数据又给金融业务提供了足够多的贷款对象信息，而对于融资困难的小微企业和个人创业者而言，阿里的小贷业务又进一步吸引其成为阿里电子商务平台的商户。

　　阿里小贷是当前中国解决中小企业融资困境的一个成功标杆，但这种小贷模式的阿里金融存在一个致命的局限，即小贷公司不能像银行一样吸收存款，除资本金外，它只能从银行融入资金。而根据中国银监会颁布的《关于小额贷款公司试点的指导意见》，小贷公司从银行融入资金的限额，不得超过资本净额的 50%。阿里小贷所在的浙江和重庆地区都出台了鼓励政策，将允许从银行融入的资金余额的上限提高到了 100%，即便如此，两家阿里小贷的 16 亿元人民币注册资金，也只能从银行再融入 16 亿元人民币，可供放贷的资金最多为 32 亿元人民币。相对于目前阿里小贷累计约 300 亿元人民币的贷款总额来说，贷款周转了约 10 次。

阿里小贷的进一步发展，受到了资金来源的限制。如果没有新的办法，阿里金融显然难以担负马云所言的"支撑整个未来"的使命。

一个办法就是申请银行牌照，这也是外界一直猜测阿里巴巴会做银行的原因所在。但银行牌照的申请不是短时间能够实现的，能否申请下来也存在极大的不确定性。另外，银行也未必适合阿里巴巴"金额小、期限短、随借随还"的小贷业务，而且还要受到诸多约束，比如要求与客户面对面交流、不能提供异地贷款服务等。

另外一个办法就是将贷款售出，回笼资金，再放贷，加快资金周转。此前阿里巴巴通过信托计划进行了尝试。2012 年 6 月，重庆阿里小贷通过山东信托发行了"阿里金融小额信贷资产收益权投资项目集合信托计划"，向社会募集资金 2 亿元人民币。同年 9 月，重庆阿里小贷再次通过发行"阿里星 2 号集合信托计划"，向社会募集资金 1 亿元人民币。这等于为阿里小贷新增了 3 亿元人民币可供贷款资金。

由于信托计划的私募性质，融资规模受到限制，另外，信托的融资成本也比较高，显然难以满足阿里金融更快发展的需求。

资产证券化应是阿里巴巴解决资金来源的最优渠道。资产证券化由于可采取公募形式，且发行的产品是标准化、高流通性的证券，投资者众多，因此可进行大规模融资，且融资成本也比信托计划要低得多。

阿里巴巴之前采取信托而未采取资产证券化，是因为存在制度障碍。阿里小贷的特点是"期限短、随借随还"，而所发行的资产支持证券期限较长，因此存在期限错配的情况。

而最近证监会正式颁布的《证券公司资产证券化业务管理规定》，允许以基础资产产生的现金流循环购买新的基础资产的方式组成基础资产池，为阿里巴巴资产证券化提供了可能性。

据悉，此次阿里巴巴的资产证券化，是将阿里小贷公司的 50 亿元人民币贷款组合出售给东方证券的"专项资产管理计划"，并以此贷款组合为基础，向投资者发行 50 亿元人民币证券，其中 40 亿元人民币的优先证券由社会投资者购买，10 亿元人民币的次级证券由阿里巴巴购买。这些证券的偿付来自 50 亿元人民币贷款组合的本息偿还，优先证券先于次级证券偿还。通过优先/次级的分档，优先证券的信用级别得以提高，从而能够降低融资成本。

通过资产证券化，事实上是阿里小贷公司把 40 亿元人民币的贷款出售给了证券投资者，回笼了 40 亿元人民币资金，从而能够发放新的贷款。换句话说，购买这 40 亿元人民币贷款的中小微企业和个人创业者，获得了资本市场的融资渠道。

在证券到期之前，如果贷款组合中的贷款已偿还，可以用偿还所得的资金购买新的贷款，即"基础资产产生的现金流循环购买新的基础资产的方式组成基础资产池"，如此循环，一直到证券到期为止。由此，短期贷款和长期证券的期限错配问题得以解决。于是借此，阿里巴巴得以用更大规模的贷款来支持商户的发展，反过来也进一步促进阿里巴巴自身的发展。

好处不仅于此，阿里金融还能增加新的收入来源。重庆阿里小贷的年化贷款利率为 18%～21%，而资产证券化产品的预期收益率在 6% 左右，除掉各种资产证券化的操作费用，即使从出售的贷款组合中，阿里金融也能获得可观的收益。

第一节　资产证券化概述

一、资产证券化的概念

随着金融创新的发展，金融品种的外延不断扩展，在金融工程的支持和推动下，新的金融工具层出不穷，资产证券化便是其中一员。

资产证券化的一般含义比较宽泛，至今尚无一致公认的定义。不过戈登纳（Gardener）在 1991 年提出了一个一般性的资产证券化的定义：资产证券化是使储蓄者与借款者通过金融市场得以部分或全部匹配的一个过程或工具。这一观点突出了资产证券化是一种以市场为基础的信用中介，而不是以金融机构为基础的信用中介。在上述一般性的定义中实际上包含了两个层次的概念：其一是融资证券化，这是指资金需求者通过发行证券的方式直接向资金供给者融资。如发行股票、债券、商业票据等。这种证券化被称为"一级证券化"或"初级证券化"，也被称为"企业证券化"；其二是资产支持证券化，是指以一定的存量资产为支撑，把这些缺乏流动性但未来可预见的现金流的资产通过一定的结构安排，对资产中的风险与收益要素进行分离和重组，通过发行证券的方式把这些资产转换成在金融市场上流通的证券的过程。这种存量资产证券化被称为"二级证券化"。本章将要讨论的资产证券化就是二级证券化。

资产证券化并不是适用于所有的资产，具体而言，可证券化资产的特点有：能在未来产生可以预测的稳定的现金流；有持续一定时期的低违约率、低损失率的历史记录；金融资产的债务人有广泛的地域和人口分布；本息的偿付分摊于整个资产的持续期间；原所有者已持有该资产一段时间，且有良好的信用记录；金融资产的抵押物有较高的变现价值或它对于债务人的效用较高；金融资产具有标准化、高质量的合同条款。

典型的资产证券化操作流程可以用图 6-1 来表示。

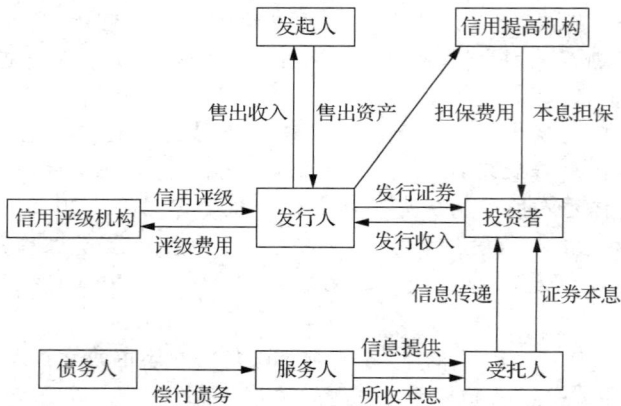

图 6-1　典型的资产证券化操作流程

由图 6-1 可以看出，资产证券化是一个复杂的结构，涉及多个主体。一般而言，一个完整的资产证券化结构包含以下八个参与主体。

1．发起人

发起人又称为原始权益人，它是把将要证券化的资产出售给中介机构而获得资金的一方。它的作用是确定证券化资产，并真实地出售给中介机构。在实际操作过程中，许多单位都可以成为发起人，如果单从技术上讲，只要有稳定的未来现金流就可以进行资产证券化。

2．服务人

在资产证券化有效期内，投资者要委托服务人来管理和维护证券化资产、向原始权益人收取到期的本金和利息以及追收过期的应收账款，并将本息和应收账款转交给中介机构。服务人一般是由资产支持证券的发起人或发起人的子公司担任的，因为这样做可以避免一些不必要的麻烦。

3．发行人

发行人即中介机构，发行人从许多发起人处购买证券化资产，然后将这些资产组成一个资产池，再以这个资产池中的资产为支撑发行证券。在资产证券化中发行人有一个特殊的名称——特殊目的机构（Special Purpose Vehicle，SPV），它是资产证券化结构的一个标志性要素，是资产证券化结构区别于其他融资结构的显著标志。SPV 是一个法律实体，其组织形式主要有信托型、公司型和有限合伙型三种。

在实际操作中，发行人只能从事单一的资产证券化业务，这是为了防止发行人由于从事其他业务而带来破产的危险，在实际操作中发行人就成了不破产实体，这样做可以提高信用级别并可以降低融资成本。

知识小扩展

SPV 自身破产风险隔离　防止 SPV 的"强制破产"

"强制破产"是指 SPV 的债权人针对 SPV 提出的强制破产申请。为防止这种 SPV 的"强制破产"实现，主要途径是通过限制 SPV 的债务和债权人的数量来实现。具体有以下几个方面。

（1）SPV 经营范围的限制。SPV 的设立目的应当明确，经营范围只能是证券化交易及其相关的业务。主要包括：与特定财产、抵押资产的获得和拥有有关的活动；资产支持证券（资产支撑证券）的发行；其他为了实行前述业务所必须和适当的活动。否则如果允许 SPV 经营资产证券化以外的业务，会伴随带来与资产证券化无关的债务，也会加大 SPV 的破产风险。

（2）对债务的限制。除了从事与资产证券化无关的业务活动会产生不必要的债务外，SPV 还可能因其他活动产生债务。必须严格限制 SPV 的债务和义务履行，除了履行资产证券化交易中确定的债务及担保义务外，不应该再产生其他连带债务和担保义务。此外，为了防止 SPV 权利的滥用带来债务而导致风险增多，应该明确规定：SPV 无权自愿为没有参加结构性融资的其他人提供担保。但也存在例外情况：一是特殊目的机构的资产可以被抵押给信用增级机构或者流动性资产的提供者；二是一些无法避免的法定担保。

（3）对重组、并购的限制。公司章程或信托契约中规定，在资产支持证券债务尚未清偿之前，SPV 不能进行资产的重组、清算、并购及拍卖，也无权对该规定进行修改。这一规定保证在资产支持证券尚未清偿完毕之前，上述行为不会侵害到 SPV 的破产隔离。

（4）第三方提出破产申请时间的限制。完全要求第三方放弃对 SPV 提出强制破产申请的权利是违反公共道德的，通常得不到强制执行。为了限制债权人申请破产，SPV 应与其债权人约定，在资产支持证券本金和收益全部清偿完毕之后一年（或更久）之内不得对 SPV 提出强制破产申请。这种有关一年期限的规定可以防止法院在 SPV 破产后对资产支持证券进行优惠性转让。

4．投资银行

在我国投资银行主要是指证券公司，它在资产支持证券的发行中发挥着重要的作用。投资银行和发行人一起工作使得证券发行符合法律、法规的规定，进而可以顺利发行资产支持证券。

5．信用增级机构

信用增级是资产支持证券能否顺利发行的重要环节，因为只有提高了信用级别才可以使资产支持证券在较低的利率水平下发行出去。信用增级是资产证券化结构的一个显著特点。一般而言，信用增级机构由发行人或独立的第三方提供，提高资产支持证券的信用可以同时有多种信用增级方式，国际上发行的资产支持证券的信用级别一般都在 AAA 级。

6. 信用评级机构

信用评级机构是一个独立的单位，具体的评级程序和原则与对债券的评级相似。在评级过程中的主要依据为：第一，发行人违约的可能性；第二，发行人承担的法律条款和发行人的特性；第三，发生破产时，发行人承担责任的程度。

7. 受托人

在资产支持证券发行过程中，受托人是一个多功能的中介。它代表发行人的利益向发起人购买资产，同时也是通过它向投资者发行证券。当债务人归还资产抵押的本金和利息时，服务人把收入存入发行人的账户，由受托管理人把它们转给投资者。受托管理人有责任对没有及时转给投资者的资金进行再投资。如果服务人取消或不能履行其职责时，受托管理人应该并且能够取代服务人担当其职责。

8. 投资者

在发行资产支持证券时一定要有足够多的投资者才能顺利发行，它当然是资产证券化结构中不可或缺的一部分。

表 6-1 反映了资产证券化参与主体的主要职能。

表 6-1　参与主体的主要职能

参与主体	主要职能
发起人	选择拟证券化资产，并进行打包，然后将其转移给 SPV，从 SPV 处获得对价
发行人	以资产证券化为目的而特别组建的独立法律主体，其负债主要是发行的资产支持证券，资产则是被证券化的基础资产。SPV 介于发起人和投资者之间，是资产支持证券的真正发行人
信用增级机构	对 SPV 发行的证券提供额外的信用支持。信用增级机构由发行人或独立的第三方来担任
信用评级机构	对 SPV 发行的证券进行信用评级。除了初始评级以外，信用评级机构在该证券的整个存续期内往往还需要对其业绩情况进行"追踪"监督，以便及时发现新的风险因素，并做出维持、升级或降级的决定，以维护投资者的利益
投资银行	为证券的发行进行促销，以帮助证券成功发行。此外，在证券设计阶段，作为承销商的投资银行还扮演着融资顾客的角色，运用其经验和技能制定一个既能在最大限度上保护发起人的利益又能被投资者接受的融资方案
服务人	对资产项目及其所产生的现金流进行监理和保管：负责收取这些资产到期的本金和利息，将其交付给受托人；对过期应收账款的服务机构进行催收，确保资金及时、足额到账；定期向受托人和投资者提供有关特定资产组合的财务报告。服务人通常由发起人担任，为上述服务收费，以及通过在定期汇出款项前用所收款项进行短期投资而获益
受托人	托管资产组合以及与之相关的一切权利，代表投资者行使职能。其职能包括：把服务人存入 SPV 账户中的现金流转付给投资者；对没有立即转付的款项进行再投资；监督资产证券化中交易各方的行为，定期审查有关资产组合情况的信息，确认服务人提供的各种报告的真实性，并向投资者披露；公布违约事宜，并采取保护投资者利益的法律行为；当服务人不能履行其职责时，代替服务人履行其职责

二、资产证券化的运作流程

一般的资产证券化的运作流程主要包括：确定证券化资产、出售资产、购买资产、信用增级与信用评级及其他步骤。

（一）确定证券化资产

发起人（原始权益所有人）以自身的财务状况、资产质量为基础，确定自身对资金的需求状况，分析资产证券化对本企业的作用。如若认为有必要对自身某些资产进行资产证券化，则要清楚、完整地剥离出将要证券化的资产。在资产证券化时，这些资产必须"真实"地出售给发行人，所以发起人要对将要证券化的资产拥有完整的所有权，只有这样才可以避免以后由于所有权问题而引发问题的风险。

（二）出售资产

发起人确定好自身将要进行证券化的资产之后，就要将此资产真实地出售给发行人。资产出售后，买方（发行人）拥有对标的资产的全部权利，而卖方（原始权益所有人）则相应地从买方得到资金，从而完成其融资要求。但在资产真实地出售给发行人后，通常由发起人（原始权益所有人）充当发行人的资产组合代理人，向债务人收回到期资产的本息，并交与发行人偿付资产证券的本息。

在资产出售时，最为关键的就是要保证证券化资产的真实出售。只有是真实的出售才能达到"破产隔离"的目的。所谓破产隔离，是指发起人（原始权益所有人）破产与否与证券化资产没有一点相关性，即如果发起人真的进入破产程序后，被证券化的资产是不能列入清算范围内的。破产隔离使证券化的资产质量与发起人（原始权益所有人）自身的信用水平分离开来，投资者就不会再受到发起人（原始权益所有人）的信用风险影响。

由于真实出售对实现破产隔离十分重要，各个国家的法律对判断真实出售都有比较详细的规定，进而来保证资产证券化的顺利开展。一般而言，判断真实出售主要考察以下 5 个方面。

（1）当事人的意图符合资产证券化目的。

（2）发起人的资产负债表已经进行资产出售的账务处理。

（3）出售的资产一般不得附加追索权。

（4）资产出售的价格不盯着贷款利率。

（5）出售的资产已经经过资产分离处理，即已经通过信用提高的方式将出售的资产与发起人的信用风险相分离。

（三）购买资产

发行人应该是一个单一目的的主体，它不能开展除资产证券化以外的业务，不能建立任何子公司。发行人在购买资产时是面对许多发起人的，它将一些不同性质的资产组合成一个资产池，正是由于这些资产的大量性和复杂性才使资产证券化可以顺利开展。发行人要对它所购买的资产进行分析、调查，进而可以组成一个结构合适的资产池，而后再基于这些资产发行证券。由于发行人购买资产的金额、期限、收益率各不相同，设计一个结构良好的资产池是一项很复杂的工作，但同样它也是极其重要的，这直接影响到以此资产为支撑的证券发行的难易程度、价格及信用级别。

（四）信用增级

作为一个结构型金融衍生工具，资产证券化可以开展的一个相当重要的基础条件就是信用增级。前文所述关于真实出售和规定发行人是一个单一目的的主体的内容，都旨在为了更好地进行信用增级。只有进行了信用增级之后，开展资产证券化才可以变得对各方都相当有利。作为融资者可以在相同的条件下节省融资成本，而投资者则可以相应地获得更高的收益率。在实际操作过程中，是否有良好的信用增级结构成了发行资产证券化证券的关键。信用增级的方法有多种，可以按两种不同的分类方法分类。

1. 按信用提高者角度划分

（1）由发起人进行信用增级。其主要方式为：直接追索、资产储备、购买或保留从属权利等。这些方法都是以增加发起人的义务而使信用级别提高的方法。

（2）由第三方进行的信用增级。又可以分为第三者部分信用提高和第三者完全信用提高两种。

这两者之间的区别在于：在第三者部分信用提高方式中，投资者的投资风险并没有完全被规避，它是一种提供规避超过约定数量损失风险的方法；而在第三者完全信用提高方式中，投资者的投资风险就完全被规避了。

2．按信用提高的特点划分

（1）过度抵押是指在发行证券时发起人把比未来可收到的现金流价值更大的资产作为抵押。虽然这种方法相当的简单，但是由于其成本相对较高以及在资本利用上的效率较低而没有成为一种主流的信用增级方法。

（2）高级/从属参与结构方法是指发起人在发行证券时，把证券分为高级部分和低级部分，高级部分有获得本金和利息的优先权，而低级部分则只有在高级部分已经获得本金和利息的前提下才能获得本金和利息，这样在实际上就提高了高级部分的信用等级。这种方法的成本就是对低级部分提供了较高的利率，很明显这种成本是被平均地分摊到整个证券有效期内的，对发行人而言是相当有利的。

中国银监会在 2005 年 11 月 7 日颁布的《金融机构信贷资产证券化试点监督管理办法》中第三十条规定：信用增级可以采用内部信用增级和或外部信用增级的方式提供。内部信用增级包括但不限于超额抵押、资产支持证券分层结构、现金抵押账户和利差账户等方式。外部信用增级包括但不限于备用信用证、担保和保险等方式。

（五）信用评级

在进行信用增级后，发行人要聘请评级机构对该资产支持证券进行评级，而后将评级的结果向社会进行公告。信用评级机构在进行评级时要详细分析证券的结构，以及信用增级的情况，具体的评级标准各个评级机构会有所不同。

（六）发行证券并向发起人支付购买价格

在信用评级之后，发行人要委托证券承销商销售该证券。当承销商售出该证券后将发行款项划归给发行人，发行人再支付给承销商约定的发行费用，而后发行人再向发起人支付资产的购买价格。这样发起人就达到了融资的目的。

（七）管理证券化资产

发起人指定一个资产管理公司或亲自对证券化资产进行管理，负责收取、记录由该资产产生的现金流，并将该现金流存入托管人的账户。

（八）还本付息

到了约定的期限，托管人就将账户中的资金支付给投资者。如果该账户在付完本息后还有剩余，则按约定的方法在各个机构间进行分配。这样一个资产证券化的过程就结束了。

在资产证券化操作中，破产隔离是资产证券化的核心。资产证券化中的破产隔离含义包括两个方面：一是资产的出售必须是真实的；二是 SPV 本身是隔离的，即发起人破产时，发起人的债权人对已转移的基础资产没有追索权。

三、资产证券化的特征

典型的资产证券化与传统的融资方式相比具有以下 5 个特征。

（一）资产证券化是一种收入导向型融资方式

传统的融资方式是依赖于资金需求者本身的资信能力来融资的。投资者在决定是否进行投资或提供贷款时，主要依据是资金需求方的资产、负债、利润和现金流状况，而对发行公司拥有的某些特定资产的质量关注较少。但是资产证券化融资方式则主要是依赖于支持证券化资产的质量和现金流状况，外来投资者可以完全撇开发行公司的经营业绩来决定是否进行投资。

正是由于资产证券化是一种收入导向型的融资方式，所以在实际中就能使一些比较特殊的公司顺利地得到所需的资金。例如某公司总体经营状况是不好的，可其中的一个项目经营状况非常好，按照常理该公司将很难获得资金，但是如果利用资产证券化该公司就可以融通到资金。在具体的操作中，该公司可以将经营状况良好的项目中的一些资产作为支持，以该项目的未来现金流作为保证，发行证券即可。

（二）资产证券化是一种无追索的融资方式

实际上，这个特征是资产证券化之所以称为资产证券化的主要原因。具体是指，融资者将其资产出售给中介机构，由中介机构进行包装、重组，以发行证券的方式进一步出售给投资者；在这个过程中，当融资者售出其资产之后就不与资产产生任何的联系了，所有与售出资产相关的权利和义务都转移到中介机构，这就是资产证券化中"资产真实出售"的原则。很明显，如果支持证券化的资产是真实出售的，那么融资者今后的经营业绩将不再影响售出的资产，即使融资者破产也没有影响。

（三）资产证券化是一种结构性融资方式

在西方，结构性融资方式是一种非常庞大的融资方式，特别是当代金融工程学的飞速发展，更是刺激了结构性融资比例的上升，股票期权、各种互换工具、资产证券化等都属于结构性融资方式。资产证券化融资的核心是构建严谨、有效的交易结构。这种交易结构把资产的偿付能力与发行人（原始权益所有人）的资信能力分割开来，以保证即使发行人（原始权益所有人）破产也与资产证券化的运作无关。同时这一结构能使发起人（原始权益所有人）利用金融担保公司的信用级别来改善资产支持证券的发行条件并充分享受政府的税收优惠。

（四）资产证券化是一种表外融资方式

资产证券化使证券化资产项目的资产和负债不被反映在原始权益所有人的资产负债表中，最多只以某种说明的形式反映在公司的资产负债表的注释中。因为它以正式销售的方式将证券化资产从原始权益所有人的资产负债表中剔除并确认为收益和损失，原始权益所有人已经放弃了对这些资产的控制权。如果一个企业顺利地进行了资产证券化，将会有效地提高公司财务指标，这对许多企业来说都是具有很大的吸引力的。

（五）资产证券化是一种低成本的融资方式

资产支持证券利用成熟的交易结构和信用增级手段改善了证券发行条件，可以使发行利率相应降低；同时，它不需要其他权益的支持，财务费用较低。因此，虽然其支出费用种类较多，但由于其融资交易额较大，故其费用比例相对较低。

四、资产证券化的作用

资产证券化作为一种新生的金融衍生工具，从诞生以来就发挥了极其重要的作用。近几十年来，资产证券化业务的飞速发展也说明了资产证券化的重要性，资产证券化的作用主要有以下4点。

第一，是企业进入资本市场的有效途径。通常股票市场和债券市场的准入资格要求比较高，一般的企业并不能十分轻松地进入资本市场进行融资，特别是对于一些本身资信不太好的企业。但是如果通过资产证券化的途径，一个一般的企业就可以顺利地进入资本市场进行融资，这是因为进行资产证券化的资产是独立于原始权益所有人（即发起人）的，所以一般的企业就可以剥离出一些优质的资产来进行资产证券化，而不受其本身资信的影响。

第二，是有效增强资产流动性的方法。一些特殊的企业，由于自身业务的特点使其资产的流动性很差，进而限制了其业务的扩张，例如房地产商、汽车制造商等。一般而言，它们得向消费者提供消费信贷支持，而使其产品得以销售出去。很明显，它们手中很快就会积聚大量的信贷资产，如果不对这些几乎没有什么流动性的资产进行处理，那么这些企业发展业务所需资金则很难筹集；如果企业对这些几乎没有流动性的资产进行资产证券化，就可以极大地提高其资产的流动性，为其业务的发展清除障碍。

第三，是改善财务指标的一个有效途径。如果一家企业对自身流动性不强的资产进行资产证券化，就可以改善该企业的许多财务指标，如资产收益率和自有资本充足率等。特别是自有资本充足率和银行业的关系尤为密切，《巴塞尔协议》要求各国经营国际业务的银行的自有资本充足率不得低于 8%。增加资本充足率的方法可以分为分母方法和分子方法，但是分子方法（即增加银行的自有资本）既有限又相当困难；相反，对分母的处理（即大量削减资产）则相对容易，特别是应用资产证券化的方法。所以，资产证券化方法的推出受到许多大银行的青睐。

第四，对于改善投资者的投资行为和投资策略有重要影响。在没有资产证券化证券之前，投资者的投资途径比较少，特别是一些机构投资者，它们受到了很严格的管制，往往只能投资政府的债券或级别很高的金融债券。而资产证券化证券的推出则丰富了证券的选择空间，使许多特殊投资者的需求得到了满足，更是增强了证券市场的流动性。

五、投资银行在资产证券化中的作用

资产证券化是由原始权益所有人、特设机构、信用评级机构、信用增级机构、投资者等多方共同参与的结构性交易过程。在这个过程中，投资银行可以起到多种作用，扮演多种角色。可以说，投资银行是资产证券化运作体系中最为主要的因素之一。

（一）投资银行在资产证券化中起到承销商的作用

证券承销业务是投资银行最传统、最基础的业务之一。投资银行在这一方面较其他金融机构来说有着得天独厚的优势。百年来证券市场发行和承销的经历使投资银行拥有了一大批熟悉证券设计、包装、发行及售后服务业务的专业人员，形成了一整套证券发行的运作模式与体系，建立了一大批客户群，形成了自身的品牌优势。在西方，有著名的投资银行负责承销的证券本身就是信誉的象征。因此，由投资银行出任资产支持证券的承销人，可以充分利用投资银行在资本、人员、经验上的优势，提高整个资产证券化流程的效率，同时投资银行的自身品牌优势也是一种潜在的信用增级。

（二）投资银行可以充当信用增级机构

资产证券化是一种同产权融资完全不同的资产融资技术，其投资利益能得到有效保护与实现，主要取决于证券化资产的信用担保，一旦资产债务人出现违约、拖欠或债务偿付期不一致等情况都会给投资者带来损失。因此，证券化的金融资产存在着较大的信用风险与流动性风险。为此，必须寻找一个信用增级机构运用破产隔离、原始权益所有人提供超额抵押和建立差额账户及金融担保等方式进行信用增级，以吸引更多投资者，提高融资效率。当投资银行作为资产证券化的原始权益所有人时，它可以通过对自身证券化资产提供超额抵押等方式进行信用增级，从而充当信用增级者的角色。除此之外，由于大型的投资银行资金实力强、规模大、信誉高，其也可以利用第三方的身份，通过向证券化资产提供信用担保，保证及时偿付投资者的本金及利息，从而扮演资产证券化信用增级者的角色。

（三）投资银行可以充当资产证券化过程中的财务顾问

在不少场合，投资银行会经常以企业财务顾问的身份出现，指导企业的资产运营。当投资银行在对企业整体资产状况进行调查，发现企业存在着一定的资产证券化融资需求并存在着可证券化的合适资产时，它们便会向企业提出进行资产证券化运营的相关建议，并帮助企业设计和参与资产证券化过程。此时投资银行便充当了纯粹的企业财务顾问角色。

（四）投资银行可以充当政府监管机构的咨询人

资产证券化是近 30 年来世界金融领域最重大和发展最快的金融业务，是衍生证券技术与金融工程技术相结合的产物。因此，它对参与其中的金融机构，对其所依赖的可证券化资产都有着较高的要求，整体的运行复杂性较大，并增加了银证间、证企间的合作机会，易使有关机构利用监管上的缺陷，做出非理性、高风险甚至是违法的行为，从而引发出一系列的监管问题，造成整体的监管难度大。为此，有的西方国家政府监管机构会聘请熟悉该业务运作的投资银行作为顾问，通过由多个投资银行组成专项监管小组的方式来对资产证券化业务进行控制，以充分发挥专业机构和专业人员的优势，弥补监管机构自身的不足，规范资产证券化业务的运营。

第二节　资产证券化的产生、发展与分类

一、资产证券化的产生背景

资产证券化最早产生于美国 1960 年末开发的住房抵押贷款支持债券。资产证券化作为一种新兴的融资工具，其迅速发展的背后，有许多是由于整个社会、经济因素导致的。清楚地认识资产证券化的发展背景对了解资产证券化的各个方面都有着非常重要的意义。

第一，国际市场融资证券化潮流的发展。在当代经济现象中，直接融资的比例呈现为迅速而稳定提高的趋势，而资产证券化正是直接融资的有效途径之一。由于日趋成熟的中介技术（主要是投资银行处理资产证券化的技术），以及市场竞争的加剧，利用资产证券化来融资的优势日益凸显，从而促使资产证券化风靡国际融资市场，成为发展的一个潮流和趋势。

第二，受20世纪80年代初发生的国际债务危机对国际金融市场的影响，国际银行界一直致力于解决清偿力问题。从布雷顿森林体系的终止开始，国际金融市场的风险与日俱增，金融市场动荡不安。20 世纪 80 年代的债务危机对国际金融市场发起了严峻的挑战。各大国际银行不仅提高了对资产流动性和安全性的关注，对金融的呆账问题也给予了极高的重视。提高资产的流动性和解决金融的呆账问题成为核心问题。而资产证券化则是解决资产的流动性和金融呆账问题的一个优良方案，它可以对银行的资产进行隔离、转移，使银行减少流动性风险，同时也使呆账风险转移到投资者身上。正是由于有这些优点，各大银行和企业纷纷看好资产证券化，从而也就促进了资产证券化市场的发展。

第三，金融市场的自由化进程加快。当代经济发展的一个趋势就是经济全球化和经济一体化，各个国家经济之间的联系和互动明显加强，而金融市场则表现为自由化程度的加快。在发达国家，对金融业的管制日益减少，伴随着信息革命带来的便利，金融市场的自由化程度更为明显。而金融市场的自由化可以为资产证券化的开展创造良好的环境，减少中间许多环节，进而使国际市场上的资产证券化得以成功发展。

第四，发达国家商业银行的业务表外化与金融工程的发展。发达国家商业银行的经营策略和业务的具体做法都有许多根本性变化，其中最明显的是业务表外化和金融工程的兴起。《巴塞尔协议》则更是加深了这种发展趋势，由于该协议对商业银行的资本充足率做出了规定，各个银行受自由资本的限制，纷纷将开拓方向转向表外业务，由此出现了对银行业务创新进行规划设计的金融工程。这在事实上增加了对资产证券化的需求。

二、资产证券化的发展阶段

从发展阶段来看，资产证券化的发展过程大致可以分为以下四个阶段。

（一）住房抵押贷款证券化

1968 年，美国联邦国民抵押协会首次公开发行过手证券——抵押证券，从而拉开了全球资产证券化的序幕。在当时美国住房金融制度受联邦法律的严格限制，不仅制约了住房金融业务的发展，而且产生了很大的信用风险。此时，美国三大抵押贷款公司（即政府国民抵押贷款协会、联邦国民抵押协会和联邦住房抵押贷款公司）从金融机构手中购买大量住宅抵押贷款，然后发行以这些贷款为支撑的证券，从而可以达到转移风险和获得新的资金来源的目的。这样就开始了住房抵押贷款的证券化。

（二）汽车贷款证券化

由于资产证券化有许多的优点，在成功发行住房抵押贷款证券后，证券化技术就被广泛地应用于抵押债权以外的非抵押债权资产。非抵押债权资产证券化最早是出现在汽车贷款证券化上，此种证券于 1985 年在美国开始发行。在开展汽车贷款资产证券化之前，美国汽车贷款资金几乎全是由商业银行来支持的，但在开展资产证券化之后，由商业银行支持的汽车贷款仅占四分之一，其他的就全由资产证券化来融通资金。

（三）信用卡贷款证券化

1986 年，所罗门兄弟公司在承销第一银行发行的 5 000 万美元信用卡贷款担保债券时，设计了利差账户，当贷款损失超过一定标准时，投资者可以把该利差账户作为追索对象。这种创造性的结构既可以免除金融机构被追索的义务，同时又可以避开金融管制。这样信用卡贷款的证券化业务就迅速地发展起来了。

（四）应收账款证券化

应收账款的证券化是应中小企业的资金需求而产生的，一般而言，中小企业很难通过直接融资的渠道来获得所需资金，而资产证券化则可以利用其独特的优势来为中小企业进行融资。应收账款通常是发行人从各企业购买，再进行一定的组合，然后发行以此为支撑的证券。这种方式在实际中能有效地为中小企业提供必要的资金，所以其发展速度相当快。

现在，资产证券化的深度和广度都得到了前所未有的发展，其业务种类已经是不胜繁多。事实上，只要是有稳定的未来现金流收入的资产都可以进行资产证券化，资产证券化的发展前景是极其广泛的。

📖 知识小扩展

基础资产的主要类型

1. 信贷资产证券化基础资产的主要类型

根据基础资产的特点，信贷资产证券化的基础资产类型可以分为对公贷款和个人贷款两大类。

对公贷款主要分为：普通工商企业贷款、商业物业抵押贷款、不良贷款。

个人贷款主要分为：汽车抵押贷款、信用卡贷款、个人住房抵押贷款、个人经营贷款、其他消费贷款。

2. 企业资产证券化基础资产的主要类型

从大方向上来看，可以分为债权资产、收益权资产和不动产资产三类。

（1）债权资产（既有债权）是指已经在资产负债表的资产项中进行会计确认的债权，是开展资产证券化最为标准化的基础资产类型。主要包括信贷资产、租赁债权、保理债权、小额贷款、贸易应收账款、信托受益权等。

（2）收益权资产是指依据政府特许经营权或已经签署的合同将在未来形成的可预期的、比较稳定的财产权利（在产品发行时不在资产负债表上进行确认）。主要包括各种收费权、收益权等。

（3）不动产资产是指商业地产、工业地产、保障房、医疗地产、养老地产等，更注重物业或物业项目公司股权本身的所有权。

在项目中进行基础资产定性或是相关交易结构设计，就是围绕这三条主线进行的。

从细分角度来看，又可分为以下6种。

（1）类信贷资产。我国债权资产分为两大类，一类是银监会监管的金融机构拥有的信贷类债权（简称"信贷资产"）；另一类如租赁、保理、小贷、互联网金融债权等，即"类信贷资产"。这两类资产本质上没有什么不同，但是因为牌照管理问题稍有差异。此外，在基础资产的选择标准和交易结构的设计角度上，两者并无太大区别。

（2）企业间应收账款，即企业之间因为销售商品或提供劳务所产生的贸易应收账款，或者委托贷款。

（3）基础设施收益权是指与我们日常生活息息相关的市政类基础设施收费权，如水、电、热、气、交通运输等。

（4）PPP项目收益权。PPP项目是目前比较热门的一类基础资产，其实可以归到第三类基础资产中去，因为其主要针对的也是市政类基础设施，但是PPP项目重在引入社会资本以降低政府负债，是目前财政部和国家发展与改革委员会力推的一种新型地方政府融资模式，在证券化过程中享受绿色通道。比如，基础设施收益权中一般财政补贴不能作为证券化基础资产，但PPP项目除外。

（5）不动产资产或不动产收益权，主要是指商业物业、工业物业这些类型的不动产的产权或者其附属的未来租金收益权。

（6）其他创新基础资产。比如，人文景观门票收入、自然索道收入、航空公司客票收入、物业管理费收入，以及学费和住宿费收入，这些都可以归到其他类型基础资产，也可称之为新型收益权资产。

三、基础资产类别与资产证券化的分类

资产证券化的分类有许多不同的标准，按照基础资产分类，证券资产化可以分为住房抵押贷款证券化（Mortgage-Backed Securitization，MBS）和资产证券化（Asset-Backed Securitization，ABS）两大类别。

（一）住房抵押贷款证券化

住房抵押贷款最早是被用来进行证券化的资产。它是以住房抵押贷款为基础的资产，将借款人未来偿付贷款产生的现金流作为保证发行债券的融资过程。需要注意的是，住房抵押贷款证券化不同于商用房产抵押贷款证券化（Commercial Mortgage Backed Securitization，CMBS）。以商用房产抵押贷款为基础资产的证券化过程叫作商用房产抵押贷款证券化。商用房产抵押贷款是指以商贸、服务业使用的建筑物、写字楼和标准厂房等作为抵押发放的贷款。贷款主要用于商用房地产的建设和购置，还款的现金流主要来自借款人出租房产的租金收入。

住房抵押贷款支持证券可进一步分为过手型住房抵押贷款证券（Mortgage Pass Through Securities，MPTS）、剥离式抵押支持证券（Stripped Mortgage Backed Securities，SMBS）和抵押担保证券（Collateralized Mortgage Obligations，CMO）。所谓过手型住房抵押贷款证券（MPTS），是

指发起人把住房抵押贷款转让给特设目的机构（SPV），由 SPV 或代表 SPV 利益的受托管理机构发行证券给投资者。每份证券按比例代表整个资产组合不可分割的权益，证券持有者拥有该资产组合相应比例的直接所有权，在这中间并不对基础资产即住房抵押贷款的现金流进行结构性重组。所谓剥离式抵押支持证券（SMBS），是指将抵押贷款重新组合，并分别以贷款的本金收入流和利息收入流为基础发行贷款本金债券和利息债券。投资者能实现的收益率取决于提前偿付的速度，对于购买贷款本金债券来说，提前偿付的速度越快，投资者的收益率就越高。与贷款本金债券投资者相反，利息债券投资者希望提前偿付率低一些。因为利息债券投资者获得的利息只来自没有偿还的本金。当发生提前偿付时，未偿还的本金减少，所获得的利息也就会减少。而所谓的抵押担保证券（CMO），是指以抵押过手证券或抵押贷款本身的现金流量为基础进行重新分类，形成不同的证券档次或级别，不同档次或等级的证券具有不同的风险、收益和期限特征。

（二）资产证券化

随着资产证券化技术在住房抵押贷款上的成功运用，其很快被运用到其他类型的资产上。主要包括贷款类资产（如汽车消费贷款、商用房产抵押贷款、学生贷款等）、应收账款类资产（如贸易应收账款、信用卡应收账款等）、收费类资产（如基础设施收费、保单收费等）。以上各类资产的证券化在下面章节中将进行专门阐述。这里简单阐述几个相关的概念，即担保债权凭证（Collateralized Bond Obligation，CBO）、贷款担保债券（Collateralied Loan Obligation，CLO）和抵押担保债务凭证（Collateralized Debt Obligation，CDO）。

CBO、CLO、CMO 和 CDO 都是属于资产证券化的产品。它们之间的差别在于基础资产的不同：CBO 的基础资产为债券；CLO 的基础资产是商业贷款，其中应用最多的是汽车消费贷款；CMO 的基础资产是住房抵押贷款；而 CDO 的基础资产包括债券和贷款两种。通常来说，由于商业贷款的高度异质，CLO 的实际运作相对更复杂。

CDO 按照交易模式可以分为两种：现金流量型 CDO 和合成型 CDO。现金流量型 CDO 是指将债券和贷款等真实地出售给 SPV，以达到破产隔离，再由 SPV 据此发行不同信用品质的债券，因此现金流量型 CDO 在风险转移之外，也可获得筹资的利益。与现金流量型 CDO 不同，合成型 CDO 并非真实出售给 SPV，合成型 CDO 是由发起人将一个贷款和债券组合汇集包装，并与 SPV 签订信用违约交换合约（CDS），发起人则定期支付权利金。CDS 类似于为贷款债权买一份保险，当发生违约事件时，可依照契约获得全额或一部分赔偿。与现金流量型 CDO 的 SPV 一样，合成型 CDO 的 SPV 将发行不同系列的债券，不同的是，此时 SPV 用发行债券的现金另外购买了一组高信用品质的债券，以确保债券未来还本的安全性。

四、现金流偿付结构和证券类型

资产支持证券可以分为权益类证券、债券类证券和信托收益凭证类证券。根据不同的现金流偿付结构又可分为过手证券、资产担保证券和转付证券。

（一）过手证券

过手证券属于权益类证券，指发起人把拟证券化的资产组合转让给一个特设目的机构（SPV），由 SPV 或代表 SPV 利益的受托管理机构发行证券给投资者。每份证券按比例代表整个资产组合不可分割的权益，证券持有者拥有该资产组合相应比例的直接所有权。随着资产组合的转让，发起人原来对资产组合的所有权和收益以及信用增级所产生的权利，都转让给了 SPV 并由受托管理机构托管。由于发起人在资产管理方面具有比较优势，所以仍由其充当服务人的角色。它将现金流转存入以受托管理人名义开立的独立账户中。该账户中的资金首先用于支付到期的资产支持证券的本息，然后按期支付服务机构的服务费。在正常情况下，投资者、受托管理人和信用增级机构对发起人均没有追索权。

在过手证券的结构安排下，发起人把资产出售给了投资者，故证券发行的融资不作为发起人的一项负债，而出售所获得的现金则冲抵了其资产负债表上的资产，而可能产生的损益直接反映在利润表上。这种金融业务属于表外融资业务。

（二）资产担保债券

资产担保债券属于非抵押债券，指由非抵押的债权资产为担保而发行的债券。它是由发起人成立的一个由其控制的实体 SPV，再由发起人向 SPV 转让资产组合，SPV 则发行资产担保债券。在这种情况下，发起人与 SPV 的关系属于母子公司的关联关系，其转让的资产组合不能算作真实出售，只能当作一项担保融资业务中的担保资产，因此发行的债券是发行人的负债。该项资产组合在会计处理上仍然留在发起人的资产负债表内。资产担保债券一般要按债券本金的 110%～120% 设定超额担保，以防止因发起人违约而给投资者造成的损失。为此，需要附加担保品的超额现金流或市场价值来保证债务的清偿，而原来的贷款组合所产生的现金流并不一定用于担保债券的本息支付。

（三）转付证券

转付证券兼有过手证券和资产担保证券的特点。它所发行的债券，其持有者不直接拥有相应的资产组合的所有权，而只是发行机构的债权人，这与资产担保债券相同。另外，用于偿付债券本息的资金来源仍然是相应抵押贷款组合所产生的现金流量，这与过手证券是相同的。转付证券与过手证券的根本区别在于偿付本息的资金来源是否需要超额担保。

以上所述三种证券的比较如表 6-2 所示。

表 6-2　三种证券比较

过手证券	资产担保证券	转付证券
被证券化的金融资产所有权随证券的出售而转移，被证券化的金融资产从发行人资产负债表中移出	被证券化的金融资产所有权仍属于发行人，被证券化的金融资产留在发行人的资产负债表中	被证券化的金融资产所有权仍属于发行人，被证券化的金融资产留在发行人的资产负债表中
投资者承担因被证券化的金融资产提前偿付而产生的再投资风险	投资者不承担因被证券化的金融资产提前偿付而产生的再投资风险	投资者承担因被证券化的金融资产提前偿付而产生的再投资风险
发行的债券不作为发行人的债务出现在其资产负债表中	发行的债券作为发行人的债务出现在其资产负债表中	发行的债券作为发行人的债务出现在其资产负债表中

第三节　资产证券化与美国次贷危机

一、美国次级贷款的证券化流程

（一）美国次级贷款证券化背景

资产证券化与美国次贷危机

自由化、证券化是美国金融市场最重要的特征。在美国，对金融业（主要是银行业）的管制是在大萧条以后逐步形成的。20 世纪 70 年代以后，美国出现了一股对大萧条重新认识的思潮。这种思潮认为 20 世纪 30 年代银行发放冒险性贷款和进行风险性投资并非政府管制不严（如允许银行对存款支付利息等）所致。因而，对银行和其他金融机构进行严格的管制是错误地总结了 20 世纪 30 年代银行危机教训的结果。从 20 世纪 80 年代开始，西方各国先后对金融市场实行自由化。首先是利率自由化，如逐步取消 Q 条例；然后是业务自由化，特别是打破了银行业和证券业的从业界限。在金融市场自由化的基础上，自 20 世纪 80 年代以来，发达国家金融市场的一个重要特征是证券化的急剧发展。

20 世纪 90 年代以来，在信息技术革命的推动下，美国经济经历了"二战"后前所未有的高速增长，美国资本市场更是空前繁荣。2001 年 IT 泡沫破灭，美国经济出现衰退。为了刺激经济，美联储采取了极具扩张性的货币政策。经过 13 次降息，到 2003 年 6 月 25 日，美联储将联邦基金利率下调至 1%，创 45 年以来最低水平。美联储的低利率政策，导致美国住房价格急剧上升。在这种政策的刺激下，银行发放了大量各种形式的住房抵押贷款。贷款条件过于宽松使得许多人购买了超出自己偿付能力的住房，导致住房抵押债务急剧增加。

美国房地产金融机构通过以下三项指标来区分客户质量：一是客户的信用记录和信用评分；二是借款者的债务与收入比率；三是借款者申请的抵押贷款价值与房地产价值比率。美国的住房抵押贷款市场提供的贷款则相应地按质量分为三大类：优质贷款、中级贷款和次级贷款。三类贷款在美国住房抵押贷款市场中的份额大致分别为 75%、11% 和 14%。次贷借款人是违约风险非常高的客户群体。美国金融机构之所以愿意向他们发放抵押贷款，一方面是由于美联储的低利率政策，作为抵押品的住宅价格一直在上涨，即便出现违约现象，银行可以拍卖抵押品（住宅）；另一方面是由于住房抵押贷款证券化使得银行可以把风险转移给第三方，因而住房金融机构并不会因借款人违约而遭受损失。

（二）交易结构

图 6-2 是基本的交易结构图，在真实证券化过程中，涉及十多个参与机构。其中包括发起人（住房抵押贷款金融机构）、住房抵押贷款经纪人、借款人、消费者信用核查机构、贷款转移人、特殊目的的机构、评级机构、包销人、分销人保险公司、特别服务提供者、电子登记公司等。但是，从下面的基本交易流程图来看，美国次级贷款证券化流程与其他资产证券化流程并无二样，都是先由发起人（次级贷款提供机构）将次级贷款打包真实地出售给投资银行，实现风险隔离；再由投资银行以住房抵押贷款为基础资产池进行重新组合加工，开发出各种证券化产品及其衍生品卖给投资者；最后将获得的资金支付给发起人。其最显著的特色在于投资银行开发出来的各种复杂的证券化产品及其衍生品。

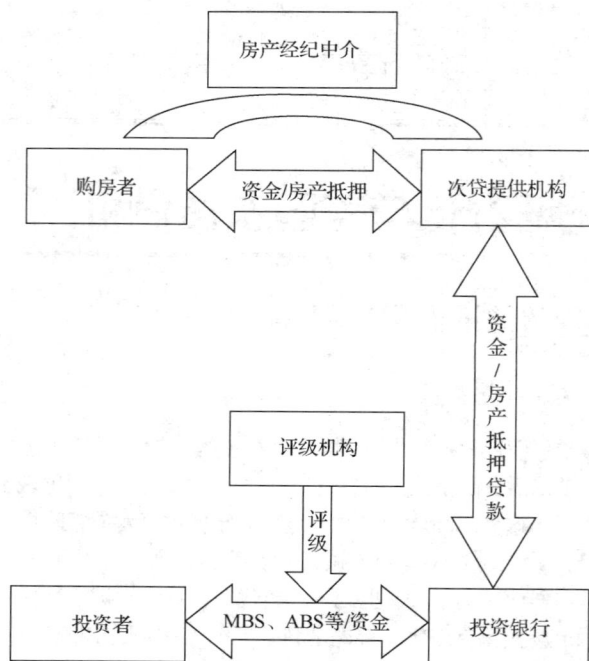

图 6-2 次级贷款证券化基本交易结构

（三）基础资产池

美国的次级贷款对象为信用较差的个人，月供占收入比例较高或信用记录欠佳的群体。通常情况下，这些人是很难获得住房抵押贷款的。然而在 2001 年以来，受美国房地产促进经济发展政策的影响，次级贷款在美国快速增长。次级贷款在住房抵押贷款市场中的比例达到了 12% 左右，共计 775 万宗，约为 12 000 亿美元。在利率不断下调、房价持续上涨的背景下，为了使次级按揭更具有吸引力，次级按揭贷款公司普遍采用 2/28 或者 3/27 的优惠"固定期/浮动期"利息结构，也就是在最初的 2～3 年内给予非常优惠的按揭利率，而后则按照市场利率加以一定的息差的浮动率来计息。由于申请者有权随时提前还款并通过市场再按揭来改变自己的贷款条件，因此很多对房价上涨或者自身收入、信用等级提高有着良好预期的贷款申请者都申请了未来可变利息超过自身接受能力的次级按揭贷款。可见，这种利用金融信贷创新导致的房价上涨脱离了美国实际居民消费能力的基本面支持。

（四）次贷证券化产品及其衍生品

由图 6-3 可以看出，次贷证券化产品及其衍生品主要有以下三种。

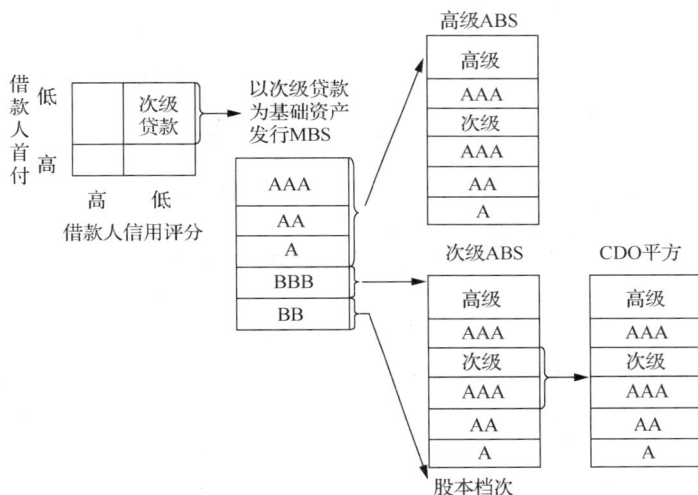

图 6-3 次贷证券化产品及其衍生品

第一种，住宅抵押贷款支持证券（MBS）。早期发行的 MBS 通常为过手证券，这种证券按照投资者购买的份额，原封不动地将基础资产产生的现金流直接"转手"给投资者，以支付债券的本金和利息。过手证券结构所对应的是股权类凭证，即权益的持有人直接拥有抵押资产的所有权，过手证券结构不对基础资产做任何现金流处理，每个投资者都接受相同的风险和本息支付，无法满足不同风险收益偏好的投资需要。因此，分档技术被引进证券化产品设计中，从而产生了"抵押担保证券"（CMO）。

第二种，抵押担保债务凭证（CDO）。为了扩大业务，提高流动性，投资银行以已发行的住宅抵押贷款支持证券和住房抵押贷款为基础资产进一步发行大量个性化的担保债务凭证。根据和 MBS 类似的分档技术，CDO 也被划分为不同段和等级：优先段、中间段和股权段。现金收入流首先全部偿付优先段 CDO 投资者；如果有富余，则将偿付给中间段 CDO 投资者；最后的偿付对象是股权段 CDO 投资者。如有损失，股权段所有者将首先承担损失。由于股权段 CDO 投资者风险最大，因而投资收益率最高；而优先段 CDO 投资者风险最小，因而投资收益率最低。不仅如此，中间段的 CDO 又会被进一步证券化并作为另一个 CDO 的基础资产。这种过程可以继续进行下去，于是出现了可形容为 CDO 平方、CDO 立方……之类的证券。

第三种，信用违约互换（CDS）。除 MBS 和 CDO 外，CDS 是次贷危机中的另一重要衍生金融工具。CDS 的作用是将某种风险资产的违约风险从合同买方（信用风险资产的投资者）转移到合同卖方（信用风险保险提供者）。合同买方定期向合同卖方支付"保费"。在存在信用违约互换的情况下，风险偏好较强的投资者（投机者）可以从某一交易方购买该公司债券的保险——CDS。如果该公司违约，即使投机者根本没有购买该公司的债券，该投机者依然可以通过收取赔付的方式获利。尽管 CDS 是场外交易衍生金融工具，但和债券一样，已经生效的 CDS 合同也是可以买卖的。CDS 的价格随信用等级的改善而下降；反之则随信用等级的恶化而上升。如果对公司资信的变化趋势判断正确，投资于 CDS 所能得到的利润将超过投资于作为 CDS 保险对象的债券本身所能带来的利润。在美国次贷危机期间，投资者（为了避险）和投机者（为了盈利）大量购买 CDS（CDS 作为一种场外衍生交易工具，其供应量可以是无限的），使 CDS 价值总额达到 62 万亿美元，大大超过了作为其投保参照实体（如 CDO）的价值总额。

二、证券化产品在次贷危机发生和传播中的作用

证券化产品及其衍生品在次贷危机发生中的作用主要体现在，各种各样的次贷证券化产品促进了美国房地产市场的非理性繁荣，并进一步掩盖了美国房地产市场的泡沫成分。次级贷款机构通过出售信贷资产组合，进行证券化及购买各种信用风险产品，不仅转移了风险，而且获得了相当可观的收益，这样住房金融机构就会最大限度地增加贷款，从而增加盈利。这反过来推动了次级贷款的飞速发展，使得一些次级借款者获得信贷。可以说，次级贷款规模的扩大、房地产市场的非理性繁荣以及对相关的各种信用衍生品的投资热情高涨相互联系、相互促进，共同铸就了美国近十多年的房地产市场繁荣，也孕育了次级贷款危机。

证券化产品及其衍生品在次贷危机传播中的作用主要体现在，这些投资工具作为载体，将次贷风险传递到世界各地，并且由于其本身往往存在高度的杠杆操作，在传递过程中放大了次贷危机的风险（参见图 6-4）。由证券化产品及其衍生品创造过程，即"住房抵押贷款—MBS—CDO 平方—CDO 立方……"，从这一过程可以看出，若加利福尼亚州的某一个次贷借款人（无收入、无工作、无资产的人）同当地某一住房金融公司签订抵押住房贷款合同所产生的风险，通过 MBS、CDO、CDO 平方……的创造与销售就被传递到了世界的各个角落。次级贷款危机引起次级贷款发放机构以及 MBS 和 CDO 投资者的损失，这些信息反映在这些机构的股价上，且引发了股票市场投资者的恐慌情绪，对股市造成冲击，而且这些机构可能遍布全球，使得恐慌蔓延到全球市场，加上各国股市之间的联动关系越来越密切，这种冲击也会波及其他国家的股市。同样，公司债券市场、商品期货市场、外汇市场及各类相关衍生品市场等也与之产生联动。因此，次级贷款本身的风险使得危机演变为全球性的系统性风险。而且，巨大的商业利益不断推动对冲基金等机构在杠杆比率较高的情况下，投资于风险较高的次档产品。对冲基金等机构的收益和损失都随杠杆比率的提高而增大，并对市场价格异常敏感。而这些机构活动的全球化使得次级贷款的衍生品投资成为全球性的行为。

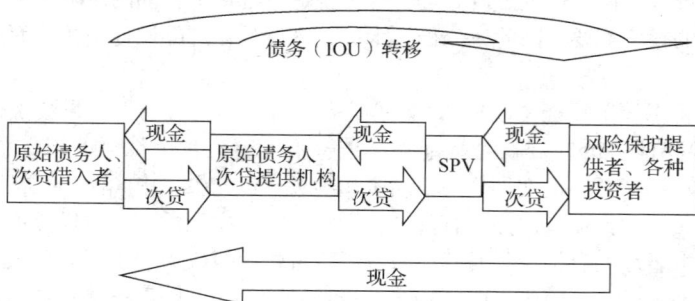

图 6-4　简化的风险传递链条

三、次贷危机对我国开展资产证券化业务的启示

美国次贷危机的发生，对我国开展资产证券化等金融衍生品业务有着重要的启示，主要表现在设计证券化产品及其衍生品时，必须充分认识到这些金融创新产品的两面性。住房抵押贷款支持证券、担保债务凭证等产品为贷款人提供流动性以及降低融资成本，并通过重新分配风险、收益和期限来满足不同投资者的偏好，以有效缓解风险过度集中于银行体系的状况。因此，资产证券化还应继续推动，不应该因为次贷危机而放缓甚至停止。同时，我们也应该看到，风险的分散过程同时也是风险传递的过程，风险并不会因为金融创新而消失；相反，由于不恰当的创新，还会放大风险，所以应该加强对资产证券化市场的监管，加强信息披露，严控风险。如在制定各种政策时，严格控制杠杆交易的上限，限制资产证券化市场的过度投机，避免单一市场风险向其他市场的过度传播。

📚 案例小链接

证券化：影子银行通过什么获得暴利？

据统计，30年前70%~80%的贷款都是由银行发放，信贷员随时都要关注贷款质量的变化，不停追踪借款人的经营状况和财务状况，防范信用风险。自从出现了证券化技术，大量贷款通过证券化平台流入资本市场，使贷款成为可交易的产品。

1970年2月，美国住房与城市发展部用抵押贷款支持证券做成了一笔交易，由政府国民抵押贷款协会将证券卖掉，标志着证券化的崛起。

1985年，证券化有了新的突破，用在抵押贷款市场的证券化技术被扩展到了汽车贷款。由Marine Midland银行（海丰银行）设计的一笔6 000万美元的汽车贷款证券化发行量仅次于抵押贷款支持证券。汽车贷款非常适用于结构性融资，到期日比抵押贷款到期日短，现金流的时间更容易预测。

1986年，美一银行在所罗门兄弟公司的帮助下发行了第一笔用信用卡贷款做的5 000万美元的证券，开创了以信用卡应收款做抵押品的证券化产品的先河。

1997年1月，在铂尔曼集团的策划下，美国摇滚歌星大卫·波威通过在美国金融市场出售其演艺生涯中创作的300首歌曲的出版权和录制权，发行了波威债券，筹集了5 500万美元。波威债券期限为15年，采用7.9%的固定利率。该笔债券被穆迪公司评为"AAA"级，其所发行的票据全部被一家保险公司包销。波威债券是世界上第一起知识产权证券化案例。波威债券向世人显示，凡是能够产生现金流的资产都可以做成证券化产品。随后，证券化又扩展到学生贷款、房屋净值贷款、知识产权、碳排放市场、基础设施贷款、人寿保单等领域。

根据证券业金融市场协会统计，自2001年以来，美国通过证券化平台向全球推销了27万亿美元以上的证券。银行损失的1万亿美元证券化产品中有40%在美国境外。其中，欧洲银行受灾最重。

第四节　我国的资产证券化实践

一、我国资产证券化的发展和现状

我国资产证券化的实践与亚洲其他国家和地区相比显然起步较晚。虽然早在1983年我国国内就开始有学者引进介绍西方的资产证券化理论，但真正的实践是直到1992年才开始，三亚市丹洲小区

将 800 亩土地作为发行标的物，以地产销售和存款利息收入作为投资者收益来源而发行 2 亿元人民币地产投资券。在此以后，资产证券化的离岸产品取得了很大的成功。如珠海高速公路、中国远洋运输总公司和中集集团应收账款等离岸资产证券化项目为我国资产证券化的实践提供了成功的经验。

2003 年 2 月，中国人民银行首次在《2002 年货币政策执行报告》中提出"积极推进住房贷款证券化"。2004 年《国务院关于推进资本市场改革开放和稳定发展的若干意见》首次提出"积极探索并开发资产证券化品种"。政策的开放掀起了新一轮资产证券化理论探索的高潮，同时也意味着资产证券化的国内操作将进入实质性阶段。

2005 年 3 月 22 日，由中国人民银行牵头，发改委、财政部、劳动和社会保障部、住房和城乡建设部、国家税务总局、国务院法制办、中国银监会、中国证监会、中国保监会共同建立的信贷资产证券化试点工作协调小组在北京召开了第一次工作会议。会议正式决定国家开发银行和中国建设银行作为试点单位，将分别进行信贷资产证券化和住房抵押贷款证券化的试点。2005 年 4 月 20 日中国人民银行和中国银监会共同颁布了《信贷资产证券化管理办法》，同年 11 月 7 日中国银监会颁布了《金融机构信贷资产证券化试点监督管理办法》。

2005 年 9 月 6 日，我国企业资产证券化试点的第一单"中国联通 CDMA 网络租赁费收益计划"在上海证券交易所的大宗交易系统挂牌交易。该计划实际发行额度为 32 亿元人民币，远远超过了此前预定的 20 亿元人民币目标发行额度，而市场上的认购数量更是达到了实际发行额度的 10 倍之多。由此可见，企业资产证券化融资得到了市场的认同和追捧，也为我国券商的业务拓展打开了新的空间。2005 年 12 月 8 日，作为试点，中国建设银行的住房抵押贷款支持证券和国家开发银行的现金流抵押贷款证券分别在银行间市场发行，总额为 71.94 亿元人民币，这标志着我国金融机构资产证券化实践的正式开始。

据统计，自 2005 年开始，我国资产支持证券的发行规模迅速增长。2005 年—2006 年，我国分别发行资产支持证券 288.909 3 亿元人民币和 164.038 7 亿元人民币。2006 年，资产证券化产品由于受到市场流动性的困扰，发行规模相对萎缩。2007 年我国启动了第二批信贷资产证券化试点，中国人民银行相继出台了规范信贷资产证券化信息披露及资产支持证券在银行间市场质押式回购交易的相关规定，当年的资产支持证券发行规模迅速增长，达到 258.175 2 亿元人民币，较 2006 年增加了 57.39%。由于监管当局着力推动信贷资产化试点，2007 年资产支持证券的发起人全部为银行，发行人和受托人都是信托公司。

中国资产证券化市场现在主要被分为两部分：一部分是银行系统内展开的信贷资产证券化和不良资产证券化，这部分的资产证券化产品主要在中国人民银行主管的银行间债券市场进行交易；另一部分是证券系统展开的企业资产证券化，这部分的资产证券化产品主要在上海、深圳证券交易所的大宗交易系统挂牌交易。两种资产证券化产品各自由不同的监管部门审批，在不同的交易场所上市流通，适用不同的监管规则，如表 6-3 所示。

表 6-3　监管规则比较

	信贷资产证券化	企业专项资产证券化
监管机构	中国人民银行、中国银行保险监督管理委员	中国证券监督管理委员会
主要法律法规	《中华人民共和国信托法》 《中华人民共和国合同法》 《信贷资产证券化试点管理办法》 《金融机构信贷资产证券化试点监督管理办法》 《信贷资产证券化会计处理规定》 《财政部国家税务总局关于信贷资产证券化有关税费政策问题的通知》	《中华人民共和国民法通则》 《中华人民共和国合同法》 《中华人民共和国证券法》 《中华人民共和国担保法》 《证券公司客户资产管理业务试行办法》

	信贷资产证券化	企业专项资产证券化
法律结构	特殊目的信托（信托关系）	资产管理计划（委托关系）
产品名称	资产支持证券	资产支持受益凭证
合格发起人	金融机构	尚无规定
发行人/计划管理人	特殊目的信托的受托机构，目前均为信托公司	获得证监会创新业务试点资格的证券公司
合格投资者	除保险公司外的参与银行间市场的金融机构、信用社、证券投资基金、证券公司、国家邮政储汇局等	除银行、保险机构未获批准外，尚无限定
交易平台	银行间债券市场	证券交易所
登记机构	中央国债登记结算有限责任公司	中国证券登记结算有限责任公司

二、我国住房抵押贷款证券化的运作——以"建元 2005-1"为例

（一）交易背景

早在 1996 年，中国建设银行就启动了资产证券化的研究工作。从 1999 年起，中国建设银行已经向中国人民银行提交了六份房贷资产证券化的方案，前四套方案因为没有体现 MBS 真实出售和破产隔离的原则以及有关法规没有完善而被否决，第五套方案因法律层面的问题最终也被国务院否决。直到 2005 年 12 月 6 日，中国银监会才批复同意中国建设银行作为发起机构，中信信托投资有限公司作为受托机构，开展个人住房抵押贷款证券化的业务试点。2005 年 12 月 8 日，中国人民银行批复同意在全国银行间市场发行"建元 2005-1"个人住房抵押贷款支持证券（下面简称"建元 2005-1"）。当日，"建元 2005-1"通过中央国债登记结算有限责任公司的招标系统正式发行。

（二）交易结构

中国建设银行作为发起机构，将其上海、无锡、福州、泉州等四家分行符合相关条件的 15 162 笔住房按揭贷款共计 37.12 亿元人民币，集合成为资产池，委托给受托机构——中信信托投资有限公司，受托机构以此设立信托，并在银行间市场发行信托收益凭证形式的 MBS，MBS 的持有人取得相应的信托收益权。交易结构和主要参与主体及其职责如图 6-5 和表 6-4 所示，"建元 2005-1"违约发生前的现金流支付结构如图 6-6 所示。

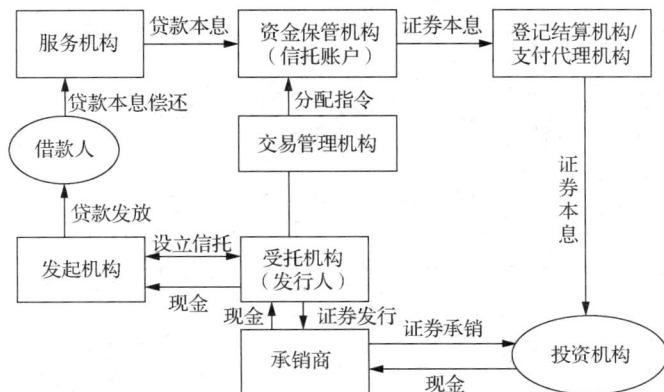

图 6-5 "建元 2005-1"交易结构

表 6-4 "建元 2005-1" 交易主要参与主体及其职责

交易当事方	机构名称	主要职责
发起机构	中国建设银行	通过设立特殊目的信托转让信托资产；负责信贷资产的回收、催收、处置等；协助发行人发行证券
受托机构	中信信托投资有限公司	负责管理特殊目的信托财产并发行资产支持证券
交易管理机构	香港上海汇丰银行有限公司北京分行	负责计算并指示资金保管机构对支付的金额在资产支持证券持有人、有关信托账户及交易各方之间进行分配
资金保管机构	中国工商银行股份有限公司	负责提供信托财产的资金保管服务
登记结算机构/支付代理机构	中央国债登记结算有限公司	负责向投资者支付信托收益
信用评级机构	北京穆迪投资者服务有限公司 中诚信国际信用评级有限公司	负责对证券进行持续的信用评级
法律顾问	金杜律师事务所 福而德律师事务所 竞天公诚律师事务所	就交易结构出具法律意见
财务顾问	渣打银行（香港）有限公司	为证券发行提供政策咨询、方案设计、协助实施等服务
会计师事务所	德勤·关黄陈方会计师行	出具交易的税收安排意见书
承销商	包括银行、证券公司等	负责本期证券承销

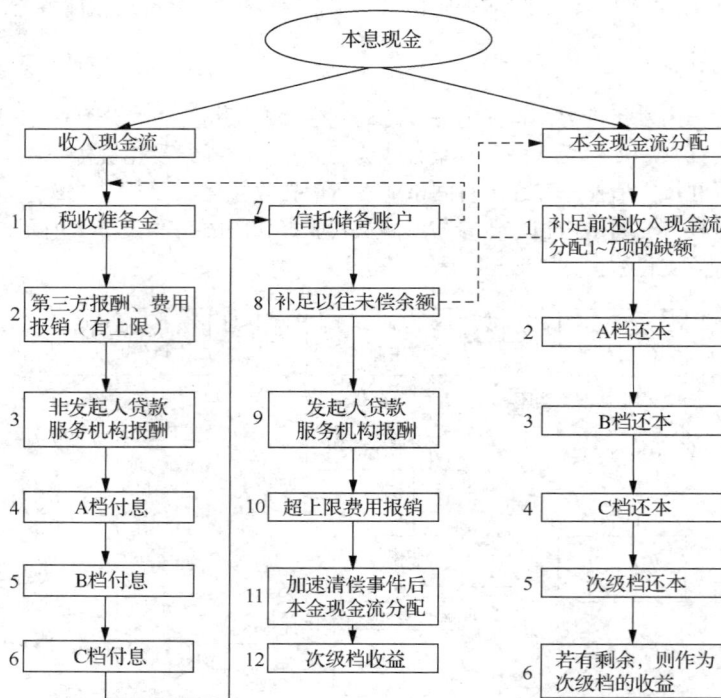

图 6-6 "建元 2005-1" 违约发生前的现金流支付结构

（三）基础资产池

"建元 2005-1"的基础资产池由中国建设银行（以下简称"建行"）在 2000 年 1 月 1 日到 2004 年 12 月 31 日之间，于上海、无锡、福州、泉州四地发放的 15 162 笔住房按揭贷款组成，其中个人住房抵押贷款比例为 82.31%，二手房贷款比例为 17.69%，按照贷款五级分类法，所有资产池中的贷款均为正常类，加权平均抵押率为 67.19%。这些贷款均为单笔贷款金额最高为 200 万元人民币的类型，平均每笔贷款不到 20 万元人民币，贷款金额为 20 万元～30 万元人民币以及 50 万元～100 万元人民币的比例最高。贷款期限在 5 年～30 年，大部分的贷款期限在 20 年之内，贷款人年龄大部分在 3 岁～35 岁。

根据建行 2004 年 12 月 31 日的统计，建行按揭贷款的不良贷款率为 1.23%，另外，根据建行上海长宁支行、上海徐汇支行、上海普陀支行、上海浦东支行、江苏无锡分行、福建广达支行和福建泉州分行进行的预期贷款统计数据表明，一般拖欠 1～3 个月的贷款本金余额在整个贷款本金余额中的比例在 8%左右，而拖欠 6 个月以上按揭款的比例远小于 1%。总的来说，按揭贷款的坏账率很低。

"建元 2005-1"基础资产池中"抵押贷款"的总体特征如表 6-5 所示。

表 6-5 基础资产池中"抵押贷款"总体特征分析

贷款笔数（笔）	15 162
本金余额（人民币元）	3 016 683 138
单笔贷款最高本金余额（人民币元）	1 868 239
单笔贷款平均本金余额（人民币元）	198 963
合同金额（人民币元）	3 721 203 071
单笔贷款最高合同金额（人民币元）	2 000 000
单笔贷款平均合同金额（人民币元）	245 430
加权平均贷款年利率（%）	5.31
加权平均贷款合同期限（月）	205
加权平均贷款剩余期限（月）	172
加权平均贷款账龄（月）	32
加权平均贷款初始抵押率（%）	67.19
加权平均借款人年龄（岁）	36

（四）MBS 层级设计、定价和发行

"建元 2005-1"以上述住房抵押贷款为标的资产，发行了一系列不同期限、不同信用等级和不同利率的信托受益凭证。所发行资产支持证券共分为两档，其中 A、B、C 级为优先级证券，采用簿记建档方式发行，次级资产支持证券采用向自身定向发行。A 级证券和 B 级证券在全国银行间债券市场进行交易，C 级证券按照中国人民银行规定进行转让，次级资产支持证券不进行转让交易。A、B、C 三个级别证券风险依次增大，收益也依次增大。当发生信贷违约时，依次支付 A、B、C 级的本金和利息。"建元 2005-1"层级设计参见表 6-6。

表 6-6 "建元 2005-1"的层级设计及发行利率

	发行金额（元）	评级（中诚信国际）	发行方式	发行利率		加权平均期限
				形式	利差	
A 级资产支持证券	26.7 亿	AAA	簿记建档	浮动	+1.1%	3.15 年

续表

	发行金额（元）	评级（中诚信国际）	发行方式	发行利率		加权平均期限
				形式	利差	
B级资产支持证券	2.03亿	A	簿记建档	浮动	+1.7%	10.08年
C级资产支持证券	0.53亿	BPIB	簿记建档	浮动	+2.8%	12.41年
次级资产支持证券	0.9亿	未评级	建行自留			

证券的票面利率为"基准利率"加上"基本利差"的形式，其中"基准利率"为中国外汇交易中心每天公布的7天回购加权利率20个交易日的算术平均值，"基本利差"通过"簿记建档"集中配售的方式进行最后的确定。同时，发行人为了规避自身的风险，对A、B、C三级证券的票面利率设置了上限，分别为资产池加权平均利率减去1.19%、0.6%、0.3%。证券首次付息还本日为2006年1月26日，采取按日计息、按月付息的方式。

（五）对"建元2005-1"的评价

"建元2005-1"作为我国金融机构真正意义上信贷资产证券化的第一单，对我国今后信贷资产证券化，特别是住房抵押贷款证券化的发展和实践有着重要的参考和指导意义。从交易结构来看，"建元2005-1"在法律层面上实现了"有限追索"和"破产隔离"。在整个资产转移过程中，从中信信托投资有限公司（受托人/SPV）接受中国建设银行（委托人/发起人）委托，对15 162笔住房按揭贷款进行证券化，到发行信托受益凭证，并将发行收入作为信托财产对价支付给中国建设银行，这一过程程序公开、价格公允。上述交易后，贷款债权及其抵押附属权益，一并由委托人向受托人转移，形成独立的信托资产，发起人丧失了对该项住房抵押贷款的控制力。中国建设银行尽管保留了次级资产支持证券，但是其目的主要是进行内部信用增级，且次级资产占整个转让资产的比例较小（约2.3%），故可以认为对绝大部分风险进行了转移。也就是说，假如基础资产发生违约，受托人除了按照次级资产支持证券为限承担相应损失以外，投资者并没有对委托人和受托人进行进一步追索赔偿的权利。同样，当发起人破产时，发起人的债权人也不享有对该部分信托资产的赔偿要求权，从而实现了破产隔离。但是资产证券化产品流动性不强以及市场投资主体单一是阻碍我国资产证券化向前发展的两大难题，需要以后着力解决。

本章小结

1. 资产证券化是将基础资产结构化重组为证券的过程。与融资证券化不同，资产证券化是把缺乏流动性、但能够产生可以预见的未来现金流的资产，通过一定的结构安排，对资产中的风险与收益要素进行分离和重组，通过发行证券的方式把这些资产转换成在金融市场上流通的证券的过程。

2. 典型的资产证券化过程涉及发起人、服务人、发行人、投资银行、信用增级机构、信用评级机构、受托人、投资者等主体。其运作流程主要包括确定证券化资产，出售资产，购买资产，信用增级，信用评级，支付对价，管理资产，还本付息等步骤。其特征主要表现为融资方式的收入导向型、无追索、结构性、表外化和低成本等。投资银行可在其中充当承销商、信用增级机构、财务顾问和咨询人的角色。在资产证券化操作中，破产隔离是资产证券化的核心。

3. 住房抵押贷款支持证券可进一步分为过手型住房抵押贷款证券、剥离式抵押支持证券和抵押担保证券。此外，资产支持证券化包括贷款类资产、应收账款类资产和收费类资产的证券化。其中，CBO 的基础资产为债券；CLO 的基础资产是商业贷款；COM 的基础资产是住房抵押贷款；而 CDO 的基础资产包括债券和贷款两种。CDO 按照交易模式又可以分为现金流量型 CDO 和合成型 CDO 两种。

4. 由于美国实行房地产促进经济发展的政策，次级贷款快速增长，促进了美国房地产市场的非理性繁荣，并进一步掩盖了美国房地产市场的泡沫成分，从而铸就了美国近十多年的房地产市的繁荣，也孕育了次级贷款危机，并使危机演变为全球性的系统性风险。因此，要严格限制资产证券化市场的过度投机，避免单一市场风险向其他市场的传播。

5. 我国资产证券化市场现在主要被分为两部分：一部分是银行系统内展开的信贷资产证券化和不良资产证券化；另一部分是证券系统展开的企业资产证券化，这部分的资产证券化产品主要在上海、深圳证券交易所的大宗交易系统挂牌交易。

6. "建元 2005-1"作为我国金融机构真正意义上信贷资产证券化的第一单，对我国今后的信贷资产证券化，特别是住房抵押贷款证券化的发展和实践有着重要的参考和指导意义。

课后练习题

一、名词解释
资产证券化　融资证券化　真实出售　破产隔离　信用增级　特殊目的机构　过手证券　资产担保证券　转付证券　住房抵押贷款证券化　剥离式抵押支持证券　抵押担保证券　资产担保证券　抵押担保债务凭证

二、填空题
1. 一般性资产证券化的定义中实际上包含了两个层次的概念：其一是（　　　），这种证券化被称为"一级证券化"或"初级证券化"，也被称为"企业证券化"；其二是（　　　），这种存量资产证券化被称为"二级证券化"。

2.（　　　）是资产证券化结构的一个标志性要素，是资产证券化结构区别于其他融资结构的显著标志。

3. 一般而言，信用增级机构由（　　　）或（　　　）提供，提高资产支持证券的信用可以同时有多种信用增级方式。

4. 在资产证券化操作中，（　　　）是资产证券化的核心。它的含义包括两个方面：一是（　　　）；二是（　　　），即发起人破产时，发起人的债权人对已转移的基础资产没有追索权。

三、简答题
1. 资产证券化与融资证券化的区别。
2. 可证券化资产的特征。
3. 资产证券化交易的主要参与主体及其职能。
4. 资产证券化的特征。
5. 资产证券化的运作流程。
6. 资产证券化信用增级的方式。
7. 资产证券化产生和发展的经过。
8. 按照基础资产的不同，资产证券化的分类。
9. 按照现金流偿付结构的不同，资产证券化的分类。
10. 请比较 CMO、CBO、CLO 和 CDO。
11. 美国次贷证券化的流程。
12. 证券化产品及其衍生品在次贷危机产生过程中的作用。

第七章 风险投资

本章教学要求

　　本章介绍风险投资业务，主要内容包括风险投资的含义和作用、风险投资的参与主体、风险投资的运营实务。

　　通过本章的学习，掌握风险投资的概念、特征、风险投资机构的组织形式、风险投资的运行程序、投资银行在风险投资中的作用；理解风险投资的作用、政府对风险投资的扶持措施；了解风险投资的资金来源、风险企业的主要风险和风险管理。

☑ **案例导入**

摩根士丹利对赌蒙牛，实现双赢

　　利用价格形成机制进行激励是国际机构投资者经常运用的一种策略。

　　2004 年 6 月 10 日，蒙牛在中国香港联合交易所成功上市，融资 14 亿港元。之前在 2004 年 5 月 14 日，摩根士丹利等投资方和蒙牛管理层持有的金牛公司（蒙牛的法人股东）达成了一份股权调整协议。

　　在部分媒体看来，蒙牛要想实现协议规定的"达到行业平均水平增长率的 3 倍"，无异于是在进行一场"豪赌"。一些所谓的主流媒体更是用"套在蒙牛身上的枷锁"等字眼来形容这项估值调整协议。

　　根据估值调整协议的规定，在截至 2006 年的前 3 年内，蒙牛的年复合盈利增长率如果低于 50%，金牛（蒙牛为了在海外上市注册的壳公司）将会转让用一定公式计算所得的某一数量的股份（也可以用现金代替）给摩根士丹利、鼎晖和英联 3 家机构投资者；蒙牛的年复合盈利增长率如果超过 50%，摩根士丹利等 3 家金融机构投资者将会转让用一定公式计算所得的某一数量的股份给金牛。双方规定，无论如何涉及转让的股份总共不得超过 7 830 万股（占已发行股份的 7.8%）。

　　蒙牛于 1999 年 8 月成立时，在全国乳业排名 1 116 位。在牛根生的带领下，在最初的几年里，蒙牛以平均每天超越一个对手的速度前进。

　　2002 年，蒙牛在全国乳制品企业中的排名一举跃升至第 4 位。同期，中国乳制品行业年销售额复合增长率为 15.5%。根据 AC 尼尔森的调查，2003 年，蒙牛的市场占有率达到了 17%。

　　在接下来的 1 年时间里，蒙牛的发展状况已经远远超出了"对赌协议"里预定的盈利目标。加上蒙牛历年来的表现，2005 年 4 月 6 日，蒙牛发布公告称其获得摩根士丹利、鼎晖投资、英联投资和金牛的通知，摩根士丹利等 3 家金融机构投资者将以向金牛支付本金为 598.764 4 万美元的可换股票据（合计可转换成 6 260.876 8 万股蒙牛股票）的方式提前终止双方在 1 年前达成的估值调整协议。

　　由于蒙牛的良好表现，摩根士丹利等 3 家金融机构投资者手中的股票比例虽然减少了，但是股票价值却获得了很大的提升。投资者们并不吃亏的另一个理由是，蒙牛在协议期

（2004 年至 2006 年）内实现年盈利复合增长 50%几乎没有任何问题，因此如果到期（2006 年）再兑现，他们需要支付的股份将很有可能是协议约定的 7 830 万股，而不是 6 260 万股。

蒙牛乳业副总裁孙先红认为，"这个'赌局'其实是一种股权激励方式，也不是要让谁输谁赢。" 只不过在一些媒体以及所谓的资本家权力将其渲染成"蒙牛管理层和外资股东之间你死我活的博弈"的情况下，才显得如此引人注目。

尽管如此，蒙牛的估值调整协议还是有其特别之处，至少形式上非常类似于人们日常生活中常见的"打赌"，或许这也是人们习惯将其称为"对赌协议"的原因之一。

不管怎样，"对赌协议"还是达到了投融资双方想要的双赢结果。3 家外资财务投资者分 3 次退出后获得的投资回报率至少超过了 4 倍。相比之下，投入约 0.46 亿元人民币的蒙牛中方股东，投资回报也超过了 20 亿元人民币，从单纯财务的角度来讲投资收益率更是高达 40 余倍。

2017 年，摩根士丹利、鼎晖、英联分别持有蒙牛 88 万股、27 万股、16 万股股份，仅占总股本的 0.1%。在摩根士丹利、鼎晖、英联等中后期投资者成功实现退出之后，蒙牛又顺利为自己找到了新加坡政府投资公司、美资大行（CG）等长期接盘手。

第一节　风险投资的含义和作用

一、风险投资的概念和特征

风险投资起源于美国，经过几十年的发展和完善，美国风险投资体制已经成为作为其经济增长核心的高新技术产业发展的强劲动力，并且在世界上许多国家得到了普遍的推广应用。

风险投资的含义和作用

风险投资的英文是 Venture Capital，也有人将其译为创业投资。到目前为止，人们对风险投资的定义虽然不完全相同，但基本意思相近。

德意志联邦银行对风险投资的定义是："从狭义上看，风险投资是投入到新兴的、技术创新型的、未上市中小企业中的权益资金，这种企业虽然当前的收益率较低但是有很强的发展潜力……风险投资机构不仅为这些新型企业提供权益资本，还为其提供管理技术和咨询服务。"

国际经济合作与发展组织认为，风险投资是投资公司在新兴的、未上市的小型公司中投入的资本，投资公司在投入资本的同时还提供管理服务，投资的目的是获得高额投资收益，收益来自由新兴公司和风险投资者的资金和专业技能所创造的价值。

英国风险投资协会并没有公布风险投资的正式定义，但规定其成员为"积极活跃地管理资金，用于对英国未上市公司进行长期股权投资的机构"。

根据全美风险投资协会的定义，风险投资是由专业风险投资者投入到新兴的、迅速发展的、有巨大潜力的企业中的资本，风险投资是创业期企业的重要权益资本来源。

美国对于风险投资的定义主要是指在企业创建初期阶段的投资，而欧洲的风险投资涵盖的范围更广，还包括在企业创建后经营阶段的投资。

1999 年 11 月，科技部等七部委联合颁布的《关于建立风险投资机制的若干意见》中指出："风险投资（又称创业投资）是指向主要属于科技型的高成长性创业企业提供股权资本，并为其提供经营管理和咨询服务，以期在被投资企业发展成熟后，通过股权转让获取中长期资本增值收益的投资行为。"

自 2003 年 3 月起实施的《外商投资创业投资企业管理规定》中对创业投资做了如下定义："本规定所称创业投资是指主要向未上市高新技术企业（以下简称所投资企业）进行股权投资，并为之提供创业管理服务，以期获取资本增值收益的投资方式。"

　　总之，风险投资有时是指一种资本，有时是指一种投资方式。风险投资作为一种资本，主要是指投入到新型的、有巨大发展潜力、未上市中小企业中的权益资金；风险投资作为一种投资方式，主要是指投资者对创业型企业尤其是高科技企业或高增长型企业提供资本支持，并通过资产经营服务对所投资企业进行培育和辅导，在企业发育成长到相对成熟后退出投资，以实现自身资本增值的一种特定形态的投资方式。

　　风险投资是在市场经济体制下支持科技成果转化的一种重要手段，其实质是通过投资于高风险、高回报的项目群，将其中成功的项目进行出售或上市，实现所有者权益的变现，这时不但能弥补项目失败的损失，而且还可以使投资者获得高额回报。风险投资事业是由资金、技术、管理、专业人才和市场机会等要素组成的投资活动，并具有以下 3 个特点。

（一）风险投资是一种高风险、高收益的投资

　　风险资本投资的行业主要集中在成长性较好的高科技行业，如计算机软硬件（互联网商业网站）类公司、医疗保健和生物科技公司，以及资金需求量较大的矿产、石油和天然气行业。这些行业未来的不确定性，以及受市场环境、科技发展水平等因素影响较大，所以其总体投资风险相比其他投资方式要大得多。除了投资风险高以外，风险投资的波动性大也是一个不容忽视的因素。美国国民经济研究局在对 1987 年到 2000 年间，由 8 000 家公司所进行的总融资量达 1 140 亿美元的 17 000 轮风险资本融资调查后，得出的结论是：风险投资的投资回报率的年平均波动率可达 100%。这远远大于同期标准普尔 500 指数大约 10% 的年平均波动率。该值与在纳斯达克交易所上市的小型上市公司的回报率的年平均波动率相当。

　　风险投资又会获得高收益，该调查还显示，那些上市或被收购的风险企业具有巨大的投资回报率，其平均回报率达 700% 左右。其中，有将近 15% 的上市或被收购的风险企业，其投资回报率超过 1 000%；35% 的公司投资回报率低于 35%；而 15% 的公司投资回报率呈现负值。总的算来，投资风险公司最可能达到的投资回报率大约为 25%。

　　1957 年美国研究与开发公司投资数据设备公司不到 7 万美元，得到了该公司 77% 的股份。14 年后这些股票的市值高达 3.55 亿美元，增长了 5 000 多倍。1976 年，两个美国青年设计出了苹果电脑（一种新型微机），但仅有 1 300 美元，无法进行批量生产，风险投资家马克库拉投资 9.1 万美元帮助他们创建了苹果公司。5 年后苹果公司成为美国 500 家大企业之一，公司上市后，马克库拉的股份价值为 1.54 亿美元。就整个风险投资行业来看，自出现风险投资以来，美国风险投资基金平均收益率为 15.8%，是股票投资收益率的 2 倍，是长期债券收益率的 5 倍。因此，可以说风险投资是高风险与高收益的结合。

（二）风险投资是一种长期性的权益投资

　　风险投资是长期投资，而早期投资或规模较小的风险投资，其投资期更长。现代意义上的风险投资产生的根本原因是新兴高科技中小企业融资困难。1946 年美国研究与开发公司成立，成为现代风险投资诞生的标志。这是一家公开交易的、封闭型的投资公司，主要为那些新成立和快速增长中的公司提供权益性融资。据美国因第弗斯公司的调查，从 1972 年到 1982 年间的 157 家风险公司平均需要 30 个月才能达到第一平衡点，即现金流平衡点（负现金流转向正现金流）；需要 75 个月才能达到第二平衡点，即损益平衡点（收回投资资本）。

　　风险投资是一种权益资本，而不是一种借贷资金，因此其着眼点并不在于其投资对象当前的盈亏，而在于他们的发展前景和资产的增值，以便能通过上市或出售而退资并取得高额回报。其投资方式以股权形式为主，具体包括购买可转换债券、优先股、认股权等形式。

（三）风险投资是一种金融与科技、资金与管理相结合的专业性投资

　　风险投资者所面对的风险高于一般投资风险，因此在分析、评估投资标的时，需要有更专业的

知识以判断风险企业的经营能力和盈利能力。例如，在投资高科技电子公司之前，风险投资者除了自身经验外，还需要对该产业的产品、市场特性以及发展前景有一定程度的了解。在向风险企业注入资金的同时，为降低投资风险，必须介入该企业的经营管理，提供咨询，参与重大问题的决策，必要时甚至解雇企业经理，亲自接管企业，尽力帮助该企业取得成功。

二、风险投资的作用

风险投资在现代经济发展中起着举足轻重的作用。美国风险投资协会的一项调查表明，受风险资本支持的小微企业在创造就业机会、开发新产品和取得技术突破上明显强于大公司。不仅如此，这些公司的成长推动着美国经济的发展，增强了美国在世界上的竞争力。

（一）促进技术创新和增强国际竞争力

美国的技术领先地位在一定程度上取决于美国公司创造突破性产品和服务并供应市场的能力。风险企业致力于研究和开发，为稳固美国在科学技术上的世界领先地位方面起到了主要作用。

据美国商业部统计，自第二次世界大战以来，95%的科技发明与创新都来自小型新兴企业，它们由潜在生产力转变为现实生产力基本上都要借助于风险投资。正如美国斯坦福国际研究所所长W. F. 米勒所说："由于在科学研究的早期有风险投资的参与，使科学研究成果转化为商品的周期已由 20 年缩短至 10 年以下。"

风险企业一般都小而灵活，随着技术的进步，能够迅速快捷地改变开发方向。风险企业组织机构没有固定模式，比较灵活，适宜于培植创造性和创新性产品，像跻身《财富》500 强这样的大公司经常需要这类新兴公司为其创造新产品。

当然许多新创风险企业也常求助于大公司以获取最初的市场或销售支持，二者之间的联合通常采取合资、战略联手及并购等形式。

（二）风险投资推动高科技中小企业的发展，成为中小企业发展的"孵化器"

风险投资是一种很昂贵的资金来源。对于新兴企业，尤其是高科技企业来说，它也许还是一种唯一可行的资金来源。银行贷款相对要便宜得多，但却是可望而不可即的。新兴企业没有固定资产或资金作为贷款的抵押和担保，银行贷款讲求安全性、风险回避性，因此新兴中小企业无法从传统融资渠道获取资金，只能开辟新的渠道。风险投资主要用于支持刚刚起步或尚未起步的高科技企业或高技术产品。

作为美国经济支柱的高科技企业，大约有 80%是由风险投资扶植发展起来的，据美国商业周刊统计，1997 年中每 5 天就有一个硅谷创业公司进入股市，并且每天可以创造 62 个百万富翁。美国 600 多个风险投资公司，有一半设在硅谷。

（三）风险投资创造大量的就业机会

以美国为例，从资本总量看，2008 年美国风险投资本身只占美国国内生产总值的 0.2%。与证券、期货、房地产投资相比，这只是一个规模很小的资产类别。但是，2008 年美国风险企业却创造了大约 1 200 万个工作岗位，这占到了整个私人部门的 11%。风险投资为美国各个阶层的劳动力都创造了就业机会。除了像星巴克、联邦快递这样需要大量的基层雇员的公司以外，风险企业大多数都处在高科技行业，比如说信息技术、生命科学以及清洁技术领域，这就需要大量的高技能人才。这些工作岗位也就是经济学家们所谓的"绿领"——对未来经济增长和环境健康有重要推动作用的行业内人才。

（四）风险企业为 GDP 增长做出了贡献，是经济增长的"发动机"

风险投资通过加速科技成果向生产力的转化推动高科技企业的发展，从而带动整个经济的兴旺。1991 年—1998 年，被调查的风险企业销售收入年增长率为 38%，同一时期《财富》500 强企业的销售增长率仅为 3.5%。与同类非风险企业相比，1998 年风险企业销售收入的增长率要高出 13.8 个百分点，达到了 36.8%。

经美国全国风险投资协会的研究发现，1970 年—2000 年，美国总共投入风险资金 2 733 亿美元，创造的就业岗位达到 760 万个，约占就业人员总数的 6%，实现营业收入超过 1.3 万亿美元，约占美国国内生产总值的 13%。

三、我国风险投资业发展历程

我国风险投资发展大致经历了 4 个阶段：国家主导阶段（1985 年—1997 年）、初期发展阶段（1998 年—2000 年）、摸索调整阶段（2001 年—2004 年）、快速发展阶段（2005 年至今）。

（一）国家主导阶段（1985 年—1997 年）

我国对风险投资的探索始于 20 世纪 80 年代中期。国家的“星火计划”以及此后进行的“863 计划”具备了风险投资的某些特征，这些企业由国家进行财政补贴或在信贷资金以及利息方面被给予政策倾斜，企业在新产品研究、生产、销售中的部分风险由国家承担。

1985 年中共中央在《关于科学技术体制改革的决定》中明确指出：“以创业投资支撑迅速变化、风险较大的高新技术开发工作。”1986 年，在国家科学技术委员会的主导下，成立了我国第一家创业投资公司——中国新技术创业投资公司（以下简称“中创”），开始了我国风险资本市场发展的历程。成立初期，中创对我国科技成果的产业化做出了较大贡献，但因炒作房地产、炒作期货，导致公司被清算。1998 年 6 月，中国人民银行宣布终止中创的金融业务，对中创进行债权债务的清理。我国第一家专业从事风险投资的金融机构就这样结束了它的发展历程。

1989 年 6 月，由国家科委、国防科工委、招商局集团有限公司所属的四家公司共同出资成立了中国科招高技术有限公司。该公司主要从事国内外高新技术企业的投资，以支持社会经济效益好的高新技术成果、发明、专利等尽快转化为产品、商品，促进我国高新技术产业的发展。1994 年 3 月，财政部和国家经贸委联合组建了中国经济技术投资担保公司，该公司的经营宗旨是，通过运用信用担保和投资等经济手段，引导投融资流向，支持高新科技成果转化为现实生产力，推动企业技术进步。

我国各省市于 1992 年前后纷纷成立了风险投资机构，包括广州技术创业公司、江苏省高新技术风险投资公司等有大约 20 家。各级政府在筹建风险投资公司时，都明确地把投资领域规定在国家经济政策重点扶持的高新技术范围内。这一阶段风险投资事业发展的特征是政府主导、风险资本计划推动、投资项目科技导向、风险投资机构管理事业化。

（二）初期发展阶段（1998 年—2000 年）

20 世纪 90 年代后期，我国的风险投资事业进入了一个新的阶段。1998 年 3 月，全国政协九届一次会议上，民建中央提交的《关于尽快发展我国风险投资事业的提案》，被称作“政协一号提案”。该提案在全国引起了广泛关注，其起草人之一的熊大方委员认为，在 21 世纪，高新技术产业是国际经济竞争的主要力量，高新技术产业具有高投入、高风险、高产出的特点。因此，我国只有发展风险投资机制，才能实现产品的高科技含量、高质量、高附加值，以具备国际竞争力。“政协一号提案”使风险投资在全国成为热点。

高风险与高收益的商机吸引了国内一批具有雄厚实力的公司加入这个行列中，一批国内风险投资基金开始形成，与此同时，国外的风险投资资金也开始进入我国。2000 年，我国风险投资新增募集资金额 180 亿元人民币，比上年增加 70.1%。从 1996 年年底到 2001 年年初，我国的风险投资机构从 38 家发展到了 246 家，风险投资机构管理的投资总量在 2001 年年底达到了 405.26 亿元人民币，比 1996 年年底的 36.08 亿元人民币增长了 10 倍有余。我国形成了北京、上海、深圳三个风险投资发展中心，这三个城市共有风险投资机构 150 家，占全国投资机构总数的 61%，风险资本总量为 287.83 亿元人民币，占全国资本总量的 71%。

（三）摸索调整阶段（2001 年—2004 年）

伴随着国际风投大盛，以合资形式进入我国的风险投资基金企业的数量越来越少。同时，制造行业创业投资项目增加则是 2002 年我国创业投资的一个新亮点。从创业投资项目的行业分布来看，软件行业、IT 行业、医药保健行业、新材料行业、制造行业等是我国创业投资最为集中的 5 个行业，上述 5 个行业集中了 2002 年全部创业投资项目的 50.8%。而通信、农业等其他行业创业投资项目所占比例都很小，一般都在 5% 以下。2002 年我国绝大多数创业投资集中在了高新技术产业，占全部创业投资项目的 85.8%；非高新技术产业占 14.2%。

党的十六大报告提出："发挥风险投资的作用，形成促进科技创业和创新的资本运作和人才汇集机制。"这对我国进一步发展高科技风险投资，在新时期运用和加速高科技产业发展提出了新的要求。为推动高科技风险投资的发展，科技部广泛联合有关部门，认真总结了我国高科技产业状况及其对风险投资的需求，从法律法规、制度建设、运行机制、扶持政策等方面进行深入研究，以促进高科技风险投资的规范化发展。

（四）快速发展阶段（2005 年至今）

2005 年—2008 年上半年，我国风险投资行业经历了快速发展时期，2008 年下半年到 2009 年上半年受美国次贷危机的影响进行了短暂的调整，此后国内风险投资再次步入快速发展阶段，但 2012 年出现明显回调。

从 2005 年开始，我国风险投资领域迎来了高速发展的新阶段，2006 年—2011 年是国内风险投资行业高速发展时期。从资金的规模、项目的质量、项目的筛选机制、项目的风险控制，特别是项目投资后的追踪管理等方面来看，我国风险投资事业在发展中摸索出了一些适合中国国情的经验和方法。

2008 年，随着美国次贷金融危机的逐步深化，各国经济增速放缓，股市持续下跌，对风险投资行业的发展造成了一定影响。但出于对我国经济前景的看好，加之国家各项政策的推动，以及《关于创业投资引导基金规范设立与运作的指导意见》的出台，我国风险投资行业仍然保持了良好的发展态势。2008 年我国创投市场新募基金数和募资金额创历史新高，但受全球金融危机的影响，2008 年我国风险投资机构的投资趋向谨慎。投资规模结束了长达三年的高速增长期，开始大幅下降。

2009 年，在金融危机后我国经济率先释放企稳、IPO 重启、开闸等一系列利好信号，我国风险投资市场迎来了复苏和发展。风险投资领域的投资规模均逐步回升；从退出情况看，伴随着创业板的推出，IPO 退出再创新高，高达 100 多倍的市盈率，带来了很大的财富效应；人民币基金越来越占据主流地位：新募集基金数量和募集资金数额双双超过美元基金而首次主导市场。

2010 年是我国创投史上最具历史性意义的一年，我国创业投资市场无论募资、投资还是退出，均全面刷新了历史。从新基金募集情况来看，中外创投机构募资热情近乎狂热，其中人民币基金募集数量占比在九成以上，进一步巩固了领先地位；在投资方面，投资项目总数及投资金额均大幅提升，投资行业布局紧跟国家政策导向及市场热点，互联网、清洁技术以及生物技术、医疗健康等行业依旧遥遥领先；对比不同类型的创投机构，2010 年本土创投机构活跃度空前高涨，投资占比进一步扩大，退出方面更是尽享"盛宴"；另外，我国企业赴美 IPO 也迎来了小高潮。

2011 年我国创业投资市场募资、投资、退出再次创下历史新高。在募资方面，中外创投机构募资狂热，人民币基金募集数量占比超过九成，强势主导募资市场；在投资方面，投资项目总数和金额出现飞跃式增长，接近 2010 年的两倍，互联网、清洁技术、电信及增值业务投资等行业遥遥领先；在退出方面，退出项目总数小幅增加，但 IPO 退出则缩水，境外 IPO 阻力渐显，并购退出渐受机构青睐。

2012 年上半年，世界经济持续低迷、欧债危机愈演愈烈，我国经济增幅有所降低。在此背景之下，2012 年上半年我国创业投资市场表现为：在募资方面，募资总额回落至 2009 年下半年以来的最低点，其中人民币基金为主角；在投资方面，投资总额回温至 2010 年平均水平，北京地区依旧领潮全国投资，互联网行业最受机构关注；在退出方面，IPO 退出大幅下挫，创投机构寻求多样化退出方式。

从未来发展来看，我国宏观经济为风险投资的发展奠定了良好的基础。改革开放 30 多年的经济发展为我们提供了坚实的基础和可持续发展的路径，快速发展的市场需求是培育风险投资的摇篮。30 年来，我国的民营经济在数量和规模上取得了长足的发展，尤其是科技型的中小企业和高新技术产业的快速发展为风险投资提供了优质的项目源泉。特别是最近几年，我国出现了创新型的产业，这对风险投资基金来讲无疑也是难得的良机。另外，我国本土企业对资金的庞大需求，使整体的资金供求关系仍然有利于基金的释放，为风险投资提供了广阔的舞台。

案例小链接

2017 中国顶级风险投资人榜揭晓，细数哪些投资人入选

2017 年 11 月 21 日，北京——界面联合今日头条首次推出"中国顶级风险投资人"榜单，共有 50 位顶级风险投资人上榜（榜单）。中国的创新创业逐渐进入高水平阶段，创新模式不断涌现，创业风口不断转换，我们的调查旨在发现那些在中国经济的风云变幻中最善于把握机会，对创新行业最有深刻判断力和领导力，对创业者最有帮助和深刻影响的顶级风险投资人。为了体现最新的状况，我们特别关注创业投资人最近三年的状况，包括他们最近三年的新进投资项目情况及最近三年退出项目情况，发现创投业界最新鲜、最活跃、最新崛起的力量。

下面我们将细数有哪些顶级风险投资人入选。

NO.1 沈南鹏 男 50 岁

所在机构： 红杉资本中国基金

从事风险投资年限： 12 年

代表项目： 美团点评、奇虎360、京东、陌陌、阿里巴巴、蚂蚁金服、诺亚财富、阿里巴巴影业集团、万达院线、华大基因、滴滴打车、博纳影业等

沈南鹏，红杉资本全球执行合伙人，红杉资本中国基金创始及执行合伙人。他也是携程旅行网和如家连锁酒店的创始人。作为全球著名的华人投资家，沈南鹏与红杉资本中国基金在过去 12 年里始终屹立潮头且风头正动，他已经在中国投资了 500 多家具有鲜明技术、模式创新的高成长性企业，其中很多企业均成为各自领域的佼佼者，这些企业长期活跃在中国经济舞台的中心，被外界视为中国创新创业领域发展的风向标。沈南鹏先生拥有上海交通大学学士学位和耶鲁大学硕士学位。

NO.2 张磊 男 45 岁

所在机构： 高瓴资本

从事风险投资年限： 14 年

代表项目： 百度、腾讯、京东、美的、格力、去哪儿网、中通快递、蓝月亮、滴滴打车、美团、Airbnb、摩拜单车、百济神州、药明康德、孩子王等

张磊 2005 年创立了高瓴资本，担任创始人和首席执行官。张磊的投资风格是寻找具有大格局观的企业家，帮助他们的企业成为具有大格局观的企业，投资理念是坚守长期价值。所以在张磊的投资版图中，我们可以看到百度、腾讯、京东、去哪儿网、百丽等公司。最近，

张磊所在的高瓴资本高度参与了百丽国际的私有化，成功之后一跃成了百丽的控股股东。

NO.3 熊晓鸽 男 59 岁

所在机构：IDG 资本

从事风险投资年限：25 年

代表项目：传奇影业、印象系列、时尚集团等

熊晓鸽 1987 年获波士顿大学新闻传播学硕士学位，后成为波士顿大学新闻与传播学院第一位亚裔董事。1993 年，熊晓鸽代表 IDG 投资了 2 000 万美元在中国创立了"太平洋风险技术基金"（后更名为 IDG 资本），成为最早将西方风险投资实践引入中国的人。二十几年间，他与合伙人们为 IDG 资本带来了不俗的业绩。搜狐、腾讯、百度……这些中国最为成功的互联网企业背后都有熊晓鸽领导的 IDG 的身影。2017 年 1 月，IDG 资本正式宣布联合泛海资本收购 IDG 集团，IDG 资本成了 IDG 投资板块的控股股东，熊晓鸽完成了世界投资史上传奇的一笔，成功实现了从风险投资人向企业家的转变。

……

第二节　风险投资的参与主体

一、风险投资机构

风险投资机构是指运作管理风险投资基金的组织，其职责主要包括筹集资金、评估选择投资项目、参与被投资企业经营管理、盈利退出等。

（一）有限合伙制风险投资机构

美国风险投资机构常采用有限合伙制，有限合伙制已经成为美国风险投资的典型组织形式。这在很大程度上是由于作为合伙方主要来源的养老基金、大学和慈善机构等均为免税实体，采用有限合伙制保证了它们的免税地位（若以公司形式则需缴纳公司所得税）。

有限合伙制风险投资机构一般有 25 个左右的合伙人，规模大一点的机构常雇佣 2～5 个产业分析人员，并聘请一些兼职分析人员，机构规模在 5～10 人，规模最大的不超过 30 人。其资金来源主要是机构投资者、富有的个人和家庭以及大公司，以私募形式征集，主要投资于获利阶段以前的新兴公司。

在这种有限合伙制风险投资机构中，合伙人分为两类：有限合伙人和普通合伙人。通常有限合伙人负责提供风险投资所需要的绝大部分资金，但不负责具体经营，仅承担有限责任，对超出其出资部分的损失不负责任。有限合伙人通常是富有的家庭和个人、养老基金、捐赠基金、银行持股公司、投资银行、其他非金融公司等。而普通合伙人通常是有科技知识、管理经验和金融专长的风险投资家，统管投资机构的业务，决定风险投资的成败，责任重大。

在有限合伙制风险投资机构中，需要有限合伙人和普通合伙人密切配合，互相信任，为此往往在机构内部设置一些制约机制。如为了建立对普通合伙人利益的全面约束机制，普通合伙人也要以融资总额 1%的比例注入个人资本，同时按基金总额的 1%～3%获取佣金（管理费），按资本增值的15%～25%获取附带权益作为报酬。再比如，有限合伙制的期限通常只有 7～10 年，主要依据投资生命周期和主要合伙人的意愿，到期后如果普通合伙人和 2/3 的有限合伙人同意则可以继续合作。

与公司制相比，有限合伙制具有以下三个方面的优点。

1．税收利益

在有限合伙形式中，企业的全部盈利和损失都分摊到各个合伙人身上，计征个人所得税，合伙

机构自身不交税；而公司制中，公司的收益既要缴纳公司所得税，分给股东和管理人员的盈利还要再缴纳个人所得税，税负较重。

2．组织灵活性

有限合伙制企业可以按合伙之初确立的范围和期限经营，到期后可清算解散，而公司制企业不能轻易解散。

3．风险收益承担机制

公司制的企业经理不得接受股票选择权或其他以经营业绩为基础的报酬。而有限合伙制企业的管理者不受这一限制，可以得到高额报酬。

（二）公司制风险投资机构

公司制风险投资机构通常由专业基金经营机构发起，在公开的资本市场向大众筹集资金，并接受金融管理机构的监督。这类公司必须向公众公开其经营情况，使投资者更容易了解。在这种组织形式下，风险资本投资者（股东）只承担有限责任。因而，股东可规避违约而造成的赔偿风险。股东可以通过董事会直接参与管理，并可以参与选举风险基金经理。公司制与有限合伙制风险机构的运作是基本相同的。

大多数风险投资公司都有自己的基金，有自己的股东；但有少数风险投资公司仅为管理公司，管理公司协助风险基金持有者从事项目筛选、项目监督并给风险企业提供咨询及其他各种服务。风险投资基金与一般共同基金的主要区别在于，风险投资公司要参与企业的决策管理，并在董事会中占有席位；共同基金则一般不参与企业管理，在公司的股份持有额一般也不超过 5%。

（三）子公司制风险投资机构

子公司制风险投资机构是金融机构、大企业以独立实体、分支机构或部门的形式组建的风险投资机构。这些机构在运作方式上与私人风险投资公司相同，但目标迥异，其主要是为母公司提供多元化或创新机会，或者形成水平、垂直整合的发展战略。当大公司投资一个新创公司时，是希望建立技术窗口，或希望以后把它变为一个子公司，而不是出售盈利。这种组织方式下，管理人员大多由母公司派遣，他们的报酬是工资和奖金，一般不参与利润分配。因此，许多积累了一定经验的风险投资家为了得到更高的报酬，常跳槽去有限合伙制风险投资机构。这种子公司组织形式在日本风险投资业中占主导地位。日本风险投资以证券公司和银行创立的风险投资公司为主，它们的目标是开拓业务。

（四）准政府投资机构

1．小企业投资公司

小企业投资公司（Small Business Investment Corporation，SBIC）是根据美国 1958 年《小企业投资法》创建的，以便为小企业的发展提供长期资金。SBIC 由私人拥有和管理，但要得到小企业管理委员会（Small Business Administration，SBA）的许可、监控以及资助，SBA 可提供融资担保。

1969 年，美国商业部非白人企业家办公室成立少数族裔小企业投资公司（Minority Enterprise SBIC，MESBIC），它们的目的是为非白人低收入者（特别是残疾人）开办新企业提供长期资金。

SBIC 可以购买新企业的股票或有价证券，并提供贷款。然而，自从 SBIC 必须为从 SBA 举借的债务负责以后，SBIC 的投资形式更多地采用提供优惠贷款和购买股票，这样可以保证 SBIC 尽快偿还其债务。从这个意义上来说，SBIC 对处于创建阶段的新创企业的帮助不大，因此在风险投资中的作用远不如有限合伙制风险投资机构。SBIC 投资的范围很广，从餐馆、零售到建筑、通信和高新科技公司。除了受到由 SBA 提供资金而带来的某种限制外，其投资目的与私人投资公司相似。

SBIC 只能投资于小企业，即净收益在 600 万美元以下，前两年税后利润平均不足 200 万美元的公司。SBIC 不能投资于投资公司、信贷部门、雇员在 500 人以上的产业化公司。

2．企业发展公司

企业发展公司（Business Development Companies，BDC）是私人投资者拥有，由美国州政府颁发许可证，证监会监控的公共机构。它们根据本地经济发展的需要进行投资，以促进经济发展和创造就业。因各个企业发展公司所服务的对象不同，BDC 的政策也各有不同，有些运作方式与 SBIC 相似，提供风险投资，并得到 SBA 的支持；有些像银行和其他金融机构一样提供贷款；还有一些从事租赁业务，建立新的生产基地，让企业家们租用或以分期付款的方式购买，期限一般在 20 年以内。拥有 BDC 的个体风险投资家通常提供管理服务。

（五）风险投资的其他衍生形式

1．产业战略基金

产业战略基金常为业务相近的公司所设置，投资方向集中在某一战略领域，强调局部竞争优势，通常以合资的方式与风险企业联手，以迅速获取科技成果。比如，Java 基金就是由 IBM 等六大公司联合出资 1 亿美元组成的，专门用于投资硅谷内运用 Java 技术的信息企业。

2．公众风险投资基金

传统上风险基金为私募基金，1996 年美国颁布了《公众风险投资基金法》，允许一些特定的风险基金向社会募集资金，并对其活动做出了一些具体的限制，如为了便于股民监督，一般只限于在本州集资。

此外，还有一些专门为风险投资机构提供服务的机构，如美国风险投资协会（National Venture Capital Association，NVCA）。NVCA 是美国最大的风险投资协会，其会员均为风险投资公司，截至 2012 年年末共拥有 398 家会员。其主要依靠会费收入和一些专业会计师事务所和律师事务所的募捐运作，而会计师事务所和律师事务所捐款的目的是希望风险投资公司和风险企业成为它们的客户。NVCA 的主要任务是代表会员游说政府，筹办研讨会，编撰出版风险投资年度报告；同时，还有一些信息咨询服务机构提供信息和中介服务。它们专门追踪风险企业的发展，从创建开始直到并购、上市或破产为止，验证每笔风险投资交易的真实性，对所收集到的信息进行分析加工后，输入其数据库。此外，NVCA 也会定期发表风险投资活动报告和风险企业上市情况及需要筹集资金的公司名单。

风险投资机构主要向风险企业提供以下 6 种服务。

（1）提供创业者所需的资金。

（2）作为创业者的顾问，提供管理咨询服务与专业人才中介服务。

（3）协助创业者进行企业内部管理与策略规划。

（4）参与董事会，协助解决重大经营决策，并提供法律与公关咨询。

（5）运用风险投资公司的关系网络，提供技术资讯与技术引进的渠道，介绍有潜力的供应商与购买者。

（6）协助企业进行重组、并购以及辅导上市等。

二、资金提供者

随着风险投资业的迅速发展，风险资金的来源也日益广泛，就各国的实际情况来看，资金的来源主要有：机构投资者资金（如银行、证券公司、保险公司、各种社会保障基金、信托投资公司等）、个人资金、产业（企业）资本、捐赠基金、政府资金、国外风险资本等。

各国风险资金的来源构成主要取决于各国的国情和风险投资的组织模式。在美国风险投资的发展中，20 世纪 60 年代以前，资金来源以富有的个人和家庭为主。20 世纪 60 年代以后有限合伙制出现，机构资金开始进入，1978 年—1981 年美国国会连续通过了 5 个重要法案，允许养老基金介入风险投资，导致了风险投资活动的机构化及有限合伙制在风险投资领域的主导地位。20 世纪 90 年代末，有限合伙制企业已占整个美国风险投资机构的 80%以上。1997 年美国风险资本的资金来源中，养老基金高达 40%，其他分别为企业公司 30%、个人和家庭 13%、捐赠基金 9%、银行和保险公司 1%、国外 7%。由此可见，机构资金和产业资本是目前美国风险资本最主要的两大来源。从风险投资来源构成的时序变化趋势来看，除养老金保持其主导地位外，产业企业资金比重逐步增加；相反，风险资本对银行、保险公司资本的依赖程度明显减弱，这也反映出美国风险投资业逐步走向成熟。

欧洲风险资本来源与美国相比有明显的差别，银行是欧洲风险资本的主要提供者，在欧洲国家中，只有英国的退休金已成为风险资本的主要来源。资金来源的不同对风险投资的发展有重大影响。由于银行的投资条件较为苛刻，且资金投资的长期稳定性不如退休金和产业资本，加之银行投资实际上是风险贷款，所以其作用远不及权益性风险投资。欧洲风险资本来源上的缺陷在一定程度上阻碍了欧洲风险投资业的发展。

在日本，由于创业融资方向是贷款而不是股权投资，所以风险资本主要来源于金融机构和大公司（企业集团），而个人和家庭资金的比例极小。

风险资金多通过私募方式筹措。但近年来随着资本市场的日益繁荣和资本管理体系的渐趋完善，许多国家都开始以公募方式筹集风险资本。所谓公募，即通过公开的资本市场（如发行股票、股权等）来募集风险企业所需的资金。以北美市场为例，美国的柜台交易报告板和加拿大创业资金交易所，就是两家著名的专供尚处于初级发展阶段的风险企业上市募集资金的证券交易所。在这些交易所里，中小投资者可以通过购买风险企业的股票，参与到那些原本只属于大富翁、大财团才能涉足的风险投资领域。此类交易所的建立，实际上是为中小投资者打开了迈向风险投资的大门。

此外，各国政府也利用财政资金以各种方式扶植风险投资。例如，比利时政府于 1980 年建立的创业投资资金，由独立的私营公司运作，实行专家管理，集中于比利时佛兰德地区，主要对技术型企业进行股权投资。丹麦政府则是提供低利、长期的政府贷款。2002 年，美国政府通过法案，为全美科学基金会提供 370 亿美元的巨资，推动纳米技术和生物科技发展，这笔钱主要投入到大学研究项目上和创业公司中。

三、风险企业

在美国，风险企业是指有风险投资资助的企业，通常是一些具有发展潜力的、新兴的高新技术中小企业。这里的高新技术一般是指微电子、生物工程、新材料、核能以及航空与航天等方面最新发展起来的科学与技术。

日本通产省的风险企业增值中心认为：风险企业是指以高新技术（高技术或专有技术）为手段，并以自己的力量开拓新市场，但历史尚浅的中小企业。他们的高技术标准更多地强调研究与开发支出和科学家、工程师及技术专家所占比重。多数风险资本投资于年轻公司，经营时间在 10 年以内的公司占全部公司的 83%，其中 5 年以内的公司占全部公司的 51%，超过了一半；多数风险资本投资于雇员人数较少的公司，雇员人数在 100 人以内的公司占全部公司的 70%左右，而美国风险企业在雇员人数方面的限定是不超过 500 人，可见风险企业投资的公司雇员人数之少。

20 世纪 80 年代后期风险资金重点投入的行业发生了变化，作为主要投入行业，消费相关产品和计算机硬件的投资比例减小，而计算机软件、医疗卫生、电子数据通信、生物技术的投资明显增加。进入 21 世纪，风险投资在各个行业的投资项目数量都有所增加，增加幅度较大的为计算机软件、生物技术、电信、医疗设备和仪器以及其他电子产品等行业。而到了 2012 年，移动行业、互联网、生物技术、新材料等领域的融资额则高居榜首。

中小型风险企业在不同的发展阶段，对于吸引风险资金可以采取不同的策略。

1.　种子期

产品的发明者或创业者为验证其创意的可行性或计划从事研发所需的资金，此阶段有时由创业者自行出资。这是争取投资最艰难的阶段，因为很少会有人相信新的设想，实际上真正具有赚钱潜力的新设想确实不多，即使是真的可以赚钱的设想，在这一阶段，也很难向风险投资家进行解释，因为他已经被许许多多的好设想和坏设想包围了。所以，在这一阶段，与其向风险投资公司争取投资，还不如求助朋友，借一些资金使新设想付诸实施。

天使投资人通常是创业企业家的朋友、亲戚或商业伙伴，他们的投资大多是出于对创业企业家的信任或其他感情因素，投资也不需要太多的考察和评估，而且投资额也不大。

从种子阶段到公司实现现金流量平衡，通常需要 2～3 年的时间。在开创阶段，任何投资者都要冒巨大的风险，也都希望获得巨额回报。

2.　起步期

起步期为产品开发成功至生产开始的阶段，资金用途主要为购置生产设备、产品的开发及行销等，此阶段风险最高，大部分企业失败都在此阶段。企业并无绩效记录，且资金需求较大；依产业不同，此阶段由 6 个月至四五年不等。这一阶段通常离公司达到现金流量平衡点还需较长时间，投资风险仍然很高，因此，风险投资家会要求相当高的投资回报。毕竟，有很多公司在此之后一直没能达到现金流量平衡点。

人们普遍认为这是风险资本的精髓所在。所承担因项目启动期时间长短的不确定而加大的风险，多为技术风险、市场风险和管理风险。提供启动资金的一般是风险投资公司和风险投资人。

在这一阶段，风险投资主要考虑投资对象业务计划的可行性、产品功能以及市场竞争能力。通常以 15%～20%投资组合的资金比例投入。

3.　扩张期

在扩张期，企业已经开始逐渐有经营绩效，为了进一步开发产品并加强行销能力，企业需要更多资金。但由于企业距离其股票上市还早，若通过金融机构融资，则需要负责人个人做出保证及提供担保品，但上述渠道筹资仍属不易，而风险投资正好可以弥补这一缺口。处于扩张期阶段的公司通常已经接近现金流量平衡点了，或许不到 1 年即可达到现金流量平衡点。在这一阶段，风险企业不必出让很多的公司股权给风险投资公司。

4.　成熟期

成熟期也是风险投资所投资的企业准备上市前的阶段，此阶段融资的主要目的是引进一些在产业界较具影响力的股东，以提高企业知名度。融入资金的作用在于改善财务结构，为股票上市作准备。处于这一阶段的公司已越过现金流量平衡点，并且开始赚钱了，公司的快速成长需要资金支持，硕大的利润正等着被收获。在这一阶段，如果企业所需要的资金不是非常庞大的话，企业家只需放弃少量的公司权益就可以获得资金。

5.　重建期

此阶段的企业通常已陷入亏损，风险投资除了投入资金支持其运营外，还需协助改善其经营管理。

以我国为例，2004 年至 2010 年中国风险投资的时间阶段分布（按投资金额）的具体情况如图7-1 所示。

四、政府

政府虽然一般不直接参与风险投资，但它通过制定一系列方针政策，可以形成风险企业生存和发展的强有力支撑体系，使风险企业得到迅速发展。

政府扶持措施可以分为直接和间接两种。其中直接措施主要是指提供直接的经费补贴；间接措施包括税收优惠、信息服务、信用担保、建立"二板市场"、预签购货合同等。

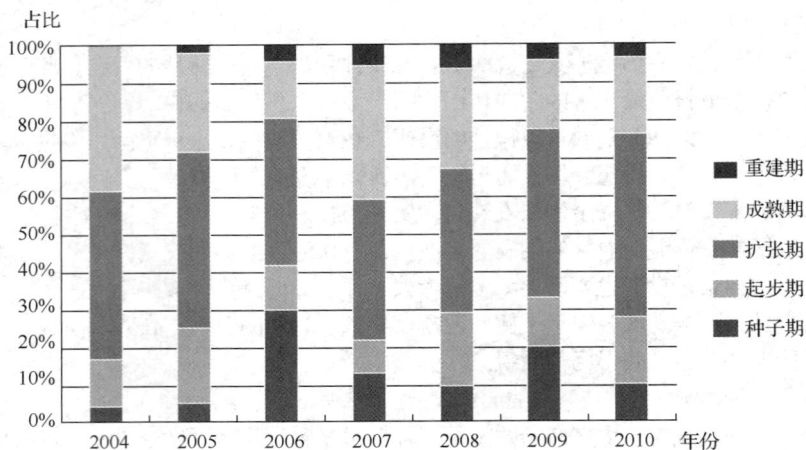

图 7-1　2004—2010 年中国风险投资阶段分布图

（一）政府资助

为了推动风险投资的发展，各国政府都为风险投资提供了政府补助。这是一种政府向风险投资家和风险企业提供无偿补助的政策。

加拿大安大略省为推动私人风险投资的发展，对向高技术风险企业投资的个人入股者给予投资总额 30% 的补助金。政府对风险企业的补助还体现在为风险企业提供种子资金上。

美国在 1982 年通过的《小企业发展法》规定，年度研发经费超过 1 亿美元的，联邦政府部门必须依法实施"小企业创新研究计划"，每年拨出法定比例（最大比例为 1.25%）的研究开发经费支持小企业开展技术创新活动。1987 年—1993 年，美国联邦政府总共为该计划提供了大约 25 亿美元的资助。

德国政府于 1984 年实施了一项对风险企业进行资助的典型试验计划。到 1985 年年底，总共向 268 家风险投资企业提供 0.87 亿马克的资金补助。

政府对风险企业提供种子资金，一方面分担了风险投资家的投资风险；另一方面对民间风险投资起到了保护作用。其他一些国家则对高技术风险企业提供亏损补贴。美国芝加哥市政府建立了地方科学基金，专门为从事高新技术开发的风险企业提供各种补贴。英国 20 世纪 70 年代推出了"对创新方式的资助计划"，总经费为 500 万英镑，对符合条件并低于 2.5 万英镑的小企业项目，给予 1/3～1/2 的项目经费补助。

（二）税收优惠

风险投资家是否对高科技产业投资，取决于他对风险投资的预期收益和投资风险的权衡。只有当预期收益高于风险的代价时，风险投资家介入才会有充分的动力。由于风险投资家预期收益的大小在很大程度上取决于政府对高科技企业的税收政策，世界各国政府为推动风险投资的发展，均制定了税收上的优惠政策。

自 20 世纪 50 年代起，美国资本利得税经过了几次大的调整。1957 年美国的资本利得税税率为 25%，后来提高至 27%；1969 年年初，美国的创业风险投资额已经达到 1.71 亿美元的规模，美国第一次进入风险投资浪潮。然而，20 世纪 70 年代中期，美国资本利得税率提高到了 49%，这严重阻碍了美国创业风险投资业的发展，导致 1975 年风险投资资金规模迅速萎缩。鉴于此，美国政府从 20 世纪 70 年代中期以后一直对风险投资给予大力支持，1978 年颁布了《税收法》，规定创业风险投资收益适用的税率从 49% 下降到 28%。这项法律的出台使美国 1979 年的风险投资资金增长了 40%。

20 世纪 80 年代，政府为了鼓励创业风险投资和谋求高新技术的进一步发展，美国国会通过了

《经济复兴税法》，将资本利得税率从 28%降至 20%。该法还对高新技术开发研究作出规定：对研究开发投资税率从 49%减至 25%；对开发研究使用的仪器设备实行快速折旧，折旧年限为 3 年，这是所有折旧设备年限中最短的。由于上述法律的实施，在 20 世纪 80 年代初期，创业风险投资以每年大约 46%的幅度激增，其中 70%以上都投入到了与电子技术等有关的高科技领域。

由于担心投资过热，美国政府在 1986 年推出的《税收改革法》中，又对与创业风险投资关系密切的优惠税率做出了调整，并将企业边际税率从 28%提高到 34%。创业风险投资的信心受到打击，再加上 20 世纪 80 年代末宏观经济不景气，美国创业风险投资的热潮一度退减。

1993 年克林顿政府签署了为期 5 年的削减赤字法案，为了振兴美国经济和促进高新技术发展，该法案不但对一些为创建新企业而进行创业风险投资的个人实行税收减免，同时还规定将长期资本利得税率降到 28%，对持有高科技小型企业的股份 5 年或 5 年以上的，其资本收益仅按 14%课税。这些规定，对促进高科技风险投资业发展起到了积极的作用。

1996 年美国政府曾试图再次调高资本利得税，受此影响，一些公司立即在二板市场被卖出，政府被迫放弃调高资本利得税的计划。由于近几年来美国经济的衰退，2003 年美国国会通过《就业与经济增长税收减免协调法案》，把长期资本利得税率从 20%下降到 15%，红利税率从 38.6%下降到与长期资本收益税率相同的 15%，极大地提高了投资者的投资积极性。

（三）信息服务

风险企业的创新能力在很大程度上取决于有效的信息。风险企业必须准确地知道国家资助的研发项目、同本企业有关的技术的发展、国内外市场的变化以及哪些单位可以协助解决生产或经营问题，这样才能针对市场需求，有目的地分析和使用已有的知识和技术，避免昂贵的重复创新。但风险企业由于技术力量和研发经费有限，很难直接进行广泛的情报收集与分析工作。美国宾夕法尼亚州为此制定了技术支持计划（Technology Assistance Plan，TAP），它的目的在于把研发所到之处产生的已有知识转移给能够利用它的企业。TAP 的服务是免费的，分为应答和主动两种类型。应答类型的活动是企业提出问题，技术专家协助解决；主动类型的活动主要是向一些企业通报联邦实验室和大学科研中心的科研进展，然后 TAP 同企业一起安排小规模实验计划来决定怎样利用这个信息，如果该信息确实具有经济潜力，就为可能的受益者举办一系列的讨论会，以帮助他们采用高新技术。

（四）信用担保

由国家财政拨出一笔资金，设立信用担保基金并组织专门的班子经营管理。担保基金的管理机构与商业银行签订协议，对银行向中小企业的放款提供一定比例的担保。通过信用担保制度，国家可以以少量的资金带动大量的民间资金投向风险较大的高技术风险企业。

早在 1953 年，美国就成立了中小企业管理局，承担对高科技中小企业的银行贷款担保。贷款在 15.5 万美元以下的，提供 90%的担保；贷款在 15.5 万～25 万美元的，提供 85%的担保。1993 年，美国国会又通过了一个法案，该法案规定，银行向风险企业贷款可占项目总投资的 90%，如果风险企业破产，政府负责赔偿 90%，并拍卖风险企业的资产。

日本通产省于 1975 年设立了研究开发型企业培植中心，该中心的主要业务就是对风险企业向金融机构贷款提供债务担保，担保比例为 80%。

（五）建立"二板市场"

风险投资一个最重要的退出机制就是股票发行上市。但是大多数成长中的高技术企业都无法达到主板市场的较高要求，为此世界各国在严格控制和管理正式上市的公司股票市场的前提下，相继为风险企业建立了"二板市场"。

1971 年成立的美国的 NASDAQ（全美证券经纪商自动报价系统）就是这样一个以扶植中小企业和高技术企业为主的市场。

继 NASDAQ 之后，英国、德国、法国、比利时、日本、新加坡、马来西亚等国家及中国台湾、中国香港等地区先后建立了自己的二板市场，这些二板市场的建立为当地新兴中小企业（特别是高科技企业）的发展以及在推动高科技产业化方面发挥了非常重要的作用。截至 2008 年年底，全球共有 47 家创业板市场在运行，分布于五大洲三十余个国家及地区，上市公司总数约 9 000 家，总市值约 2 万亿美元。

2009 年 10 月中国大陆地区创业板市场建立，首批 28 家创业板上市公司在深圳证券交易所挂牌。

（六）预签购货合同

为降低风险投资公司投资回收的风险及风险企业市场营销的风险，美国政府通过预签高新技术产品的购销合同，给予切实的保证。

例如，20 世纪 50 年代美国国防部通过集中采购合同来促进"硅谷""128"高技术基地的开发活动。1962 年美国军方购买了"硅谷"生产的全部集成电路，这大大刺激了"硅谷"高技术产业化的迅速发展。

知识小扩展

128 模式

128 模式是指美国波士顿 128 公路模式。128 公路是美国马萨诸塞州波士顿市的一条半环形公路，修建于 1951 年，距离波士顿市区约 16 公里。现在 128 公路沿线两侧聚集了数以千计的从事高技术研究、发展和生产的机构和公司，形成了 128 公路高技术区，成为世界上知名的电子工业中心。

法国政府的军事应用与国内通信方面的计划与订货占到法国纤维光学产品市场的 75%，为法国风险企业提供了国内小规模市场，为这些企业的早期发展提供了重要条件。

第三节　风险投资运营实务

一、风险投资运行程序

风险投资公司每天都会接到大量创业者的计划书，首先要评估计划书；然后与被选中的计划书的创业者见面会谈，对创业者的经营情况和投资项目进行详细考察，签订合同；最后是进行投资后的监管直至退出风险企业。

风险投资运营实务

（一）初审

这一阶段风险投资家的主要工作为取得、筛选投资方案。以前风险投资家用 60% 左右的时间去寻找投资机会，如今这一所耗时间比例已经降低到 40%，其他大部分的时间用来管理和监控已发生的投资。因此，风险投资家在拿到商业计划书和摘要后，往往只用很短的时间浏览一遍，以决定在这件事情上花时间是否值得。必须有吸引他的东西才能使之花时间仔细研究，因此，这个第一感觉特别重要。

有些风险投资公司会建立一份有关的新创企业的名单，而有些公司可能没有这么正规。这主要取决于风险投资公司的规模、雇员数量以及业务量。

商业计划书的编制是由企业或申请人自己独立完成的，企业或申请人可以求助顾问机构协助其编写商业计划书，但主题思想和具体要求必须由企业或申请人反复核实才行。申请一经递交，企业和申请人便开始了吸引风险投资基金的历程，这个历程在美国通常需要 3 周～6 周。

初审阶段的一般性标准如下。

1．科技水平和市场潜力

风险投资家需要判断风险企业中技术是否首创、是否未经试用或至少未产业化，其市场前景或产业化的可能性如何。实际上，许多风险投资机构会选择他们所擅长的领域进行投资，因为这样不会增加进一步评估的难度，而且也便于投资以后实施监督和向被投资企业提供有效的帮助。

2．投资规模

风险投资机构在选择投资项目时，一方面要能够分散风险；另一方面又要使管理人员有足够的时间对每个投资项目予以关注，这样每个投资项目所占用的资金才会适当。投资项目的资金规模太大，风险过于集中；规模太小，投资项目数量过多，不便于管理。一般对每个风险企业的投资不会超过可投资资本的 10%。

3．发展阶段

不同阶段的风险企业所需资金、投资风险和投资工具差异很大，对发展阶段的偏好与风险投资机构所处的地区、经济环境、资金来源、行业竞争程度及投资经验有关。

4．地理位置

风险企业的地理位置相对集中是风险投资机构投资组合的一个显著特征，这样有利于风险投资机构投资后参与风险企业的后期管理。

（二）风险投资家之间的磋商

在大的风险投资公司，相关的人员会定期聚在一起，对通过初审的项目计划书进行讨论，决定是否需要与风险企业进行面谈，或者给予回绝。

（三）面谈

如果风险投资家对企业家提出的项目感兴趣，他会与该企业家接触，直接了解其背景、管理队伍和企业，这是整个过程中最重要的一次会面。如果进行得不好，交易便会失败；如果面谈成功，风险投资家会希望进一步了解更多有关企业和市场的情况，或许他还会动员可能对这一项目感兴趣的其他风险投资家进行投资。风险投资家会根据计划书中的内容提出一些进一步的问题，其中重点仍然集中于管理、独特性、预测与投资报酬以及退身之路等几个方面，同时还会面对面考核企业家的素质。

（四）尽职调查

如果初次面谈较为成功，那么接下来便是风险投资家开始对风险企业的经营情况进行考察以及尽可能多地对该项目进行了解。他们通过审查程序对意向企业的技术、市场潜力和规模以及管理队伍、将来可能的退出方式进行仔细的评估，这一程序包括与潜在的客户接触，向技术专家咨询并与管理队伍举行多轮会谈。它通常包括参观公司、与关键人员面谈、对仪器设备和供销渠道进行估价。它还可能包括与企业债权人、客户、相关人员以前的雇主进行交谈。评估结果将决定是否投资、如何投资以及投资多少。此过程由风险投资家或外请专家进行，评估小组通常包括会计师和律师等专业人士。

风险投资对项目的评估是理性与灵感的结合。其理性分析与一般的商业分析大同小异，如市场分析、成本核算的方法以及经营计划的内容等，与一般企业基本相同；所不同的是灵感在风险投资中占有一定比重，如对技术的把握和对人的评价。

（五）条款清单

审查阶段完成之后，如果风险投资家对所申请的项目前景看好，那么便可以开始进行关于投资形式和估价的谈判。风险投资家通常会向企业开具一份条款清单，内容包括投资额度、投资形式、服务内容、投资年限及退出方式等。企业家应对条款清单的内容进行仔细研究，双方通过谈判来确定最终的协议。这个过程可能要持续几个月，因为企业家可能并不了解谈判的内容：他将付出多少，风险投资家希望获得多少股份，还有谁参与项目，对他个人以及现在的管理队伍会产生什么影响。这些都要花时间研究。

（六）签订合同

风险投资家力图使他们的投资回报与所承担的风险相适应。根据切实可行的计划，风险投资家对未来 3 年～5 年的投资价值进行分析，首先计算其现金流或预测收入；而后根据对技术、管理层、技能、经验、经营计划、知识产权及工作进展的评估，决定风险大小，选取适当的折现率；最后计算出其所认为的风险企业的净现值。

基于各自对企业价值的评估，投资双方通过谈判达成最终成交价值。影响最终成交价值的因素如下。

1．风险资金的市场规模

风险资本市场上的资金越多，对风险企业的需求越迫切，也会导致风险企业的价值攀升越高。在这种情况下，风险企业能以较小的代价换取风险投资家的资本。

2．退出战略

市场对上市、并购的反应直接影响风险企业的价值，研究表明，上市与并购均有可能的撤出方式，比单纯的以并购撤出的方式更有利于提高风险企业的价值。

3．风险大小

通过减少在技术、市场、战略和财务上的风险与不确定性，可以提高风险企业的价值。

4．资本市场时机

一般情况下，股市走势看好时，风险企业的价值也看好。

企业家通过讨价还价后，进入签订协议的阶段，签订代表企业家和风险投资家双方意愿和义务的合同。关于合同内容的备忘录，美国东海岸、西海岸以及其他国家不尽相同，在西海岸内容清单便是一个较为完整的文件，而在东海岸还要进行更为正规的合同签订程序。一旦最后协议签订完成，企业家便可以得到资金，以继续其经营计划中拟定的目标。在多数协议中，还包括退出计划，即简单概括出风险投资家如何撤出其资金以及当遇到重大事件、预算和其他目标没有实现的情况，将会如何处理。

（七）投资生效后的监管

投资生效后，风险投资家便拥有了风险企业的股份，并在其董事会中占有席位。多数风险投资家在董事会中扮演着咨询者的角色。他们通常同时介入好几个企业，所以没有时间扮演其他角色。作为咨询者，他们主要就改善风险企业经营状况以获取更多利润提出建议，帮助风险企业物色新的管理人员（经理），定期与企业家接触以追踪了解经营的进展情况，定期审查会计师事务所提交的财务分析报告。由于风险投资家对其所投资的业务领域了如指掌，所以其建议会很有参考价值。为了加强对企业的控制，风险投资家常在合同中增加更换管理人员和接受合并、并购的条款。

还有一些风险投资公司有时也辅以可转换优先股形式入股，有权在适当时期将其在公司的所有权扩大，且在公司清算时，有优先清算的权利。为了减少风险，风险投资家们经常联手投资某一个项目，这样每个风险资本家在同一企业的股权额在 20%～30%，一方面减少了风险，另一方面也为风险企业带来了更多管理和咨询的资源，为风险企业提供了多个评估结果，减小了评估误差。

（八）退出

风险投资公司最终是期待将营运状况良好、财务结构健全，以及具有继续成长潜力的投资企业，出让给愿意接手的其他投资人，并因此回收高额的投资报酬。经过 3 年～8 年的运作，风险投资公司可将自己所占股份增值转让，使风险投资获得最大限度的回报。但也经常有风险企业的经营状况不如预期，风险投资公司为减少损失而即时出售股权并退出经营。

风险投资公司资金退出的方式及时机的选择，取决于投资公司整个投资组合收益的最大化，而不追求个别项目的现金流入最大化。风险资本退出的主要方式有以下 4 种。

1. 首次公开发行（Initial Public Offerings，IPO）

公开上市是风险投资退出的最佳渠道，投资可得到相当好的回报。因为股票公开发行是金融市场对该公司生产业绩的一种承认，而且这种方式既保持了风险公司的独立性，又获得了在证券市场上持续筹资的渠道，公司的管理层很欢迎 IPO。然而烦琐、严格的上市条件使得小企业在股票交易所上市非常困难，因此在一些国家专门设立了转让小企业股票的交易所（二板市场）。例如，美国的大多数风险投资支持上市企业首先在 NASDAQ 即柜台交易市场上交易，英国的未上市证券市场也发挥着相同的作用。

2. 出售

出售是由另一家公司（企业或风险投资机构）兼并收购风险投资公司在风险企业的股份，这时风险企业通常都拥有高水平的产品或创新技术，吸引大公司购买。这种退出方式的收益率约为 IPO 的 1/5。它可以使风险投资家尽快收回现金或可流通证券，但公司管理层可能会因企业失去独立性而受到影响。出售又分为两种：一般收购和第二期收购。一般收购主要指公司间的收购和兼并；第二期收购主要指由另一家风险投资机构收购，接手第二期投资。

3. 购回

股票购回对于大多数投资者来说，是一种备用的退出方法。风险企业发展到相当阶段，这时由创业者按与风险投资公司协商的价格购回风险投资公司所持的股份，从而完全拥有并控制企业。普通股的卖方期权要提前约定估价的方法，它是对投资收益的一项重要保障措施。

4. 清算或破产

对于风险投资家来说，一旦确认风险企业失去了发展的可能性或成长太慢，不能给予预期的高回报时，就要果断地宣布企业破产或解散，对公司资产进行清理，将能收回的资金用于其他项目。

美国风险投资的 4 种退出方式比例分别为：公开上市占 20%，出售占 35%（其中一般收购占 25%，第二期收购占 10%），管理层回购占 25%，破产清算占 20%。

美国的风险经济公司曾经对 433 个新创企业进行了分析，结果如表 7-1 所示。对风险投资家来讲，从开始投资到退出一般需要 3～5 年的时间。加权平均后，风险投资的年回报率约为 36%，超过常规投资的收益。

表 7-1　风险投资的收益分布

撤出形式	平均周期（年）	平均收益率（%）
公开上市	4.2	610
出售	3.7	70
回购	4.7	110
破产清算	3.7	−100

二、风险企业商业计划书的内容

商业计划书也许是创业者所撰写过的最重要的一份文件，商业计划书主要的功能在于作为新创企业头几年的经营指导方针，并将提供给可能的投资者阅读，以使风险投资者、个人投资者对新创企业的公司架构、目标与未来几年的计划有一个清楚的概念。投资者每年都会阅览上千份的商业计划书，因此简明地切合重点，并详述投资者所期待看到的关键信息是比较好的做法。

（一）计划摘要

计划摘要的用途在于吸引投资者与贷方的注意与兴趣，让他们找到更多可以投资的机会，大部分的投资者不会花超过 5 分钟来浏览你的计划并做出初步的决定。因此，摘要将会是商业计划书中最重要的部分，创业者必须将计划中的关键因素说明清楚，并且摘要不要超过 2～3 页。计划摘要中应该包含以下内容：公司名称与基本资料、产品或服务的性质（所要提供的服务）、市场的规模与成长的趋势、团队成员的背景、财务需求、销售与获利预估、募集资金的使用规划、退出策略。

（二）公司描述

公司描述要详细说明公司架构、产品或提供的服务领域，这些部分包含了企业的经营宗旨、发展战略、公司的发展史（或创业想法的形成过程）、公司现况（或是预计规划的公司架构）、进入市场的策略与重大事件发展时间表、第一个产品的详细说明（包含与竞争产品的优缺点比较）、产品的研发策略。

（三）市场分析

创业者应对产品或市场做出详尽的研究调查，并让投资者清楚了解产品或服务的市场定位。具备区域或全球发展策略的企业将有加分的效果。市场分析应详述以下几点。

（1）产业概况：目标市场概况、结构及规模。
（2）顾客：目标顾客群与未来顾客群的概况、分类及规模。
（3）竞争者：现有与潜在竞争者的产品特性及优势。
（4）企划策略：广告、促销、公共关系与媒体宣传活动。
（5）营销策略：销售渠道与策略联盟等。

（四）经营团队

经营团队的潜力与优势往往是投资者决定投资的重要因素。创业者必须详述经营团队的经营理念、专业知识与以往工作经验，以使投资者相信该经营团队的能力。这一部分的重点就在于说服投资者，经营团队能有效地管理产品与服务，进入市场并取得成功。

（五）营运规划

这一部分要说明执行创业计划的策略与步骤。创业者必须说明自己如何布局整个市场与产品的销售策略，同样地，本部分的内容可以协助创业者专注执行计划过程中各种相关的成本与支出。创业者务必注意在描述执行创业计划的过程中所需支出的资金也要出现在财务规划的部分上。依据产业的不同，本部分会有一些关键的说明：营销策略、制造策略、个性化客户服务、未来研发计划与发展计划。

（六）风险管理

创业者必须让投资者了解清楚投资可能面临的风险，这个举动能赢得投资者对创业者更多的尊重，本部分要包含：外部风险、内部风险、保险规划与准备、危机处理计划等。

（七）财务规划

财务规划的重点在于让投资者了解投入投资资金的运用方式是合理的。创业者必须将创意转化为实际可行的财务规划，包含采购、配送、投资报酬率与现金管理等。财务计划必须包含过去 3 年～5 年内的实际运作数据。假如创业者的公司还没有成立，那么本部分只是单纯地与投资者讨论财务计划的规划。财务规划应详述以下几点。

（1）收益模式：预估价格与交易量及收益情况。

（2）财务报表：提供过去 2 年~5 年的损益表、现金流量表及资产负债表。

（3）基金需求：说明目前和未来所需资金。

（4）基金使用方式：如何运用所需资金。

（5）退出策略：采取什么策略退出。

（八）附录

附录使用其他辅助文件来强化商业计划书的说服力。

三、风险投资公司的风险管理

风险投资公司是人才聚焦的公司。决定一个风险投资公司盈利情况的关键因素是其投资专家的能力和眼光。好的创意、有力的管理和丰富的经验是这个产业成功的标准。经过半个世纪的探索，美国风险投资已经走向职业化，拥有了一支不但了解金融体系运作，而且对技术发展有清醒认识的风险投资队伍。以硅谷著名的风险投资公司 Kleiner Perkins Caufield & Byers（凯鹏华盈公司）为例，整个团队的 15 人中，11 人具有专业背景，另外 4 人也都拥有科技公司的销售和管理经验，这些专家对技术的发展和市场的需求有极强的透视力，他们能够准确鉴别技术成果市场化的可能性，从而对技术投资的前景做出深刻判断。在每一次投资之前都会作一些很严密的分析，即把所有风险都进行剖析，了解风险之所在。

（一）风险企业的主要风险

不同阶段的公司有不同的风险，刚建立的公司风险最大，但回报也最大；大公司的风险相对要小些，所以风险投资机构会对不同种类的公司进行投资，以达到一种风险的均衡。

风险企业在经营过程中面临的主要风险有以下 6 种。

1．技术风险

（1）创新技术能否成功的不确定性。一项技术能否按照预期的目标实现其应达到的功能，在研制之前和研制过程中都难以确定，因为技术上的失败而使创新终止的例子屡见不鲜。

（2）技术前景的不确定性。新技术在诞生之初都是不完善的，对于在现有技术知识条件下能否很快使其完善起来，开发者和进行技术创新的企业家们都不敢确定，因此，创新企业往往面临着很大的风险。

（3）产品生产的不确定性。产品开发出来后，如果由于配套材料和生产工艺的限制而不能成功地生产出产品并推向市场，创新活动还是会归于失败。

（4）技术进步的不确定性。高新技术进步迅速，创新产品极易被更新的技术产品替代。如果更新的技术比预期提前出现，原有技术将面临提前被替代甚至被淘汰的风险。

2．管理风险

管理风险是指高新技术企业在创新过程中因管理不善而导致创新失败的风险。主要包括以下 3 种。

（1）观念保守。许多高新技术企业的领头人技术上很强，管理上却很弱。他们尚未认识到专业化分工的优势，也认识不到现代企业制度的优越性，常常只把眼光局限于产品项目创新，而忽视了管理创新、工艺创新，造成企业创新战略单一，加大了创新风险。

（2）决策失误。高新技术具有投资金额大，产品更新换代快的特征，使高新技术项目的决策尤为重要，决策一旦出现失误，后果将不堪设想。

（3）企业内部组织结构不合理。高新技术具有收益大、见效快的特点，成长速度超乎寻常，往往会产生企业规模高速膨胀与组织结构相对落后的矛盾，最终导致企业经营失败。

3．市场风险

市场风险是指市场主体从事经济活动所面临的亏损可能性和盈利不确定性所造成的风险。主要表现在以下 3 个方面。

（1）市场接受能力的不确定性。高新技术产品推出后，顾客往往持怀疑态度甚至做出错误的判断，从而对市场能否接受及能接受多少难以做出准确估计。

（2）市场接受时间的不确定性。高新技术产品的推出时间与诱导出有效需求的时间存在时间差，如这一时间差过长将导致企业开发新产品的资金难以适时收回。

（3）竞争激烈程度的不确定性。如果市场竞争过于激烈，形成供过于求的局面，预期利润则很难达到。

4．资金风险

资金风险主要是指因资金不能适时供应而导致创新失败的风险。当高新技术企业发展到一定规模时，对资金的需求迅速增加；同时，由于高技术产品寿命周期短，市场变化快，获得资金支持的渠道少，从而可能出现在某一关键阶段不能及时获得资金而失去时机，被潜在竞争对手超过或经营失败。

另外，由通货膨胀、财政金融政策等引起利率水平变化，从而引起的风险投资公司的机会成本上升也应算作资金风险的另一方面。

5．信息风险

在科技成果转化的项目选择、方向决策过程中需要搜集大量的信息，如果由于信息不对称，造成对收益和风险的判断失误，就会导致最终的失败。

6．其他风险

企业外部的社会环境、政治条件的变化及自然灾害都会给高技术创新活动带来风险。

（二）风险投资的风险管理方式

风险投资已经建立起一套良性的运行机制，使投资风险降低，投资收益率提高。尽管投资高新技术产业风险很大，但只要管理得当，完全可以有效降低风险，获取最大投资收益。

造成风险的因素也就构成了风险管理的内容。风险管理的关键是选择项目，决定投资方向。首先，对风险企业发展的不同阶段，考察重点是不同的。在早期投资中面临的主要风险是技术风险和管理风险，因此着重考察的因素也就依次是：管理队伍、技术和产品的特征；而后续投资中则注意企业实施计划的效果。另外，不同的投资者由于其知识背景、信息掌握、投资偏好和目的的不同，在考察重点的排序和权重上也有区别。

风险投资专家每年收到成百上千份企业计划书，之后向最有前景的企业进行风险投资，由于需要，他们必须采取多种方式管理风险。

📚 案例小链接

日媒：软银投资阿里巴巴 20 亿回报 5 兆

据 Record Japan 网站 2014 年 6 月 13 日报道，日本软银公司社长孙正义在创业时期曾说过，"总有一天，我们要把公司做到营业额像豆腐一样一丁一丁（日语中'丁'与'兆'同音）的。"不过当时软银公司的许多职员听到这句话后都感觉孙正义是个很奇怪的人，于是纷纷选择了逃离。

而如今看来，软银公司的年营业额已经达到了 6 兆日元，营业利润也超过了 1 兆日元，孙正义当初的梦想终究如愿实现了，但是他还有更大的梦想，那就是力争"今后时价总额进入世界前十，达到 200 兆日元"。不过想要实现这一梦想，还需要克服许多困难。

在 2014 年 5 月 7 日举行的业绩结算发布会上，孙正义自豪地说道："从创业到营业利润突破 1 兆日元，日本 NTT DoCoMo 通信公司用了 118 年，丰田汽车用了 65 年，而软银公司只用了 33 年，速度为日本历史之最。"

数据显示，软银公司 2013 财年的营业利润同比增加 35.8%，达 1 兆 853 亿日元，营业额同比增大 108.2%，达 6 兆 6 666 亿日元，纯利润达到了 5 279 亿日元，所有业绩均高于同行竞争对手 NTT DoCoMo 及 KDDI（au）。

另一个值得关注的则是中国淘宝网运营商阿里巴巴，软银公司作为阿里巴巴的大股东，目前持有阿里巴巴 36% 的股份。2014 年 5 月 6 日，阿里巴巴向美国证券交易委员会提交了首次公开募股的申请，作为全球最大规模的上市公司，保守估计的时价总额可达到 10 兆日元，最高可能达到 20 兆日元，而软银所占阿里巴巴 36% 股份的时价总额则可能达到 5 兆日元。

据了解，孙正义与阿里巴巴创始人马云的首次会面时间为 2000 年，当时约有 20 家 IT 企业经营者参与了面谈，孙正义仅用了 5 分钟交谈的时间，就决定向阿里巴巴投资 20 亿日元，在短短的 14 年时间内，20 亿日元变成了 5 兆日元，这不得不让业界钦佩孙正义的远见与胆识，甚至将其评为"亚洲的沃伦·巴菲特"。

风险投资的管理遵从以下几点原则。

1．组合投资原则

组合投资原则是将风险资金按一定比例投向不同行业、不同企业（项目），或联合几个风险投资公司、金融机构、学校共同向一家企业投资。这样，既可以分散、降低风险，又可以借助其他风险投资者的经验和资金，以较少的投资使风险企业获得足够的资金，迅速发展到合理规模，尽早取得收益。

2．分阶段逐步投资原则

该原则是根据高新技术企业不同阶段的特点，确定适当比例，分期分批投入资金；一旦发现失败难以避免，就应尽早果断采取措施，切不可优柔寡断、越陷越深。

3．分类管理原则

风险投资家（公司）可把风险企业分为成功、一般、失败三类。对于成功企业应加大投资，强化经营管理，促使它们尽快成熟，尽早在股票市场上公开上市，使收益达到最大化；对一般企业应保持其稳定发展，促成企业间的收购、兼并活动；对于失败企业必须尽早提出警告，协助其改变经营方向，或者干脆宣布破产，以把风险降到最低。

4．风险投资主体多元化原则

在美国，风险资金的来源相当广泛，既有政府、财团法人的资金，也有来自大众游资、民间企业和海外的投资，还有养老保险基金的积极参与。

5．建立审核机制

建立严格的投资标准和专家审核机制，防止盲目投资。

四、投资银行在风险投资中的作用

投资银行在风险投资领域扮演着策划者、组织者和直接参与者的角色，在融资、公司并购、企业包装上市等方面起着重要作用。风险投资市场由于投资银行的参与而变得更完善和活跃，投资银行则通过参与风险投资拓展自己的业务。从风险投资的整个运作过程来看，每一个步骤都与投资银行的业务和技术紧密相关。

（一）投资银行直接进行风险投资

由于风险投资业有着丰厚的利润和较大的发展空间，而且风险投资业务与投资银行其他业务有着很高的相关性，因此投资银行纷纷将风险投资纳入自己的业务范围。投资银行作为风险投资的投资者，一是设立专业部门，专门从事高科技公司的投融资业务；二是发起设立风险投资基金公司的号召。

很多国际知名的投资银行都拥有很大规模的风险投资资金，在最初的阶段协助高科技公司成长。除了少数比较富有冒险精神的投资银行介入早期投资外，大部分投资银行所支持的风险投资公司偏向于晚期投资（即成熟期），如次级资金、过桥贷款和借贷收购资金等。

次级资金用来支持新产品已经打开销路，但生产规模急需扩大的企业，以供他们添置设备、厂房或增购原料。

过桥贷款用来支持首次公开招股前处在未成熟阶段的新兴公司，这类公司已初步具有规模实力，产品和市场较为稳定，投资风险较小。

借贷收购资金用来支持新兴的经理层收购一家现成的企业以扩大生产规模。当然，借贷收购资金也能为风险企业家的回购提供资金。晚期投资风险相对较小、周期短，而且能与投资银行的证券承销及并购业务直接衔接起来。

（二）投资银行可以担当早期风险企业的融资顾问

在风险企业发展初期（包括种子期和创建期），很多中小企业都面临资金不足的困难，但中小型高新技术企业由于规模小、资信差以及自身的高风险性，很难从商业银行、企业及证券市场等传统渠道获得必要的创业资金。投资银行可以以私募形式为主为风险企业进行融资，从而使风险企业迅速达到上市融资的要求。投资银行凭借其人力资源和信息优势，承担了这一融资顾问的角色。投资银行帮助风险企业制定商业计划书，一个好的商业计划书能够帮助风险投资家对一家寻找资金的企业做出评估。风险企业与投资者通过投资银行作为中介牵线搭桥，最终就发行条件达成协议，而这些条件在大范围的公募发行的情况下是不可能被接受的。

（三）投资银行帮助风险投资顺利退出

风险投资的最终目的是采用适当的方式退出风险企业并获取最高收益。在风险企业的成熟阶段，风险投资的退出方式主要有 IPO 和出售。为实现成功退出，风险投资在 IPO 或者出售过程中都需要有投资银行的参与，由它提供相应的上市推荐、证券承销和企业并购服务。

投资银行是风险企业 IPO 成功的关键。投资银行一方面作为准备上市企业的财务顾问和保荐人，另一方面则作为包销商。作为财务顾问，投资银行帮助企业分析上市的可行性以及策划上市的具体做法。对于每一个企业的上市，从开始设计方案到最后股票上市交易，都需要投资银行以专业知识和经验为基础做大量工作。一般而言，投资银行为企业首次公开上市所提供的主要服务有：上市的统筹协调工作、市场推广工作、包销和分销工作以及上市后的跟进服务。

在出售过程中，风险投资公司一般自行操作，只是在涉及一些规模较大的案例时，才聘用投资银行作为出售代理人，利用投资银行的人力、信息优势和丰富经验实现最大投资收益。投资银行主要负责寻找收购公司、准备出售书、代理谈判等，有时也运用自己的资金帮助并购活动顺利进行。

本章小结

1. 风险投资作为一种资本，主要是指投入新型的、有巨大发展潜力的、未上市的中小企业中的权益资金；风险投资作为一种投资方式，主要是指投资者对创业型企业尤其是高科技企业或高增长型企业提供资本支持，并通过资产经营服务对所投资企业进行培育和辅导，在企业发育成长到相对成熟后退出投资，以实现自身资本增值的一种特定形态的投资方式。

2. 风险投资具有三个特点：是一种高风险、高收益的投资；是一种长期性的权益投资；是一种金融与科技、资金与管理相结合的专业性投资。

3. 风险投资在现代经济发展中起着举足轻重的作用：促进技术创新和增强国际竞争力；推动高科技中小企业的发展，成为中小企业发展的"孵化器"；创造大量的就业机会；为 GDP 增长做出了贡献，是经济增长的"发动机"。

4. 风险投资机构是指运作管理风险投资基金的组织，其职责主要包括筹集资金、评估选择投资项目、参与被投资企业经营管理、盈利退出等。目前世界各国风险投资机构主要有三种组织形式：有限合伙制、公司制、子公司制。美国风险投资机构常采用有限合伙制，它已成为美国风险投资的典型组织形式。

5. 风险资金的来源也日益广泛，就目前各国的实际情况来看，资金的来源主要有：政府资金、机构投资者资金（如银行、证券公司、保险公司、各种社会保障基金、信托投资公司等）、个人资金、产业（企业）资本、捐赠基金、国外风险资本等。

6. 风险企业是指有风险投资资助的企业，通常是一些具有发展潜力的、新兴的高新技术中小企业。中小型风险企业发展阶段可以分为种子期、起步期、扩张期、成熟期、重建期。

7. 政府对风险投资的扶持措施可以分为直接和间接两种。其中直接措施主要是指提供直接的经费补贴；间接措施包括税收优惠、信息服务、信用担保、建立"二板市场"、预签购货合同、放宽行政管理限制等。

8. 风险投资运行程序主要包括：初审、风险投资家之间的磋商、面谈、尽职调查、条款清单、签订合同、投资生效后的监管、退出。风险资本退出的主要方式有 4 种：首次公开发行、出售、购回、清算或破产。

9. 商业计划书主要的功能在于作为新创企业头几年的经营指导方针，并提供给可能的投资者阅读，以使风险投资者、个人投资者对新创企业的公司架构、目标与未来几年的计划有一个清楚的概念。商业计划书的主要内容包括：计划摘要、公司描述、市场分析、经营团队、营运规划、风险管理、财务规划和附录。

10. 风险企业的主要风险由技术风险、管理风险、市场风险、资金风险、信息风险以及其他风险组成。风险投资已经建立起一套良性的运行机制，使投资风险降低，投资收益率提高。

11. 投资银行在风险投资领域扮演着策划者、组织者和直接参与者的角色，在融资、公司并购、企业包装上市等方面起着重要作用。

课后练习题

一、名词解释
风险投资　有限合伙制　风险投资运行程序　出售　风险管理　风险企业
公司制　商业计划书　购回　风险投资公司　首次公开发行　清算

二、填空题
1. 现代意义上的风险投资产生的根本原因是新兴中小企业，特别是高科技中小企业的融资困难。它诞生的标志是 1946 年（　　　）的成立。

2. 我国已经形成了（　　　）、（　　　）、（　　　）3 个风险投资发展中心。

3. 风险投资方式以股权形式为主，具体包括购买（　　　）、（　　　）、（　　　）等形式。

4. 在向风险企业注入资金的同时，为降低投资风险，必须介入（　　　）。

5. 风险企业在经营过程中面临的主要风险有以下几种：（　　　）、（　　　）、（　　　）（　　　）、（　　　）、（　　　）。

6. 风险投资的风险管理的（　　　）原则是指根据高新技术企业不同阶段的特点，确定适当的比例，分期分批投入资金。

三、简答题
1. 风险投资的含义及特点。
2. 风险投资的作用。
3. 与公司制相比，有限合伙制的优点。
4. 风险投资的参与主体。
5. 政府扶植风险投资的措施。
6. 风险投资运行程序。
7. 商业计划书的主要内容。
8. 风险投资过程中的风险管理方法。
9. 投资银行在风险投资中的作用。

第八章　资产管理业务

本章教学要求

　　本章介绍资产管理业务，主要内容包括证券投资基金管理与私募股权投资管理等业务。证券投资基金管理是专门为中小投资者设计的一种集合理财工具，是投资银行的重要业务。在此业务中，投资银行可以担任基金发起人、基金管理人、基金销售机构和基金注册登记机构等。本章主要讨论证券投资基金的定义、特征、分类，介绍证券投资基金的当事人，证券投资基金的设立、发行、交易与投资组合等知识。随着我国资本市场的逐渐开放和完善，私募股权投资已经在加快我国经济转型、丰富投资者的投资选择等方面发挥重要作用。本章主要介绍私募股权投资的资金筹集、投资选择、资金退出等运作流程和机制。

　　通过本章的学习，掌握证券投资基金的概念与主要分类，理解证券投资基金的当事人，熟悉证券投资基金的主要运作内容，包括证券投资基金的设立、发行、交易与投资组合等内容，掌握私募股权投资的资金筹集、投资选择、资金退出等运作流程和机制。

案例导入

基金业协会发布 2017 年基金行业重要数据

　　初步统计，截至 2017 年年底，基金管理公司及其子公司、证券公司、期货公司、私募基金管理机构的资产管理业务总规模约为 53.6 万亿元人民币。

　　公募基金管理机构管理的公募基金 4 841 只，份额 11.0 万亿元人民币，规模 11.6 万亿元人民币。

　　私募资产管理业务规模总计约 30.9 万亿元人民币，其中证券公司资产管理业务规模 16.8 万亿元人民币，基金管理公司专户规模 6.5 万亿元人民币，基金管理公司子公司专户规模 7.4 万亿元人民币，期货公司资产管理业务规模 0.2 万亿元人民币。

　　在中国证券投资基金业协会已登记私募基金管理人 22 446 家，管理私募基金 66 418 只，规模 11.1 万亿元人民币。

　　在中国证券投资基金业协会备案的证券公司、基金管理公司子公司的资产支持专项计划发行数量 1 125 只，发行规模 1.6 万亿元人民币。

第一节　基金概述

基金概述

一、证券投资基金的概念

　　证券投资基金，是指通过发售基金份额，将众多不特定投资者的资金汇集起来，形成独立财产，委托基金管理人进行投资管理，委托基金托管人进行财产托管，由基金投资者共享投资收益，共担投资风险的集合投资方式。

基金管理机构和托管机构分别作为基金管理人和基金托管人，一般按照基金的资产规模获得一定比例的管理费收入和托管费收入。

从本质上来说，证券投资基金是一种间接通过基金管理人代理投资的一种方式，投资者通过基金管理人的专业资产管理，以期得到比自行管理更高的回报。

世界各国和地区对证券投资基金的称谓有所不同，在美国被称为"共同基金"，在英国被称为"单位信托基金"，在欧洲一些国家被称为"集合投资基金"或"集合投资计划"，在日本则被称为"证券投资信托基金"。

二、证券投资基金的特点

（一）集合理财、专业管理

证券投资基金将众多投资者的资金集中起来，委托基金管理人进行共同投资，表现出一种集合理财的特点。通过汇集众多投资者的资金，积少成多，有利于发挥资金的规模优势，降低投资成本。基金由基金管理人进行投资管理和运作。基金管理人一般拥有大量的专业投资研究人员和强大的信息网络，能够更好地对证券市场进行全方位的动态跟踪与深入分析。将资金交给基金管理人管理，中小投资者也能享受到专业化的投资管理服务。

（二）组合投资、分散风险

为降低投资风险，一些国家的法律法规规定基金除另有规定外，一般需要以组合投资的方式进行基金的投资运作，从而使"组合投资、分散风险"成为基金的一大特点。中小投资者由于资金量小，一般无法通过购买数量众多的股票分散投资风险。基金投资者通常会购买几十种甚至上百种股票，投资者购买基金就相当于用很少的资金购买"一篮子"股票。在多数情况下，某些股票价格下跌造成的损失可以用其他股票价格上涨产生的盈利来弥补，因此投资者可以充分享受到组合投资、分散风险的好处。

（三）利益共享、风险共担

证券投资基金实行利益共享、风险共担的原则。基金投资者是基金的所有人。基金投资收益在扣除由基金承担的费用后将盈余全部归基金投资者所有，基金投资者一般会按照所持有的基金份额比例进行分配。为基金提供服务的基金托管人、基金管理人一般按基金合同的规定从基金资产中收取一定比例的托管费、管理费，他们并不参与基金收益的分配。

（四）严格监管、信息透明

为切实保护投资者的利益，增强投资者对基金投资的信心，世界各个国家和地区的基金监管机构都对证券投资基金业实行严格的监管，对各种有损投资者利益的行为进行严厉的打击，并强制基金进行及时、准确、充分的信息披露。在这种情况下，严格监管与信息透明也就成为公募证券投资基金的另一个显著特点。

（五）独立托管、保障安全

基金管理人负责基金的投资操作，本身并不参与基金财产的保管，基金财产的保管由独立于基金管理人的基金托管人负责。这种相互制约、相互监督的制衡机制为投资者的利益提供了重要的保障。

三、证券投资基金与其他金融工具的比较

（一）基金与股票、债券的差异

1．反映的经济关系不同

股票反映的是所有权关系，是一种所有权凭证，投资者购买股票后就成了公司的股东；债券反映的是债权债务关系，是一种债权凭证，投资者购买债券后就成了公司的债权人；基金反映的是一种信托关系，是一种受益凭证，投资者购买基金份额后就成了基金的受益人。

2．所筹资金的投向不同

股票和债券是直接投资工具，筹集的资金主要投向实业领域；基金是一种间接投资工具，筹集的资金主要投向有价证券等金融工具或产品。

3．投资收益与风险大小不同

通常情况下，股票价格的波动性较大，是一种高风险、高收益的投资品种；债券可以给投资者带来较为确定的利息收入，波动性较股票要小，是一种低风险、低收益的投资品种；基金的投资收益和风险取决于基金种类以及其投资的对象，总体来说由于基金可以投资于众多金融工具和产品，能有效分散风险，是一种风险相对适中、收益相对稳健的投资品种。

（二）基金与银行储蓄存款的差异

截至目前，由于开放式基金长期以来主要通过商业银行代销，许多投资者误认为基金是银行发行的金融产品，与银行储蓄存款没有太大区别。实际上，两者有着本质的不同，主要表现在以下三个方面。

1．性质不同

基金是一种受益凭证，基金独立于基金管理人，基金管理人只是受托进行管理投资者的资金，并不承担投资损失的风险；银行储蓄存款表现为银行的负债，是一种信用凭证，银行对存款者负有法定的保本付息责任。

2．收益与风险特性不同

基金收益具有一定的波动性，存在投资风险；银行储蓄存款利率相对固定，投资者损失本金的可能性很小。

3．信息披露程度不同

基金管理人必须定期向投资者公布基金的投资运作情况；银行吸收存款之后，不需要向存款人披露资金的运作情况。

四、证券投资基金的起源和发展

（一）证券投资基金的起源

证券投资基金作为社会化的理财工具，起源于英国。1868 年，当时英国经过第一次工业革命后，工商业快速发展，殖民地和贸易遍及世界各地，社会和个人财富迅速增长。由于国内资金积累过多，投资成本日渐升高。于是，许多商人便将私人财产和资金纷纷转移到劳动力价格低廉的海外市场进行投资，以谋求资本的最大增值。但由于投资者缺乏国际投资知识，对海外的投资环境缺乏应有的了解，加上地域限制和语言不通，无法自行管理。在经历了投资失败、被欺诈等惨痛教训之后，人们便萌发了集合众多投资者的资金，委托专人经营和管理的想法，并得到了英国政府的支持。

1868 年英国成立"海外及殖民地政府信托基金"，在《泰晤士报》刊登招股说明书，公开向社会个人发售认股凭证，这是公认设立最早的投资基金。该基金以分散投资于国外殖民地的公司债为

主。其投资地区，远及南北美洲、中东、东南亚等地区和意大利、葡萄牙、西班牙等国，投资总额为 48 万英镑。该基金与股票类似，不能退股，亦不能将基金单位兑现，认购者的权益仅限于分红和派息两项。因为其在许多方面为现代基金的产生奠定了基础，金融史学家将其视为证券投资基金的雏形。

另一位投资信托的先驱者是苏格兰人罗伯特·富来明，1873 年，富来明创立了"苏格兰英国投资信托"，开始计划代替中小投资者办理新大陆的铁路投资。"苏格兰英国投资信托"固定利率为 6%，24 年期，实际年收益率达到 7%，远远超过当时政府公债 2%的收益率。

1879 年英国《股份有限公司法》公布，投资基金脱离了原来的契约形态，发展成为股份有限公司制的组织形式。

证券投资基金的初创阶段，主要投资于海外实业和债券，在类型上主要是封闭式基金。

（二）证券投资基金的发展

证券投资基金真正的高速发展是在美国。1921 年至 20 世纪 70 年代是证券投资基金的发展阶段。1921 年 4 月美国成立了第一家证券投资基金组织——"美国国际证券信托基金"，标志着证券投资基金发展中的"英国时代"结束而"美国时代"开始。1924 年 3 月 21 日，"马萨诸塞投资信托基金"成立，意味着美国式证券投资基金的真正起步。这一基金也是世界上第一个公司型开放式投资基金。

到了 1972 年，已经出现了 46 只债券和收入基金；1992 年，更进一步达到了 1 629 只。1971 年，第一只货币市场基金建立，货币市场基金提供了比银行储蓄账户更高的市场利率，并且具有签发支票的类货币支付功能。同时，美国退休保障体制的变革对共同基金业的发展也起到了重大作用。1974 年，美国《雇员退休收入保障法》颁布实施，企业养老计划获得了重要的法律和税收支持，随后进入了迅速发展阶段，同时个人退休账户开始出现。1978 年，401K 退休计划和自雇者个人退休计划出现。这些不同类型养老计划的出现、发展和繁荣，极大地推动了美国对共同基金的需求。

到了 1990 年，美国共同基金业的资产净值首次达到 1 万亿美元，可供投资者选择的基金达 3 100 多只。1999 年年底，美国共同基金资产净值突破了 6 万亿美元，全球则超过 7 万亿美元。在经过 2001 年、2002 年的证券市场短暂调整后，投资基金业重新走上了快速发展的轨道，2006 年年底美国基金业资产净值总值创下 10 万亿美元的新纪录。在 2007 年—2008 年金融危机爆发后，基金业的规模因资金净流出出现了短暂的下跌，之后又迅速恢复到危机前的水平。截至 2013 年年底，美国基金业资产净值规模达到 18.1 万亿美元。

与英国模式相比，美国模式具有三个基本特点：一是证券投资基金的组织体系由原先英国模式的契约型改为公司型；二是证券投资基金的运作制度由原先英国模式中的封闭式改为开放式；三是证券投资基金的回报方式由原先英国模式中的固定利率方式改为分享收益、分担风险的分配方式。

目前，在全球证券投资基金中，美国的证券投资基金占主导地位。美国的证券投资基金主要有以下四个特征。

第一，在世界各国证券投资基金中，美国的证券投资基金在资产总值上占比非常高。

第二，基金运作相对规范，公司型基金占据主导地位。

第三，基金种类多，金融创新层出不穷。

第四，允许雇主发起的养老金计划和个人税收优惠养老计划将公募的共同基金作为投资工具，这是推动证券投资基金发展的一个重要原因。

（三）证券投资基金的普及性发展

20 世纪 40 年代以后，各个发达国家的政府也认识到证券投资基金的重要性以及在金融市场的作用，相继制定了一系列法律法规，在对证券投资基金加强监管的同时，也为证券投资基金提供了良好的外部环境，极大地推动了证券投资基金的发展。20 世纪 80 年代以后，证券投资基金在世界范围内得到了普及性发展。

就全球而言，进入 21 世纪以后，全球基金业的规模继续膨胀。特别是在 2006 年—2007 年，全球基金业的资产规模增长速度明显加快。在 2007 年年底，基金业的资产净值规模相比 1999 年翻了一番，达到历史最高峰的 25.1 万亿美元。随后金融危机爆发，全球基金业的规模有所下降，经过短暂调整，2009 年以后重新走上上升的轨道，截至 2013 年年底，全球基金业资产净值规模达到 30.03 万亿美元，基金数目超过 7.6 万只。在各种基金类型中，股票基金的资产规模和数目都具有优势。不过随着世界经济的不景气、股市低迷，股票基金的比重在下降，而债券基金的资产规模在显著上升。从区域看，全球投资基金的资产主要集中在北美洲和欧洲。

目前，证券投资基金在全球的发展主要有以下四个特征。

1．美国占据主导地位，其他国家和地区发展迅猛

目前，美国的证券投资基金资产净值总值占世界半数以上，对全球证券投资基金的发展有着重要的示范性作用。除欧洲各国、美国、日本外，澳大利亚、拉丁美洲国家、亚洲新兴国家和地区，如新加坡、韩国等国家的证券投资基金发展也很快。随着数量、品种、规模的大幅度增长，证券投资基金日益成为各国和各地区资本市场的重要力量，市场地位也不断提高。

2．开放式基金成为证券投资基金的主流产品

20 世纪 80 年代以来，开放式基金的数量和规模增加幅度最大，目前已成为证券投资基金中的主流产品。探究其中的原因，开放式基金的运作机制和制度安排更加市场化是非常重要的因素之一，其独特灵活的申购赎回机制适应了市场竞争的客观需要，是金融创新顺应市场发展潮流的必然结果。事实证明，开放式基金更加全面的客户服务和更加充分的信息披露，已经获得了广泛基金投资者的青睐。

3．基金市场竞争加剧，行业集中趋势突出

在证券投资基金的发展过程中，基金市场行业集中趋势明显，资产规模位居前列的少数大型基金公司所占的市场份额不断扩大。随着市场竞争的加剧，许多基金公司不得不走上兼并、收购的道路，这反过来进一步加剧了基金市场的集中趋势。

4．基金资产的资金来源发生了重大变化

个人投资者一直是传统上证券投资基金的主要投资者，但目前已有越来越多的机构投资者，（特别是退休养老金）成为基金的重要资金来源。例如，美国允许雇主发起的养老金计划（典型的如 401K 计划）和个人税收优惠养老金计划，以共同基金为投资对象。在近 30 年中，美国共同基金业的迅速发展壮大与退休养老金的快速增长紧密相关。

从国际经验看，证券投资基金之所以对投资者有较大的吸引力并且在 20 世纪 80 年代以后发展迅速，主要原因有以下三种。

第一，证券投资基金在运作中的专业管理、制衡机制、组合投资等特征，有利于分散基金运作中的风险，并能够给投资者稳定的回报，从而使投资者认可并选择这一投资工具。

第二，证券投资基金对证券市场的稳定和发展有一定的积极作用，对市场的支撑力度大。

第三，证券投资基金对金融产品创新、社会分工和社会稳定有积极的促进作用。

（四）证券投资基金在中国的发展

在中国，投资基金与证券市场的发展几乎是同步的。1990 年年底，我国第一家证券交易所——上海证券交易所成立，标志着我国证券业的发展进入了一个新时期。当时的市场规模虽然还小，但市场运作日趋完善，投资者的金融投资意识也逐渐增强。在这种情况下，一些省市的地方证券公司开始尝试发行基金证券，如武汉基金、珠信基金、南山风险基金等，它们的规模都非常小，不足 1 亿元人民币。由于没有规范立法，这些基金的类型、资产组合、兑现方式等均存在较大的差异，投资风险无法控制，投资者的利益难以保障。

从 1992 年开始，投资基金的发展进入新阶段，基金业主管机关是中国人民银行。这时各地掀起了一股设立投资基金的浪潮，获主管机构批准成立的各类基金有几十家之多。辽宁、上海、广东、海南、浙江等地都先后推出了各种类型的基金。1992 年 6 月，深圳颁布了《深圳市投资信托基金管理暂行规定》，对基金运作的各个环节和所涉及的方面做出了规定。这是我国第一部地方性证券投资基金法。此后，一些证券交易所和交易中心也相继出台了一些基金上市的试行办法。这些文件的颁布从法律上承认了证券投资基金在我国金融市场中的地位，推动证券投资基金在我国以前所未有的速度发展起来。

我国证券投资基金业伴随着证券市场的发展而诞生，发展线索主要有四个：其一，基金业的主管机构从中国人民银行过渡为中国证监会；其二，基金的监管法规从地方行政法规起步，到国务院证券委员会出台行政条例，再到全国人民代表大会通过并修订《证券投资基金法》，中国证监会根据《证券投资基金法》制定了一系列配套规则；其三，基金市场的主流品种从不规范的"老基金"，到封闭式基金，再到开放式基金，乃至各类基金创新产品纷纷出现；其四，随着居民财产收入的增加和理财意识的觉醒，中国百姓对证券投资基金从不熟悉到熟悉，投资基金逐渐成为人们选择家庭金融理财工具时的主要对象。

因此，本书以主管机关管辖权力过渡、基金监管法规的颁布、基金市场主流品种的变化、百姓对基金的认识等为线索，将我国基金业的发展划分为以下四个阶段。

1. 萌芽和早期发展时期（1985 年—1997 年）

在 20 世纪 80 年代末，一批由中资或外资金融机构在境外设立的"中国概念基金"相继推出，主要投资于在香港上市的内地企业或内地企业的股票。

20 世纪 90 年代初期，在"中国概念基金"与中国证券市场初步发展的影响下，在地方政府和当地人民银行的支持下，国内基金开始发展，在 1992 年前后形成了投资基金热。1992 年 6 月，深圳市率先公布了《深圳市投资信托基金管理暂行规定》，同年 11 月经深圳市人民银行批准，成立了深圳市投资基金管理公司，发起设立了当时国内规模最大的封闭式基金——天骥基金，规模为 5.81 亿元人民币。1992 年 11 月，经中国人民银行总行批准的国内第一家投资基金——淄博乡镇企业投资基金（以下简称"淄博基金"）正式设立，并于 1993 年 8 月在上海证券交易所挂牌上市，成为我国首只在证券交易所上市交易的投资基金，该基金为公司型封闭式基金，募集规模为 1 亿元人民币，60%投向淄博乡镇企业，40%投向上市公司。在这一时期，中国人民银行作为基金主管机关，进行基金的审批设立以及运作监管。这一阶段成立的基金数量共有 79 只，总资产 90 多亿元人民币，投资者约 120 万户，大部分是在 1992 年前后成立的。相对于 1997 年《证券投资基金管理暂行办法》实施以后发展起来的证券投资基金而言，习惯上将 1997 年以前设立的基金称为"老基金"。

处于探索阶段的基金在运作过程中都积累了一些宝贵经验，培养了一批基金管理从业人才，但是也存在着大量问题，主要表现在以下三个方面：一是由于缺乏基本的法律规范，基金普遍存在法律关系不清、无法可依、监管不力的问题。这一时期，我国没有完整统一的证券和基金法律法规，只有两部地方性基金法规。基金的发起设立以及运作普遍不规范。二是"老基金"资产大量投向了房地产、企业法人股权等，因此实际上可以算是一种产业投资基金，而非严格意义上的证券投资基金。三是"老基金"深受 20 世纪 90 年代中后期我国房地产市场降温、实业投资无法变现以及贷款资产无法收回的困扰，资产质量普遍不高。总体而言，这一阶段中国基金业的发展带有很大的探索性、自发性与不规范性。

2. 证券投资基金试点发展阶段（1998 年—2002 年）

1997 年 11 月，当时的国务院证券委员会颁布了《证券投资基金管理暂行办法》，为我国证券投资基金业的规范发展奠定了法律基础，1998 年 3 月 27 日，经中国证监会批准，新成立的南方基金管理公司和国泰基金管理公司分别发起设立了规模均为 20 亿元人民币的两只封闭式基金——基金开元和基金金泰，由此拉开了中国证券投资基金试点的序幕。随后，1998 年 4 月华夏基金公司发起设立了兴华基金，华安基金管理公司发起设立了安信基金。最早发行的封闭式基金受到市场的热烈追捧，比如基金开元和基金金泰的申购户数分别达到了 95.8 万户与 119.8 万户，中签率不足 2.5%。

基金试点的当年，我国共设立了 5 家基金管理公司，管理封闭式基金 5 只（单只基金的规模均为 20 亿元人民币），基金募集规模为 100 亿份，年末基金净资产合计 107.4 亿元人民币。1999 年有 5 家新的基金管理公司获准设立，使基金管理公司的数量增加到了 10 家，这 10 家基金管理公司是我国第一批基金管理公司，也被市场称为"老十家"。

在新基金快速发展的同时，中国证监会开始着手对原有投资基金（即"老基金"）进行清理、规范，将"老基金"资产置换后合并扩募改制成为新的证券投资基金。2000 年共有 36 只"老基金"改制成了 11 只证券投资基金，基金的数量在 2000 年年底达到了 33 只。同时新成立了 6 家基金管理公司，由它们管理改制后的基金。

在封闭式基金成功试点的基础上，2000 年 10 月 8 日，中国证监会发布并实施了《开放式证券投资基金试点办法》，由此揭开了我国开放式基金发展的序幕。2001 年 9 月，我国第一只开放式基金——华安创新诞生，到 2001 年年底，我国已有华安创新、南方稳健和华夏成长等 3 只开放式基金，2002 年年底开放式基金迅速发展到了 17 只，规模为 566 亿份。开放式基金的发展为我国证券投资基金业的发展注入了新的活力，并在很大程度上为我国基金产品的创新开辟了广阔的天地。到 2003 年年底，我国开放式基金在数量上已经超过封闭式基金成为证券投资基金的主要形式，资产净值不相上下。之后，开放式基金的数目和资产规模均远远超过封闭式基金。

2002 年 12 月，首家批准筹建的中外合资基金管理公司国联安基金管理有限公司成立，基金业成为履行我国证券服务业入世承诺的先锋。

3. 行业快速发展阶段（2003 年—2008 年）

2003 年 10 月 28 日，十届全国人大常委会第五次会议审议通过《中华人民共和国证券投资基金法》（以下简称"证券投资基金法"），并于 2004 年 6 月 1 日实行，基金业的法律规范得到重大完善。《证券投资基金法》共 12 章 103 条，对基金活动的基本法律关系，基金管理人，基金托管人，基金的募集，基金份额的交易，基金份额的申购与赎回，基金的运作与信息披露，基金合同的变更、终止与基金财产清算，基金份额持有人权利及其行使，监督管理，法律责任等涉及基金运作的各个环节都做出了明确的法律规范。良好的基金立法和严格的基金监管是促进基金业健康发展的必要条件。《证券投资基金法》的出台为我国基金业的发展奠定了坚实的法律基础，在此基础上，我国证券投资基金业走上了一个更快的发展轨道。这一阶段基金发展的主流品种是开放式基金，自 2002 年 8 月银丰基金发行成功后直到 2007 年 7 月，我国一直未发行新的封闭式基金。2006 年—2007 年受益于股市繁荣，我国证券投资基金得到有史以来最快的发展，主要表现在以下五方面。

（1）基金业绩表现异常出色，创历史新高。

2006 年股票型开放式基金平均净值收益率达到 121.45%，封闭式基金平均净值收益率为 105.26%。

（2）基金业资产规模急速增长，基金投资队伍迅速壮大。

2006 年全部证券投资基金资产规模合计 8 564.61 亿元人民币，相比前一年，增幅超过 80%，2007 年年底，全部（368 只）证券投资基金资产净值合计 32 786.17 亿元人民币，是 2006 年同期的 3.83 倍。2007 年年底，基金投资者已经超过 1 亿户，大约有 1/4 的中国家庭购买了基金，基金资产总规模相当于城乡居民人民币储蓄总额的 1/6，基金业的影响力显著上升。

（3）基金产品和业务创新继续发展。

基金产品的创新层出不穷，先后出现了生命周期基金、QDII 基金（合格境内机构投资者）、结构分级基金等多种创新品种。2007 年 7 月，中国证监会正式发布了《合格境内机构投资者境外证券投资管理试行办法》，公募基金管理业由此进入全球投资时代，包括华安、南方、华夏、嘉实、上投摩根、华宝兴业、海富通等在内的多家基金管理公司获得了 QDII 业务的试点资格。基金品种创新推动中国基金业在规模上上升到了一个新的台阶。

（4）基金管理公司分化加剧、业务呈现多元化发展趋势。

在此期间，基金管理公司管理的资产规模普遍增长，2007 年年底有 9 家基金管理公司规模超过千亿元人民币，前十大基金管理公司份额占市场总份额的 49.78%。2007 年 11 月，中国证监会颁布了《基金管理公司特定客户资产管理业务试点办法》，基金管理公司私募基金管理业务获准以专户形式进行。相对于传统公募基金，私募基金具有灵活的薪酬体系与投资策略，使得基金管理公司能够"量体裁衣"，针对客户的个性化需求进行投资。一些基金管理公司还取得了全国社会保障基金、企业年金的管理资格，开展社保基金及年金受托管理业务。

（5）强化基金监管，规范行业发展。

我国基金业快速发展的同时也出现了一些问题，比如出现基金经理利用非公开信息交易案件；基金产品结构不合理、同质化严重；基金业人才流失、基金投资者不成熟等问题。针对基金业出现的问题，中国证监会在《证券投资基金法》的框架下出台了多项法规，规范基金行业，保护投资者利益。中国证监会先后出台了《基金管理公司管理办法》《基金运作管理办法》《基金销售管理办法》《基金信息披露管理办法》等行政规章及若干配套监管文件，形成了以"一法六规"为核心的比较完善的监督管理法规体系。2007 年 7 月，新的企业会计准则在基金业得到全面实施，为基金行业更为透明准确的信息披露提供了保证。

4．行业平稳发展及创新探索阶段（2008 年至今）

2008 年以后，由于全球金融危机的影响、我国经济增速的放缓和股市的大幅调整，基金行业进入了平稳发展时期，管理资产规模停滞不前，股票型基金呈现持续净流出状态。面对不利的外部环境，基金业进行了积极的改革和探索。

（1）放松管制、加强监管。

这一时期，基金监管机构不断坚持市场化改革方向，贯彻"放松管制、加强监管"的思路，允许基金管理公司开展专户管理等私募业务、设立子公司开展专项资产管理和销售业务、设立香港子公司从事 RQDII（人民币合格境内投资者）等国际化业务。基金产品的审批也逐步放松，取消产品发行数量的限制，审核程序也大大简化。在放松管制的同时，加强了行为监管，打击违法活动，设立了"不能利用非公开信息获利、不能进行非公平交易、不能搞各种形式的利益输送"三条底线。

2012 年 12 月 28 日，全国人大常委会审议通过了修订后的《证券投资基金法》并于 2013 年 6 月 1 日正式实施。《证券投资基金法》对私募基金监管、基金公司准入门槛、投资范围、业务运作等多个方面进行了修改和完善，主要修订内容包括以下五点：一是扩大调整范围，将私募基金产品纳入管制范围。规范私募基金运作，统一监管标准，防范监管套利和监管真空。二是放宽机构准入，松绑基金业务运作。在市场准入、基金募集审批、基金投资范围、业务运作限制等方面取消或者减少了限制规定。三是规范服务机构，明确了基金服务机构的种类和监管要求。四是防范业务风险，加强投资者保护。在市场主体行为和责任追究等多方面同步加强了监管要求。五是强调自我约束和自律管理。促进中介服务机构和行业自律的作用发挥，强化市场自我规范、自我调整和自我救济的内在约束机制。

修订的《证券投资基金法》出台后，监管机构配套出台了众多的基金业改革措施，这些新措施的推出，在拓宽基金公司业务范围、扩大基金投资标的、松绑投资运作限制、优化公司治理、规范行业服务行为等方面，取得了较大进展。2012 年 6 月 6 日，中国证券投资基金业协会正式成立。伴随法律法规的修订完善，我国基金业的制度基础得以夯实，基金业的发展环境进一步得到优化，基金业改革创新的空间得到拓展。

（2）基金管理公司业务和产品创新，不断向多元化发展。

随着行业管制的放松和市场化改革，基金管理公司业务范围得到极大拓展。业务和产品创新热情得到释放。除了传统的公募基金业务外，企业年金业务、社保基金、特定客户资产管理等业务有了较快发展。子公司投资于非上市股权、债权和收益权资产的专项资产管理计划开始大量出现，一些基金管理公司还开始涉足财富管理业务。基金产品创新也得到较快发展，基金产品更加精细化，覆盖范围更广。出现了各类股票型、债券型分级基金产品，行业、债券、黄金、跨市场和跨境等ETF 产品，短期理财债券型基金产品，$T+0$ 和具有支付功能的货币市场基金和场内货币市场基金等新产品。

（3）互联网金融与基金业有效结合。

互联网金融与货币市场基金成功融合，并凭借在投资回报稳定性和资金运用便捷性方面的综合竞争优势，成为公募基金行业快速成长的新生力量代表。2013 年 6 月，推出了与天弘增利宝货币市场基金（2015 年 5 月，更名为天弘余额宝货币市场基金）对接的余额宝产品，规模及客户数量迅速爆发增长，成为市场关注的新焦点。此外，淘宝网店、好买基金网、天天基金网等网上销售基金的创新方式也逐渐兴起。

（4）股权与公司治理创新得到突破。

修订后的《证券投资基金法》放宽了基金管理公司股东的资格条件，2013 年国务院批复同意了中国证监会关于主要股东和非主要股东条件的请示，对自然人成为股东做出了明确规定。2013年、2014 年，天弘、中欧等基金管理公司先后实现了管理层及员工持股，也有不少公司通过子公司来间接实现管理层股权激励，这些探索体现了基金行业人力资本的价值，有利于建立长效激励约束机制。

（5）专业化分工推动行业服务体系创新。

修订后的《证券投资基金法》的实施为基金服务机构的大发展提供了空间，加速了行业外包市场的发展。特别是在基金销售方面，一批城市商业银行和农村商业银行获得基金代销资格，依托互联网的独立销售机构和支付机构得到壮大。

（6）混业化与大资产管理的局面初步显现。

修订后的《证券投资基金法》以及配套政策的颁布实施，搭建了大资产管理行业的基本制度框架。私募基金纳入统一监管，基金管理公司可以通过设立子公司而从事专项资产管理业务，证券公司、保险资产管理公司及其他资产管理机构可以申请开展公募基金业务。各类金融机构交叉持股现象更加普遍，发行各类资产管理产品，形成相互关联的业务网络，同时伴随着互联网金融的发展，互联网企业的逐渐进入，一个更加开放、竞争的资产管理时代已经到来。

五、证券投资基金的分类

（一）根据投资基金的法律形式不同分类

1．含义

（1）契约型投资基金，是依据一定的信托契约原理而组织起来的代理投资行为。英国、日本多是契约型基金。我国目前的基金均为契约型基金。

契约型投资基金由委托者、受益者和受托者三方组成。委托者就是基金投资的设定人，创设基金，发行受益凭证，负责投资基金的管理与操作；受益者则是受益凭证的持有人，是普通投资者，凭受益凭证享有投资成果，是信托契约当事人之一；受托者一般为银行或信托公司，根据信托契约的规定，具体办理证券、现金的管理及其他有关的代理业务和会计核算业务。

（2）公司型投资基金，相对于契约型投资基金来说，它不是按照一定的信托契约而是按照合同法组成的以营利为目的的股份有限公司形式，发行公司股票、筹集投资者资金组成基金，公司经理、董事执行业务，并向股东负责。美国的基金多为公司型基金。

公司型投资基金的特点是投资基金即为公司本身，公司委托证券公司发行股票募集资金，投资者即为公司股东。基金成立后，基金投资管理一般由公司自己的工作班子来承担，有时也聘请其他经理公司来操作，基金财产则委托某个金融机构保管和处理。

基金持有人既是基金投资者又是公司股东，按照公司章程的规定，其有权享受权利且应履行义务。公司型基金成立后，通常委托特定的基金管理公司运用基金资产进行投资并管理基金资产。基金资产的保管则委托另一个金融机构，该机构的主要职责是保管基金资产并执行资金管理人的指令，二者权责分明。基金资产独立于基金管理人和托管人的资产之外，即使受托的金融保管机构破产，受托保管的基金资产也不在清算之列。

2．契约型投资基金与公司型投资基金的主要区别

（1）资金的性质不同。契约型投资基金的资金是信托财产，公司型投资基金的资金为公司法人的资本。

（2）投资者的地位不同。契约型投资基金的投资者作为信托契约中规定的受益人，对基金如何运用所做的重要投资决策通常不具有发言权；公司型投资基金的投资者作为公司的股东有权对公司的重大决策进行审批，发表自己的意见。

（3）基金的营运依据不同。契约型投资基金依据基金契约运营基金，公司型投资基金依据基金管理公司章程运营基金。

（二）根据运作方式的不同分类

1．含义

（1）开放式基金，是指基金管理公司在设立基金时，发行的基金单位总数不固定，基金总额也不封顶，可视经营策略和实际需要连续发行。

投资者可以随时购买一定数量的基金单位，也可以随时将手中的基金单位赎回。购买或赎回基金单位的价格，按基金的净资产计算。

开放式基金不在证券市场上交易，基金投资者可以通过银行、证券公司或者基金管理公司申购，当基金投资者不想持有开放式基金时，可以选择赎回资金。

（2）封闭式基金，是指基金发行在外的受益凭证数量是固定的，发行期满后，基金就封闭起来，基金数量不再增减。

我国证券市场上最初出现的都是封闭式基金，因为其可以保证资金总额的稳定，避免应对赎回的问题，适合初创期的证券市场。

投资者若要购买和出售基金持股，只能在证券交易市场上竞价买卖。因此，封闭式基金类似于普通股票，基金凭证的价格由市场供需状况决定，并不一定反映基金的资产净值。由于投资者在封闭式基金投资期间不得中途抽回资金，所筹资金不以现金资产形式存放，可以完全投资于其他证券，因而，投资收益往往高于开放式基金。有些国家和地区规定，封闭式基金在符合一定条件，经股东大会表决通过和有关部门批准后，也可以改为开放式基金。

由于封闭式基金不能随时被赎回，其募集得到的资金可全部用于投资，这样基金管理公司便可以据此制定长期的投资策略，取得长期的经营绩效。而开放式基金则必须保留一部分现金，以便投资者随时赎回，因此不能尽数用于长期投资。

2．封闭式基金和开放式基金的主要区别

（1）存续期限不同。

开放式基金没有固定期限，投资者可以随时向基金管理人赎回基金单位；而封闭式基金通常有固定的封闭期，一般为 10 年或 15 年，经受益人大会通过并经主管机关同意后可以适当延长期限。

（2）规模可变性不同。

开放式基金通常无发行规模限制，投资者可以随时提出申购或赎回申请，基金规模因此而增加或减少；而封闭式基金在招募说明书中需列明其基金规模，发行后在存续期内总额固定，未经法定程序认可不能再增加发行量。

（3）交易场所不同。

封闭式基金份额固定，在完成募集后，基金份额在证券交易所上市交易。投资者买卖封闭式基金份额，只能委托证券公司在证券交易所按市价买卖，交易在投资者之间完成；开放式基金份额不固定，投资者可以按照基金管理人确定的时间和地点向基金管理人或其销售代理人提出申购、赎回申请，交易在投资者与基金管理人之间完成。

（4）交易价格计算标准不同。

封闭式基金的交易价格受市场供求关系影响，常出现溢价或折价的交易现象，这并不必然反映基金的净资产值；而开放式基金的申购价一般是基金单位净资产值加一定的购买费，赎回价是基金净资产值减一定的赎回费，与市场供求情况的相关性不大。

（5）对管理人的要求和投资策略不同。

在封闭式基金条件下，基金管理人没有随时被要求赎回的压力（但也无法扩大规模），基金管理人可以实行长期的投资策略，业绩与基金经理的效益挂钩不明显；开放式基金因为有随时赎回的可能，因此必须保留一部分资金，以便应付投资者随时赎回的情况，进行长期投资会受到一定限制，业绩与基金经理的效益直接挂钩。另外，开放式基金的投资组合等信息披露的要求也比较高。

（6）投资策略不同。

为了应付投资者随时赎回兑现，开放式基金必须在投资组合上保留一部分现金和流动性高的金融商品；而封闭式基金的基金资本不会减少，有利于长期投资，基金资产的投资组合能在有效的预定计划内进行。

（三）根据投资对象的不同分类

1．股票基金

股票基金是指以股票为投资对象的投资基金。根据规定，在我国，证券投资基金 80%以上的资产投资于股票的为股票基金。

2．债券基金

债券基金是指以债券为投资对象的投资基金。根据规定，在我国，证券投资基金 80%以上的资产投资于债券的为债券基金。

3．混合基金

混合基金是指投资于股票、债券和货币市场工具的，且股票、债券投资比例不符合股票基金、债券基金规定的为混合基金。也就是说，混合基金是投资于股票、债券和货币市场工具的基金。根据其投资于股票、债券的比例，分为偏股型、偏债型和股债平衡型三种。偏股型基金中股票的配置比例较高，债券的配置比例相对较低。通常，股票的配置比例为 50%～70%，债券的配置比例为20%～40%；偏债型基金与偏股型基金正好相反，债券的配置比例较高，股票的配置比例则相对较低；股债平衡型基金中股票与债券的配置比例较为均衡，两者的比例通常为 40%～60%。

4．货币基金

货币基金是指以货币市场工具为投资对象的投资基金，即以国库券、大额银行可转让存单、商业票据、公司债券等货币工具为投资对象的证券投资基金。

5．期货基金

期货基金是指以各种期货品种为主要投资对象的投资基金。

6．期权基金

期权基金是指以能分配股利的股票期权为投资对象的投资基金。

7．指数基金

指数基金是指以某种证券市场的价格指数为投资对象的投资基金。

8．认股权证基金

认股权证基金是指以认股权证为投资对象的投资基金。

案例小链接

业绩彰显实力 泰达宏利基金 2017"赚钱榜"亮点纷呈

2017 年，A 股市场呈现"二八分化"的格局，"漂亮 50"受到各类资金的青睐，价值投资理念大行其道，权益类基金中有八成的基金产品获得正收益，公募基金"赚钱效应"明显，泰达宏利基金凭借着自身严谨的投研体系使得旗下基金整体表现亮眼，权益、量化、港股投资多点开花，亮点纷呈。

主动管理型基金方面，泰达宏利复兴伟业、泰达宏利稳定、泰达宏利领先中小盘均表现优异。Wind 数据显示，截至 2017 年 12 月 31 日，这三只偏股混基回报率分别为 39.36%、35.99%和32.77%，在同类产品中均名列前茅。

泰达宏利旗下指数型基金亦有不俗表现。泰达宏利中证财富大盘可谓是指数基金中的"老人"了，成立七年多，不断为投资者创造稳健回报，长短期表现均可圈可点。银河数据显示，截至 2017 年 12 月 31 日，泰达宏利中证财富大盘回报率为 27.34%；其近两年、三年、五年的净值增长率分别为 22.88%、47.01%和 122.08%，长期业绩位于同类的前 1/10。

随着人口老龄化时代的到来，泰达宏利基金也一直致力于为居民养老提供更多理财选择。泰达宏利养老收益是一只成立于 2014 年的以养老为主题的偏债混合型基金，该基金曾凭借着优异的业绩获得 2016 年《上海证券报》颁发的第十四届"金基金奖"，2017 年该基金继续保持稳定收益，泰达宏利养老收益 A、泰达宏利养老收益 C 在 2017 年的回报率分别为 12.00%、11.36%，业绩在绝对收益目标基金中位于前 1/4。

不仅深耕 A 股市场，泰达宏利基金同时也积极挖掘海外投资机遇。洞察到"互联互通"带来的投资机会，泰达宏利基金在 2017 年发行了泰达宏利港股通基金，与投资者分享港股红利。Wind 数据显示，截至 2017 年 12 月 31 日，泰达宏利港股通 A、泰达宏利港股通 B 成立以来的回报率分别为 20.01%、19.14%。当前港股仍处于价值洼地，且港股与 A 股的相关度较低，投资者仍可借道港股通基金布局港股。

2017 年是泰达宏利基金成立的第 15 年，从蹒跚起步到具备多元化资产管理能力，泰达宏利走的每一步都很扎实。无论是投研体系的升级，还是产品线的完善，泰达宏利始终将投资者的利益放在首位，力争不负百万持有人所托。

（四）根据投资目的的不同分类

1．成长型基金

成长型基金的投资目标在于追求资本的长期成长，故而基金将资产主要投资于资信好、长期有盈余或有发展前景公司的股票。这类基金一般很少分红，经常将投资所得的股息、红利和盈利进行再投资，以实现资本增值。一些成长型基金投资范围很广，投资很多行业；一些成长型基金投资范围相对集中，比如集中投资于某一类行业的股票或价值被认为低估的股票。成长型基金的价格波动一般要比保守的收益型基金或货币市场基金价格波动要大，但收益一般也更高。

2．收入型基金

收入型基金是以能为投资者带来高水平的当期收入为投资目标的一种投资基金。其投资对象主要是能带来稳定收入的各种有价证券，如绩优股、债券、可转让大额定期存单等收入比较稳定的有价证券。收入型基金一般把所得的利息、红利都分配给投资者。

3．平衡型基金

平衡型基金是指具有多重投资目标的投资基金。这类基金的投资目标主要有三个：确保投资者的投资本金、支付当期收入、确保资本与收入的高成长。为此，基金一般投资于债券、优先股、普通股等各种证券上，这些有价证券在投资组合中有比较稳定的组合比例，一般是把资产总额的25%～50%用于投资优先股和债券，其余的用于投资普通股。其风险和收益状况介于成长型基金和收入型基金之间。该类基金的优点是满足投资者的双重投资目标，既追求当前收入又注重资本成长，这就能大大降低本金损失的风险。但该类基金的资本成长潜力却不如成长型基金和收入型基金。

（五）根据投资理念的不同分类

1．主动式基金

主动式基金相信基金绩效可以击败大盘，因此积极操作投资组合并以超越大盘为目标。

主动式基金不相信有效市场假说，其操作原则为利用市场无效率性买进价格被低估的金融证券，或是做空价格被高估的金融证券，具体的操作手法又会依据不同的基金管理公司或不同的基金管理人而有所差异。

虽然各基金的操作手法不同，但基本上，主动式基金管理是通过基本面分析或技术分析等证券分析工具来观察选股数据，并极度依赖基金管理人的选股及选时能力。

由于主动式基金管理强调"主动"，采用主动式管理的基金会因频繁进出市场而暴露在较大的风险之下，但就如同投资基本准则"期望报酬越大的投资，风险也越大"，主动式管理的信徒，在期望获得高报酬的情况下，也具有较高的风险承受度。

令人失望的是，根据数据，主动式管理基金成功打败大盘的概率并不高，这也是近几年来打着被动式管理旗帜的基金风行全球的主要原因之一。

2．被动式基金

被动式基金管理与主动式基金管理相反。被动式基金管理不认为基金绩效可以超越大盘，所以"不能打败它，就复制它"的想法油然而生。指数基金即为被动式基金管理的代表，而近年来热门的 ETF 基金更是采用完全被动式的管理来操作。

被动式基金管理信奉有效市场假说，认为证券市场已经充分反映所有信息，"一动不如一静"。不同于主动式基金管理积极操作投资组合，被动式基金管理选择复制大盘指数，且为了尽量贴近大盘指数，除非是追踪的指数成分股有改变，否则基金管理人不会在市场频繁进出。

由于被动式基金管理的投资组合很少变动，基金所需支付的证券经纪费相较主动式基金管理会减少许多，这使被动式基金管理的基金管理费较主动式基金管理费更便宜，成为被动式基金管理吸引投资者的另一个优势。

根据数据，被动式基金管理的表现胜过大部分的主动式基金管理，再加上其低廉的管理费，也难怪被动式基金会成为近年来热门的话题商品。

（六）根据募集方式的不同分类

1．公募基金

公募基金是受政府主管部门监管的，向不特定投资者公开发行受益凭证的证券投资基金，这些基金在法律的严格监管下，有着信息披露、利润分配、运行限制等行业规范。例如，目前国内证券市场上的封闭式基金、开放式基金均属于公募基金。

2．私募基金

私募基金也称地下基金，相对于公募基金而言，它是一种非公开宣传的，私下向特定投资者募集资金的一种集合投资。该基金一般面向风险承受力强的富裕阶层，且追求高收益，操作灵活。

私募基金不允许做广告，对象必须限定，私募基金的对象只能是少数特定的投资者，私募基金圈子虽小门槛却不低。如在美国，对冲基金对参与者有非常严格的规定：若以个人名义参加，最近两年个人年收入在 20 万美元以上；若以家庭名义参加，最近两年家庭年收入在 30 万美元以上；若以机构名义参加，其净资产在 100 万美元以上。而且该基金对参与人数也有相应的限制。因此，私募基金具有针对性较强的投资目标，它更像为中产阶级投资者量身定做的投资服务产品。

（七）根据资金来源和运用地域的不同分类

1．国际基金
国际基金指资金来源于国内，并投资于国外市场的投资基金。

2．离岸基金
离岸基金也称海外基金，是指资金来源于国外，并投资于国外市场的投资基金。

任何国家、地区及城市，凡是主要以外币为交易（或存贷）标的，以非本国居民为交易对象，其本地银行与外国银行所形成的银行体系，都可称为离岸金融市场。离岸金融市场也叫新型国际金融市场，是指同市场所在国家的国内金融体系相分离，既不受所使用货币发行国政府法令管制，又不受市场所在国政府法令管制的金融市场。目前比较著名的离岸金融市场有英属维尔京群岛、开曼群岛、巴哈马群岛、百慕大群岛等。

3．国内基金
国内基金指资金来源于国内，并投资于国内市场的投资基金。

4．国家基金
国家基金指资金来源于国外，并投资于某特定国家的投资基金。

（八）根据投资基金的种类创新的不同分类

1．雨伞基金
雨伞基金通常是指在一个母基金之下再设立若干个子基金，各个子基金独立进行投资决策，最大的特点是在基金内部可以为投资者提供多种投资选择，方便投资者转换基金。

投资者可以根据自己的需要转换基金类型，而不用支付转换费用，能够在不增加成本的情况下获得一定的选择余地。一般来讲，雨伞基金大多是一种营销概念。从本质上讲，雨伞基金只是基金的一种组织形式。

2．基金中的基金
基金中的基金是一种以其他基金为投资对象的投资基金，特点是具有双重保护功能，不利之处是加大了投资者的投资成本。基金中的基金向投资者收取首次认购费用和其他费用，而该基金所投资的基金则也向该基金收取首次认购费用和其他费用，这实质上是由投资者承担双重投资成本，减少投资收益。

基金投资者的投资是两个层次的专家经营和两个层次的风险分散，但相应地，也在两个层次上对基金投资者收取管理费用和销售费用，投资者的投资成本也就提高。

3．对冲基金
对冲基金原意为"风险对冲过的基金"，又称"套头基金"，起源于 20 世纪 50 年代初的美国，即利用各种衍生金融工具及相关的风险对冲、买空卖空或套头交易等操作技巧与手法，专门从事证券投资的一种有限合伙企业形式的投资基金。对冲基金的操作宗旨是利用期货、期权等金融衍生产品，以及对相关联的不同股票使用买空卖空、风险对冲的操作技巧，在一定程度上规避和化解了证券投资风险。

对冲基金的操作非常隐蔽，一般具有以下三个特征。

（1）投资效应的高杠杆性。

典型的对冲基金往往利用银行信用，以极高的杠杆借贷，在其原始基金量的基础上几倍甚至几十倍地扩大投资资金，从而达到最大限度地获取收益的目的。对冲基金证券资产的高流动性，使得对冲基金可以很方便地利用基金资产进行抵押贷款。一个资本金只有1亿美元的对冲基金，可以通过反复抵押其证券资产，贷出高达几十亿美元的资金。这种杠杆效应，使其在一笔交易后扣除贷款利息，净利润也远远大于仅使用 1 亿美元资本金运作可能带来的收益。同样，也恰恰因为杠杆效应，对冲基金在操作不当时往往亦面临超额损失的巨大风险。

（2）筹资方式的私募性。

对冲基金的组织结构一般是合伙人制。基金投资者以资金入伙，提供大部分资金但不参与投资活动；基金管理者以资金和技能入伙，负责基金的投资决策。由于对冲基金在操作上要求高度的隐蔽性和灵活性，美国对冲基金的合伙人一般控制在100人以下，而每个合伙人的出资额在100万美元以上。对冲基金多为私募性质，从而规避了美国法律对公募基金信息披露的严格要求。由于对冲基金的高风险性和复杂的投资机理，许多西方国家都禁止其向公众公开招募资金，以保护普通投资者的利益。为了避开美国的高税收和美国证券交易委员会的监管，在美国市场上进行操作的对冲基金一般在巴哈马群岛和百慕大群岛等一些税收低、管制松散的地区进行离岸注册。

（3）操作的隐蔽性和灵活性。

对冲基金与面向普通投资者的证券投资基金不同，二者不仅在基金投资者、资金募集方式、信息披露要求和受监管程度上存在很大差别，而且在投资活动的公平性和灵活性方面也存在很大差别。证券投资基金一般都有较明确的资产组合定义，即在投资工具的选择和比例上有确定的方案，如平衡型基金指在基金组合中股票和债券大体各半；增长型基金指侧重于高增长性股票的投资；共同基金不得利用信贷资金进行投资。而对冲基金则完全没有这些方面的限制和界定，它可以利用一切可操作的金融工具和组合，最大限度地使用信贷资金，以获取高于市场平均利润的超额回报。由于操作上的高度隐蔽性和灵活性以及杠杆融资效应，对冲基金在现代国际金融市场的投机活动中担任了重要角色。

对冲基金中最著名的莫过于乔治·索罗斯的量子基金及朱里安·罗伯逊的老虎基金，它们都曾创造过高达40%～50%的复合年度收益率。

4. ETF 基金与 LOF 基金

（1）ETF 基金。

交易型开放式指数基金，通常又被称为交易所交易基金（ETF），是一种在证券交易所上市交易的、基金份额可变的一种开放式基金。

交易型开放式指数基金属于开放式基金的一种特殊类型，它综合了封闭式基金和开放式基金的优点，投资者既可以在二级市场买卖 ETF 基金份额，又可以向基金管理公司申购或赎回 ETF 基金份额，不过申购或赎回必须以"一篮子"股票（或有少量现金）换取基金份额或者以基金份额换回"一篮子"股票（或有少量现金）。在我国申购或赎回必须达到一定的份额，如 50 万份以上才可以在一级市场中进行；而普通投资者可以在二级市场中像买卖股票一样买卖 ETF 基金。

根据 ETF 基金追踪某一标的市场指数的不同，可以将 ETF 基金分为股票型 ETF、债券型 ETF等。而在股票型 ETF 与债券型 ETF 中，又可以根据 ETF 基金追踪的具体指数的不同对股票型 ETF与债券型 ETF 进行细分。如股票型 ETF 可以进一步分为全球指数 ETF、综合指数 ETF、行业指数ETF、风格指数 ETF（如成长型、价值型等）等。

根据复制方法的不同，可以将 ETF 基金分为完全复制型 ETF 与抽样复制型 ETF。完全复制型

ETF 是依据构成指数的全部成分股在指数中所占的权重，进行 ETF 基金的构建。我国首只 ETF 基金——"上证 50ETF"采用的就是完全复制方法。在标的指数成分股数量较多、个别成分股流动性不足的情况下，抽样复制的效果可能更好。抽样复制就是通过选取指数中部分有代表性的成分股，参照指数成分股在指数中的比重，设计样本股的组合比例，然后进行 ETF 基金的构建，目的是以最低的交易成本构建样本组合，使 ETF 基金能更好地追踪指数。

1990 年，加拿大多伦多证券交易所推出了世界上第一只 ETF 指数参与份额。1993 年，美国的第一只 ETF 基金——标准普尔存托凭证诞生，其后 ETF 基金在美国迅速获得发展。根据美国投资公司协会的统计，截至 2013 年年末，美国共有 1 294 只 ETF 基金产品，资产净值达到 1.68 万亿美元。ETF 基金已成为美国基金市场上成长速度最快的基金品种之一。

我国第一只 ETF 基金为成立于 2004 年年底的上证 50ETF。截至 2013 年年末，我国共有 80 只 ETF 基金，资产份额规模为 1 063.91 亿份。

（2）LOF 基金。

LOF 基金称为"上市型开放式基金"。也就是上市型开放式基金发行结束后，投资者既可以在指定网点申购与赎回基金份额，也可以在证券交易所买卖该基金。不过投资者如果是在指定网点申购的基金份额，要想网上抛出，需办理一定的转托管手续；同样，如果是在网上交易所买进的基金份额，想要在指定网点赎回，也要办理一定的转托管手续。

5．QDII 基金

QDII（合格境内机构投资者）基金是指在一国境内设立，经该国有关部门批准从事境外证券市场的股票、债券等有价证券投资的基金。它为国内投资者参与国际市场的投资提供了便利。

6．分级基金

分级基金是指通过事先约定的基金风险收益进行分配，将基础份额分为预期风险收益不同的子份额，并可将其中部分或全部份额上市交易的结构化证券用于投资基金。

六、证券投资基金的参与主体

基金的运作包括基金的募集、基金的投资管理、基金资产的托管、基金份额的登记交易、基金的估值与会计核算、基金的信息披露以及其他基金运作活动在内的所有相关环节。基金的运作活动从基金管理人的角度看，可以分为基金的市场营销、基金的投资管理与基金的后台管理三大部分。基金的市场营销主要涉及基金份额的募集与客户服务；基金的投资管理体现了基金管理人的服务价值；而基金份额的注册登记、基金资产的估值、会计核算、信息披露等后台管理服务则对保障基金的安全运作起着重要的作用。

在基金市场上，存在许多不同的参与主体。依据所承担的职责与作用的不同，可以将基金市场的参与主体分为基金当事人、基金市场服务机构以及基金监管机构和自律组织三大类。

（一）基金当事人

我国的证券投资基金依据基金合同设立，基金份额持有人、基金管理人与基金托管人是基金合同的当事人，简称基金当事人。

1．基金份额持有人

基金份额持有人即基金投资者，是基金的出资人、基金资产的所有者和基金投资回报的受益人。按照《证券投资基金法》的规定，我国基金份额持有人享有以下权利：分享基金财产收益；参与分配清算后的剩余基金财产；依法转让或者申请赎回其持有的基金份额；按照规定要求召开基金份额持有人大会；对基金份额持有人大会审议事项行使表决权；对基金管理人、基金托管人、基金服务机构损害其合法权益的行为依法提出诉讼；基金合同约定的其他权利。

2．基金管理人

基金管理人是基金产品的募集者和管理者，其最主要的职责就是按照基金合同的约定，负责基金资产的投资运作，在有效控制风险的基础上为基金投资者争取最大的投资收益。基金管理人在基金运作中具有核心作用，基金产品的设计、基金份额的销售与注册登记、基金资产的管理等重要职能大多由基金管理人或基金管理人选定的其他服务机构承担。在我国，基金管理人只能由依法设立的基金管理公司担任。

3．基金托管人

为了保证基金资产的安全，《证券投资基金法》规定，基金资产必须由独立于基金管理人的基金托管人保管，从而使基金托管人成为基金的当事人之一。基金托管人的职责主要体现在基金资产保管、基金资金清算、会计复核以及对基金投资运作的监督等方面。在我国，基金托管人只能由依法设立并取得基金托管资格的商业银行或其他金融机构担任。

（二）基金市场服务机构

基金管理人与基金托管人既是基金的当事人，又是基金的主要服务机构。除基金管理人与基金托管人外，基金市场还有许多面向基金提供各类服务的其他机构。这些机构主要包括基金销售机构、销售支付机构、份额登记机构、估值核算机构、投资顾问机构、评价机构、信息技术系统服务机构以及律师事务所和会计师事务所等。

1．基金销售机构

基金销售是指基金宣传推介、基金份额发售或者基金份额的申购、赎回，并收取以基金交易（含开户）为基础的相关佣金的活动。基金销售机构是指从事基金销售业务活动的机构，包括基金管理人以及经中国证监会认定的可以从事基金销售的其他机构。目前，可申请从事基金代理销售的机构主要包括商业银行、证券公司、保险公司、证券投资咨询机构、独立基金销售机构。

2．基金销售支付机构

基金销售支付是指基金销售活动中基金销售机构、基金投资者之间的货币资金转移活动。基金销售支付机构是指从事基金销售支付业务活动的商业银行或者支付机构。基金销售支付机构从事销售支付活动的，应当取得中国人民银行颁发的支付业务许可证（商业银行除外），并制定完善的资金清算制度和管理制度，能够确保基金销售结算资金的安全、独立和及时划付。基金销售支付机构从事公开募集基金销售支付业务的，应当按照中国证监会的规定进行备案。

3．基金份额登记机构

基金份额登记是指基金份额的登记过户、存管和结算等业务活动。基金份额登记机构是指从事基金份额登记业务活动的机构。基金管理人可以办理其募集基金的份额登记业务，也可以委托基金份额登记机构代为办理基金份额登记业务。公开募集基金份额登记机构由基金管理人和中国证监会认定的其他机构担任。基金份额登记机构的主要职责包括：建立并管理投资者的基金账户、负责基金份额的登记、基金交易确认、代理发放红利、建立并保管基金份额持有人名册、法律法规或份额登记服务协议规定的其他职责。

4．基金估值核算机构

基金估值核算是指基金会计核算、估值及相关信息披露等业务活动。基金估值核算机构是指从事基金估值核算业务活动的机构。基金管理人可以自行办理基金估值核算业务，也可以委托基金估值核算机构代为办理基金估值核算业务。基金估值核算机构拟从事公开募集基金估值核算业务的，应当向中国证监会申请注册。

5．基金投资顾问机构

基金投资顾问是指按照约定向基金管理人、基金投资者等服务对象提供基金投资建议以及中国证监会认可的其他投资产品的投资建议，辅助客户做出投资决策，并直接或者间接获取经济利益的业务活动。基金投资顾问机构是指从事基金投资顾问业务活动的机构。基金投资顾问机构提供公开募集基金投资顾问业务的，应当向工商登记注册地中国证监会派出机构申请注册。未经中国证监会派出机构注册的，任何机构或者个人不得从事公开募集基金投资顾问业务。基金投资顾问机构及其从业人员提供投资顾问服务，应当具有合理的依据，对其服务能力和经营业务进行如实陈述，不得以任何方式承诺或者保证投资收益，不得损害服务对象的合法权益。

6. 基金评价机构

基金评价是指对基金投资收益和风险或者基金管理人管理能力进行的评级、评奖、单一指标排名或者中国证监会认定的其他评价活动。评级是指运用特定的方法对基金的投资收益和风险或者基金管理人的管理能力进行综合性分析，并使用具有特定含义的符号、数字或者文字展示分析的结果。基金评价机构是指从事基金评价业务活动的机构。

基金评价机构从事公开募集基金评价业务并以公开形式发布基金评价结果的，应当向基金业协会申请注册。基金评价机构及其从业人员应当客观公正，依法开展基金评价业务，禁止误导投资者，防范可能发生的利益冲突。

7. 基金信息技术系统服务机构

基金信息技术系统服务是指为基金管理人、基金托管人和基金服务机构提供基金业务核心应用软件开发、信息系统运营维护、信息系统安全保障和基金交易电子商务平台等的业务活动。从事基金信息技术系统服务的机构应当具备国家有关部门规定的资质条件或取得相关资质认证，具有开展业务所需要的人员、设备、技术、知识产权等条件，其信息技术系统服务应当符合法律法规、中国证监会以及行业自律组织等的业务规范要求。

8. 律师事务所和会计师事务所

律师事务所和会计师事务所作为专业、独立的中介服务机构，为基金的动作提供法律、会计服务。

（三）基金监管机构和自律组织

1. 基金监管机构

为了保护基金投资者的利益，不同国家和地区都对基金活动进行了严格的监督管理。基金监管机构通过依法行使审批权或核准权，依法办理基金备案，对基金管理人、基金托管人以及其他从事基金活动的服务机构进行监督管理，对违法违规行为进行查处，因此其在基金的运作过程中起着重要的作用。

2. 基金自律组织

证券交易所是基金的自律管理机构之一。我国的证券交易所是依法设立的，不以营利为目的，为证券的集中和有组织的交易提供场所和设施，履行国家有关法律法规、规章、政策的规定，实行自律性管理的法人。一方面，封闭式基金、上市开放式基金和交易型开放式指数基金等需要通过证券交易所募集和交易，必须遵守证券交易所的规则；另一方面，经中国证监会授权，证券交易所对基金的投资交易行为还承担着重要的监控职责。

基金自律组织是由基金管理人、基金托管人及基金市场服务机构共同成立的同业协会。同业协会在促进同业交流、提高从业人员素质、加强行业自律管理、促进行业规范发展等方面具有重要的作用。我国的基金自律组织是 2012 年 6 月 7 日成立的中国证券投资基金业协会。

（四）证券投资基金运作关系

图 8-1 是我国证券投资基金运作关系图。从图 8-1 中可以看出，基金持有人、基金管理人与基金托管人是基金的当事人。基金市场上的各类中介或代理机构通过自己的专业服务参与基金市场，监管机构则对基金市场上的各种参与主体实施全面监管。

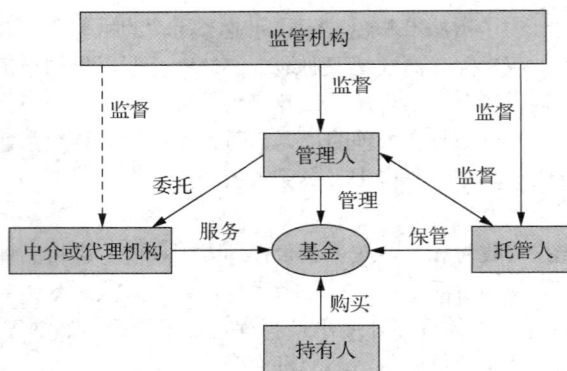

图 8-1　我国证券投资基金运作关系

第二节　证券投资基金的运作

证券投资基金的运作具体包括：基金的募集、基金的发行与交易、基金投资组合管理、基金投资收益的分配以及信息披露。

一、证券投资基金的募集

（一）基金募集申请

我国基金管理人进行基金的募集，必须依据《证券投资基金法》的有关规定，向中国证监会提交相关文件。申请募集基金应提交的主要文件包括：基金募集申请报告、基金合同草案、基金托管协议草案、招募说明书草案、律师事务所出具的法律意见书等。

其中，基金合同草案、基金托管协议草案、招募说明书草案等文件是基金管理人向中国证监会提交设立基金的申请注册文本，还未正式生效，因此被称为草案。对于复杂或者创新的产品，中国证监会将根据基金的特征与风险，要求基金管理人补充提交证券交易所和证券登记结算机构的授权函、投资者适当性安排、技术准备情况和主要业务环节的制度安排等文件。

申请材料受理后，相关内容不得随意更改。申请期间，申请材料涉及的事项发生重大变化的，基金管理人应当自变化发生之日起 5 个工作日内向中国证监会提交更新材料。

随着基金行业的快速发展，我国基金产品种类日益丰富，涵盖开放式、封闭式、股票型、债券型、平衡型等多种形式，市场竞争也日趋激烈，基金产品的严格管制已经无法适应市场需求。因此，我国将对公募基金产品的审查由基金募集核准制改为基金募集注册制，即对于公开募集的基金，监管机构不再进行实质性审查，而只是进行合规性审查。

依据《证券投资基金法》的规定，公开募集基金应当经国务院证券监督管理机构注册。未经注册，不得公开或者变相公开募集基金。前款所称的公开募集基金，包括向不特定对象募集资金、向特定对象募集资金累计超过 200 人，以及法律、行政法规规定的其他情形。公开募集基金应当由基金管理人管理，基金托管人托管。

（二）基金募集申请的注册

根据《证券投资基金法》的要求，国务院证券监督管理机构应当自受理基金募集申请之日起 6 个月内做出注册或者不予注册的决定。国务院证券监督管理机构在基金注册审查的过程中，可以委托基金业协会进行初步审查并就基金信息披露文件的合规性提出意见，或者组织专家评审会对创新基金募集申请进行评审，也可以就特定基金的投资管理、销售安排、交易结算、登记托管及技术系统的准备情况等征求证券交易所、证券登记结算机构等的意见，供注册审查时参考。基金募集申请经注册后，方可发售基金份额。

近年来，中国证监会不断推进基金产品注册制度改革，对基金募集的注册审查以要件齐备和内容合规为基础，不对基金的投资价值及市场前景等做出实质性判断或者保证，并将注册程序分为简易程序和普通程序。对常规的基金产品，按照简易程序注册，注册审查时间原则上不超过 20 个工作日；对其他产品，按照普通程序注册，注册审查时间不超过 6 个月。适用于简易程序的产品包括常规股票基金、混合基金、债券基金、指数基金、货币基金、发起式基金、合格境内机构投资者基金、理财基金和交易型指数基金（含单市场、跨市场/跨境 ETF）及其联接基金。分级基金及中国证监会认定的其他特殊产品暂不实行简易程序。

（三）基金份额的发售

基金管理人应当自收到核准文件之日起 6 个月内进行基金份额的发售。超过 6 个月开始募集，原注册事项未发生实质性变化的，应当报国务院证券监督管理机构备案；发生实质性变化的，应当向国务院证券监督管理机构重新提交注册申请。基金的募集不得超过国务院证券监督管理机构核准的基金募集期限。基金的募集期限自基金份额发售之日起计算，一般不得超过 3 个月。

基金份额的发售，由基金管理人负责办理。基金管理人应当在基金份额发售的 3 日前公布招募说明书、基金合同及其他有关文件。在基金募集期间，募集的资金应当存入专门账户，在基金募集行为结束前，任何人不得动用。

（四）基金合同的生效

（1）基金募集期限届满，封闭式基金需满足募集的基金份额总额达到核准规模的 80%以上，并且基金份额持有人的人数达到 200 人以上；开放式基金需满足募集的基金份额总额不少于 2 亿份，基金募集金额不少于 2 亿元人民币，基金份额持有人的人数不少于 200 人。基金管理人应当自募集期限届满之日起 10 日内聘请法定验资机构验资。自收到验资报告之日起 10 日内，向中国证监会提交备案申请和验资报告，办理基金备案手续。中国证监会自收到基金管理人验资报告和基金备案材料之日起 3 个工作日内予以书面确认。自中国证监会书面确认之日起，基金备案手续办理完毕，基金合同生效。基金管理人应当在收到中国证监会确认文件的次日予以公告。

需要特别说明的是，发起式基金的基金合同的生效不受上述条件的限制。发起式基金是指基金管理人在募集基金时，使用公司股东资金、公司固有资金、公司高级管理人员或者基金经理等人员资金认购的基金，其金额不少于 1 000 万元人民币，且持有期限不少于 3 年。发起式基金的基金合同生效 3 年后，若基金资产净值低于 2 亿元人民币，基金合同自动终止。发起式基金的持有期限自该基金公开发售之日或者合同生效之日孰晚日起计算。

（2）基金募集期限届满，基金不满足有关募集要求的，基金募集失败，基金管理人应承担下列责任。

① 以其固有财产承担因募集行为而产生的债务和费用。

② 在基金募集期限届满后 30 日内返还投资者已交纳的款项，并加计银行同期存款利息。

二、基金的认购

在基金募集期内购买基金份额的行为通常被称为基金的认购。

（一）开放式基金的认购

1．开放式基金的认购步骤

投资者认购开放式基金，一般通过基金管理人或管理人委托的商业银行、证券公司、期货公司、保险机构、证券投资咨询机构、独立基金销售机构以及经国务院证券监督管理机构认定的其他机构办理。

投资者进行认购时，如果没有在注册登记机构开立基金账户，需提前在注册登记机构开立基金账户。基金账户是基金登记人为基金投资者开立的，用于记录其持有的基金份额余额和基金份额变动情况的账户。

开放式基金的认购，分为认购和确认两个步骤。

（1）认购。投资者在办理基金认购申请时，须填写认购申请表，并需要按照销售机构规定的方式全额交款。投资者在募集期内可以多次认购基金份额。一般情况下，已经正式受理的认购申请不得撤销。

（2）确认。销售机构对认购申请的受理并不代表该申请一定成功，而仅代表销售机构确实接受了认购申请，申请的成功与否应以注册登记机构的确认结果为准。投资者 T 日提交认购申请后，一般可于 $T+2$ 日后到办理认购的网点查询认购申请的受理情况。

认购申请被确认无效的，认购资金将退回到投资者的资金账户。认购的最终结果要待基金募集期结束后才能确认。

2．开放式基金的认购方式

开放式基金的认购采取金额认购的方式，即投资者在办理认购申请时，不是直接以认购数量提出申请，而是以认购金额提出申请。基金注册登记机构在基金认购结束后，再按照基金份额的认购价格，将申请认购基金的金额换算为投资者应得的基金份额。

3．开放式基金的认购费率和收费模式

在具体实践中，基金管理人会针对不同类型的开放式基金、不同认购金额等设置不同的认购费率。目前，我国股票型基金的认购费率一般按照认购金额设置不同的费率标准，最高一般不超过1.5%，债券型基金的认购费率通常在1%以下，货币型基金的认购费率一般为0。

在基金份额认购上存在两种收费模式：前端收费模式和后端收费模式。前端收费模式是指在认购基金份额时就支付认购费用的付费模式；后端收费模式是指在认购基金份额时不支付认购费用，在赎回基金份额时才支付认购费用的收费模式。后端收费模式设计的目的是鼓励投资者能够长期持有基金，因为后端收费的认购费率一般会随着投资时间的延长而递减，甚至不再收取认购费用。

4．开放式基金认购费用与认购份额的计算

为统一规范基金认购费用及认购份额的计算方法，从而更好地保护基金投资者的合法权益，中国证监会于2007年3月对认购费用及认购份额计算方法进行了统一规定。根据规定，基金认购费用将统一按净认购金额为基础收取，相应的基金认购费用与认购份额的计算公式如下。

$$净认购金额 = \frac{认购金额}{1+认购费率}$$

$$认购费用 = 认购金额 - 净认购金额$$

（注：对适用于固定金额认购费的认购，认购费用＝固定认购费金额）

$$认购份额 = \frac{净认购金额 + 认购利息}{基金份额面值}$$

例：某投资者投资3万元认购某开放式基金，认购资金在募集期间产生的利息为5元，其对应的认购费率为1.8%，基金份额面值为1元，则其认购费用及认购份额为如下。

$$净认购金额 = \frac{30\,000}{1+1.8\%} = 29\,469.55（元）$$

$$认购费用 = 30\,000 - 29\,469.55 = 530.45（元）$$

$$认购份额 = \frac{29\,469.55+5}{1} = 29\,474.55（份）$$

（二）封闭式基金的认购

封闭式基金份额的发售，由基金管理人负责办理。基金管理人一般会选择证券公司组成承销团代理基金份额的发售。基金管理人应当在基金份额发售的 3 日前公布招募说明书、基金合同及其他有关文件。

封闭式基金在发售方式上，主要有网上发售与网下发售两种方式。网上发售是指通过联合证券交易所的交易系统联网的全国各地的证券营业部，向公众发售基金份额的发行方式；网下发售方式是指通过基金管理人指定的营业网点和承销商的指定账户，向机构或个人投资者发售基金份额的发行方式。

目前募集的封闭式基金通常为创新型封闭式基金。创新型封闭式基金按 1 元人民币募集，外加券商自行按认购费率收取认购费用的方式进行。拟认购封闭式基金份额的投资者必须开立沪、深证券账户或沪、深基金账户及资金账户，根据自己计划的认购量在资金账户中存入足够的资金，并以"基金份额"为单位提交认购申请。认购申请一旦受理就不能撤销。

三、封闭式基金的上市与交易

封闭式基金募集完成后，随即安排其在证券交易所上市，提高流动性。

（一）上市交易条件

申请封闭式基金份额上市交易，应当由基金管理人向证券交易所提出申请，证券交易所依法审核同意的，双方应当签订上市协议。

封闭式基金份额上市交易，应当符合下列条件。

（1）基金的募集符合《证券投资基金法》规定。

（2）基金合同期限为 5 年以上。

（3）基金募集金额不低于 2 亿元人民币。

（4）基金份额持有人不少于 1 000 人。

（5）基金份额上市交易规则规定的其他条件。

（二）交易账户的开立

投资者买卖封闭式基金必须开立沪、深证券账户或沪、深基金账户及资金账户。基金账户只能用于基金、国债及其他债券的认购及交易。

个人投资者开立基金账户需持本人有效身份证到证券登记机构办理开户手续。办理资金账户需持本人有效身份证和已经办理的股票账户卡或基金账户卡，到证券经营机构办理。每个有效证件只允许开设一个基金账户，已开设证券账户的不能再重复开设基金账户。每位投资者只能开设和使用一个资金账户，并只能对应一个股票账户或基金账户。

（三）交易规则

（1）封闭式基金发行结束后，不能按基金净值买卖，投资者可以委托券商（证券公司）在证券交易所按市价（二级市场价格）买卖，买卖到到期日截止。

（2）封闭式基金的交易时间为每周一至周五（法定公众节假日除外），每天 9:30—11:30 和 13:00—15:00。

（3）封闭式基金的交易遵从"价格优先、时间优先"的原则。价格优先是指较高价格买进申报优先于较低价格买进申报，较低价格卖出申报优先于较高价格卖出申报；时间优先是指买卖方向、买卖价格相同的，先申报者优先于后申报者，申报的先后顺序按交易主机接受申报的时间确定。

（4）封闭式基金的报价单位为每份基金价格。基金的申报价格最小变动单位为 0.001 元人民币。买入与卖出封闭式基金份额，申报数量应当为 100 份或其整数倍。基金单笔最大数量应当低于 100 万份。

（5）目前，上海证券交易所、深圳证券交易所对封闭式基金的交易与股票交易一样，实行价格涨跌幅限制，涨跌幅比例为 10%（基金上市首日除外）。同时，我国封闭式基金在达成交易后，二级市场交易份额和股份的交割是在 $T+0$ 日，资金的交割是在 $T+1$ 日完成。

（四）交易费用

封闭式基金的交易费用按照上海证券交易所、深圳证券交易所公布的收费标准，我国基金交易佣金不得高于成交金额的 0.3%（深圳证券交易所特别规定该佣金水平不得低于代收的证券交易监管费和证券交易经手费，上海证券交易所无此规定），起点 5 元，不足 5 元的按 5 元收取，由证券公司向投资者收取。该项费用由证券登记公司与证券公司平分。目前，在上海证券交易所、深圳证券交易所上市的封闭式基金交易不收取印花税。

（五）折（溢）价率

投资者常常使用折（溢）价率反映封闭式基金份额净值与其二级市场价格之间的关系。折（溢）价率的计算公式如下。

$$折（溢）价率 = \frac{二级市场价格 - 基金份额净值}{基金份额净值} \times 100\%$$

$$= \left(\frac{二级市场价格}{基金份额净值} - 1 \right) \times 100\%$$

当基金二级市场价格高于基金份额净值时，为溢价交易，对应的是溢价率；当基金二级市场价格低于基金份额净值时，为折价交易，对应的是折价率。当折价率较高时常常被认为是购买封闭式基金的好时机，但实际上并不尽然。有时折价率会继续攀升，在弱市时更有可能出现基金价格与基金份额净值同步下降的情形。

四、开放式基金的申购、赎回、转换及特殊业务处理

（一）封闭期及基金开放申购和赎回

开放式基金的基金合同生效后，有一段短暂的封闭期。根据中国证监会《公开募集证券投资基金运作管理办法》规定，开放式基金合同生效后，可以在基金合同和招募说明书规定的期限内不办理赎回，但该期限最长不超过 3 个月。封闭期结束后，开放式基金将进入申购期、赎回期。基金管理人应当在每个工作日办理基金份额的申购、赎回业务。基金合同另有约定的，按照其约定执行。

投资者在开放式基金合同生效后，申请购买基金份额的行为通常被称为基金的申购。基金认购与基金申购略有不同，一般区别在于以下三点。

（1）认购费一般低于申购费，在基金募集期内认购基金份额，一般会享受到一定的费率优惠。

（2）认购是按 1 元人民币进行认购，而申购通常是按未知价申购。

（3）认购份额要在基金合同生效时确认，并且有封闭期；而申购份额通常在 $T+2$ 日之内确认，确认后的下一工作日就可以赎回。开放式基金的赎回是指基金份额持有人要求基金管理人购回所持有的开放式基金份额的行为。

（二）开放式基金的申购和赎回原则

1．股票基金、债券基金的申购和赎回原则

（1）未知价交易原则。投资者在申购和赎回股票基金、债券基金时并不能即时获知买卖的成交

价格。申购、赎回的价格只能以申购、赎回日交易时间结束后基金管理人公布的基金份额净值为基准进行计算。这与股票、封闭式基金等大多数金融产品按已知价原则进行买卖不同。

（2）金额申购、份额赎回原则。股票基金、债券基金以金额申请申购，以份额申请赎回。这是适应未知价格情况下的一种最为简便、安全的交易方式。在这种交易方式下，确切的购买数量和赎回金额在买卖当时是无法获知的，只有在交易次日或更晚一些时间才能获知。在过去开放式基金招募说明书中一般规定申购申报单位为 1 元人民币，申购金额应当为 1 元的整数倍，且不低于 1 000元；赎回申报单位为 1 份基金份额，赎回应当为整数份额，但现在这一规定逐渐取消。

2．货币市场基金的申购和赎回原则

（1）确定价原则。货币市场基金申购和赎回基金份额价格以 1 元人民币为基准进行计算。

（2）金额申购、份额赎回原则。货币市场基金以金额申请申购，以份额申请赎回。

（三）开放式基金申购和赎回的场所及时间

1．开放式基金申购和赎回的场所

开放式基金的申购和赎回与认购渠道一样，可以通过基金管理人的直销中心与基金销售代理网点进行。投资者也可以通过基金管理人或其指定的基金销售代理人以电话、传真或互联网等形式进行申购和赎回。

2．开放式基金申购和赎回的时间

基金管理人应在申购和赎回开放日前 3 个工作日，在至少一种中国证监会指定的媒体上刊登公告。申购和赎回的工作日为证券交易所交易日，具体业务办理时间为上海证券交易所、深圳证券交易所的交易时间。目前，上海证券交易所、深圳证券交易所的交易时间为 9:30—11:30 和 13:00—15:00。

（四）申购和赎回的费用及销售服务费

1．申购费用

投资者在办理开放式基金申购时，一般需要交纳申购费。和认购费一样，申购费可以采用在基金份额申购时收取的前端收费方式，也可以采用在赎回时从赎回金额中扣除的后端收费方式。在前端收费方式下，基金管理人可以根据投资者的申购金额分段设置申购费率；在后端收费方式下，基金管理人可以根据投资者的持有期限不同分段设置申购费。对于持有期低于 3 年的投资者，基金管理人不得免收其后端申购费。

基金销售机构可以对基金销售费用实行一定的优惠。

2．赎回费用

基金管理人办理开放式基金份额的赎回，应当收取赎回费。场外赎回可按份额在场外的持有时间分段设置赎回费率；场内赎回为固定赎回费率，不可按份额持有时间分段设置赎回费率。赎回费在扣除手续费后，余额不得低于赎回费总额的 25%，并应当计入基金财产。

目前对于一般的股票型基金和混合型基金赎回费计入基金财产的比例有以下规定：不收取销售服务费的，对持续持有期少于 7 日的投资者收取不低于 1.5%的赎回费，对持续持有期少于 30 日的投资者收取不低于 0.75%的赎回费，并将上述赎回费全额计入基金财产；对持续持有期少于 3 个月的投资者收取不低于 0.5%的赎回费，并将不低于赎回费总额的 75%计入基金财产；对持续持有期长于 3 个月但少于 6 个月的投资者收取不低于 0.5%的赎回费，并将不低于赎回费总额的 50%计入基金财产；对持续持有期长于 6 个月的投资者，应当将不低于赎回费总额的 25%计入基金财产。

对于交易型开放式指数基金、上市开放式基金、分级基金、指数基金、短期理财产品基金等股票基金、混合基金以及其他类别基金，基金管理人可以参照上述标准在基金合同、招募说明书中约定赎回费的收取标准和计入基金财产的比例，不作强制约定的要求。

3. 销售服务费

基金管理人可以从开放式基金财产中计提一定比例的销售服务费，用于基金的持续销售和给基金份额持有人提供服务。

（五）申购份额及赎回金额的计算

1. 申购费用及申购份额

按照中国证监会《关于统一规范证券投资基金认（申）购费用及认（申）购份额计算方法有关问题的通知》，申购费用与申购份额的计算公式如下。

$$净申购金额 = \frac{申购金额}{1 + 申购费率}$$

$$申购费用 = 申购金额 - 净申购金额$$

$$申购份额 = \frac{净申购金额}{申购当日基金份额净值}$$

当申购费用为固定金额时，申购份额的计算方法如下。

$$净申购金额 = 申购金额 - 固定金额$$

$$申购份额 = \frac{净申购金额}{T日基金份额净值}$$

一般规定基金份额份数以四舍五入的方法保留小数点后两位以上，由此产生误差的损失由基金资产承担，产生的收益归基金资产所有。但不同的基金招募说明书中约定不一样，有些也采用"基金份额小数点两位以后部分舍去"的方法。

例：某投资者通过场外（某银行）投资 10 000 元申购某上市开放式基金，假设基金管理人规定的申购费率为 1.5%，申购当日基金份额净值为 1.025 元，则其申购手续费和可得到的申购份额如下。

$$净申购金额 = \frac{10\,000}{1 + 1.5\%} = 9\,852.22（元）$$

$$申购手续费 = 10\,000 - 9\,852.22 = 147.78（元）$$

$$申购份额 = \frac{9\,852.22}{1.025} = 9\,611.92（份）$$

即投资者投资 10 000 元申购基金，假设申购当日基金份额净值为 1.025 元，则可得到 9 611.92 份基金单位。

2. 赎回金额的确定

赎回金额的计算公式如下。

$$赎回金额 = 赎回总额 - 赎回费用$$

$$赎回总额 = 赎回数量 \times 赎回日基金份额净值$$

$$赎回费用 = 赎回总额 \times 赎回费率$$

赎回费率一般按持续持有时间的长短分级设置。持续持有时间越长，适用的赎回费率越低。

例：某投资者赎回上市开放式基金 10 000 份基金单位，持续持有时间为 1 年半，对应的赎回费率为 0.5%。假设赎回当日基金单位净值为 1.025 元，则其可得净赎回金额如下。

赎回总金额 = 10 000 × 1.025 = 10 250（元）

赎回手续费 = 10 250 × 0.5% = 51.25（元）

净赎回金额 = 10 250 - 51.25 = 10 198.75（元）

投资者赎回 10 000 份基金单位，假设赎回当日基金单位净值为 1.025 元，则可得到 10 198.75 元净赎回金额。

实行后端收费模式的基金，还应扣除后端认购（申购）费，扣除后即投资者最终得到的赎回金额。实行后端收费模式的基金的赎回金额计算公式如下。

$$赎回金额＝赎回总额－赎回费用－后端收费金额$$

3．货币市场基金的手续费

货币市场基金手续费较低，通常申购费和赎回费率为 0。一般货币市场基金从基金资产中计提比例不高于 0.25%的销售服务费，用于基金的持续销售和给基金份额持有人提供服务。

（六）开放式基金巨额赎回的认定及处理

1．巨额赎回的认定

单个开放日基金净赎回申请超过基金总份额的 10%时，为巨额赎回。单个开放日的净赎回申请，是指该基金的赎回申请加上基金转换中该基金的转出申请之和，扣除当日发生的该基金申购申请及基金转换中该基金的转入申请之和后得到的余额。

2．巨额赎回的处理

出现巨额赎回时，基金管理人可以根据基金当时的资产组合状况选择接受全额赎回或部分延期赎回。

（1）接受全额赎回。当基金管理人认为有能力兑付投资者的全额赎回申请时，按正常赎回程序执行。

（2）部分延期赎回。当基金管理人认为兑付投资者的赎回申请有困难，或认为兑付投资者的赎回申请进行的资产变现可能使基金份额净值发生较大波动时，基金管理人可以在当日接受赎回比例不低于上一日基金总份额的 10%，延期办理其余赎回申请。对单个基金份额持有人的赎回申请，应当按照其申请赎回份额占申请赎回总份额的比例确定该单个基金份额持有人当日办理的赎回份额。未赎回部分，除投资者在提交赎回申请时选择的撤销赎回的部分外，剩余部分延迟至下一个开放日办理。转入下一个开放日的赎回申请不享有赎回优先权，并将以下一个开放日的基金份额净值为基准计算赎回金额。依此类推，直到全部赎回为止。

当发生巨额赎回及部分延期赎回时，基金管理人应立即向中国证监会进行备案，并在 3 个工作日内，在至少一种中国证监会指定的信息披露媒体上公告，并说明有关处理方法。

基金连续 2 个开放日以上发生巨额赎回的，如基金管理人认为有必要，可以暂停接受赎回申请；已经接受的赎回申请可以延缓支付赎回款项，但不得超过正常支付时间所规定的 20 个工作日，并应当在至少一种中国证监会指定的信息披露媒体上公告。

五、基金投资组合管理

基金投资组合管理是指投资管理人按照投资组合理论对资产进行多元化管理，以实现分散风险、提高效率的投资目的。

（一）投资组合类型

投资都是有目标的，根据目标选择投资标的。如美国因为开征遗产税，所以投资者要想避税，就可以购买政府债券；如果投资者觉得目前国际上有较多的获利机会，就可以配置国际投资组合；如果投资者比较懒惰，又想有稳定收益，就投资指数化类型的资产。

投资组合管理由以下三类主要活动构成。

（1）资产配置。

（2）在主要资产类型间调整权重。

（3）在各资产类型内选择证券。

资产配置的特征是把各种主要资产类型混合在一起，以便在风险最低的条件下，使投资获得最高的长期回报。投资组合管理者以长期投资目标为出发点，为提高回报率时常审时度势改变各个主要资产类别的权重。例如，若一个理财经理判断在未来年份内权益的总体状况要比债券的总体状况对投资者更加有利的话，则极有可能要求把投资组合的权重由债券向权益转移。而且，理财经理在同一资产类型中选择那些回报率高于平均回报率的证券，便能改善投资组合回报的前景。

（二）投资组合的限制规定

1．投资对象的限制

依据《证券投资基金法》的规定，基金资产不得用于下列投资或者活动。

（1）承销证券。

（2）违反规定向他人贷款或者提供担保。

（3）从事承担无限责任的投资。

（4）买卖其他基金份额，但是国务院证券监督管理机构另有规定的除外。

（5）向基金管理人、基金托管人出资。

（6）从事内幕交易、操纵证券交易价格及其他不正当的证券交易活动。

（7）法律、行政法规和国务院证券监督管理机构规定禁止的其他活动。

运用基金财产买卖基金管理人、基金托管人及其控股股东、实际控制人或者与其有其他重大利害关系的公司发行的证券或承销期内承销的证券，或者从事其他重大关联交易的，应当遵循基金份额持有人利益优先的原则，防范利益冲突，符合国务院证券监督管理机构的规定，并履行信息披露义务。

2．投资数量的限制

如股票型基金要求有80%以上的资金投资于股票，而债券型基金则要求有80%以上的资金投资于债券。

案例小链接

盘点2017基金纵横江湖：易方达消费行业"大象"翩翩起舞

2017年A股市场如此坚定的结构性分化行情让很多人感到意外。回顾众多机构一年来的操作，买到牛股中途"下车"的不在少数，没买到牛股的也不在少数，而唯独从头到尾坚定持有牛股的少之又少，但这正是勇夺A股主动管理股票型基金业绩冠军的易方达消费行业所做的事情。优秀业绩更能引发投资者追捧，该基金在2016年第一季度的管理规模还仅为23.57亿元人民币，到了同年六月末就增加到64亿元人民币，而到年底夺冠后更是继续猛增到133亿元人民币。

在易方达消费的冠军光环下我们看到，得到这样的成绩并非偶然，可以说这是基金经理萧楠多年来专注消费行业研究工作的一个量变到质变的完整过程。回顾易方达公司的历史，我们更加能够看到，这样的长期回报成绩表现亮丽的基金在易方达公司里比比皆是，让人不禁感叹原来好公司就在投资者身边。

在2017年里，要说最令人瞩目的基金那就非易方达消费（110022）莫属了，而令人瞩目的原因不仅是它以64.97%的业绩成为主动管理股票型基金的业绩冠军，更多的则是它全年踏实、稳定的持股风格。

从2017年一季度的前十大重仓股来看，该基金的持股风格与名字十分吻合。格力电器、五粮液、贵州茅台、美的集团、泸州老窖、上汽集团、索菲亚、洋河股份、小天鹅A、福耀玻璃皆为消费行业的龙头公司，而这样的持股也和当时的市场行情完美对接。

在消费蓝筹股的行情推动下，易方达消费当季上涨 15.85%，远超沪指的 3.83%。而在二季度的市场震荡回调当中，不少投资者都选择了落袋为安或部分兑现的策略。但反观易方达消费二季度的前十大重仓股持仓变化，却有增有减，风格非常明晰，前四大重仓股全都进行了加仓，而格力电器、五粮液、贵州茅台、美的集团正是白酒和家电两大行业的龙头代表，在这样的稳扎稳打下，二季度该基金又继续上涨了 16.31%，而此时的沪指表现却是－0.93%，涨幅最高的中小板指数也仅为 2.98%。

在连续大涨之后，三季度消费行业的表现落后于资源、有色等强周期板块，一时间让市场对于风格转换产生了强烈共鸣。即便如此，易方达消费还是坚守自己的重仓股，丝毫没有受到市场干扰。短暂的波动过后，消费蓝筹股行情逐渐重回上升通道，再次成为市场的主旋律，易方达消费最终实现了全年涨幅 64.97%的好成绩，并一举夺得普通股票基金年度冠军。

通过去年各阶段的对比可以看出，易方达消费对市场风格有着坚定和准确的判断，而这都要归功于其基金经理萧楠。

资料显示，萧楠曾任易方达基金管理有限公司研究部行业研究员、基金投资部基金经理助理。其最早任职基金经理是在 2012 年 9 月 28 日，累计任职时间已经超过了 5 年，可见其资历之深。从 2006 年入职易方达开始，萧楠就从事消费行业的研究员，到消费研究组的组长，再到后来执掌基金产品，一直没有偏离过消费主题。

……

（三）投资组合管理的意义和特点

1．提高投资的分散性
多元化投资，可有效避免非系统性风险。

2．风险与收益相匹配
风险与收益应是对应的，即风险越大，收益应该越高，反之亦然。

（四）投资组合管理的方法

投资组合管理方法分为被动管理方法和主动管理方法。这两种方法与被动型基金和主动型基金的概念类似，即投资者对市场有效性假设的认识不同而产生的不同管理方法。

采用被动管理办法的投资者认为市场是有效的，证券的价格已经完全反映了其所有的信息，因此不存在被低估的证券。他们认为市场价格不能预测，因为消息经常是突发的，同时经济发展是有周期的，因此他们采取"买入并长期持有"的投资策略，只在大的趋势被破坏时才卖出。

采用主动管理办法的投资者正好与之相反，他们认为证券市场存在被低估的股票，因此频繁调整投资组合来试图获得超出市场平均收益的回报。他们认为，尽管有些消息是突发的，但有规律可循，比如重组消息一般在 ST 股票中比较多见；资产注入、资产整合等消息一般在煤炭、航天军工股票中比较常见。

（五）投资组合管理的基本步骤

1．确定基金投资目标
每一只基金都会有自己的投资目标。投资目标明确了该基金日后具体的投资方向，以及在股票和债券上面的选择依据等。根据投资目标，投资者也可以了解到基金投资所具有的风险与收益状况。

基金的投资目标大致分为三类：第一类是追求长期的资本增值，即成长型基金；第二类是追求当期的高收入，即收入型基金；第三类是兼顾长期资本增值和当期收入，即平衡型基金。

2．投资分析与决策

投资目标与政策确定后，就要研究如何进行投资，即如何运用基金。这包括一系列的分析过程，如宏观分析、微观分析等。

3．投资组合的实施

购买目标池中的证券。

4．投资组合修正

购买的证券一旦出现比较大的不利消息，应分析评估该消息对投资组合的影响，进而修正投资组合。

5．评价基金的表现——业绩评估

以基金的单位净资产值来评价基金的表现：基金单位净产值＝净资产总值÷发行在外的基金总额。

仅仅依靠这一个指标不太全面，还要考虑采取比较分析的方法。就是把不同的投资组合的收益计算出来，来对比当前的投资收益。当然，这些投资组合应该具有相似性，比如都投资于蓝筹股。计算之后，通过比较分析来评价基金的投资收益。

六、证券投资基金的收益分配

1．基金利润来源

基金利润是基金资产在运作过程中所产生的各种利润。基金利润来源主要包括利息收入、投资收益以及其他收入。基金资产估值引起的资产价值变动作为公允价值变动损益计入当期损益。

2．各项费用

各项费用包括基金发起募集费用、基金管理费用、基金托管费用、交易手续费和各项中介机构佣金等。其中基金管理费用和基金托管费用是基金支付的主要费用。

3．税金

在基金投资过程中产生的税金包括印花税、所得税等，但证券投资基金从证券市场中取得的收入，包括买卖股票、债券的差价收入，股权的股息、红利收入，债券的利息收入及其他收入，暂不征收企业所得税。基金取得的股利收入、债券的利息收入、储蓄存款的利息收入，由上市公司、发行债券的企业和银行在向基金支付上述收入时，代扣代缴20%的个人所得税。

基金投资收入扣除各项费用、税金后即为投资收益。基金收益分配前，首先要扣除用于进行弥补亏损、提取风险准备金等资金，剩余资金才可以分配给投资者。美国法律规定，基金必须把投资收益的95%以上用来进行分配。分配方式一般采用现金分配形式，有的基金也采取派送基金单位的分配形式。

七、信息披露

基金信息披露的内容包括以下方面。

（1）基金招募说明书。

（2）基金合同。

（3）基金托管协议。

（4）基金份额发售公告。

（5）基金募集情况。

（6）基金合同生效公告。

（7）基金份额上市交易公告书。

（8）基金资产净值、基金份额净值。

（9）基金份额申购、赎回价格。

（10）基金定期报告，包括基金年度报告、基金半年度报告和基金季度报告。

（11）临时报告。

（12）基金份额持有人大会决议。

（13）基金管理人、基金托管人的基金托管部门的重大人事变动。

（14）涉及基金管理人、基金财产、基金托管业务的诉讼。

（15）澄清公告。

（16）中国证监会规定的其他信息。

基金运作信息披露文件主要包括基金净值公告、基金定期公告以及基金上市交易公告书等。

（一）基金净值公告

1．普通基金净值公告

普通基金净值公告主要包括基金资产净值、份额净值和份额累计净值等信息。封闭式基金和开放式基金在披露净值公告的频率上有所不同。封闭式基金一般至少每周披露一次资产净值和份额净值。对开放式基金来说，在其开放申购和赎回前，一般至少每周披露一次资产净值和份额净值；开放申购和赎回后，则会披露每个开放日的份额净值和份额累计净值。

2．货币市场基金收益公告和偏离度公告

（1）货币市场基金收益公告。

货币市场基金每日分配收益，份额净值保持1元不变。因此货币市场基金需要披露收益公告，包括每万份基金收益和最近7日年化收益率。按照披露时间的不同，货币市场基金收益公告可分为封闭期的收益公告、开放日的收益公告和节假日的收益公告三类。

封闭期的收益公告是指货币市场基金的基金合同生效后，基金管理人于开始办理基金份额申购或者赎回当日，在中国证监会指定的报刊和基金管理人网站上披露截止前一日的基金资产净值；基金合同生效至披露前一日期间的每万份基金净收益；披露前一日的7日年化收益率。

开放日的收益公告是指货币市场基金于每个开放日的次日在中国证监会指定的报刊和管理人网站上披露开放日每万份基金净收益和最近7日年化收益率。

节假日的收益公告是指货币市场基金开放申购、赎回后，在遇到法定节假日时，于节假日结束后的第二个自然日披露节假日期间的每万份基金净收益；节假日最后一日的7日年化收益率以及节假日后首个开放日的每万份基金净收益和7日年化收益率。

（2）偏离度公告。

为了客观地体现货币市场基金的实际收益情况，避免采用摊余成本法计算的基金资产净值与按市场利率和交易市价计算的基金资产净值发生重大偏离，从而对基金份额持有人的利益产生不利影响，基金管理人会采用影子定价法，于每一个估值日对基金资产进行重新估值。当影子定价法所确定的基金资产净值超过摊余成本法计算的基金资产净值（即产生正偏离）时，表明基金组合中存在浮盈；反之，当产生负偏离时，则基金组合中存在浮亏。此时，若基金投资组合的平均剩余期限较长、融资比例仍较高，则该基金隐含的风险较大。目前，按我国基金信息披露法规要求，当偏离达到一定程度时，货币市场基金应刊登偏离度信息，主要包括以下三类。

① 在临时报告中披露偏离度信息。当影子定价法确定的基金资产净值与摊余成本法确定的基金资产净值的偏离度绝对值达到或者超过0.5%时，基金管理人将在事件发生之日起2日内就此事项进行临时报告。

② 在半年度报告和年度报告中披露偏离度信息。在半年度报告和年度报告的重大事件揭示中，基金管理人将披露报告期内偏离度的绝对值达到或超过0.5%的信息。

③ 在投资组合报告中披露偏离度信息。在季度报告的投资组合报告中，货币市场基金将披露

报告期内偏离度绝对值在 0.25%～0.5%的次数；偏离度的最高值和最低值；偏离度绝对值的简单平均值等信息。

（二）基金定期公告

1．基金季度报告

基金管理人应当在每个季度结束之日起 15 个工作日内，编制完成基金季度报告，并将季度报告登载在指定报刊和网站上。基金合同生效不足 2 个月的，基金管理人可以不编制当期季度报告、半年度报告和年度报告。

基金季度报告主要包括基金概况、主要财务指标和净值表现、管理人报告、投资组合报告、开放式基金份额变动等内容。在季度报告的投资组合报告中，需要披露基金资产组合，按行业分类的股票投资组合前 10 名股票明细；按券种分类的债券投资组合前 5 名债券明细；投资贵金属、股指期货、国债期货等情况，以及投资组合报告附注等内容。

2．基金半年度报告

基金管理人应当在上半年结束之日起 60 日内，编制完成基金半年度报告，并将半年度报告的正文登载在网站上，将半年度报告的摘要登载在指定报刊上。与年度报告相比，半年度报告的披露有以下特点。

（1）半年度报告不要求进行审计。

（2）半年度报告只需披露当期的主要会计数据和财务指标；而年度报告应提供最近 3 个会计年度的主要会计数据和财务指标。

（3）半年度报告披露净值增长率列表的时间段与年度报告有所不同。半年度报告需要披露过去 1 个月的净值增长率，但无须披露过去 5 年的净值增长率。

（4）半年度报告无须披露近 3 年每年的基金收益分配情况。

（5）半年度报告的管理人报告无须披露内部监察报告。

（6）财务报表附注的披露。半年度财务报表附注重点披露对比上年度财务会计报告有所更新的信息，并遵循重要性原则进行披露。例如，①半年度报告无须披露所有的关联关系，只披露关联关系的变化情况，而且关联交易的披露期限也不同于年度报告。②半年度报告只对当期的报表项目进行说明，无须说明两个年度的报表项目。

（7）重大事件揭示中，半年度报告只报告期内改聘会计师事务所的情况，无须披露支付给聘任会计师事务所的报酬及事务所已提供审计服务的年限等。

（8）半年度报告摘要的财务报表附注无须对重要的报表项目进行说明；而年度报告摘要的财务报表附注在说明报表项目部分时，则因审计意见的不同而有所差别。

3．基金年度报告

基金年度报告是基金存续期信息披露中信息量最大的文件。应当在每年结束之日起 90 日内，编制完成基金年度报告，并将年度报告的正文登载于网站上，将年度报告的摘要登载在指定报刊上。基金年度报告的财务会计报告应当经过审计。基金份额持有人通过阅读基金年度报告，可以了解会计年度内管理人和托管人履行职责的情况、基金经营业绩、基金份额的变动等信息，以及年度末基金财务状况、投资组合和持有人结构等信息。具体而言，基金年度报告的主要内容如下。

（1）基金管理人和托管人在年度报告披露中的责任。

基金管理人是基金年度报告的编制者和披露义务人，因此，基金管理人及其董事应保证年度报告的真实性、准确性和完整性，承诺其中不存在虚假记载、误导性陈述或重大遗漏，并就其保证承担个别及连带责任。为了进一步保障基金信息质量，法规规定基金年度报告应经三分之二以上独立董事签字同意，并由董事长签发；如个别董事对年度报告内容的真实性、准确性、完整性无法保证或存在异议，应当单独陈述理由和发表意见；未参会董事应当单独列示其姓名。

基金托管人在年度报告披露中的责任主要是一些与托管职责相关的披露责任，包括负责复核年报、半年报中的财务会计资料等内容，并出具托管人报告等。

（2）正文与摘要的披露。

为满足不同类型投资者的信息需求，提高基金信息的使用效率，目前基金年报采用在基金管理人网站上披露正文和在指定报刊上披露摘要两种方式。基金管理人披露的正文信息应力求充分、详尽，摘要应力求简要揭示重要的基金信息。

相对于正文，摘要在基金简介、报表附注、投资组合报告等部分进行了较大程度的简化。这样，普通投资者通过阅读摘要即可获取重要信息；而专业投资者通过阅读正文可获得更为详细的信息。

（3）关于年度报告中的重要提示。

为了明确信息披露义务人的责任，提醒投资者注意投资风险，目前法规规定应在年度报告的扉页就以下方面做出提示。

① 基金管理人和基金托管人的披露责任。

② 基金管理人管理和运用基金资产的原则。

③ 投资风险提示。

④ 年度报告中注册会计师出具非标准无保留意见的提示。

（4）基金财务指标的披露。

基金年度报告中应披露以下财务指标：本期利润、本期利润扣减本期公允价值变动损益后的净额、加权平均份额本期利润、期末可供分配利润、期末可供分配份额利润、期末资产净值、期末基金份额净值、加权平均净值利润率、本期份额净值增长率和份额累计净值增长率等。

在上述指标中，净值增长指标是目前较为合理的用于评价基金业绩表现的指标。投资者通过将基金净值增长指标与同期基金业绩基准收益率进行比较，可以了解基金实际运作与基金合同规定基准的差异程度，判断基金的实际投资风格。

（5）基金净值表现的披露。

基金资产净值信息是基金资产运作成果的集中体现。由于基金的主要经营活动是证券投资，其资产运作情况主要表现为证券资产的利息收入、投资收益和公允价值变动损益，具体又反映到基金资产净值的波动上。投资者通过考察较长历史阶段内基金净值增长率的波动，可以了解基金产品的长期收益情况和风险程度。基金咨询与评级机构通过对基金净值表现信息进行整理、加工和评价，不仅可以向投资者提供有用的决策信息，而且将对管理人形成压力和动力，促使其诚信经营、科学管理。可见，基金净值表现信息的披露对于保护投资者利益具有十分重要的意义。目前，法规要求在基金年度报告、半年度报告、季度报告中以图表的形式披露基金的净值表现。

（6）基金管理人报告的披露。

基金管理人报告是基金管理人就报告期内管理职责履行情况等事项向投资者进行的汇报。具体内容包括：基金管理人及基金经理情况简介，报告期内基金运作遵规守信情况说明，报告期内公平交易情况说明，报告期内基金的投资策略和业绩表现说明，基金管理人对宏观经济、证券市场及行业走势的展望，基金管理人内部监察稽核工作情况，报告期内基金估值程序等事项说明，报告期内基金利润分配情况说明及对会计师事务所出具非标准审计报告所涉事项的说明，等等。

（7）基金财务会计报告的编制与披露。

① 基金财务报表的编制与披露。基金财务报表包括报告期末及其前一个年度末的比较式资产负债表、两年度的比较式利润表、两年度的比较式所有者权益（基金净值）变动表。

② 财务报表附注的披露。财务报表附注的披露内容主要包括：基金的基本情况，会计报表的编制基础，遵循会计准则及其他有关规定的声明，主要会计政策和会计估计，会计政策和会计估计变更以及差错更正的说明、税项、或有事项和承诺事项，资产负债表日后非调整事项的说明，关联

方关系及其交易，报表重要项目的说明，利润分配情况，期末基金持有的流通受限证券，金融工具风险及管理，等等。基金财务报表附注主要是对报表内未提供的或披露不详尽的内容做进一步的解释说明。例如，对于按相关法规规定的估值原则不能客观反映资产公允价值，基金管理人与托管人共同商定估值方法的情况，报表附注中应披露对该资产估值所采取的具体方法。

（8）基金投资组合报告的披露。

基金年度报告中的投资组合报告应披露以下信息：期末基金资产组合，期末按行业分类的股票投资组合，期末按市值占基金资产净值比例大小排序的所有股票明细，报告期内股票投资组合的重大变动，期末按券种分类的债券投资组合，期末按市值占基金资产净值比例大小排序的前 5 名债券明细，投资贵金属、股指期货、国债期货等情况，投资组合报告附注，等等。

基金股票投资组合重大变动的披露内容包括：报告期内累计买入、累计卖出价值超出期初基金资产净值 2%的股票明细；对累计买入、累计卖出价值前 20 名的股票价值低于 2%的，应披露至少前 20 名的股票明细；整个报告期内买入股票的成本总额及卖出股票的收入总额。披露这些信息的意义主要在于反映报告期内基金的一些重大投资行为。

（9）基金持有人信息的披露。

基金年度报告披露的持有人信息主要有以下三个。

① 上市基金前 10 名持有人的名称、持有份额及占总份额的比例。

② 持有人结构，包括机构持有人、个人持有人持有的基金份额及占总份额的比例。

③ 持有人户数、户均持有基金份额。

当期末基金管理人的基金从业人员持有开放式基金时，年度报告还将披露基金管理人所有基金从业人员投资基金的总量及占基金总份额的比例。另外针对基金管理人、高级管理人员、基金投资负责人和研究部门负责人持有基金情况，以及该基金的基金经理持有基金的情况，需要按持有基金份额总量的数量区间列示。

披露上市基金前 10 名持有人信息有助于防范上市基金的价格操纵和市场欺诈等行为的发生。由于持有人结构的集中或者分散程度直接影响基金规模的稳定性，进而影响基金的投资运作，因此法规要求所有基金需要披露持有人结构和持有人户数等信息。

（10）开放式基金份额变动的披露。

基金规模的变化在一定程度上反映了市场对基金的认同度，而且不同规模的基金的运作能力和抗风险能力也不同，这是影响投资者进行投资决策的重要因素。为此，法规要求在年度报告中披露开放式基金合同生效日的基金份额总额、报告期内基金份额的变动情况（包括期初基金份额总额、期末基金份额总额、期间基金总申购份额、期间基金总赎回份额、期间基金拆分变动份额）。报告期内基金合同生效的基金，应披露自基金合同生效以来基金份额的变动情况。

（三）基金上市交易公告书

凡是根据有关法律法规发售基金份额并申请在证券交易所上市交易的基金，基金管理人均应编制并披露基金上市交易公告书。目前，披露上市交易公告书的基金品种主要有封闭式基金、上市开放式基金和交易型开放式指数基金以及分级基金子份额。

基金上市交易公告书的主要披露事项包括：基金概况、基金募集情况与上市交易安排、持有人户数、持有人结构及前 10 名持有人、主要当事人介绍、基金合同摘要、基金财务状况、基金投资组合报告、重大事件揭示等。

（四）基金临时信息披露

1．关于基金信息披露的重大性标准

信息披露的标准在于使证券市场和投资者得到投资判断所需要的信息，但又要力图避免证券市场充斥过多的噪声，避免投资者陷于众多细小、琐碎而又无关紧要的信息中。为了实现这一标准，

信息披露中引入了"重大性"概念。

各个国家和地区信息披露所采用的"重大性"概念有以下两种标准：一种是"影响投资者决策标准"；另一种是"影响证券市场价格标准"。按照前一种标准，如果可以合理地预期某种信息将会对理性投资者的投资决策产生重大影响，则该信息为重大信息，应及时予以披露；按照后一种标准，如果相关信息足以导致或可能导致证券价值或市场价格发生重大变化，则该信息为重大信息，应及时予以披露。

2．基金临时报告

对于重大性的界定，我国基金信息披露法规采用较为灵活的标准，即"影响投资者决策标准"或者"影响证券市场价格标准"。如果预期某种信息可能对基金份额持有人权益或者基金份额的价格产生重大影响，则该信息为重大信息，相关事件为重大事件，信息披露义务人应当在重大事件发生之日起 2 日内编制并披露临时报告书。

基金的重大事件包括：基金份额持有人大会的召开，提前终止基金合同，延长基金合同期限，转换基金运作方式，更换基金管理人或托管人，基金管理人的董事长、总经理及其他高级管理人员、基金经理和基金托管人的基金托管部门负责人发生变动，涉及基金管理人、基金财产、基金托管业务的诉讼，基金份额净值计价错误金额达基金份额净值的 0.5%，开放式基金发生巨额赎回并延期支付，等等。

3．基金澄清公告

由于上市交易基金的市场价格等事项可能受到谣言、猜测和投机等因素的影响，为了防止投资者误将这些因素视为重大信息，基金信息披露义务人还有义务发布公告对这些谣言或猜测进行澄清。具体地，在基金合同期限内，任何公共媒体中出现的或者在市场上流传的消息可能对基金份额价格或者基金投资者的申购和赎回行为产生误导性影响的，相关信息披露义务人知悉后应当立即对该消息进行公开澄清。

第三节 私募股权投资——概述

一、另类投资的内涵与发展

另类投资，是指除传统公开市场交易的权益资产、固定收益类资产和货币类资产之外的投资类型。目前，另类投资没有统一的定义，通常包括私募股权、房产与商铺、矿业与能源、大宗商品、基础设施、对冲基金、收藏市场等领域。另类是一个中性的表述，仅仅说明其有别于股票、债券等传统资产。另类也不意味着都是创新，房地产和大宗商品投资都有着悠久的历史。

私募股权投资——概述

另类投资的兴起，与宏观环境变化导致的全球投资环境的复杂化，以及金融产品发展引来的投资产品的多元化存在密切关系。20 世纪 80 年代以来，在金融市场自由化和经济全球化的大背景下，全球金融市场的环境发生了翻天覆地的变化，特别是机构投资者在关注传统投资类别的同时，在投资产品组合当中，体现出了增加另类投资产品的特点和趋势。它们开始把部分资产转投到风险投资基金、房地产、杠杆收购和石油及天然气投资项目当中。机构投资者常常愿意牺牲短期流动性而获取更丰富的长期利益，相比于个人投资者而言投资周期更长。机构投资者所具有的这种投资特性正符合另类投资产品的特点。

根据世界著名咨询机构韬睿惠悦的《全球另类投资调查》咨询报告显示，2013 年全球另类资产管理总规模已经超过 5 万亿美元，百强另类投资管理公司管理资产规模突破 3 万亿美元，其中，直接私募股权基金投资额为 7 170 亿美元，私募股权 FOF 基金投资额为 3 150 亿美元。据该调查报告显示，麦格理集团是现存最大的基础设施投资管理公司，管理资产金额高达 950 亿美元左右；世邦魏理仕全球投资集团是最大的不动产管理公司；高盛公司是最大的私募股权管理公司，具有 680 亿美元的规模；布里奇沃特投资公司是最大的对冲基金管理公司，资产规模为 840 亿美元。报告还指出，按照另类投资产品类别来分析，全球另类投资管理百强企业的资产首要投资对象仍然是房地产，其次是私募股权投资，再次是大宗商品。

随着经济全球化的发展，另类投资产品和其他传统投资产品一样，也呈现出了国际化的趋势。私募股权投资最早在欧美地区产生并得到发展，但最近几年，包括美国大型私募股权基金在内的绝大部分私募股权投资者将目光转向了东亚市场，尤其是正处于发展中的中国成为这些私募股权投资者的首选投资地。近年来，中国经济快速发展使投资者对多元化的金融工具产生了强烈的需求，另类投资不但为经济发展和产业转型提供了资金支持，而且为未来不断增长的财富管理的需求提供了解决方案。

二、私募股权投资概述

私募股权投资，是指对未上市公司的投资。私募股权投资起源并盛行于美国，已经有 100 多年的历史。私募股权投资通常采用非公开募集的形式筹集资金，不能在公开市场上进行交易，流动性较差。尽管人们更偏好于使用"私募股权"一词，但这些投资包含股权和债券两类证券，相比于私募股权投资，私募债券投资在市场上较为少见。

国内外的私募股权投资机构类型包括：专业化的私募投资基金，如黑石集团等；大型多元化金融机构下设的直接投资部门，如摩根士丹利、J.P.摩根等；在国内，由中方机构发起、外资进行入股，如联想控股的成员企业弘毅投资，是专门从事股权投资及业务管理的机构；大型企业的投资基金部门，这些部门主要为它们的母公司制定并执行与其发展战略相匹配的投资组合战略；具有政府背景的投资基金等。

如图 8-2 所示，从整体上看，2013 年中国私募股权投资主要分布在制造业、IT 业等传统行业。从医疗健康业的情况来看，也体现出私募股权投资的特性之一，即在宏观经济表现较差的时候，抗周期性行业的投资价值凸显。

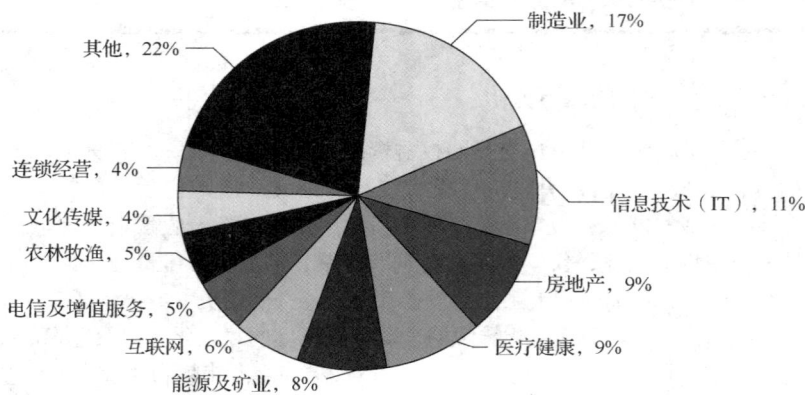

图 8-2　2013 年中国私募股权投资行业分布

通常，投资者考察其所投资的私募股权基金收益状况时，会画出一条曲线，这条曲线是以时间为横轴、以收益率为纵轴的一条曲线，称为 J 曲线，如图 8-3 所示。J 曲线是能够很好地衡量私募股权基金总成本和总潜在回报的工具。私募股权基金在其投资项目的前段时期，主要是以投入资金为主，再加上需要支付各种管理费用，因此在这一阶段，现金净流出并不能立即给投资者带来正收益和回报。在经过一段时间的运营之后，对项目所投入的资金逐步减少乃至为零，现金流入增加，能够给投资者带来正收益，整个私募股权基金的收益率快速攀升。对于私募股权基金的投资者而言，J 曲线意味着私募股权投资通常并不是在一两年内就能够得到满意回报的投资项目，因此，对投资者而言，在这种长期投资项目中，如果过度偏好和注重短期收益的话，就不利于实现长期的收益目标；对于私募股权基金的管理者而言，J 曲线则意味着需要尽量缩短投资周期，尽快达到投资者所希望的收益回报。

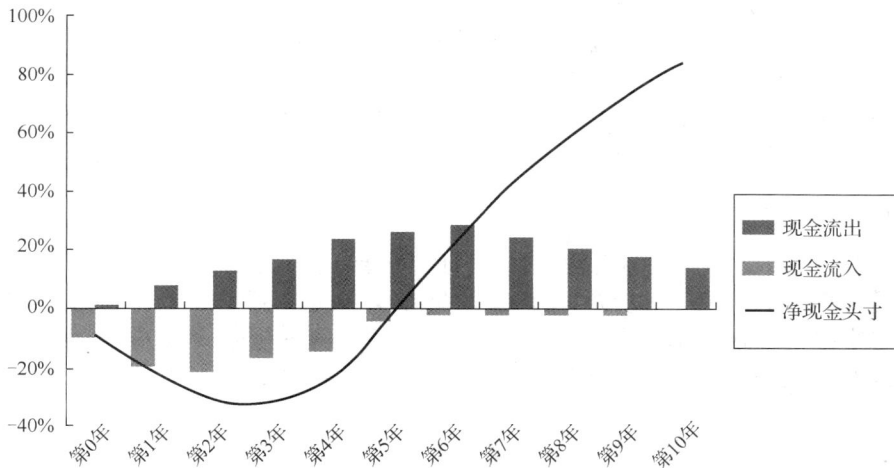

图 8-3 私募股权基金收益 J 曲线

三、私募股权投资的战略形式

私募股权投资包含多种不同的战略形式，最为广泛使用的战略包括：风险投资、成长权益、并购投资、危机投资和私募股权二级市场投资。

（一）风险投资

风险投资战略一般采用股权形式将资金投入提供具有创新性的专门产品或服务的初创型企业中。初创型企业可能仅有少量员工，可能基本上不存在收益。企业家们往往在企业设立初期需要资金，同时，对有关设立和运营公司方式上的建议和专业知识的渴求也非常强烈。从事风险投资的人员或机构被称为"天使"投资者，这类投资者一般由各大公司的高级管理人员、退休的企业家、专业投资家等构成，他们集资本和能力于一身，既是创业投资者，又是投资管理者。创业资本的主要来源呈现出多渠道、多元化格局。风险投资的重要特点之一，在于投资创新企业，进一步的，是投资于它们的创新性技术和产品。

风险投资被认为是私募股权投资当中处于高风险领域的战略，主要是因为很多初创型企业往往以失败告终。一个初创型企业运营成功可能需要花费几年的时间，大多数风险投资企业在初创型企业达到盈亏平衡点或者具备盈利能力之前，需要忍耐长达几年的无收益历程。因此，风险投资者需要耐心。由于承担更高的风险，风险投资比其他金融工具有更高的预期回报率。风险投资的收益不是来自企业本身的分红，而是来自企业成熟壮大之后的股权转让。一般来说，由于创业企业掌握了新型技术，或是拥有受保护的专利权，使科学技术成果迅速商品化，其产品在一定时间内缺少替代品，所以这种垄断或寡头的市场结构就能给企业带来额外收益。美国研究与发展公司（ARD）对美国数字设备公司（DEC）的投资就是一个典型的例子。DEC 创立之初，ARD 对其仅投资了 7 万美元，而 14 年后 DEC 却奇迹般地增值到了 3.35 亿美元，增长了近 5 000 倍，成为风险投资历史上的一段佳话。

风险投资的主要目的并不是取得对企业的长久控制权以及获得企业的利润分配，而在于通过资本的退出，从股权增值当中获取高回报。因此，成功的退出在整个项目当中也是至关重要的，这有助于将所获利润投入到新的投资项目当中，进行下一批项目。

（二）成长权益

成长权益战略投资于已经具备成型的商业模型和较好的顾客群，同时具备正现金流的企业。这些企业通常通过增加新的生产设备或者采取兼并收购方式来扩大规模，但自身的经营无法提供足够的资金来支持。成长权益投资者通过提供资金，帮助对象企业发展业务和巩固市场地位。

有些成长权益投资者着力于帮助企业上市。和风险投资者相比，成长权益投资者更偏好于在后期给企业提供额外资本来协助企业上市。通过首次公开发行，企业的创立者和权益投资者能够得到将之前的投入变现的机会。

（三）并购投资

并购投资，是指专门进行企业并购的基金，即投资者为了满足已设立的企业达到重组或所有权转变的目的而存在的资金需求的投资。并购投资的主要对象是成熟且具有稳定现金流并且呈现出稳定增长趋势的企业，通过控股来确立市场地位，提升企业的内在价值，最后通过各种渠道退出并取得收益。并购投资包含多种不同类型，如杠杆收购、管理层收购等形式。杠杆收购是应用最广泛的形式。

杠杆收购，是指筹资过程当中所包含的债权融资比例较高的收购形式。杠杆收购的关键在于举债，即进行杠杆收购之后，一个企业资金结构当中债权和股权的比例。由于高债权比例存在着高利息和本金支付负担，企业如果决定进行杠杆并购，则必须要具备强而可持续的现金流。进行杠杆收购的企业往往是具备竞争优势的稳定的企业。

管理层收购，是指公司的管理层利用信贷等融资或股权交易的方式收购本公司的一种行为，从而引起公司所有权、控制权、剩余索取权、资产等发生变化，使企业的经营者变成了企业的所有者。

并购投资者偏好于将那些最近经营业绩不像预期一样好但具备成长空间的企业设定成目标企业。

（四）危机投资

当企业遭遇财务困境时，企业可能面临无法偿还债务的风险，进而面临破产危机，即违约风险。危机投资者擅长购买那些面临违约风险的企业的债务。这些投资者往往以债券票面价值的较低折扣购买债券，比如，危机投资者可能仅用现有贷款人所持有债券面值的 20%～30% 的资金来换取债券。

危机投资形式多样，没有固定的模式，但通常，投资企业具有得以生存的核心能力，投资者本身经验也非常丰富。若投资企业顺利生存下来并得以持续运营，则危机投资者持有的债券价值将会上升，从而获得很大的利润。同时，考虑到危机投资者所投入资金的企业已经濒临破产，因此，危机投资战略往往被认定为是具有高风险的战略。

（五）私募股权二级市场投资

私募股权二级市场在中国尚属生疏的概念，虽然包含在私募股权的范围之内，但其并不直接纳入企业的生命周期当中。

私募股权二级市场投资通常以合伙人形式进行组织，其流程通常包含筹资、购买资产、资产出售后将资金回报还给投资者等整个投资过程。私募股权二级市场投资战略可能涉及一对多、多对多等不同的交易形式，因此，在其结构上存在不同的设计形式。

私募股权二级市场投资战略是具有周期长、风险大、流动性差特性的投资战略，其主要内容有以下三点。

（1）转让提供资金的有限合伙人权益份额，通常投资者会成为新的有限合伙人，不仅可能承担权利，同时可能承担尚未履行的出资义务。通常，投资者是看到该私募股权的未来增值可能性和其现在具有的价值而进行投资的。

（2）投资组合交易，是指投入资金的投资组合股权。若一些私募股权投资基金希望出售其手下的项目，就可以通过二级市场直接与买方进行交易，买方可以直接获取原私募股权投资基金在项目当中所持有的权益。

（3）最典型的私募股权合伙制度的生命周期为 10 年左右，包含 3 年～4 年的投资期和 5 年～7 年的收回投资的过程。许多私募股权投资有限合伙人考虑到私募股权投资本身流动性差的性质，愿意在二级市场进行交易，这也是中国私募股权二级市场的未来值得期待的主要理由之一。

四、私募股权投资的特点

（一）资金是私募的，投向也是非公开的

私募股权基金管理公司通过设立私募股权投资基金，以非公开形式向特定投资人募集。主要募集对象为主权基金、养老基金、社保基金、大学基金、企业年金、慈善基金等。

资金投向前文已述，一般无须公开交易信息。

（二）投资对象偏向成熟型企业，期限较长

私募股权投资基金的投资对象主要为非上市企业，投资期限通常为 3 年～7 年。私募股权投资比较偏向于已经形成一定规模和产生稳定现金流的成熟企业，这一点与风险投资有明显区别。

（三）实行"资金＋服务"的模式

私募股权投资基金管理公司不仅作为投资者获取股权，作为股东参与重大事项决策，而且提供专业化的增值管理服务。利用投资经理的专长，帮助企业克服困难，直接参与到企业经营管理过程中，利用其长期积累的管理经验，向所投资的企业提出一系列极具建设性的意见。2009 年 9 月 23 日，高盛资本合伙人通过认购可转债以及认股权证投资吉利汽车控股有限公司，总计投资额达到 3.3 亿美元。在投资过程中，高盛就吉利的海外销售、采购业务、国际化战略及资金使用效率等多个问题，提出了一个 100 天的改进计划建议，该建议极大地推动了吉利公司的业务发展。

（四）在投资初期就安排了退出方式

在投资初期就已经计划通过上市、并购或管理层回购等方式出售持股，获取丰厚收益。

五、私募股权投资的作用

随着全球资本市场的迅猛发展，私募股权投资基金的影响日益扩大。在澳大利亚私募投资与风险投资协会 2007 年 5 月发布的一份研究报告中，通过对美国、欧盟、英国、法国的私募股权投资基金行业的有关数据进行分析，发现私募股权投资基金对国民经济、资本市场和被投资企业都有着非常大的积极影响。

（一）对国民经济的积极影响

1．增加就业机会

现代服务业、高新技术产业、各类消费品制造业等行业大都以小企业和民营企业为主，而现有的金融体系为其提供的融资渠道较少，企业的发展、壮大受到了限制，因此筛选有潜力的民营企业和中小企业进行培育是一些私募股权投资基金的选择。

无论在发达国家还是发展中国家，中小企业都是国民经济的重要支柱。我国目前中小企业生产总值占国内生产总值的 50%，税收总值占国内总税收的 43%，出口额占国内总出口额的 60%，中小

企业吸纳的就业量占全社会就业量的42%。说明中小企业在促进科技进步、增加就业机会、扩大出口等方面，发挥着不可忽视且不可替代的作用。但是，中小企业的成长发展需要大量的投资资金和流动资金，而目前我国的金融体系存在不完善因素。

以大银行为主的高度集中的金融体系，主要服务于国有大型企业，使中小企业融资相对较难，有的地方甚至没有将中小企业作为信用分配的对象。基于中小企业迫切的融资需求，私募股权投资基金大胆的投融资行为解决了成长性的中小企业融资问题。那些急于生存与发展的中小企业，其资金需求可以求助于私募股权投资基金。因此，私募股权投资基金的存在，孕育了中小企业的成长，支持了具有高增长潜力的创业企业，为我国增加了巨大的就业机会。

2．推动基金管理行业的发展

私募股权投资基金对市场的积极作用正在日益显现，但是私募股权投资基金在我国尚处于初期阶段，目前我国对私募股权投资基金的监管体系还不太完善，还没有出台专门针对私募股权投资基金的法规。私募股权投资基金的管理运营水平直接关系到投资者的投资收益，作为专业化要求很高的行业，优秀的基金管理人才至关重要。目前，尽管政府鼓励私募股权投资基金进入资本市场，但是我国还缺少具有国际水准的专业化管理机构和优秀的基金管理团队，这在很大程度上制约了私募股权投资基金的发展。我国应积极引进境外先进的基金管理机构、积极培育本土人才、打造优秀的基金管理团队。

我国还需要扩展私募股权投资基金的资金渠道，及时修订监管法规，允许和鼓励金融机构参与私募股权投资基金。中国银监会、中国保监会、国资委、财政部等部门、机构，就各自归口的私募股权投资基金的问题明确态度、制定规则、打通渠道，同时有效监管、防范风险。并结合私募股权投资基金的运作特点，制定具有针对性的税收优惠政策，为其发展创造良好的政策环境。

3．提高社会劳动生产力和促进发明创造

私募股权投资基金是科学技术转化为生产力的重要推动力量。同时，如果运作得当，可以为投资者提供更高的回报。

（二）对资本市场的积极作用

1．为中小企业提供资金，帮助中小企业制定发展规划

发达国家重化工业在发展的最顶峰时期占工业产值的比重为65%，而中国重化工业比重已达70%。重化工业具有自我循环和自我加强的能力，现有的金融体系也明显向这个产业倾斜。因为这个行业以大中型国有企业为主，而现有金融渠道也主要向大中型国有企业敞开。相比较急需发展的现代服务业、高新技术产业、各类消费品制造业和消费服务业，大多以中小企业和民营企业为主，而现有的金融体系却没有为它们提供相应的融资渠道。这就是私募股权基金大有作为的领域。

2．促进行业的整合，改善上市公司的治理结构

私募股权基金在传统竞争性行业中一个十分重要的功能是促进行业的整合。中国竞争性行业需要让国内排名靠前的优秀企业通过兼并收购的方式做大做强。中国最稀缺的资源是优秀企业家和有效的企业组织。最成功的企业就是优秀企业家与有效企业组织的有机结合。让优秀企业去并购和整合整个行业，也就能最大限度地发挥优秀企业家与有效企业组织对社会的积极作用。因此，私募股权基金中的并购融资对中国产业的整合和发展具有极为重要的战略意义。

私募股权基金作为主要投资者可以选派财务总监、董事，甚至作为大股东可以直接选派总经理到企业去。在这种情况下，私募股权基金作为一种市场监控力量，对公司治理结构的完善有重要的推动作用。为以后企业上市的内部治理结构和内控机制方面创造良好的条件。

3．提高证券市场的资金流动性，使更多的企业获得权益融资

私募股权基金的发展有助于促进国家大产业结构的调整。私募股权基金真正的优势在于它是真

正市场化的。基金管理者完全以企业成长潜力和效率作为投资选择依据。投资者用自己的资金作为选票，将社会稀缺生产资源的使用权投给社会最需要发展的产业，投给这个产业中最有效率的企业。只要企业的产品有市场、发展有潜力，不管这个企业是小企业还是民营企业都可获得权益融资。这样整个社会的稀缺生产资源的配置效率就可以大幅度提高。

（三）对被投资企业的积极作用

1．协调利益

在企业中，股东和管理层的利益有时候会发生冲突，私募股权投资基金的介入，可以帮助企业协调好股东和管理层的利益，使股东和管理层能够齐心协力，共同促进企业成长。

2．保证经营目标的稳定

上市公司往往在公众股东和各种媒体的压力下，追求短期利益，证券投资基金在证券市场上的投资也是一种短期投机行为。与之相反的是，私募股权投资基金的投资更注重企业的远期价值和成长性，希望在投资后 3 年～5 年再获得高额收益。这样，引入私募股权投资的企业可以将投资用于开发新产品、新业务、建设人力资源等方面，而不用太注重短期的盈利，这将能确保公司长期经营目标的实现。

欧盟称，获得私募股权投资的企业利润年增率平均为 39%，上市公司则为 25%。

3．详细的尽职调查

在决定是否对一个企业进行投资时，基金管理人要对企业进行细致全面和客观的调查，调查的内容主要包括：公司在财务和非财务方面的优势和劣势；公司所从事行业是否具有充分的活力；公司的未来成长性；公司成长的前提条件（包括调整策略、改善经营、资金投入等）。这些调查可以确保投资的安全性，也能帮助企业明确自身的市场定位，明确发展方向。

第四节　私募股权投资的运作

一、私募股权投资基金的资金来源及募集方式

私募股权投资基金的资金来源是具有特定对象的，要求其具有一定的风险识别能力和风险承受能力，主要包括各类机构投资者，如主权基金、养老基金、社保基金、大学基金、企业年金、慈善基金。在发达国家，养老基金是其主要资金来源。私募股权投资发展到一定程度，也可以公开上市筹措资金，比如全球领先的另类资产管理和提供金融咨询服务的机构，全世界最大的独立另类资产管理机构，美国规模最大的上市投资管理公司——美国黑石集团，于 2007 年 6 月 22 日在纽约证券交易所挂牌上市。

二、私募股权投资基金的组织结构

私募股权投资基金通常分为有限合伙制、公司制和信托制三种组织结构。

（一）有限合伙制

有限合伙制最早产生于美国硅谷，目前已成为私募股权投资基金最典型的运作方式。其合伙人由有限合伙人和普通合伙人构成。

如图 8-4 所示，在有限合伙制当中，普通合伙人主要代表整个私募股权投资基金对外行使各种权利，对私募股权投资基金承担无限连带责任，收入来源是基金管理费和盈利分红；有限合伙人则负责出资，并以其出资额为限，承担连带责任。普通合伙人有时会担任基金管理人的角色，但有时

也委托专业管理人员对私募股权投资项目进行管理和监督。在中国，通常由基金管理人员担任普通合伙人的角色。在设立初期，普通合伙人和有限合伙人通常通过签订合伙人协议，约定各种管理费用和业绩奖励，并且会定期召开合伙人会议。同时，与公司制和信托制私募股权投资基金不同，普通合伙人具备独立的经营管理权力，有限合伙人虽然负责监督普通合伙人，但是不直接干涉或参与私募股权投资项目的经营管理。

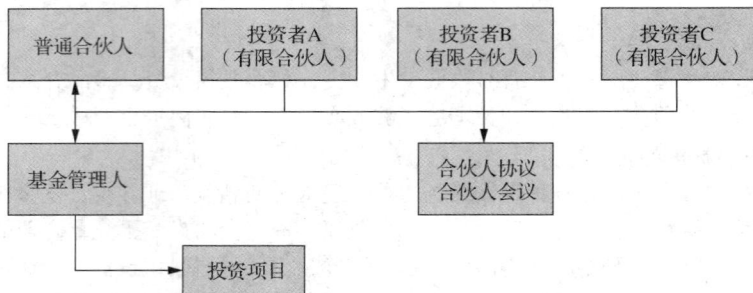

图 8-4　有限合伙制私募股权基金组织结构

（二）公司制

公司制是指私募股权投资基金以股份有限公司或有限责任公司的形式设立。如图 8-5 所示，公司制私募股权投资基金通常具有较为完整的公司结构、规范的运作方式。投资于公司制私募股权投资基金的投资者一般享有作为股东的一切权利，并且和其他公司的股东一样，以其出资额为限，承担有限责任。在公司制私募股权投资基金当中，基金管理人通常作为董事，或者作为独立的外部管理人员参与私募股权投资项目的运营。

与有限合伙制不同，公司制的基金管理人会受到股东的严格监督管理。

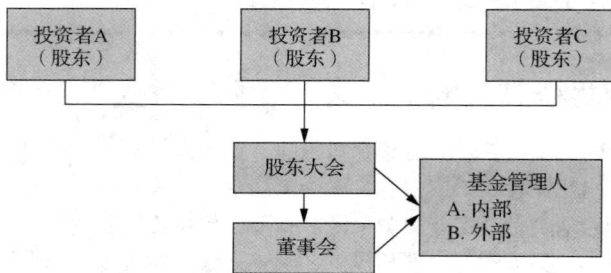

图 8-5　公司制私募股权投资基金组织结构

（三）信托制

信托制是指由基金管理机构与信托公司合作设立，通过发起设立信托收益份额募集资金，进行投资运作的集合投资基金。基金由信托公司和基金管理机构形成决策委员会共同进行决策。在中国，渤海产业投资基金采取信托制基金形式进行运作。

信托制私募股权投资基金，通常分为单一的信托模式和结构化的信托模式，运营流程基本相同。一般而言，信托公司通常作为所有投资者的受托人，以自己的名义对整个私募股权投资项目和基金的发行、管理和运作负责。也就是说，信托公司通常掌握财产运营的权利，但其角色并不完全等同于普通合伙人，其也是作为受益人，出资设立信托基金。此类基金的组织结构如图 8-6 所示。

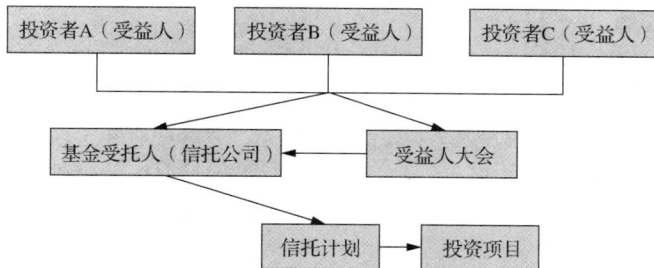

图 8-6　信托制私募股权投资基金组织结构

三、私募股权投资基金的投资机制

（一）项目选择

项目选择是私募股权投资基金项目投资的基础和前提，只有获得了优质的项目，后续的投资管理过程才有意义。项目选择对于项目投资至关重要，这就要求项目选择必须严格把关，按照投资的行业标准、区域标准、项目标准进行项目筛选，对于不符合要求的项目必须坚决予以否决。

1．行业选择

私募股权投资基金的投资人期望的年投资回报率一般在 20%～30%，因此私募股权投资业务应选择高回报的行业。一般认为，高回报行业开发的当属垄断型、资源型和能源型的项目，产品具有稀缺性和垄断性，这些行业中优质项目的年投资回报率一般都在 40% 以上。从目前私募股权投资基金的实践来看，行业的分布呈多元化趋势，传统行业仍然是较受青睐的行业，但也不乏规律可循：新消费品、新能源和新媒体成了具有增长潜力的行业，应该予以高度关注。

2．区域选择

项目投资总是发生在特定的空间区域，因此区域投资环境的优劣对投资效果必然会产生影响。优越的投资环境可以减少项目的运作成本，从而增加企业的效益；低劣的投资环境会影响项目的正常运作，降低投资收益甚至导致投资失败。选择因素包括项目所在区域的自然地理环境、经济环境、政策环境、制度环境、法律环境等。

随着国家东北振兴、中部崛起、天津滨海新区和成渝综合配套改革试验区等重大发展战略的实施，这些地区在全球产业梯度转移中面临千载难逢的机遇。所以我们不仅要关注东部经济发达的地区，更应该把视线瞄准以上有着广阔发展前景的新经济增长区域。

2017 年 4 月 1 日，中共中央、国务院决定设立国家级新区——雄安新区。这是党中央作出的一项重大的历史性战略选择，是继深圳经济特区和上海浦东新区之后又一个具有全国意义的新区，是千年大计、国家大事。雄安新区的设立是党中央深入推进京津冀协同发展做出的一项重大决策部署，对于集中疏解北京非首都功能，探索人口经济密集地区、优化开发新模式，调整优化京津冀城市布局和空间结构，培育创新驱动发展新引擎，具有重大的现实意义和深远的历史意义。雄安新区的设立蕴含着巨大的投资机会。

3．合规选择

首先，项目的合法性问题，即被投资企业经营手续和证件是否齐全。其次，项目的可行性问题，即能否达到私募股权投资基金投资业务的预期收益率。再次，项目的规模性问题，即所选项目的投资额度是否合适。如果项目的投资额度太大，不仅会超出私募股权投资基金的投资额度和承受能力，也会蕴藏较大的投资风险。如果项目的投资额度太小，不但无法形成规模经济，还会分散项目管理人员的时间和精力。最后，管理团队的整体素质问题，包括团队成员能否胜任本职工作、诚信经营、团结协作等问题。

4．信息不对称风险

例如，某铜矿项目在引资时，项目方可能对自身的投资额度以及金属的储量和品位做出了夸大的描述。针对这种情况，信托公司需审慎地审查其相关资质部门出具的矿山地质报告，以确认该项目金属的真实储量和品位。而对其已投资的额度情况，一般都需要会计师事务所进行审计。通过事前进行这些必要的审查环节，就可以最大限度地降低项目的信息不对称风险。在此基础上还应加入信息不对称风险的惩罚条款，一旦发现项目方事前存在弄虚作假行为，则其必须承担相应的法律责任。

（二）项目管理

以单一项目投资为例，首先该类私募股权投资的运作方式是具有合适的投资项目，然后再针对该项目去募集资金，进行股权投资。项目管理的特点是资金不存在闲置，能得到充分利用。实践中，可以从以下五个方面展开。

1．分阶段投资

投资资金要按照项目进程分阶段进行划拨，而不要一次到位。只有当前这一阶段项目运作良好，达到预期目标以后，后续资金才可以适时跟进，后期工程才能够上马。如果前期资金投入后，出现了问题，后期资金就必须停止计划的划拨方案，要找到前期项目运作失误的原因后，再进行决断。这样的资金投资方式，一方面降低了资金整体划拨可能存在全额损失的风险；另一方面保障了项目公司的专款专用，增强其责任心。

2．股份比例调整

在项目投资中，受托人运用复合型的证券工具，如可转换优先股、可转换债券、可认股债券或其组合。特别是可转换优先股的运用，通过优先股和普通股之间的转换比例或转换价的调整而相应地调整受托人和项目公司之间的股权比例，以满足受托人和项目公司双方不同的目标和需求，既能保护投资者的利益，又能分享企业的成长。同时，还能调动、发挥项目公司管理层的积极性去推动项目公司的发展而获得更多股权。

3．合同制约

通过制定肯定性和否定性条款来规定企业必须做到哪些事情，不能做哪些事情，合同还应规定股份比例调整的条件。通过对违约行为制定惩罚措施，如解雇管理层、调整董事会席位和撤销表决投票权，可以防止和制止企业不利于投资者的行为。投资合同还可以通过设置条款来保障投资者变现投资的权利和方式，追加投资的优先权，防止股份稀释。

4．违约补救

在项目投资初始时，受托人可以接受少数股东的地位，而项目公司管理层控制大多数股权，但受托人可以与项目公司签订一份投票权协议以保留在一些重大问题上的特别投票权。当项目公司管理层不能按照业务计划的各种目标经营企业时，例如发现管理层违反协议，提供的信息明显错误或发现大量负债等，项目公司要承担责任。此种情况下，受托人可以对项目公司提出严格要求，通常的惩罚或补救措施有：调整优先股转换比例；提高投资者的股份；减少项目公司或管理层个人的股份；将投票权和董事会席位转移到受托人手中；解雇管理层等。

5．项目组合投资

如果受托人募集的资金规模较大，为避免"将所有的鸡蛋都放到一个篮子里"所可能造成的项目投资彻底失败，一般情况下都要把资金投放到不同的项目中去，由此形成一个项目投资组合。一个科学合理的项目投资组合的构建可以从行业组合、区域组合、项目阶段组合三个层面上来考虑。

（三）投资顾问的管理

专业投资顾问由信托经理按照私募股权投资基金投资的相关规定对投资顾问的执业能力进行尽职调查和遴选，经私募股权投资基金公司投资顾问遴选会审核决定，并在信托文件中进行特别披露和风险提示。

信托经理应该对投资决策委员会中投资顾问代表的执业能力进行尽职调查，并在信托文件中进行特别披露和风险提示以及向全体受益人公示投资决策委员会决策程序和议事规则。对投资决策委员会中投资顾问代表的尽职调查包括：专业资质、职业操守、既往业绩、履行职责的可能。

信托经理应从受益人利益出发，对投资顾问的行为进行监督。包括：投资顾问代为进行目标公司尽职调查的，信托经理应以书面形式向投资顾问提出尽职调查的内容、方法以及投资分析报告形式的基本要求，并在信托文件中向全体受益人公示；投资顾问代为进行目标公司持续管理的，信托经理有权对违反投资政策及其他不当管理行为提出意见，要求纠正，投资顾问拒不纠正的，由信托经理召集受益人召开大会讨论决定解决方案。

（四）私募股权投资基金投资企业流程

（1）与企业初步接触。核实多种渠道获得的有关信息。

（2）项目初审。要求拟融资企业提供项目材料，对项目进行初步调查，提出初审意见。经基金公司投资部认可并发布初审意见后，与拟融资企业进行联系。

（3）基金公司与拟融资企业签署保密协议。

（4）基金公司接受拟融资企业的商业计划书。

（5）项目立项。在对拟融资企业进行进一步调查研究后，基金公司投资部经理填写立项审批表。

（6）尽职调查。立项批准后，项目投资经理对项目进行尽职调查，撰写尽职调查报告。尽职调查一般需要10～60个工作日。

（7）投资决策。投资决策委员会审查，投资项目由投资决策委员会按照议事规则进行决策，一般简单的投资项目多数董事投票通过即可，重大投资项目要经董事会讨论通过。

（8）签订投资协议。项目经投资决策委员会或者董事会批准后，由基金公司董事长与拟融资企业签订投资协议。

（9）对项目进行跟踪服务。投资协议生效后，基金公司派项目经理担任被投资企业董事，并委派财务主管对项目进行跟踪管理和增值服务。跟踪管理的主要内容包括：定期调阅企业财务报表、生产经营进度表、重要销售合同；定期研究企业生产经营中的问题，并提出咨询意见。增值服务的主要内容包括：参与企业股东会、董事会等重要会议；参与重大决策、进行战略指导等；帮助企业建立合适的管理体系和法律构架；帮助企业策划上市方案并协调相关问题。

（10）投资退出。

四、私募股权投资的退出机制

私募股权投资基金在完成投资项目之后，主要采取的退出机制是：首次公开发行；买壳上市或借壳上市；管理层回购；二次出售；破产清算。

（一）首次公开发行

首次公开发行是指在证券市场上首次发行所投资企业普通股票的行为。此后，所投资企业将变为上市公司，股票在证券市场上进行公开交易，私募股权投资基金可以通过出售其持有的股票收回现金。一般来说，首次公开发行伴随着巨大的资本利得，被认为是退出的最优渠道。

IPO 渐成私募股权投资退出"主渠道"

虽然 2016 年的 A 股市场跌宕起伏，经历了较为剧烈的波动。但 IPO 渠道仍然成为私募股权投资者偏好的退出渠道。

来自投中信息和歌斐资产联合推出的《2016 中国 PE/VC 行业白皮书》指出，总体来看，IPO 退出数量和规模在 2016 年有所回升，而私募股权投资退出的另一个渠道——并购，其退出数量有所下行，但规模稍有回升。

由于 IPO 重启，市场开始回暖。2016 年并购市场在数量和规模上均低于 IPO，且并购数量较 2015 年大幅下降，降幅为 41.2%。

从投资回报来看，2013 年及 2015 年两次 IPO 停摆使得并购回报超过 IPO，并购与 IPO 的回报收益此消彼长。2016 年 IPO 重启并未使得退出回报倍数高企，而并购退出的回报倍数则创下五年来的新高，达到 8.61 倍。报告指出，这主要是部分优质项目退出导致回报提升。报告同时指出，并购渠道的回报提升，究竟是趋势还是偶发现象，值得后续继续观察。

而从 5 年来的平均回报倍数来看，IPO 的平均回报倍数为 4.38 倍，仍高于并购的平均回报倍数 3.92 倍。

（二）买壳上市或借壳上市

买壳上市或借壳上市是资本运作的一种方式，属于间接上市方法，为不能直接进行首次公开发行的私募股权投资项目提供退出途径。私募股权投资基金通过收购上市公司一定数量的股权并取得控制权后，再将自己所投资的企业通过反向收购注入该上市公司，实现公司间接上市。

（三）管理层回购

管理层回购是指私募股权投资基金将其所持有的创业企业股权出售给企业的管理层从而退出的方式。优点在于将外部股权全部内部化，使得所投资企业保持充分的独立性。

（四）二次出售

二次出售是指私募股权投资基金将其持有的项目在私募股权二级市场出售的行为。与管理层回购一样，二次出售也是私募股权投资基金出售所投资企业股份的过程，仅仅在出售对象上存在一定的差异。二次出售常常用于缓解私募股权投资基金紧急的资金需求。

（五）破产清算

破产清算是指私募股权投资基金投资的企业运营失败，项目以破产告终，被迫退出的一种形式。

私募股权投资企业主要在以下三种情况下出现破产清算：一是由于企业所属的行业前景不好，或是企业不具备技术优势，或利润增长率没有达到预期的目标，私募股权投资基金决定放弃该投资企业；二是所投资企业有大量债务无力偿还，又无法得到新的融资，债权人起诉该企业要求其破产；三是所投资企业经营太差，达不到首次公开发行的条件，且没有买家愿意接受私募股权投资基金持有的企业的权益，而且继续经营会导致企业获得的收入无法弥补可变成本，只能使企业的价值变小，进行破产清算。

本章小结

1. 证券投资基金，是指通过发售基金份额，将众多不特定投资者的资金汇集起来，形成独立财产，委托基金管理人进行投资管理，委托基金托管人进行财产托管，由基金投资者共享投资收益，共担投资风险的集合投资方式。

2. 证券投资基金作为社会化的理财工具，起源于英国，高速发展于美国。

3. 证券投资基金有多种分类，按照法律形式分为契约型投资基金和公司型投资基金；按照运作方式分为开放式基金和封闭式基金等。

4. 我国的证券投资基金依据基金合同设立，基金份额持有人、基金管理人与基金托管人是基金合同的当事人，简称基金当事人。

5. 证券投资基金的运作具体包括：基金的募集、基金的发行与交易、基金投资组合管理、基金投资收益的分配以及信息披露。

6. 我国将对公募基金产品的审查由基金募集核准制改为基金募集注册制，即对于公开募集基金，监管机构不再进行实质性审查，而只是进行合规性审查。

7. 基金募集期限届满，封闭式基金需满足募集的基金份额总额达到核准规模的80%以上，并且基金份额持有人的人数达到 200 人以上；开放式基金需满足募集份额总额不少于 2亿份，基金募集金额不少于2亿元人民币，基金份额持有人的人数不少于200人。

8. 投资者认购开放式基金，一般通过基金管理人或管理人委托的商业银行、证券公司、期货公司、保险机构、证券投资咨询机构、独立基金销售机构以及经国务院证券监督管理机构认定的其他机构办理。

9. 封闭式基金份额的发售，由基金管理人负责办理。基金管理人一般会选择证券公司组成承销团代理基金份额的发售。

10. 基金运作信息披露文件主要包括基金净值公告、基金定期公告以及基金上市交易公告书等。

11. 私募股权投资，是指对未上市公司的投资。

12. 私募股权投资包含多种不同的战略形式，最为广泛使用的战略包括：风险投资、成长权益、并购投资、危机投资和私募股权二级市场投资。

13. 私募股权投资的特点有以下方面：资金是私募的，投向也是非公开的；投资对象偏向成熟型企业，期限较长；实行"资金＋服务"的模式；在投资初期就安排了退出方式。

14. 私募股权投资基金对国民经济、资本市场和被投资企业都有着非常大的积极影响。

15. 私募股权投资基金资金来源是具有特定对象的，要求其具有一定的风险识别能力和承受能力，主要包括各类机构投资者，如主权基金、养老基金、社保基金、大学基金、企业年金、慈善基金。

16. 私募股权投资基金通常分为有限合伙制、公司制和信托制三种组织结构。

17. 私募股权投资基金在完成投资项目之后，主要采取的退出机制是：首次公开发行，买壳上市或借壳上市，管理层回购，二次出售，破产清算。

课后练习题

一、名词解释

证券投资基金　契约型基金　公司型基金　开放式基金　封闭式基金　成长型基金收入型基金　平衡型基金　主动式基金　被动式基金　公募基金　私募基金　基金认购私募股权投资　有限合伙制

二、填空题

1. 证券投资基金，是指通过发售基金份额，将众多不特定投资者的资金汇集起来，形成独立财产，委托（　　　）进行投资管理，委托（　　　）进行财产托管，由（　　　）共享投资收益，共担投资风险的集合投资方式。

2. 证券投资基金作为社会化的理财工具，起源于（　　　）。

3. 股票基金是指以股票为投资对象的投资基金：根据规定，证券投资基金资产（　　　）以上资产投资于股票的为股票基金。

4. 债券基金是指以债券为投资对象的投资基金：根据规定，在我国，证券投资基金资产（　　　）以上资产投资于债券的为债券基金。

5. 主动式基金不相信（　　　），其操作原则为利用市场无效率性买进价格被低估的金融证券，或是做空价格被高估的金融证券，具体的操作手法又会根据不同基金管理公司或不同基金经理人而有所差异。

6. 交易型开放式指数基金，通常又被称为交易所交易基金，简称（　　　），是一种在交易所上市交易的、基金份额可变的一种开放式基金。

7. 我国的证券投资基金依据基金合同设立，（　　　）、（　　　）与（　　　）是基金合同的当事人，简称基金当事人。

8. 我国将对公募基金产品的审查由基金募集核准制为基金募集（　　　），即对于公开募集基金，监管机构不再进行实质性审查，而只是进行合规性审查。

9. 基金募集期限届满，封闭式基金需满足募集的基金份额总额达到核准规模的（　　　）以上，并且基金份额持有人的人数达到（　　　）人以上；开放式基金需满足募集份额总额不少于（　　　）亿份，基金募集金额不少于（　　　）亿元人民币，基金份额持有人的人数不少于（　　　）人。

10. 单个开放日基金净赎回申请超过基金总份额的（　　　）时，为巨额赎回。

11. 私募股权投资基金资金来源是具有特定对象的，要求其具有一定的风险识别能力和承受能力，主要包括各类（　　　），如主权基金、养老基金、社保基金、大学基金、企业年金、慈善基金。

12. 私募股权投资基金通常分为（　　　）、（　　　）和（　　　）三种组织结构。

三、简答题

1. 证券投资基金的特点。
2. 契约型基金与公司型基金的主要区别。
3. 开放式基金与封闭式基金的主要区别。
4. 基金投资组合管理的基本步骤。
5. 私募股权投资的战略形式。
6. 私募股权投资的特点。
7. 私募股权投资的作用。
8. 私募股权投资的项目选择。
9. 私募股权投资的项目管理方法。
10. 私募股权投资的退出机制。

第九章　投资银行内部管理

☑ 本章教学要求

　　本章介绍投资银行内部管理，主要内容包括：按照发展模式、按照规模与专业分工对投资银行进行分类；我国证券公司的设立规定；我国投资银行的设立模式；投资银行的组织结构，具体内容包括投资银行的组织形态、投资银行的组织结构理论、西方投资银行组织结构创新、投资银行的内部结构和投资银行的业务结构；投资银行的内部管理，具体内容包括投资银行风险管理的概念、原则、方法和措施；投资银行创新管理的概念及投资银行的制度创新和业务创新；投资银行家的个性与道德及投资银行的人力资源管理制度。

　　通过本章的学习，掌握投资银行分类；了解我国证券公司的设立规定；理解我国投资银行的设立模式；对国内外投资银行的组织结构理论要有初步的了解、比较和分析，重点掌握合伙人制和公司制这两种形态的投资银行；理解投资银行的内部结构；理解投资银行各种组织结构形式的特征；了解投资银行风险管理的概念、原理，理解风险管理的 VaR 法、压力测试法、RAROC 法；掌握投资银行风险管理的措施；了解投资银行的制度创新与业务创新；了解投资银行家的个性特征和道德操守；掌握投资银行的人力资源管理制度的主要内容。

☑ 案例导入

券商组织架构悄然生变 合规风控力量崛起

　　又逢秋季证券公司招兵买马时，与往年不同，券商组织架构在悄然发生变化，前后台业务出现调整，合规风控力量崛起。

　　从前台业务来看，券商业务部门的设置正在随着市场的变动而调整。新三板市场逐步饱和，业务开始冷却，部分券商新三板部门面临调整。近日中信证券撤掉新三板各分支机构执行团队编制，将其全部并入总部投行。

　　而合规风控部门的力量正在快速崛起。业内人士表示，目前合规成为券商完善组织架构的一大方向。2017 年 9 月，证券业协会颁布了《证券公司合规管理实施指引》后，各家券商已先后开始内、外部招聘合规风控人才，少则十几人，多则上百人。

　　……

　　一般来说，券商多采用事业部制、分公司与区域管理总部、母公司与子公司等 3 种架构形式将庞大的人员运转起来。

　　在券商经纪、投行、资管和自营等传统业务上，券商多采用事业部制。根据第一财经记者统计，事业部制有业务总部制、委员会制和事业部制三种形式，比如方正证券分为经纪业务委员会、机构与销售交易业务委员会、投资银行业务委员会、自营业务委员会和资产管理业务委员会等。再如，西南证券将前台业务设置为经纪业务、资产管理、投资银行和证券投资四个事业部。

　　事业部制的薪酬机制多是能者多得、自负盈亏，其中尤其以投行业务为盛。"项目组按照比例分享项目奖，这一模式在业内很普遍。通过一个投行项目赚取的费用按照'三七分'的原则，70%上交公司、30%则归团队所有。"上海某投行人士对第一财经记者如此表示。

大、中、小券商在人员配备和组织架构搭建上的差异比较大。人员数量最多的海通证券约为 1.2 万名，其次为中信证券和广发证券，人数均约为 1.1 万人。人数最少的 3 家券商兴证证券资产管理有限公司、高盛高华、金通证券，从业人员数分别为 104 人、72 人和 8 人。

除了一些大型、中型券商的组织架构大体趋于稳定，小型券商也正在沿着过去券商搭建组织架构的路子一步步追赶而来。

业内人士对第一财经记者表示，伴随证券公司资本规模的增大和业务的扩张，证券公司的内部组织结构也从简单化转向复杂化。一方面，随着业务从单一的代理买卖证券、股票的承销上市发展到投资咨询、以网上交易为主的证券电子商务、资产管理、兼并收购等新兴业务，事业部制的内部组织结构在证券公司内建立起来；另一方面，随着证券业务从单一区域走向全国市场，证券公司的分公司、区域管理总部也纷纷建立起来，区域性的证券公司逐步走向全国化。

也有一些券商的相关部门虽在前期完善了公司架构，进行了职能安排，但是受限于后期客观原因或人员缺失等情况，部分岗位仍是空缺。某小型券商场外市场部董事总经理对第一财经记者表示，虽然他们设立了相关组织架构，但部分职能部门并未配备相关人员。

据第一财经记者统计发现，今年秋季券商校招的岗位多集中在资产管理、固收部、信息技术中心、研究部、合规风控部门、市场研究部、清算部等部门。在券商不断招兵买马的同时，也有部分部门的人员面临较大的调整。

近日，中信证券对新三板业务部门的架构进行了调整，保留新三板业务部作为公司一级部门的存在，撤掉各分支机构执行团队编制，将其全部并入总部投行。

从前台业务来看，券商的业务部门设置正在随着市场的变动而调整。博大资本行政总裁温天纳告诉第一财经记者，证券公司选定的服务领域、服务对象与服务方针对其组织结构有重要影响。证券公司要选择适合自己发展阶段的组织结构，并且需动态调整组织结构，使其适应公司成长的需要。

……

第一节　投资银行的类型与设立模式

一、投资银行类型

（一）按照投资银行发展模式划分

按投资银行发展模式的不同，投资银行可以分为三种类型：大型金融控股公司、全能型投资银行和专业型投资银行。

1. 大型金融控股公司

大型金融控股公司是提供"一站式"金融服务的"金融超市"，除了投资银行业务之外，还提供包括商业银行业务在内的其他金融业务。这些公司有专门的部门或下属公司从事投资银行业务。汇丰集团、花旗集团、摩根大通公司、德意志银行、瑞银集团等都是大型金融控股公司的典型代表。

大型金融控股公司现在将投资银行业务纳入了它们的服务范围。在综合的银行业务框架下，欧洲和日本的大型银行一直就同时经营商业银行业务和投资银行业务。在美国，《1999 年金融服务现代化法》生效后，投资银行业务也成为美国大银行的必备业务。在中国，中信集团、光大集团、平安集团等也逐渐发展成了金融控股公司。

（1）汇丰集团。

汇丰集团提供个人金融服务、商业银行业务、投资银行业务以及私人银行业务。投资银行业务主要由公司部门、投资银行部门和市场部门以及金融和顾问服务部门提供。

（2）瑞银集团。

瑞银集团是一家全球性金融服务公司，它拥有各种客户资源，包括大量的个人、公司、机构和政府客户。瑞银集团的投资银行部门为全世界的机构和公司客户、中介、政府和对冲基金提供全面的投资银行服务。

（3）花旗集团。

花旗集团包括4个业务部门：全球消费者部门、公司和投行业务部门、全球投资管理部门和全球财富管理部门。此外，它的特殊投资部门提供许多特别的投资方式，包括对冲基金、私人股权投资基金、房地产投资、其他私募与特殊投资方式。

（4）中信集团。

中信集团提供银行、保险、投资银行等全面的金融服务，分别由下属公司经营。

中信银行和嘉华银行提供商业银行业务、信诚保险提供保险业务。投资银行业务则主要由中信证券、中信建投、中信信托、中信基金、华夏基金等提供。其中，中信证券和中信建投提供证券承销、交易、并购顾问等服务，中信信托、中信基金和华夏基金提供投资管理服务。

2. 全能型投资银行

全能型投资银行提供全面的投资银行业务，但不提供投资银行业务以外的其他金融业务。如美国的高盛集团、摩根士丹利公司，在中国比较有影响力的中金公司、银河证券等。

全能型投资银行提供全面的投资银行业务，但不属于金融控股公司的一部分。

（1）高盛集团。

高盛集团的目标是为公司、金融机构、政府和具有巨额财富的人士提供投资银行和证券业务服务。因此，它并不涉足零售经纪服务，获取收入的业务部门被划分为三个部分：投资银行业务部门、交易和直接投资部门以及资产管理和证券服务部门。

投资银行业务部门按照地区、产品和行业组织分类，主要业务是承销和财务顾问。承销包括公开上市以及股票和债券的私募发行；财务顾问包括并购、分立、公司防御行为、重组和分拆。

交易和直接投资部门从事股票和固定收益、货币、商品以及衍生产品的做市和交易工作。

在资产管理和证券服务部门，资产管理业务包括为共同基金、客户管理的独立账户和商人银行基金等提供顾问服务；证券服务业务包括初级经纪、融资、融券和账户匹配操作。账户匹配操作，是指回购和逆回购的期限互相匹配时的回购协议交易。

（2）摩根士丹利公司。

摩根士丹利公司将服务划分为信贷服务部门、个人投资部门、投资管理和机构证券部门。

信贷服务部门在 Discover 金融服务部门的管理下经营，提供的服务包括 Discover 卡、摩根士丹利卡、住房抵押贷款、年金和保险。

个人投资部门为投资者提供顾问服务和私人财富管理。

投资管理和机构证券部门由投资银行业务部门、研究部门、摩根士丹利国际资本公司（MSCI）组成。MSCI 负责编制全球的股票、固定资产和对冲基金指数。投行业务包括证券承销、股票和债券的机构销售和交易、并购顾问服务、公司金融和房地产投资。

（3）中金公司。

中金公司总部设在北京，在香港设有子公司，在上海设有分公司。在北京、上海和深圳分别设有证券营业部。中金公司现有6个主要业务部门：投资银行部、资本市场部、销售交易部、研究部、固定收益部和资产管理部。另外，中金公司还设有完整的后台支持部门以及信息技术和风险控制系统。

3．专业型投资银行

专业型投资银行并不提供全面的投资银行业务，而只是专注于为某个特定行业提供投资银行服务或专注于某一类投资银行业务。

桑德勒·奥尼尔投资银行（Sandler O'Neill）和格林希尔事务所（Greenhill）属于此类，中国的易凯资本、东方高圣也属于此类。

（1）Sandler O'Neill。

Sandler O'Neill 专业服务于金融机构，这家公司能够为客户募集资本、提供研究服务、充当做市商的角色、担当并购顾问、从事证券交易。它的服务范围涵盖了互助到上市的转化（从会员共同所有制到成为上市公司）、贷款组合重构、战略规划、资产负债表利率风险管理。

Sandler O'Neill 的投资银行业务团队专注于非互助化、并购顾问、公平意见、杠杆收购和管理层收购、战略问题。资本市场部门专注服务于金融机构的可转换债券和银行、储蓄贷款协会、保险公司的集合信托优先交易证券。在资产负债表管理方面，它向客户提供增加收入和管理利率风险的技术。此外，它还从事各种固定收益债券的承销和交易，其研究覆盖了金融服务公司。除了面向大规模的发行人之外，它还面向那些经常被华尔街的明星公司所忽略的小规模发行人。它的住房抵押贷款融资部门还包括正常贷款和不良贷款的组合，它还致力于批发贷款的交易。Sandler O'Neill 的股票交易部门专注于金融机构，其目标是增强股票的流动性和分散程度。

（2）Greenhill。

Greenhill 是一家专注于并购、财务重组和商人银行业务的专业型公司，它主要做顾问业务，而不是从事研究、交易、借贷和其他相关活动，是一家独立公司，不存在利益冲突的问题。

Greenhill 的并购实践涵盖了买方、卖方、合并、特殊交易和跨界交易服务。卖方顾问提供的服务包括向目标公司、董事会特别委员会、打算卖出股票的股东介绍接受出价的好处；买方顾问的任务主要是对购买股票和资产的投资者提供建议。Greenhill 也为美国和跨界的合并计划的交易项目服务。它作为美国司法部门顾问参与了司法部针对微软的案件以及安然破产的案件等。

Greenhill 的另一个实践领域是为重组提供顾问，它为债务人、债权人和潜在的收购公司面临的或经历的重整、再融资或者庭外和解等方面提供顾问服务。商人银行业务服务的目的是寻找私下的投资机会，并与强有力的管理团队合作。Greenhill 专注于私人股权投资基金资产管理。Barrow Street 资本公司是 Greenhill 的一家合作公司，在房地产投资管理方面提供专业化的服务。

（3）易凯资本。

易凯资本是一家中国的私人投资银行，专业服务于传媒、娱乐、电信、互联网及 IT、消费品及零售领域。这家公司能够为客户提供跨国并购及合资顾问、重组、私募融资和海外上市等多项投资银行服务。

（4）东方高圣。

东方高圣是一家中国投资银行，专注于为中国高速成长的中型国有企业和民营企业提供并购顾问服务。

（二）按照投资银行规模和专业分工划分

并非每一家投资银行都经营所有的投资银行业务，投资银行业务存在着规模差异和专业分工。美国是全球投资银行最发达的国家，我们以美国的投资银行为主，并兼顾其他国家的状况，对投资银行的类型进行了研究。

1．超大型投资银行

超大型投资银行在规模、市场实力、客户数目、客户实力、信誉等方面均达到了一流的水平。在美国，美林证券、摩根士丹利、第一波士顿、所罗门兄弟、高盛及希尔逊·雷曼兄弟公司是世界公认的超大型投资银行。在欧洲，投资银行和商业银行存在不同程度的混业经营，许多投资银行附属于商业银行。欧洲的超大型投资银行有瑞士银行旗下的瑞银华宝、德意志银行旗下的德意志摩根建富。在日本，投资银行一般被称作"证券公司"。在 1997 年亚洲金融危机之前，日本拥有世界一流的投资银行，其中野村证券、日兴证券、大和证券和山一证券分别居前四位，它们的资金数额、职工人数、业务量和业务范围、客户数目和信誉等各项指标均居日本投资银行前列，它们不仅是日本证券业的支柱，而且是国际性的超大型投资金融机构。进入 20 世纪 90 年代，日本经济泡沫开始破裂，从此日本经济和证券市场进入长期萧条时期，再加上 1997 年亚洲金融危机的爆发，日本投资银行界的"四巨头"已经今非昔比。其中，野村证券创下了巨额亏损的纪录；日兴证券被迫与外资联合；山一证券倒闭，其营业网点被美林证券收购。

2．大型投资银行

大型投资银行也从事综合性的投资银行业务，但在资本规模、信誉、实力等方面均低于超大型投资银行。在美国，大型投资银行有普惠证券和培基证券等。

3．次大型投资银行

次大型投资银行是指那些以本国金融中心为基地，专门为某些投资者群体或较小的公司提供服务的投资银行。这些投资银行一般规模较小，资本实力和信誉相对较差，在组织上一般采取灵活的合伙人制。

4．地区性投资银行

地区性投资银行是指专门为某一地区投资者和中小企业及地方政府机构服务的投资银行。它们一般以某一地区为基地，不在全国及世界金融中心设立总部和分支机构。

5．专业性投资银行

专业性投资银行通常被称为投资银行界的"专卖店"，专门从事某一或某些重要领域的业务，发挥其竞争优势。典型的例子如那些仅承销或经营某些行业证券（如新材料行业证券、IT 行业证券、网络行业证券、生物制药行业证券等）或进行技术性承销的投资银行。这类投资银行具有很强的专业性和行业特性，在单个行业具有很强的竞争优势，往往能取得出人意料的成绩。那些以高质量投资分析和投资研究著称，业务是基于这些分析和研究进行投资的投资银行，也应该属于专业性投资银行。

6．商人银行

这里的商人银行与英国的"商人银行"概念不同，它是指专门从事兼并、收购与某些筹资活动的投资银行，这类投资银行有时也用自有资金购买证券。黑石集团、瓦瑟斯坦·潘里拉公司可以称为美国著名的商人银行。

（三）我国投资银行的分类

根据投资银行的定义和业务经营的范围，我国证券公司都可称为投资银行。在我国，证券公司按照《公司法》和《证券法》的规定从事证券经营业务，在形态上采取有限责任公司或股份有限公司的形式。按照我国《证券法》的规定，设立证券公司必须经国务院证券监督管理机构审查批准，未经批准，不得经营证券业务。在我国，证券公司的业务主要有：证券代理发行、代理证券买卖或自营证券买卖、兼并和收购业务、研究与咨询业务、资产管理、《证券法》规定的其他业务。

1．1999 年《证券法》中关于投资银行的分类

1998 年颁布 1999 年 7 月实施的《证券法》把证券公司分为"综合类"和"经纪类"两类。我国 1999 年《证券法》第一百一十九条规定："国家对证券公司实行分类管理，分为综合类证券公司和经纪类证券公司，并由国务院证券监督管理机构按照其分类颁发业务许可证。"

2．2005 年修订的《证券法》中关于投资银行的分类

2005 年修订的《证券法》取消了综合类证券公司和经纪类证券公司的划分。证券公司可以根据自己的条件，申请从事不同的证券业务。《证券法》按照不同的证券业务类型，规定了不同的最低注册资本金额。根据 2005 年《证券法》第一百二十五条规定，经国务院证券监督管理机构批准，证券公司可以经营下列部分或者全部业务。

（1）证券经纪。

（2）证券投资咨询。

（3）与证券交易、证券投资活动有关的财务顾问。

（4）证券承销与保荐。

（5）证券自营。

（6）证券资产管理。

（7）其他证券业务。

同时，根据第一百二十七条规定，证券公司经营本法第一百二十五条第（一）项至第（三）项业务的，注册资本最低限额为人民币五千万元；经营第（四）项至第（七）项业务之一的，注册资本最低限额为人民币一亿元；经营第（四）项至第（七）项业务中两项以上的，注册资本最低限额为人民币五亿元。证券公司的注册资本应当是实缴资本。国务院证券监督管理机构根据审慎监管原则和各项业务的风险程度，可以调整注册资本最低限额，但不得少于前款规定的限额。

根据证监会 2010 年 5 月开始实施的《证券公司分类监管规定（2010 年修订）》第十七条的规定，证监会根据证券公司评价计分的高低，将证券公司分为 A（AAA、AA、A）、B（BBB、BB、B）、C（CCC、CC、C）、D、E 等 5 大类 11 个级别。……证监会每年根据行业发展情况，结合以前年度分类结果，事先确定 A、B、C 三大类别公司的相对比例，并根据评价计分的分布情况，具体确定各类别、各级别公司的数量，其中 B 类 BB 级及以上公司的评价计分应高于基准分 100 分。

（1）A 类公司风险管理能力在行业内最高，能较好地控制新业务、新产品方面的风险。

（2）B 类公司风险管理能力在行业内较高，在市场变化中能较好地控制业务扩张的风险。

（3）C 类公司风险管理能力与其现有业务相匹配。

（4）D 类公司风险管理能力低，潜在风险可能超过公司可承受范围。

（5）E 类公司潜在风险已经变为现实风险，已采取风险处置措施。

二、投资银行的设立

（一）投资银行的市场准入制度

为了保障金融体系的安全，世界上任何一个存在资本市场的国家都对投资银行设立了最低的资格要求，各国的监管机构都会参与投资银行的审批过程，由于各国对资本市场竞争的认识有所不同，所以在参与的程度和方式上存在着一定的国别差异。

纵观世界各国情况，投资银行的市场准入监管制度可以分为两种。

一种是以美国为代表的注册制。在注册制下，监管部门的权力仅限于保证投资银行所提供的资料无任何虚假，投资银行只要符合有关资格规定，在相应的金融监管部门注册并提供全面、真实、可靠的资料，便可以经营投资银行业务。

另一种是以日本为代表的特许制。在特许制下，投资银行在设立之前必须向有关监管机构提出申请，审批权掌握在监管机构手中；同时，监管机构还将考察市场竞争状况、证券业发展目标、该投资银行的实力等，以批准其经营何种业务。一般对投资银行都有最低的资格要求，比如，要有足够且来源可靠的资金和比较完备、良好的硬件设施，管理人员必须具有良好的信誉、素质和证券业务水平，业务人员应接受过良好的教育且具有经营证券业务的相关知识和经验。

（二）我国投资银行（证券公司）的设立

1．关于证券公司设立依据、条件、程序、期限的规定

根据《证券法》第一百二十二条的规定，设立证券公司，必须经国务院证券监督管理机构审查批准。未经国务院证券监督管理机构批准，任何单位和个人不得经营证券业务。

根据《证券法》第一百二十四条的规定，设立证券公司，应当具备下列条件。

（1）有符合法律、行政法规规定的公司章程。

（2）主要股东具有持续盈利能力，信誉良好，最近三年无重大违法违规记录，净资产不低于二亿元人民币。

（3）有符合本法规定的注册资本。

（4）董事、监事、高级管理人员具备任职资格；从业人员具备证券从业资格。

（5）有完善的风险管理与内部控制制度。

（6）有合格的经营场所和业务设施。

（7）法律、行政法规规定的和国务院批准的国务院证券监督管理机构规定的其他条件。

根据《证券法》第一百二十八条规定，国务院证券监督管理机构应当自受理证券公司设立申请之日起六个月内，依照法定条件和法定程序并根据审慎监管原则进行审查，做出批准或者不予批准的决定，并通知申请人；不予批准的，应当说明理由。证券公司设立申请获得批准的，申请人应当在规定的期限内向公司登记机关申请设立登记，领取营业执照。证券公司应当自领取营业执照之日起十五日内，向国务院证券监督管理机构申请经营证券业务许可证。未取得经营证券业务许可证，证券公司不得经营证券业务。

根据《证券公司监督管理条例》第十六条规定，国务院证券监督管理机构应当对下列申请进行审查，并在下列期限内，做出批准或者不予批准的书面决定：

对在境内设立证券公司或者在境外设立、收购或者参股证券经营机构的申请，自受理之日起 6 个月……。

根据《证券公司监督管理条例》第十七条规定，证券公司在取得公司登记机关颁发或者换发的证券公司或者境内分支机构的营业执照后，应当向国务院证券监督管理机构申请颁发或者换发经营证券业务许可证。经营证券业务许可证应当载明证券公司或者境内分支机构的证券业务范围。未取得经营证券业务许可证，证券公司及其境内分支机构不得经营证券业务。

2．我国投资银行的设立模式

在我国实施分业经营、分业监管的现实条件下，可以参考金融控股公司模式，设立以各自业务优势为基础的"券商主导的投资银行"和"商业银行主导的投资银行"。

金融控股公司可以通过子公司从事不同的业务，各子公司在法律上和经营上是相对独立的法人。从而实现在金融控股公司下的商业银行、投资银行、保险公司、财务公司、基金管理公司、金融租赁公司等金融机构既可以在人员、业务上交叉融合，又不妨碍实行有效的金融监管。具体模式参考如下。

（1）券商主导的投资银行：大和模式（如图 9-1 所示）。

建立以券商为主导的投资银行，扩大规模，加速产业集中应该成为我国投资银行业发展的方向。虽然可以通过增资扩股来实现扩大规模的目的，但由于多数券商的资本金基数小，即使成倍地增资扩股，形成的不过是既无特色又无规模的投资银行。因此，最现实的选择就是对原有的证券公司以及一些信托公司、财务公司进行整合，与银行合作，建立超大规模的以券商为主导的投资银行，这样不仅在业务上可以实现优势互补，而且在资金的来源和运用上也更为有利。

（2）商业银行主导的投资银行：花旗模式（如图 9-2 所示）。

现阶段我国实行的分业经营、分业管理仅限于商业银行的境内业务，并没有对其在境外从事投

资银行业务加以限制。所以，我国商业银行完全可以在境外发展投资银行业务。具体方式有两种：一是可以采取在境外设立单一的银行控股公司，通过控股公司开展投资银行业务。可以由单一银行控股公司控股商业银行，也可以由商业银行控股单一银行控股公司。中银国际就是采用由商业银行控股单一银行控股公司的模式。二是可以在境外与国际著名的投资银行合作建立新的投资银行，中金公司的组建则类似这种模式。具体模式如图 9-3 和图 9-4 所示。

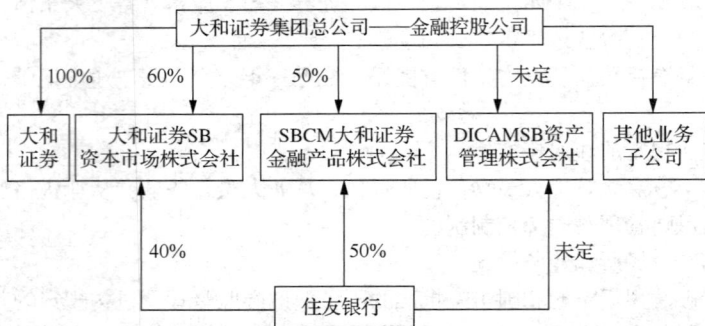

图 9-1　大和模式

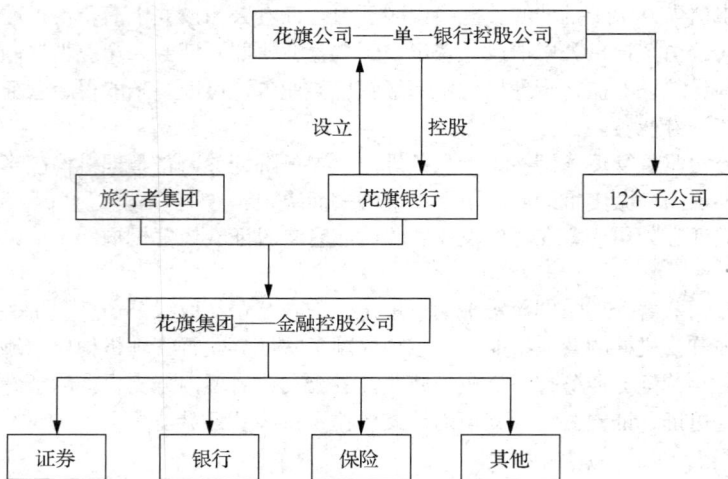

图 9-2　花旗模式

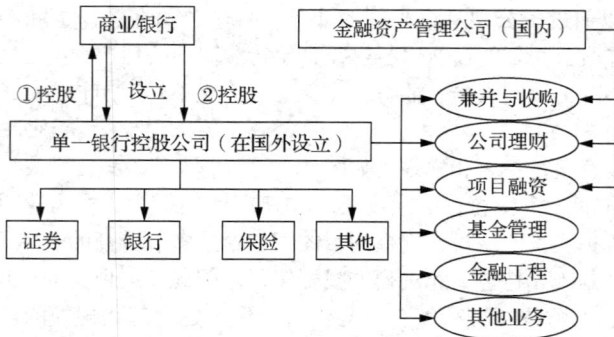

图 9-3　以商业银行为主导的境外发展投资银行模式 1

　　在境外设立的投资银行可以从事所有的投资银行业务。而在境内，金融资产管理公司作为与商业银行同一主体下的两个不同法人实体，目前的主要业务是债务追偿和重组、资产置换等，但可以在全国范围内广设分支机构，以扩大其经营的投资银行业务。银行则可以积极开展与资本市场相关的中间业务，向现代全能型银行靠近，从而进一步优化资产结构，分散风险。

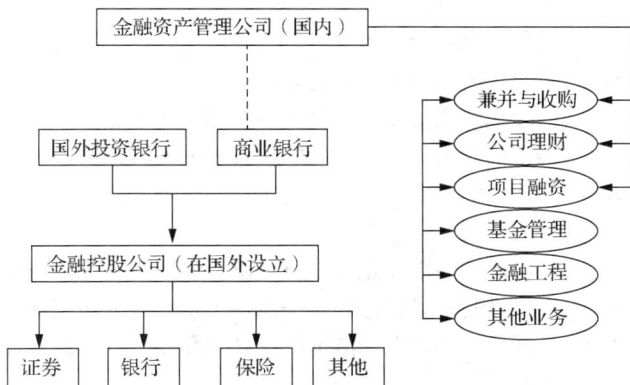

图 9-4　以商业银行为主导的境外发展投资银行模式 2

第二节　投资银行的组织结构

一、投资银行的组织形态选择

（一）组织形态概述

所谓组织，是指在共同目标指导下协同工作的人群社会实体单位（通常建立一定的机构），同时它又是通过分工合作来协调配合人们行为的组合活动过程。组织的形态多种多样，投资银行属于经营性组织。

投资银行的组织结构

证券市场的推陈出新使得投资银行业务不断增多，资本规模不断扩大，管理体制也不断发生变化，这就要求投资银行的组织形态要不断创新。从投资银行的发展历程来看，其经历了合伙人制、混合公司制和现代股份公司制的组织形态的变迁。

1. 合伙人制

合伙人制是指两个或两个以上合伙人共同拥有公司并分享公司利润的形式。合伙人即公司所有人或股东。所有制合伙公司至少有一个主合伙人，主管企业的日常业务经营并承担责任。一些合伙公司也有有限合伙人，他们只承担有限责任，并不参与公司的日常经营活动。

合伙人制最显著的法律特征是：当事人有两个或两个以上，合伙组织无法人资格。普通合伙人主管企业的日常业务和经营，并承担无限责任；有限合伙人承担的业务局限于财务方面，并不参与组织的日常经营管理，对合伙组织的债务仅以出资额为限，负有限责任。合伙人制在 20 世纪 70 年代以前被认为是投资银行最理想的组织体制。它的所有权与管理权合二为一，能充分调动管理者的积极性，同时还可以保持投资银行的稳定性和延续性。在美国，合伙人制投资银行有 100 多年的历史。

然而，这种企业制度并不是尽善尽美的，由于合伙人都有权代表企业从事经营管理活动，而这些合伙人的关系又远不如早期家族合伙企业那么密切，重大决策需要所有合伙人的同意，容易造成决策迟缓，人员流动困难。而且，合伙企业是根据合伙人之间的契约关系建立的，每当合伙人出现变动，都必须重新确立合伙关系，手续烦琐。此外，合伙人的风险承担不均，普通合伙人对企业债

务负有无限连带清偿责任，而不是以其投入的资本为限。这样，那些对企业没有控制权的合伙人会面临很大风险。

合伙人制虽然曾经是一种有效率的所有制形式，但随着时间的推移，整个投资银行行业的特点发生了根本性的变化，合伙人制开始慢慢失去原有的效率优势。合伙人制投资银行的缺点逐步显示出来：资本实力受到限制、决策机制僵硬、难以吸引人才、风险承担不均。目前，世界上只有比利时、丹麦、德国、荷兰等少数国家的部分投资银行采用合伙人制。

现代合伙制人投资银行的组织结构可以有多种选择，如直线职能参谋制、事业部制等。决策机构是合伙人组成的管理委员会、执行委员会等。高层决策者一般都是合伙人。这种体制的一大优点就是有利于缓和股东与管理层之间的对立关系。

2．混合公司制

随着经济规模的扩大、证券业务的多元化和综合化以及经营风险的不断加剧，投资银行必须谋求资本规模的迅速扩张，而合伙人制却难以做到这一点。于是混合公司制就出现了。

所谓混合公司制就是指各种不同部门在职能上没有什么联系的资本或企业合并而成立规模很大的资本或企业。它是西方企业制度发展的结果。

大公司为实行多样化经营而掀起了早期的企业兼并浪潮，在此过程中兴起的混合兼并，实际上就是大公司生产和经营日益多样化的过程。投资银行一旦经营出现问题，往往也会成为被收购兼并的对象。最近十几年来，这种现象较为普遍，许多投资银行或金融机构被出售或被收购，表明投资银行业开始出现分化，被收购的投资银行成为别的企业的全资附属子公司或者一个业务部门，或通过分解、整合而融合到收购企业中去。

混合公司制的特点是：已具备现代公司制的部分特征，其规模庞大且涉足多个没有直接联系的业务领域；可采取事业部制或超事业部制的组织结构，投资银行作为它的一个事业部而存在；若采取母子公司结构，投资银行则作为混合公司的全资附属子公司而存在。

3．股份公司制

股份公司制是当前投资银行组织形态的主流。股份公司制，是指由法律规定人数以上的股东组成，全部资本划分成等额股份，股东仅就其认购的股份对公司债务负清偿责任的公司形式。投资银行转化为股份公司制是现代投资银行与传统投资银行的根本区别之一。

股份公司制的投资银行具有以下优点。

第一，筹资能力强。股份公司制包括有限责任公司和股份有限公司，其中股份有限公司利用股票市场公开上市后成为上市公司，能够充分展示其筹资能力。

第二，具有完善的现代企业制度。上市的投资银行要求有更完善的现代企业制度，包括组织管理制度、信息披露制度、要求有较好的盈利记录。上市后的公司能避免合伙人制中所有权与管理权职权不分带来的各种弊端，使公司具有更强的稳定性。

第三，推动并加速投资银行间的并购浪潮，优化投资银行业的资源配置。投资银行上市，资本金增加，本身便增强了其收购其他专业投资银行的能力；同时，投资银行上市也提高了其股权的流动性，增加了兼并收购的渠道和方式。

第四，业务运作能力和公司整体运行效率得到提高。随着公司资本规模的扩大和高级管理人才的加盟，公司的业务能力和整体运行效率将进一步提高。如20世纪70年代主要从事零售业务的投资银行纷纷由合伙人制走向上市公司制，使它们在扩大和稳定资本的基础上，大大增强了从事证券承销的能力，改善了投资银行的整体运作效率，进一步提高整体竞争实力，由此使零售性投资银行的竞争地位得到巩固。

从投资银行比较发达的美国、欧洲、日本等国家和地区来看，股份公司制是具有典型意义的投资银行组织结构形式。

（二）投资银行组织形态的演变

20 世纪 80 年代以来，投资银行业发展的最大变化之一就是由有限合伙人制转换为股份公司制，并先后上市，许多大规模的投资银行都已经实现了这一转变。摩根士丹利于 1970 年改制，并于 1986 年上市，美林证券、贝尔斯登公司和高盛集团分别于 1971 年、1985 年和 1999 年先后成为上市公司。

导致投资银行合伙人制受到冷落的原因有：第一，随着投资银行现有业务规模的扩大和新的业务范围的增加，投资银行对资本金的需求越来越大，而股份公司制在这方面无疑比合伙人制有着更大优势；第二，随着投资银行的发展，规模和内部组织的复杂性越来越大，直至超过了合伙人制这种组织形态的控制能力，而股份公司制则更能胜任这个任务；第三，投资银行客户的忠诚度降低使得合伙人制的优势减少，投资银行的收益越来越少地依赖于客户与单个合伙人之间的关系，而更多的是依赖于客户对整个公司能力的信任；第四，随着更多金融创新产品的出现，投资银行所面临的风险越来越大，合伙人制的无限责任对投资银行合伙人个人资产造成了实质性的威胁，而公司制则能避免这种威胁。

需要特别指出的是，在投资银行从合伙人制向股份公司制转变的过程中，投资银行仍想保留合伙人制的长处。合伙人制中的合伙人，在股份公司制的公司中仍然是大股东。他们凭借其拥有的客户资源，在公司的业务方面依旧发挥着较大的影响。因此，合伙人制转为股份公司制后，公司高层仍然是以前的合伙人，只是现在是通过持有股份的体制，以及利用经营者自己对公司的贡献，按照一定的价格来获得股份。但是在私人股权投资基金领域中，有限合伙人制依然有着强劲的生命力。

就目前而言，股份公司制的投资银行还是最为常见的，因此围绕股份制投资银行的职能结构和治理运作，形成了当前投资银行组织结构理论和实践的核心内容。

二、投资银行组织架构

（一）现代组织结构一般类型

1．高度集权式

高度集权式，是指将管理权集中在高层管理。如果企业面临的外部环境十分稳定，而产品又非常单一，这时管理工作就十分简单，其组织结构可采用此种形式。

2．直线式

所谓直线式，也叫条条组织或军队式组织。正如军队里从团长到营长，再到连长、排长决定指挥命令系统那样，从上级职员到下级职员是直线联系的组织。在组织结构中，直线式是一种最简单、最基本的组织形式。这种组织的特征，就是在最高层经理人员和最下层人员之间（虽然有一些中间管理人员），都通过一种单一的指挥命令系统联系。直线式是一种典型的集权化内部管理模式，决策权集中于上层机构，适宜于许多人在同一种命令下一起行动。但在组织活动内容复杂时，直线式的组织结构不能充分控制下级职员的活动。所以，这种形式的组织体制一般在规模较小的投资银行中采用较多。

3．职能式

职能式是使各个部门分担经营各种职能，各部门按照各自的专门职能，指挥其他部门并发布命令。职能式组织比直线式组织能更大限度地发挥专门技能。但是，由于指挥命令从各个部门发出——“政出多门”，它具有难以协调统一和监督能力差的缺点。然而，显然它也具有直线式所缺乏的灵活性的优点。

4．直线职能式（U 型结构）

直线职能式和职能式各有长处，同时又各有短处。为了能分别有效地利用二者的长处，研究出了直线与职能结合式，即按照投资银行经营的特点、对象和区域，划分出层次，建立指挥系统。直线职能式把管理机构的人员划分为两类：一类是行政（直线）管理人员，对下级实行指挥和发布命令，对企业的工作负全部的责任；另一类是专业（职能）管理人员，他们是各级管理者的参谋和助手，在各项专业管理方面为管理者提供信息、意见和办法，对下级机构进行业务指导，但不能对下级机构直接实行指挥和发布命令。如果企业外部环境比较稳定，产品品种较少，工艺技术也较稳定，其组织结构可采取此种形式。

5．矩阵式

矩阵式是一种现代组织结构。它否定了许多传统的管理原则，如否定了一个职员只能有一个上司的原则。在该种类型的组织中，每一成员实际有两个甚至更多的上司，既有功能单位的领导，又有目标导向单位的领导。如果企业外部环境变化较快，内部生产的品种较多，工艺差别不大，其组织结构可采取这种形式。

6．事业部制（M型结构）

事业部制是按业务范围（或按地区）组成一个组织单位（事业部），并给予这个单位一套完整事业部的责任公司体制。在这种情况下，原则上各事业部采取独立核算制；在经营上，各事业部具有一个与企业基本相同的性质。所以，大型的投资银行如果采取事业部制，分权制就被确定下来了，事业活动也就能顺利地进行。

事业部制的最主要特点是实行以责、权、利相结合的全面分权化决策。在特定的历史时期，对长期处于发展状态和采取多种经营的企业来说，采取事业部制的分权管理是有效的。一般而言，如果企业外部环境变化较快，内部产品品种较多，工艺差别较大，宜采用此种组织结构形式。

7．多维立体结构

多维立体结构即多重目标，在这里指组织系统的多重性。多维立体结构一般包括产业部门、职能部门、按地区划分的领导系统，即成为三维结构。若再加上按其他某一因素划分的组织系统，则成为四维结构，依此类推。但一般不会超过四维。多维立体结构可以看作是矩阵结构的扩展。

（二）西方投资银行新式组织架构

西方投资银行常常根据各自的规模、业务要求和发展战略的不同而采取不同的组织架构，并且随着技术进步和市场环境的发展变化对其加以调整，以最大限度地提高组织效率，增强自身的综合竞争力。

因此，不同时期的投资银行具有不同的组织架构，不同规模、不同业务取向的投资银行的组织架构可能大相径庭。我们通过对西方大型跨国投资银行的组织架构进行分析，来探讨西方大型投资银行组织架构的特点。

传统上，投资银行根据自身的业务情况倾向于采用比较简单的直线型、职能型架构，但是随着投资银行规模和业务范围的扩大，这种组织架构显然不能适应新的需要。因此，开始出现更为新型、简单、安全、高效的组织架构。这些新的组织架构，大致可以概括为三类。

1．"客户驱动式"组织架构

"客户驱动式"组织架构的基本特点是以客户为核心，即在部门的设置上，突出为客户服务的特征，按照客户的不同性质划分相应的业务部门。

美林证券是这种组织架构的代表之一。美林证券将"客户核心"作为一种企业精神，组织架构是围绕以客户为核心的企业精神来设计的。具体而言包括以下几点：事先预测并分析客户需求、满足客户需求，提供增值信息服务；在容易使用的前提下提供广泛而高质量的客户服务；通过积极听取客户的反馈意见，建立良好、长期的客户关系；通过团队合作，充分运用集体协作能力来满足客户需求。

如图9-5所示，美林证券的组织架构可以分成4块：最高决策管理、内部管理、业务管理、区域管理。

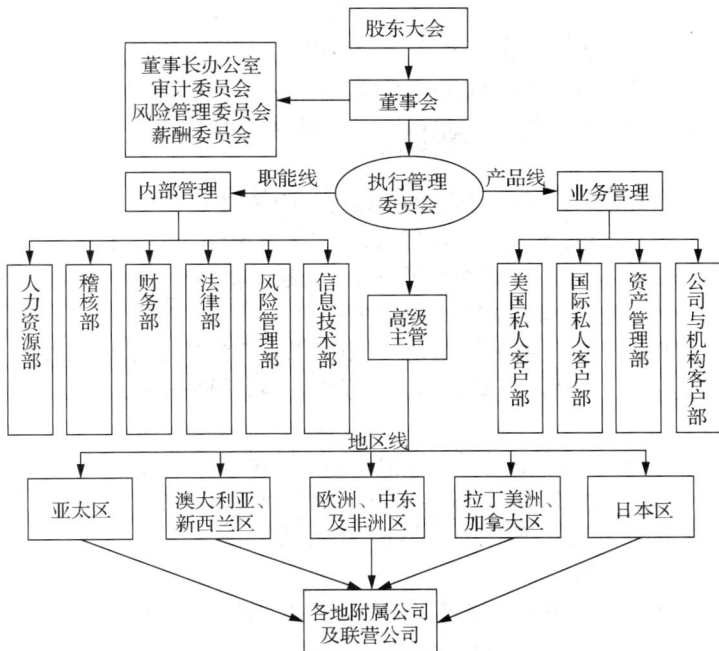

图 9-5　美林证券的组织架构

（1）最高决策管理。

美林证券的最高决策管理层主要包括董事会和执行管理委员会。董事会下设董事长办公室、审计委员会、风险管理委员会、薪酬委员会等，主要负责公司的发展规划、战略管理和重大投资决策以及对公司内部进行审计监督和风险控制等。同时，它在全球范围内监管美林证券与公司及机构客户的关系，并加强引导以确保公司利用整体资源来满足这些客户的多样化需求。

执行管理委员会负责公司具体政策、管理程序的制定，公司各种决策的执行，总体业务的规划、协调及统筹管理等。该委员会包括董事长办公室和总裁办公室的行政管理者，以及负责营销企划、技术服务、风险控制、全球业务、财务监管等方面的高级主管。

（2）内部管理。

美林证券的内部管理是按职能设置部门的，其重点是实现有效的监管和激励。监管主要通过财务稽核、法律督察、风险控制来实现，分别由财务部、稽核部、法律部、风险管理部等负责；激励主要通过人力资源管理来实现，由专设的人力资源部负责。

内部管理部门直接由执行管理委员会领导，同时他们与董事会下设的审计委员会、薪酬委员会、风险管理委员会等保持经常性沟通以便董事会行使监督职能。

（3）业务管理。

美林证券的业务管理是按服务对象（最终按产品和项目来细分）设置部门的，体现了以客户为核心的企业精神。按照客户种类及其需求，美林证券将其全部业务划归4个业务部门：美国私人客户部、国际私人客户部、资产管理部、公司与机构客户部。

美国私人客户部主要为美国国内的个人及中小企业提供融资计划、投资、交易、信贷及保险业务；国际私人客户部主要为美国以外的私人客户提供融资计划、投资、交易、私人银行及信托服务；资产管理部主要是通过各种基金管理公司，为全球机构及个人客户提供投资组合与其他各种资产委托管理业务；公司与机构客户部主要为全球各种公司、政府及其他机构客户提供投资银行、交易及顾问服务。

（4）区域管理。

美林证券的各项业务主要是依托分布在全球各地的附属公司或联营公司具体开展的，客户服务也主要按地区划分。在区域管理方面，美林证券实施地区营运总监负责制，任命了 5 个地区营运总监，分别掌管以下 5 个地区的业务运作：欧洲、中东及非洲地区；亚太地区；拉丁美洲、加拿大地区；日本地区；澳大利亚、新西兰地区。美林证券在各地区的业务种类非常齐全，并有很强的实力。

美林证券的这一组织模式既不同于传统的直线型、职能型架构，也不同于按职能、产品划分的简单的矩阵型架构。总体来说，它属于一种多维立体网络架构。在这一组织架构下，决策管理层一旦做出决策，业务管理、内部管理、区域管理三方面一起行动，并通过共同协调，发挥专业分工和团队协作的优势，将有关决策高质、高效地付诸实施。

美林证券这一新的组织架构反映了现代投资银行以客户为核心的现代管理思想，有助于公司致力于为客户提供世界先进水平的服务，为股东提供最高的回报，以及为雇员提供最优的事业发展机会。

在具体操作上，美林证券尤其突出"一个中心，三线管理"的特点，即以客户种类为中心设立 4 个归口协调部门，在每个部门下面，注重加强产品、职能、地区三条线管理。一个大项目最终需要调动三条线的力量，在归口部门的统一协调下顺利完成。

2. "业务驱动式"组织架构

"业务驱动式"组织架构的基本特点是以业务为核心，即在部门的设置上，突出业务品种的重要性，按照业务种类的不同设置相应的职能部门。

日兴证券是这种组织架构的代表。从图 9-6 所示的日兴证券的组织架构图，可以看出以业务为核心的组织架构的特征。

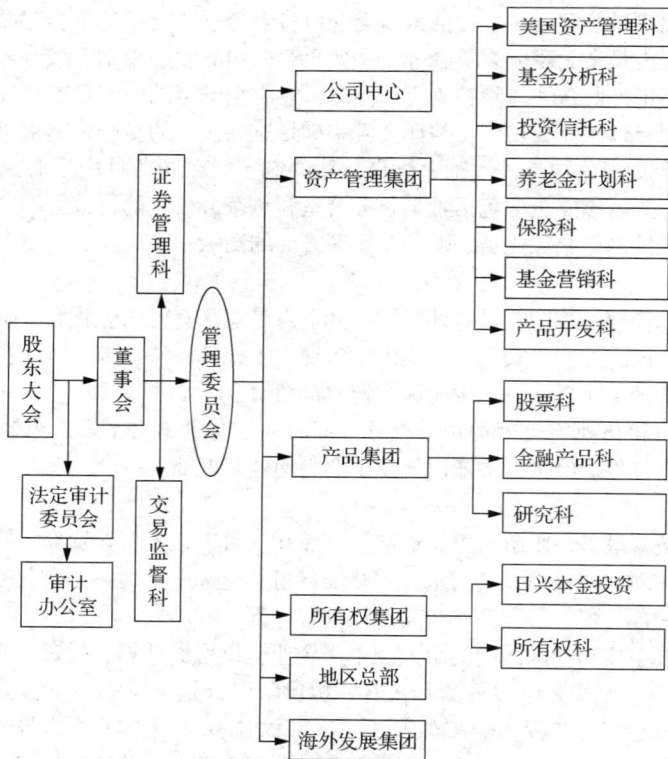

图 9-6　日兴证券的组织架构

日兴证券"业务驱动式"特征在其主要子公司和分支机构的设立上同样表现得非常明显。从表 9-1 中，我们可以看到，日兴证券每家子公司的业务都有一定的主营业务，这样，对于总公司来说也更容易管理。

表 9-1　日兴证券的主要子公司和主营业务

公司	主营业务
日兴所罗门史密斯巴内有限公司	投资银行业务，为公司和机构客户提供交易和研究服务
日兴研究中心	负责养老基金研究和投资技巧的研究和咨询活动
日兴商务系统有限公司	结算、保管、数据处理、外购服务和临时雇佣
日兴系统中心	日兴集团计算机系统的发展
日兴设备管理有限公司	设备管理
日兴资产管理有限公司	建立、管理和提供共同基金
日兴资产有限公司	为最初的公共产品向中小型企业提供融资和帮助
日兴信托银行公司	信托和银行业务，包括接受存款、贷款和国内外汇兑
日兴信用服务有限公司	融资服务
日兴 DC 卡服务有限公司	消费信贷
日兴百万元卡服务有限公司	消费信贷
日兴投资者服务有限公司	投资者相关服务
日兴培训基地	为日兴集团员工制订和筹备职业培训及教育计划
日兴事业有限公司	旅行和保险服务
新日兴零售有限公司	零售办公设备，出售升级产品、制服和妇女服饰
科艾事业有限公司	DIY 产品的零售商
日兴计算机系统事务所	计算机软件的发展
日兴信息系统有限公司	分析和提供金融和工业信息
巴克来斯日兴全球投资者有限公司	投资建议服务
全球瑞普咨询集团	共同基金限制的咨询服务
日兴全球证券有限公司	证券业务
东京证券有限公司	证券业务
日兴比斯有限公司	在线经纪人服务

3."客户与业务交叉式"组织架构

"客户与业务交叉式"组织架构的基本特点是将业务和客户结合起来，按照客户的需要或公司业务运作的需要设置不同的部门，以达到预期的目标。这种管理架构的主要代表是摩根士丹利。

与美林证券相似，摩根士丹利的组织架构也是由四部分组成：决策管理、内部管理、业务管理、区域管理。其中决策管理、内部管理、区域管理的运作及部门设置和美林证券大同小异，而区别主要体现在业务管理上。

摩根士丹利的业务管理总体架构按以下几个方面划分。首先，公司将其所有业务按所提供的产品和服务划分为三大块业务领域：证券、资产管理、信用服务。然后，在每一类业务中按照客户种类（机构或个人）划分（或归并）业务部门。最后，在这两个层次下，再以具体的证券业务（投资银行、交易、研究）及具体的金融品种（股票、公债、公司债券、金融衍生产品、垃圾债券等）为划分标准进行细分，使各部门的专业分工和职能定位非常明确。如图 9-7 所示。

稽核部
财务部
法律部
风险管理部
信息技术部
人力资源部

内部管理

股东大会 → 董事会 → 管理委员会

董事会办公室　审计委员会等

各地分支机构

内部管理

证券类

机构证券类：
投资银行部
机构销售与交易部
全球研究部

私人客户部
网上业务部

资产管理类
机构投资管理部
私人投资管理部

信用服务类
信用服务部

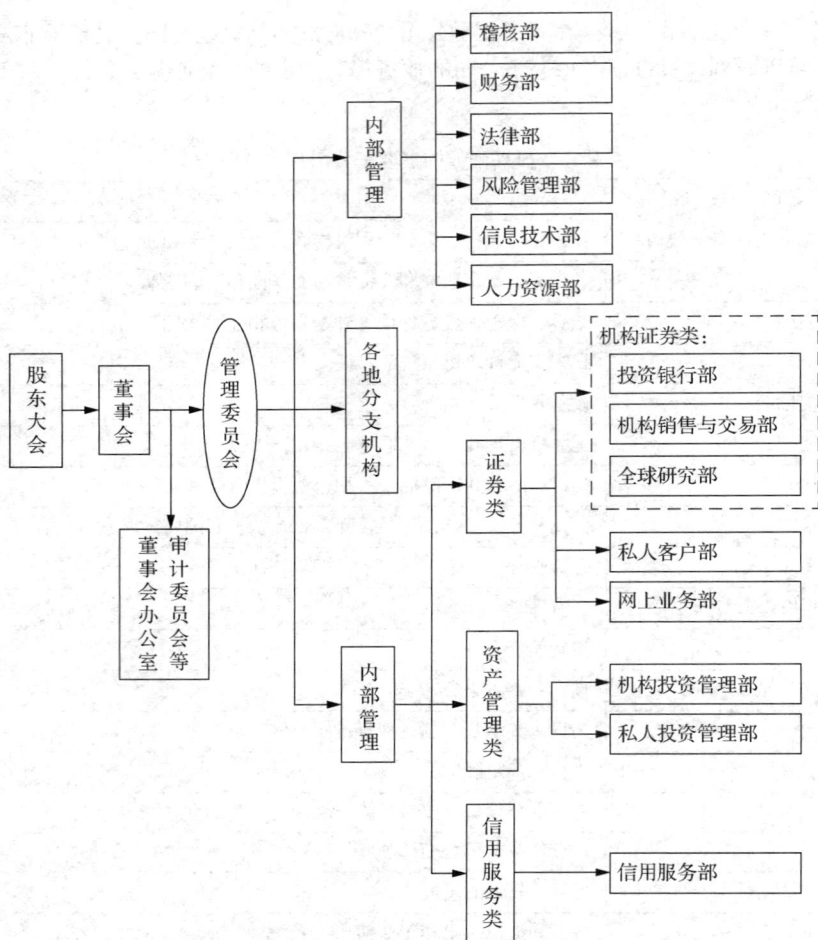

图 9-7　摩根士丹利的组织架构

（1）证券类业务。

证券类业务包括机构证券类、私人客户部和网上业务部。机构证券类业务主要是为大型企业、政府金融机构等机构投资者提供服务；私人客户部主要提供个人经纪业务、个人理财业务和个人信托业务；网上业务部主要提供网上交易及其他网上业务。

（2）资产管理类业务。

资产管理类业务由机构投资管理部和个人投资管理部两大部门组成。机构投资管理部负责机构投资者的资产管理业务；个人投资管理部主要负责个人投资者的资产管理业务。

（3）信用服务类业务。

信用服务类业务主要是通过发行 Discover 卡从事信用卡服务，服务对象包括个人及企业。

由以上可以看出，摩根士丹利倾向于把各种紧密相关的业务放在一个部门中进行，这样可以拓宽管理跨度，有利于彼此间的协调合作。如投资银行部将企业的股票融资、债券融资、政府融资、并购业务、资产证券化和高收益债券服务等统统纳入自家门下，从而形成大投资银行架构。由于投资银行的各类业务之间常常存在千丝万缕的联系，一个部门的业务开拓常常需要其他部门的配合，这使得各业务部门之间需要紧密协作。摩根士丹利公司部门间的这种紧密协作主要得益于管理委员会的协调和利益机制的驱动。在项目策划和制作时，通常由归口业务部门牵头负责，相关部门参与，产品、职能、地区三线联动，实行团队作战。

摩根士丹利公司非常注重各项业务的集中统一管理，以便提高整体资源的利用效率并强化风险控制。其中管理委员会对产品、职能、地区三线的统一协调，是集中管理的组织保证。同时，公司对许多业务的开展都尽力采取分权形式，如设立各种相对独立的投资公司、基金管理公司从事资产委托管理业务，设立经纪公司开展零售业务等。

（三）西方投资银行组织架构的特点

通过对上面三种组织架构的分析，我们可以归纳总结出西方投资银行尤其是大型投资银行的组织架构及运作机制的一些主要特点。

（1）奉行"大部门架构"，实施扁平化管理。西方大型投资银行普遍奉行"大部门架构"，同时配合以合适的协作机制，使组织架构充分地扁平化，以拓展管理跨度，提高管理效率。这是投资银行实现简单、快速、高效的组织管理的有效途径。

（2）集中统一管理下的分权制。各个投资银行在管理架构中加入了"委员会模式"以加强统一协调和总体风险控制，实现集中统一管理。与此同时，它们的业务运作又都是通过设立诸多彼此相对独立的附属公司或联营公司来进行的，这是为了调动各业务单位积极性所采用的典型的分权模式。因此，投资银行将业务的分权运作与集中统一管理很好地融入组织架构中。

（3）强化风险管理。大型投资银行一般都在其组织架构中设有风险管理委员会。它们大多设在董事会或直属董事会，由董事会负责，各业务部门都有相应的风险经理。委员会的集中统一协调更是有利于公司整体风险的防范和控制。

（4）强调团队合作。投资银行所实行的"大部门架构"，为团队工作方式留下了充分的想象空间。通过这种方式，公司可以把各个有关方面的专家组合在一起，进行团队作战，从而有利于公司开拓大型综合类业务项目。

三、投资银行部门和分支机构的设立

（一）投资银行部门设立

投资银行根据业务活动的性质常设立以下一些部门。

1. 企业融资部

企业融资部的任务主要在于承销企业所公开发行的股票、债券和票据。该部门的专业人员负责企业金融分析，证券上市定价，起草发行说明书、文件等。

2. 公共融资部

公共融资部主要为财政部、地方政府、公共事业组织、大学等发行单位承销债券，业务量往往很大。

3. 兼并收购部

兼并收购部主要为具有并购意向的企业就并购条件、价格、策略提供咨询意见，或分析评估收购方提出的收购建议，或对收购对象进行估价，或寻找并购对象，有时还提供过桥贷款以促进并购完成。兼并收购部既为"猎手"公司服务，又为"猎物"公司服务。

4. 项目融资部

项目融资部是为某些专门项目设计和安排融资的部门，其根据预测的收入、现金、各投资者的需要项目、风险因素（如产品价格的波动与否、成本超支的可能、项目能不能及时竣工、会不会发生意外事故等），设计出一套适用于该项目的融资方案。

5. 证券交易部

证券交易部既为投资银行自己买卖证券，也为客户买卖证券。由于债券、股票、期货、外汇性质各不相同，该部门还可以分为债券组、股票组、期货期权组、外汇组等。

6．房地产部

房地产部是在资产证券化的条件下发展起来的部门，它利用由政府担保的房屋抵押贷款从商业银行那里接管过来，然后按偿还期限的长短，组编成为期限不同的债券卖给投资者。

7．风险资本部

风险资本部是专门从事风险资本业务的部门。

8．国际业务部

国际业务部专门负责协调和管理本投资银行的所有国际业务，并为国外跨国公司在本的子公司和本国跨国公司的海外子公司服务。

9．发展研究部

发展研究部是专门搜集、提供、分析信息的部门，同时为投资银行及各部门业务的发展提供思路。

10．私募资金部

私募资金部是专门从事证券私募发行的部门。

11．计划财务部

计划财务部负责投资银行整体的计划工作和财务工作。

（二）投资银行分支机构设立

一般而言，设立分支机构的原因有许多方面。首先，分支机构可以顺应当地具体情况而设计符合当地习惯的金融产品或提供特定的金融服务。因为地区的习惯差异总是会造成对金融产品或服务需求的差异，这种差异对于市场竞争来说往往是关键的因素。其次，按地区设立分支机构，从经济的观点来看，就是考虑到业务经营的成本问题，因为分支机构可以直接面对其市场并针对性地满足其需求，从而会提高整体的效益。因此，在投资银行拓展其业务的过程中，采用设立分支机构的方式往往会达到更好的效果。

1．投资银行分支机构的设立形式

投资银行的各种业务活动主要通过其各种分支机构来实现。分支机构的组织形式是各种各样的，主要有以下五种。

（1）代理行。一些大的投资银行通常委托其他地区（或国家）的银行代理本行的业务，即保持代理行的关系。这种关系通常是对等的。代理行事实上不是投资银行的派出机构，而是该地区的某家银行为该投资银行代办各种业务。代理行通常不向对方派驻职员，它们之间的接触通常是双方管理人员的互访。代理行的优点是经营成本低，不容易受所在地区管制的影响，但是，投资银行不能将代理行完全置于自己的控制之下。

（2）办事处。它是投资银行在其他地区设立的最低层次的分支机构。办事处是一个比较小的机构，人员通常由一个经理和两三个助手及秘书组成。这些人员可从投资银行总部派出，也可以是当地居民。设立办事处的目的是帮助投资银行的客户在所在地区从事投资和经营活动。基于这一目的，办事处的主要业务是为投资银行总部的客户提供信息咨询，以及监督投资银行总部与所在地投资银行的代理行。办事处的优点首先是经营成本低，容易开设或关闭；其次，与代理行相比较，办事处更能了解银行客户的需要，并能提供给他们所需的信息；最后，办事处是投资银行将来在该地区建立更高层次分支机构的据点。

（3）附属。根据所在国家（或地区）法律设立的具有独立实体的股份银行，其股份可全部或绝大部分由外国银行拥有，可从事一般银行业务。附属行的优点是比分行更易于在所在国家开展银行业务，因为附属行通常被所在国家看成当地银行；缺点是由于一部分股权为当地所有，双方可能因利益的不同而产生矛盾。

（4）分行。分行为投资银行的一个组成部门，是投资银行总部在其他地区的延伸，并由投资银行总部为其提供财力保证。分行没有自己独立的执照、董事会。虽然实行独立核算，但其资产和负债最终还得合并到总行的资产负债表上。分行可在所在国家从事一切国内和国际银行业务。分行受到两套法规的限制：作为投资银行总部的一部分受原所在地的管制；在所在地区经营，又受到所在地区的管制。许多国家至今仍不允许外国银行在本国设立分行，例如英国、加拿大等。分行的优点有：首先，它可以借用投资银行总部的名字和法律义务从事各种投资银行业务；其次，分行的机构比较容易设立，人员比较容易配置；再次，分行可提供数额较大的资金，因为其资金来源不限于当地货币市场的筹资；最后，采用分行的形式使得投资银行总部对分行的经营拥有完全的控制权。

（5）埃奇法公司和协定公司。投资银行参与国际业务的组织形式还有两种：埃奇法公司和协定公司。二者都是根据美国联邦储备法第二十五条成立的附属行。其业务既包括通常的国际银行业务，又包括国际投资业务，如以长期贷款和购买股权两种形式参与外国商业、工业和金融项目的融资，其主要收入来源于利息、股息和资本收益三种形式。两者的区别在于前者受制于联邦法律，而后者受各州法律的限制。

2．设立分支机构的影响因素

投资银行在做出设立何种分支机构的决策时主要考虑以下三种因素的影响。

（1）所在国环境。所在国的法律、管理和政策是决定投资银行海外分支机构组织形式的最主要因素。一些国家不允许外国投资银行在本国设立分行；另一些国家则禁止外国投资银行在本国拥有附属行。另一个极端是，一些国家只允许外国投资银行在本国设立办事处。

美国允许外国投资银行在几个重要的州设立各种形式的分支机构，因此，外国投资银行在美国金融市场的参与程度较高。

（2）母国环境。所谓母国环境就是指投资银行总部所在国的环境。在某些情况下，国家的法律、政策和管制决定或影响着分支机构所采取的组织形式的选择。某些国家根本不允许本国投资银行在国外设立分支机构。

（3）业务类型。投资银行的海外业务主要是批发业务。批发业务是指与公司、大银行和其他金融机构以及政府之间的巨额存贷款业务。批发业务通常需要由附属行、分行来提供。服务性银行业务包括提供信息、咨询等。这种业务通常需要由办事处和代理行提供。

尽管投资银行的海外分支机构可以采取以上各种组织形式，但主要的组织形式是分行和附属行，更确切地说，越来越多的投资银行选择附属行的形式，这已经成为一个越来越明显的趋势。这种间接股权的方式反映了一些大的投资银行的经营策略，即高度集中指挥与分散经营相结合。总部大权独揽，各级海外机构层层控制和参与，实行独立的分散经营。埃奇法公司的子公司是投资银行抵御风险的屏障，其附属机构的经营失败只是有限度地影响到总部，对它们的舞弊和违法行为总行不负任何责任。间接股权不但使投资银行行为自由，而且可以突破东道国的法律限制。

四、投资银行业务组织结构

当企业的战略为了适应环境的变化而调整时，企业的组织结构也要相应进行调整，甚至重新设计，投资银行亦不例外。能否适时设计出符合未来环境变化要求的投资银行组织模式直接关系到投资银行业务能否顺利开展，甚至关系到券商竞争能力的战略性定位和可否持续提高。

投资银行的业务组织结构包括以下几种类型。

1．总部集中模式

投资银行人员较少，主要集中在总部，人员之间并不存在地区、行业、职能方面的分工。优点是便于总部领导集中调度人员，便于控制业务风险。缺点是分工不明；不利于搜集地区信息，不利于与总部所在地以外的地方政府处好关系；需要为所有行业客户提供各种服务，一般的投资银行人员难以胜任；环境适应能力较差。此模式因缺点相当明显，主要适用于小型券商或处在发展起步阶段的券商，目前只有少数券商在采用。

2．地域分工模式

在不同的地区设立投资银行业务部，各地的投资银行业务部在行政上隶属于投资银行总部或地区业务总部，在业务上接受投资银行总部的规划和指导，但各自在所划分的"辖区"内开展业务。这是目前国内券商最普遍采用的分工模式。其优点在于便于与当地政府搞好关系，便于搜集各地业务信息（这是该模式在现阶段的最大优点）；与目前的监管体制相适应；地域集中，差旅费用相对较低；人员集中，易于管理；区域内决策速度快。其缺点在于由于业务人员要为"辖区"内的各种行业的客户提供各种类型的投资银行业务，对人员的要求相当高，难免会出现不同地区的服务品质参差不齐的现象；各地配备的人员数量与各地的业务总量未必完全匹配，"僧多粥少"与"僧少粥多"的情况可能会同时出现，增加了协调难度；不利于总部控制业务风险。这种模式常用于投资银行跨地区发展的初期。

3．行业分工模式

按不同的行业设置投资银行的二级部门或项目组，每个行业部（组）向所服务的行业的客户提供各类服务。其优点在于能更好地满足各行业客户对专业技术含量较高的服务的要求，利于与客户建立长期稳定的合作关系；便于搜集行业信息，了解企业的行业地位，发掘优质资源；容易在特定行业中形成竞争优势，进而创造品牌价值；有利于培养行业投资银行专家。其缺点在于国民经济的行业种类较多，一般要配备较多的人员；要求投资银行人员精通所有的投资银行业务，对人员素质的要求相当高，对人员进行培训的费用较高；区域重叠，差旅费用较高；不利于与各地方政府形成良好的关系。此模式多用于投资银行跨区域发展的初期。

4．业务分工模式

按投资银行业务种类的不同，设置不同的业务部门。比如，有的部门专司新股行，有的部门专司配股或增发，有的部门专司并购重组，有的专司财务顾问，有的部门专司金融创新品种的设计开发。其优点在于形成专业化分工，能够在各自的业务领域提供高水平的服务，有利于培养业务型投资银行专家。其缺点在于区域重叠，差旅费用较高；当企业对不同的服务产生需求时，券商协调难度较大；不利于与企业形成长期的合作关系；不利于与地方政府形成良好的合作关系。此种模式多用于投资银行在跨区域发展的中期。

5．职能分工模式

一个完整的证券发行上市过程要经过争取客户、设计发行方案、制作各种材料、向投资者销售等工作环节，如果按这些工作环节进行分工，则可形成职能分工模式。其特点在于按投行业务环节进行设置部门。比如，设立客户部，负责业务承揽，争取各种项目；设立业务运作部，专门负责筹资方案设计、金融工具设计及各种文件制作；设立销售部（市场部），专门负责金融工具的销售。其优点在于有利于券商保持项目的稳定；有助于发挥不同特长的投资银行人员的优势。其缺点在于区域重叠，人工费用较大；按各业务环节进行分割，极易形成分工脱节的现象，各部门之间协调难度大；如果利益分配不合理，极易导致各部门发生相互争执、推诿责任的现象。

6．复合模式

以上述某种模式为主，在局部采用其他模式为补充，扬长避短，从而派生出诸多种复合模式。比如前述高盛证券和中信证券的矩阵式治理结构就是一种融行业、业务、区域、职能等多种分布和组织模式为一体的复合型模式。

投资银行的业务管理，没有最优模式，只有最适应环境的模式。任何一种模式都各有其优点和缺点，以及特定的适用阶段与环境。所以，券商投资银行的组织模式也不应该一成不变，而应随着环境的变化而做出相应的调整。

第三节　投资银行的风险管理

进入 20 世纪 90 年代后，随着投资银行业务全球化进程的加快，投资银行

投资银行的
风险管理

所面临的金融风险更加复杂化。回顾历史，我们可以看到，投资银行业在高速发展和获取巨额利润的同时，也充满坎坷和荆棘。不论是 20 世纪百富勤、美国长期资本管理公司和日本山一证券的倒闭，还是 2008 年金融危机冲击下，贝尔斯登和雷曼兄弟的破产，这些都表明一个重要的事实，那就是高风险已经渗透到投资银行业务的所有领域和各个环节。单一的风险管理措施已无法满足需要，而应从整个系统的角度对所有风险进行综合管理。因此，投资银行应当建立健全的风险管理系统，完善风险控制机制，以保证投资银行和投资银行业的平稳、健康运行。

一、投资银行风险管理的概念及原则

（一）投资银行风险管理的概念

投资银行风险总体上分为两个部分：系统风险和非系统风险。系统风险主要是因战略改变、政策变动、法律的修订以及经济周期的变化等因素引起的，或者说是由宏观环境的变动引起的，属于不可分散风险；非系统风险主要是由投资银行本身或者第三方的影响引起的，包括信用风险、流动性风险、资本风险、结算风险等，这些风险是可以通过风险管理予以控制的。管理者可以通过各种手段，如运用调整资产结构和投资组合等手段去控制它以达到风险最小化、收益最大化。

总的来说，投资银行的风险管理就是指对投资银行业务内部和外部固有的一些不确定因素将带来损失的可能性进行分析、规避、控制、消除，目标是在确保投资银行安全的前提下，以尽可能小的机会成本保证投资银行处于足够安全的状态，也就是在投资银行收益稳定的前提下，追求风险最小化，通过降低风险、控制损失的方式来逆向增加投资银行主体的利润。

具体来说，投资银行的风险管理包含四个方面的含义：一是风险评估，包括搜集数据、识别并量化各种类别的风险；二是风险控制，包括根据风险管理方针，对各种业务进行监督，并为改变风险状况而实施某些措施；三是风险监控，是指以监控风险为目的的控制制度；四是风险政策，是指将风险管理与企业的发展战略结合起来，为企业经营管理提供指导方针。

（二）投资银行风险管理的原则

1．全面性原则

风险管理必须覆盖投资银行的所有相关业务部门和岗位，并渗透到决策、执行、监督、反馈等各项业务过程和业务环节中。因此，投资银行倚重各业务部门持续地进行风险识别、风险评估和风险控制程序。

2．独立性原则

投资银行应设立风险管理委员会、审计稽核部等部门，部门内部设立风险管理小组。上述各风险管理机构和人员应保持高度的独立性和权威性，负责对投资银行管理业务及内部风险控制制度的执行进行监察和稽核。

3．防火墙原则

投资银行必须建立防火墙制度，业务中的投资管理业务、研究工作、投资决策和交易清算应在空间上和制度上严格隔离。对因业务需要知悉内幕信息和穿越防火墙的人员，应制定严格的批准程序和监督处罚措施。

4．适时有效原则

在保证所有风险控制措施切实有效的基础上，投资银行业务内部控制制度的制定应具有前瞻性，并且必须随着公司经营战略、经营方针、经营理念等内部环境和法律法规、市场变化等外部环境的改变及时进行相应的修改和完善。

5．定性与定量相结合原则

投资银行应建立完备的制度体系和量化指标体系，采用定性分析和定量分析相结合的方法，同时重视数量分析模型和定性分析的应用，使风险控制更具科学性和可操作性。

二、投资银行风险管理的方法

风险评估作为风险管理中最重要的环节之一，已经越来越受到投资银行的重视，一些投资银行机构已经开发了许多风险评估的方法，其中 VaR 法、压力测试法、RAROC 法的应用最为广泛。此外，投资银行在具体评估项目风险的时候，也经常运用其他方法进行辅助。

（一）VaR 法

1．VaR 法简介

该方法以其简洁实用、适应广泛的特点深受欢迎，并迅速发展成为一种主要的风险管理方法。一些专家将这种方法的出现称为风险管理的革命。

VaR（Value at Risk），从字面上看是指处于风险中的价值，也可翻译为在险价值、风险价值等。VaR 最为标准的定义是由 J.P.摩根银行给出的，即在一定的概率约束下和给定持有期间内，某金融产品投资组合的潜在最大损失值。

VaR 法的数学模型为：$\text{Prob}（\Delta V \geqslant \text{VaR}）= 1 - \beta$

其中，ΔV 是资产组合在给定时间内的可能损失值，β 是选择的置信度。

VaR 的思想是以概率论为基础，用数理统计的语言和方法对投资银行的各种风险进行量化和测度。它最大的优点是能用于测量不同市场的不同风险并用一个数值表示出来，具有广泛的适用性。

2．具体计算方法

根据定义和模型，VaR 值的计算取决于三个方面的情况：一是置信区间的取值；二是持有期间的取值；三是未来资产组合收益分布特征的确定。

前两点是 VaR 模型的测量基础。任何 VaR 模型只有在这两个参数给定的情况下才有意义，不同的 VaR 模型也可以依据这两个参数进行比较甚至转换。

置信区间大小的取值实际上是 VaR 计算公式中表示测量精度的。它取决于对 VaR 验证的需要、内部风险资本需求、监管要求以及在不同机构之间进行比较的需要。一般来说，考虑 VaR 的有效性时需要选择较低的置信水平；内部风险资本需求和外部监管要求则需要选择较高的置信水平；而出于统计和比较的目的则应选择中等偏高的置信水平。但在其计算中，置信区间大小的选择一般不低于 95%。这是因为较高的置信水平可确保金融系统的安全有效性。

持有期间长短的取值是计算 VaR 的时间范围。选择持有期主要考虑金融市场的流动性；实际收益率分布的正态性；投资者头寸调整的频繁性；历史数据样本要求的大量性。实证表明，时间跨度越短，实际收益率越接近正态分布，计算结果也就越合理，通常为一天或一个月。由于波动性与时间长度呈正相关，所以 VaR 随持有期的增加而增加。当投资回报服从正态分布时，不同持有期下的 VaR 可以通过平方根转换。

第三点是 VaR 计算的核心，也是导致计算方法有所差异的原因。因为对于收益分布特征的确定，也就是对风险因子（对资产组合未来的报酬会产生影响的变量，称为风险因子，例如市场利率会使债券组合的价值产生变化，因此市场利率即可称为一个风险因子）的波动性估计和组合整体风险价值估值有着不同的方法，所以计算方法也有不同。一般分为两类：一是利用证券组合的价值函数与风险因子间的近似关系和风险因子的方差-协方差矩阵对 VaR 进行估算，常用的有方差-协方差矩阵法；二是在模拟风险因子未来变化的情景基础上，给出风险因子价格的不同情景，并在不同情景下分别对证券组合中的金融工具重新定价，在此基础上得到证券组合的收益分布并求出 VaR值，常用的模拟法有历史模拟法和蒙特卡罗模拟法。

（1）方差-协方差矩阵法。

因为方差-协方差矩阵法需要对资产组合的方差和协方差进行估计，也叫参数法。具体数学模型如下。

$$VaR = V_o Z_\alpha \times \sqrt{W \sum W^*} \times \sqrt{T}$$

其中，$Z_\alpha = \dfrac{\gamma - \mu\Delta T}{\sigma\sqrt{\Delta T}}$， $\sum = \begin{bmatrix} \sigma_1^2 & \sigma_{12} & \cdots & \sigma_{1n} \\ \sigma_{21} & \sigma_{22} & \cdots & \sigma_{2n} \\ \vdots & \vdots & \cdots & \vdots \\ \sigma_{n1} & \cdots & \cdots & \sigma_n^2 \end{bmatrix}$， $W = (\omega_1, \ \omega_2, \ \cdots, \ \omega_n)$，是行向量，

W^* 是列向量，ω 是资产组合中各资产的比重，T 是持有期，V_o 是资产组合当前市值，γ 是收益率，σ 和 μ 分别为标准差和期望值。

从上式可以分析出，方差-协方差矩阵法的关键在于计算资产组合收益率的标准差，这个组合的标准差依赖于组合中各资产的标准差和彼此的相关性。需要说明的是，上式是线性资产组合的 VaR 计算方法，非线性资产组合的 VaR 计算方法则有所不同，在本书就不做进一步介绍了。

（2）历史模拟法。

历史模拟法是最简单和直观的 VaR 计算方法。其核心在于根据风险因子的历史样本变化来模拟证券组合的未来收益分布，即利用历史实际发生的收益值时间序列的经验分布，计算一定置信水平下的 VaR。历史模拟法使用真实的价格，不需要对市场的随机结构变动作任何假设，因此具有突出的真实性和直观性。历史模拟法的主要计算步骤如下。

首先，对相关的风险因子进行识别，收集这些风险因子的历史数据。并用风险因子表示出证券组合中各个金融资产的实时价值。

其次，根据风险因子在过去 $N+1$ 个时期的价格时间序列，计算风险因子在过去 $N+1$ 个时期价格水平的实际变化，得到 N 个变化值。

再次，在历史能够重现的假设前提下。利用金融资产的定价公式，求出资产组合在未来时期的 N 种可能价值，并与当前资产组合的市场价值比较，得到收益分布。

最后，根据得到的收益分布，通过分位数得到一定置信度下的 VaR 值。

历史模拟法的非参数性，可以通过样本数据体现收益分布的形状。同时不需要事先假定样本数据的特定分布形式，也无须估计分布参数，可以有效处理非对称和肥尾问题，避免模型风险，所以非常适合实际收益偏离正态分布的情况。但在实际应用中存在的主要问题是：如果历史样本抽样区间太短会导致 VaR 估计不精确，增大样本区间则会导致风险因子的波动性偏低，可能违反独立同分布假设。所以估计精度难以确定。当经济、政治、自然灾害等难以预料的因素导致波动率在短期内变化较大时，历史模拟法将产生很大的误差。另外，历史模拟法给予所有的历史观测值以相等的权重，这与现实不符。一般来说，离现在越近的观测值对预测的影响才越大。

（3）蒙特卡罗模拟法。

蒙特卡罗模拟法是一种随机模拟方法。该方法用来分析评估风险发生的可能性、风险的成因、风险造成的损失以及风险带来的机会等变量在未来变化的概率分布。它的基本思想根源与历史模拟法相同，但和历史模拟法的不同在于它假定风险因子的变化不是根据历史观测值，而是通过计算机随机模拟得到。基本思路是计算预期变量的历史均值、方差、相关系数等统计特征，并根据这些特征运用随机模拟器产生符合这些特征的数据，构成所假设的情形，再得到资产组合价值的整体分布情况。具体操作步骤如下。

第一步，量化风险。将需要分析评估的风险进行量化，明确其度量单位，得到风险变量，并收集历史相关数据。

第二步，根据对历史数据的分析，借鉴常用的建模方法，建立能描述该风险变量在未来变化的概率模型。建立概率模型的方法很多，例如差分和微分方程方法，插值和拟合方法等。这些方法大致分为两类：一类是对风险变量之间的关系及其未来的情况做出假设，直接描述该风险变量在未来的分布类型（如正态分布），并确定其分布参数；另一类是对风险变量的变化过程做出假设，描述

该风险变量在未来的分布类型。

第三步，计算概率分布的初步结果。利用随机数字发生器，将生成的随机数字代入上述概率模型中，生成风险变量的概率分布初步结果。

第四步，修正完善概率模型。通过对生成的概率分布初步结果进行分析，用实验数据验证模型的正确性，并在实践中不断修正和完善模型。

第五步，利用该模型分析评估风险情况。

蒙特卡罗模拟法是计算 VaR 的一种非常有效的方法，不仅计算上比较准确，还考虑了其他方法没有考虑到的波动率的时变性，也可以处理非线性组合。但其仍存在缺陷，一是计算量太大，需要计算的时间长，对计算软件和操作管理人员要求较高；二是该方法依赖于特定的随机过程和选择的历史数据，模型是否合适对计算结果有较大影响。

3．VaR 方法的不足

VaR 方法存在很多方面的不足，而这些不足会影响方法的正常使用，具体来说，这些不足主要有以下三个方面。

（1）不具有次可加性。

对风险测度而言，次可加性是一个重要的标准。满足了次可加性，也就满足了多样化投资分散风险的基本投资理念。VaR 不具备次可加性，意味着当用 VaR 度量风险时，某种投资组合的风险可能会比各组成成分证券风险之和要大，这不仅与投资上要求分散化以降低风险的要求背道而驰，而且阻碍了金融机构进行总体风险的有效管理。

（2）不满足凸性要求。

在进行情景分析时，VaR 由于不满足凸性要求，不能表示为各组合资产头寸的函数，难以对投资组合进行优化，因此在经济意义上也不够合理。

（3）尾部风险。

尾部风险也称为肥尾现象。VaR 给出了一个阈值，虽能以较大的概率保证损失不超出分位数，但对极端事件的发生却缺乏预料与控制，这被称为尾部风险。

（二）RAROC 法

1．RAROC 法简介

RAROC（Risk Adjusted Return on Capital）即风险调整后的资本收益率，RAROC 计算公式如下。

$$RAROC = \frac{风险调整收益}{经济资本} = \frac{收入-成本支出-预期损失}{经济资本}$$

其中，收入是指投资银行各种业务收入，成本支出是指各种经营管理费用支出，预期损失是指根据违约概率、违约损失率、违约风险值和期限等风险因素计算出的损失值，预期损失＝风险敞口×违约概率×违约损失率，其计算基础是对资产负债的内部评级。经济资本的定义和计量方法相对复杂，将在下文进行论述。

RAROC 的含义就是：将风险带来的未来可预计的损失量化为当期成本，对当期收益进行调整，衡量经风险调整后的收益大小，并且考虑为可能的最大风险做出资本准备，进而衡量资本的使用效益，使投资银行的收益与所承担的风险建立联系，与投资银行最终的经营目标统一，为投资银行各个层面的业务决策、发展战略、绩效考核、目标设定等提供统一的标准。

经济资本（Capital at Risk）是指由投资银行内部评估而产生的配置给某项业务用以缓冲风险的资本。经济资本的作用在于：一是投资银行需要将经济资本用于缓冲不可预见的风险所带来的损失；二是充足的准备金又可以为投资银行提供足够的资本用以承受可预见损失。

经济资本是对偏离平均水平的损失进行的补偿，也就是对超过预期损失（非预期损失）的补偿。因此，经济资本为投资银行计算潜在的非预期损失提供了一种方法。从概率统计角度讲，损失偏离均值的程度取决于容忍度（即对损失的容忍程度）的设定。经济资本是针对某一个容忍度而言的，在一定容忍度下，偏离均值的损失就是经济资本。经济资本不是一个固定值，而是根据不同风险偏好所计算出来的一个动态值。以下提供针对两种不同风险经济资本的计算方法。

（1）计算市场风险下的经济资本。

在市场风险下，对经济资本的计算原理是将交易的期限、波动性乘数、敏感性以及市场参数的波动性联系起来，也就是市场风险下的经济资本＝敏感性×市场参数的波动性×交易期限×波动性乘数。

（2）计算信用风险下的经济资本。

信用风险的损失取决于违约风险（违约率）、信用暴露风险及损失补偿率。其中违约率的最大偏差可以表示为违约率标准差的一个倍数。

信用风险下的经济资本＝（违约率最大偏差－平均年违约率）×信用暴露风险。

一般对于风险经济资本的计量既可以在单个资产的层面上展开，也可以对整个资产组合作度量。

2．RAROC 在风险管理中的应用

RAROC 的核心是在风险与收益之间寻找一个恰当的平衡点。投资银行在使用 RAROC 这种方法进行决策时，不应以收益的绝对水平作为评估基础，而是以风险基础上的收益作为依据。RAROC 的重要作用体现在以下方面。

（1）RAROC 是投资银行进行资本分配和设定经营目标的有效手段。决策层在确定了对风险的最大可承受能力的基础上，计算出总体需要的经济资本，将有限的经济资本在各类风险业务之间进行分配，从而实现对投资银行整体风险和各类风险进行总量控制。在此基础上明确投资银行总体和各业务的目标，明确哪些业务进一步发展、哪些业务收缩的战略调整规划。

（2）RAROC 是资产组合管理的有力工具。投资银行在考虑资产组合的风险和收益的基础上，依据对资产组合的 RAROC 的测算，衡量各类资产组合的风险收益是否平衡，并对 RAROC 指标恶化或有明显不利趋势的资产组合及时采取措施。

（3）RAROC 是衡量各业务和个人绩效的重要指标。对投资银行而言，在制定对各业务和个人的业绩考核标准时，应综合考虑风险和收益，不能只偏重其中一方面。通过对各项业务、产品，甚至每一笔具体交易用共同的 RAROC 为基础进行比较，可以达到较为合理、公平、公正的目标。

RAROC 的重要作用在于改变了投资银行的考察模式，从过去单一的以收益率或风险为中心考察经营业绩和进行风险管理的模式，变为更深入、更明确地考察收益和风险共同对企业的巨大影响。通过 RAROC 系统，对投资银行不同的业务部门和个人采用了统一的指标进行绩效测算，由此，对于 RAROC 低于平均水平的部门将减少其经济资本额，而对于 RAROC 高于平均水平的部门则增加其经济资本额，这样可以使得经济资本由绩效较差的部门向绩效较好的部门转移，从而达到资源的合理配置，最终实现价值最大化。

（三）压力测试法

1．压力测试法简介

通常为了计算上的方便，会假设市场上各风险因子的变化是呈正态分布的，风险因子之间存在较强的相关性等。但这些假设并不完全反映市场的真实状况，当市场上出现危机事件时，如市场价格大幅下降、利率迅速上升，风险因子间的相关性也会发生改变。风险因子的变化也不一定满足呈正态分布的假设。对这些变化，目前无法建立出一个风险模型来加以分析。

通常使用的 VaR 法主要评估市场正常运行情况下投资银行面临的各种风险，但对于市场处于极端情况下投资银行所面临的风险，VaR 法无法有效评估。而压力测试法则是主要评估市场处于极

端情况下投资银行面临的风险，可以暂时作为一种在新的模型尚未研究出来以前或是过渡期间的辅助工具。因此压力测试法可以作为与 VaR 互为补充的方法，同时使用 VaR 风险模型与压力测试模型是不冲突的。当投资银行需要进行完整的风险管理时，可针对这两种完全不同的风险状况，采用不同的模型加以管理，使得投资银行的风险管理更趋完整。

目前，压力测试法有多种定义，较有代表性的有：国际证监会组织（International Organization of Securities Commissions，IOSCO）认为压力测试法是将资产组合所面临的可能发生的极端风险加以认定并量化分析；国际清算银行巴塞尔银行全球金融系统委员会则将压力测试法定义为金融机构衡量潜在但可能发生异常损失的模型。

2．压力测试法的实施步骤

压力测试法的实现方式有许多种，但是基本原理和基本步骤是一致的，具体的实施流程如图 9-8 所示。

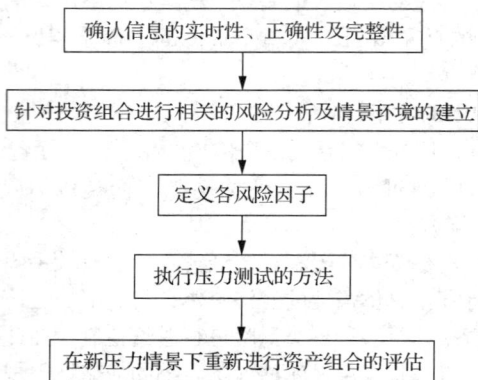

图 9-8　压力测试法的实施程序

（四）风险管理的其他方法

除了上述常见的三类方法外，投资银行在对具体项目进行风险分析时，还经常使用另外三种方法：德尔菲法、头脑风暴法和核对表法。

1．德尔菲法

德尔菲法本质上是一种反馈匿名函询法。其大致流程是：在对所要预测的问题征得专家的意见之后，进行整理、归纳、统计，经过多次反复征询和反馈，直至得到稳定的意见。

在德尔菲法的实施过程中，始终有两方面的人在活动，一是进行预测的组织者，二是被选出来的专家。首先应注意的是德尔菲法中的调查表与通常的调查表有所不同，它除了有通常调查表向被调查者提出的问题，要求回答的内容外，还兼有向被调查者提供信息的责任。德尔菲法是一种利用函询形式进行集体匿名思想交流的过程，它有区别于其他专家预测方法的三个明显特点，分别是匿名性、反馈性、统计性。

德尔菲法的预测结果可用表格、直观图或文字叙述等形式表示。

2．头脑风暴法

头脑风暴法是在解决问题时常用的一种方法，具体来说就是团队的全体成员自发地提出主张和想法，产生热情的、富有创造性的更好方案。

头脑风暴法的具体做法是：当讨论某个问题时，由一个协助的记录人员翻动记录卡或在黑板前做记录。首先，由某个成员说出一个主意，接着下一个成员出主意，这个过程不断进行，每人每次想出一个主意。这一循环过程一直进行，直到想尽了所有主意或限定时间已到。应用头脑风暴法时，要遵循两个主要的规则：不进行讨论和不进行判断性评论。一个成员说出他（她）的主意后，紧接着下一个成员说。人们只需要说出一个主意，不要讨论、评判，更不要试图宣扬。

3．核对表法

核对表是基于以前类比项目信息及其他相关信息编制的风险识别核对表。核对表一般按照风险来源排列。利用核对表法进行风险识别的主要优点是快而简单，缺点是受到项目可比性的限制。

三、投资银行风险管理的流程

投资银行在实施业务风险管理时主要以业务流程为主导，按风险识别、风险评估、实施风险管理措施、监控风险管理措施的实施、完善风险管理制度进行，具体的流程如图 9-9 所示。

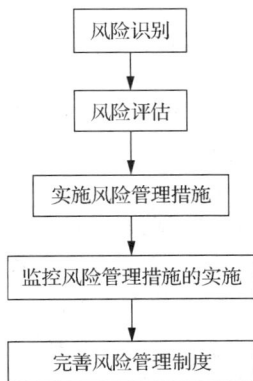

图 9-9　风险管理的流程

（一）风险识别

风险识别是指对所有可能存在的、对业务运作有重大影响的潜在风险进行考察和识别，是有效实施风险控制的前提和基础。风险识别主要采用由下至上分析法，由风险控制部对业务部门内潜在的风险进行识别，定期或根据需要及时出具风险审查报告。风险识别主要包括以下步骤。

（1）把整个公司按业务或组织架构分成风险单位。如按业务分为承销业务、经纪业务、资金营运、证券自营、资产管理等；按组织分为总部、分公司、营业部等。

（2）详细列出各风险单位的主要职责及主要业务流程。如把一个营业部当作一个风险单位，将它所有的业务按操作程序逐一列出。

（3）将业务按操作程序中的风险点列出，如信用风险、市场风险、操作风险、法律风险、技术风险等，将各个风险单位纳入统一的体系中。

（二）风险评估

风险评估是指由风险管理委员会、监察委员会、审计稽核部和风险控制部等组织根据业务中风险发生的可能性以及由此对经营造成的潜在影响进行评估。准确的风险评估是有效控制风险的科学依据。评估机构在风险评估时应采用定性分析和定量分析相结合的方法。风险评估要求采取科学方法辨识并测量风险，根据其重要性及影响程度大小排序，分析风险产生的原因，为有针对性、有重点地管理风险提供科学依据，从而判断某项投资、业务和战略是否合适。具体内容如下。

（1）根据风险的重要性、影响程度以及紧迫性等大小排列，对于不同等级的风险，给予不同程度的处理对策。

（2）分析风险产生的原因。如市场利率波动、消费水平降低、交易指令错误、结算和交易失误、定价错误等。

（3）把由于风险而获得的收益与承担的损失进行比较。也就是把损失与容忍度进行比较，确定损失是否在可接受的范围之内。

（4）分析产生的风险是否受监控及是否有负责人管理，分析导致风险的业务操作有无适当的业务审批和操作权限，已有的风险管理措施是否能充分防范风险。

（5）风险是否与经营水平、盈利目标一致。

（三）实施风险管理措施

根据风险评估的结果，针对不同的风险，实施差异化的风险管理措施。

1．战略风险的管理措施

为了有效防范和控制战略风险，应加强发展战略的研究。通过加强对影响市场整体运行的各方面因素进行分析和研究，及时做出相关的前瞻性研究报告，为投资决策提供依据，可以有效规避和防范战略风险。主要措施包括：对宏观经济走势、政策变化、行业发展、投资工具演变以及其他影响市场变化的因素进行分析研究；通过与研究机构合作，获得较为全面的宏观经济信息以及政策走向分析。

2．投资风险的管理措施

根据投资风险的具体情况，有以下不同的处理方式。

（1）投资决策风险的管理。投资决策风险的管理体现在投资流程的各个环节，涉及的主体主要有投资决策委员会、投资决策小组、投资管理部等。通过设定合理的权限范围，可以将投资决策风险设定在可控的范围之内。如投资决策委员会是投资的最高决策机构，负责制定重大投资决策，以定期会议和不定期会议的形式审核资产管理部的投资决策，审核资产管理部提出的资产配置和投资组合计划等。

（2）操作风险的控制。操作风险的控制主要通过制定严格的交易制度、明确交易执行流程和交易权限来实现。主要措施包括设立集中交易室专门负责执行投资交易，投资经理不得自行下单进行交易，投资经理的交易指令还须通过集中交易室执行；建立明确的业务授权制度，设有经理、交易员等岗位，各自有着不同的权限；建立交易监测系统和风险预警系统，严格执行部门风险控制制度和作业规则。

（3）投资品种风险控制。投资品种风险控制的主要措施有以下三点：一是通过加强投资品种研究和科学的论证程序来得以实现，所涉及的控制措施具体体现在研究报告的制作程序和投资决策程序中；二是对投资产品的研究报告有专门的质量控制制度进行规范，要求研究报告尽可能真实和详细地反映投资对象的基本面情况和投资价值所在，揭示投资理由和投资风险所在；三是运用金融风险分析模型对投资组合进行评估以量化分析投资组合的风险等。

3．技术风险的管理措施

技术风险的管理措施主要有以下四点：一是制定严格的计算机系统工作制度，规范计算机系统的操作权限、操作程序和落实人员责任；二是交易系统、服务器、网络有专人维护，重要软件、文件都要双重备份；三是建立紧急情况处理方法，包括备用系统、软件和数据备份等措施；四是风险管理部门应定期检查电脑信息系统运行的有效性和可靠性。

4．职业道德风险的管理措施

职业道德风险控制的主要措施有以下两点：一是加强对员工的法律意识、职业道德的教育，员工必须严格执行有关法律、法规和员工行为守则等各项制度的有关规定，严禁员工利用职务之便为自己和他人谋取私利，员工的遵纪守法情况和职业道德考评作为聘用和提升的重要标准；二是增加员工的业务培训，提高业务素质和信心，由员工所属部门和人事部门共同考核员工的工作业绩和工作效率等。

（四）监控风险管理措施的实施

为保证风险控制的有效性，由监察委员会和审计稽核部对风险控制系统实施持续的检查和监控。监察委员会和审计稽核部将根据既定的监控程序对每个业务部门和每项风险管理措施的执行情况持续进行稽核，并对认为风险控制有缺陷的部门进行重点稽核，任何不符合风险管理制度的部门或个人将提请风险管理委员会对其进行审查和讨论。

（五）完善风险管理制度

在风险监控的基础上，风险管理委员会、监察委员会、审计稽核部等风险管理机构应对业务风险控制系统的准确性、有效性及时做出评价。如果发现业务风险控制系统有不足之处，风险控制委员会、监察委员会、审计稽核部等风险管理机构应提出改进建议和提交报告，并监督实施上述建议，以利于风险管理制度的完善。

案例小链接

"光大乌龙指事件"历时四年落槌（还原回顾）

证监会例行发布会上发言人高莉表示，最高人民法院裁定驳回光大证券内幕交易案当事人之一杨剑波提起的再审申请。

历时 4 年，历经一审、二审、再审听证的轰动证券期货市场因"光大乌龙指事件"引发的杨剑波诉证监会一案正式落槌，此案是一例涉及 ETF 及股指期货的新型内幕交易案，此前无先例，因具有跨市场、跨品种的特点，所以案件处理引起广泛关注。

高莉介绍，一审、二审及再审听证均围绕本案的错单交易信息是否构成内幕信息、信息是否已在光大证券交易前公开、光大证券的交易是否构成内幕交易的豁免情形以及处罚幅度等问题展开。证监会在庭审过程中向法院充分说明了案件事实、相关证据与法律逻辑，在经过法院的严格审查后，最终得到了司法的认可。

案件发生于 2013 年 8 月 16 日 11 时 05 分，光大证券在进行 ETF 申赎套利交易时，因策略交易系统程序错误，造成以 234 亿元的巨量资金申购的 180ETF 成分股，实际成交 72.7 亿元，引发市场剧烈波动，造成恶劣社会影响。事发后，证监会迅速启动调查，经查，光大证券在当日 13 时开市后至 14 时 22 分，在未向社会公告相关情况的情形下，卖出股指期货空头合约 IF1309、IF1312 共计 6 240 张，合计约价值 43.8 亿元；卖出 180ETF 共计 2.63 亿份，价值 1.35 亿元，卖出 50ETF 共计 6.89 亿份，价值 12.8 亿元。

证监会认定"光大证券在进行 ETF 套利交易时，因程序错误，其所使用的策略交易系统以 234 亿元的巨量资金申购的 180ETF 成分股，实际成交 72.7 亿元"为内幕信息，光大证券是内幕信息知情人，在上述内幕信息公开前进行股指期货和 ETF 交易构成内幕交易，违法所得金额巨大，情节极其严重。证监会决定给予最严厉的处罚，没收光大证券违法所得，并处以违法所得 5 倍的罚款，罚没款共计 523 285 668.48 元；对包括杨剑波在内的四名责任人员分别给予警告，处以 60 万元罚款，并采取终身证券、期货市场禁入措施。

发言人强调，此案再次表明，对扰乱市场、破坏市场秩序、侵害投资者合法权益的行为，证监会绝不手软，严厉惩处，坚决维护市场秩序。无论资本市场违法行为花样如何翻新，情况如何纷繁复杂，证监会都将始终立足现行法律赋予的权限，能动执法，及时打击违法违规行为，使资本市场违法违规者依法该担的责、该受的罚一样都不能少。

高莉表示，证监会将继续坚定推进依法全面从严监管，对危害市场秩序的各类违法违规行为实施精准打击，从严惩治，筑起风险防范的底线，更好地保障金融稳定和经济社会发展大局。

……

该策略投资部门系统完全独立于公司其他系统，甚至未置于公司风控系统监控下，因此深层次原因是多级风控体系都未发生作用。

交易员级：对于交易品种、开盘限额、止损限额三种风控，后两种都没发挥作用。

部门级：部门实盘限额 2 亿元，当日操作限额 8 000 万元，都没发挥作用。

公司级：公司监控系统没有发现 234 亿元巨额订单。同时，或者动用了公司其他部门的资金来补充所需头寸来完成订单生成和执行；或者根本没有头寸控制机制。

交易所：上交所对股市异常波动没有自动反应机制，对券商资金越过权限的使用没有风控，对个股的瞬间波动没有熔断机制（上交所声称只能对卖出证券进行前端控制）。

传统证券交易中的风控系统交易响应最快以秒计，但也远远不能适应高频套利交易的要求，例如本事件中每个下单指令生成为 4.6 毫秒，传统 IT 技术开发的风控系统会带来巨大延迟，严重影响下单速度，这可能也是各环节风控全部"被失效"的真实原因。

......

四、投资银行风险管理的措施

（一）风险管理的内部控制措施

1．建立防火墙制度和内控机制

一个有效的风险管理系统，实际上是由各种相互作用的内部控制制度所组成的。这些内部控制制度与风险管理系统的关系就如同人体的细胞组织和免疫系统的关系一样，使得风险管理系统能够高效运转、抵御风险。

（1）必须明确风险管理机构、风险管理人员和业务人员的权力和责任，并在组织结构上保证风险决策和管理措施与业务管理相协调。明确规定内部单位和各重要业务岗位承担的职责范围；明确各环节各岗位各组织的责任；对于各项风险决策都有切实的监督与控制的措施。

（2）必须建立各业务之间的防火墙。防火墙的设立不仅对防范投资银行的风险具有重要的作用，而且对投资银行稳定的、健康的持续发展具有极其重大的意义。建立投资银行各业务之间的防火墙，一般要实行岗位隔离制度、保密制度和信息筛选制度。

（3）必须建立畅通的信息反馈机制。反馈机制是控制风险的重要机制，通过及时反馈业务实施的结果，做到对投资决策、执行及管理中存在的风险进行不断的发现和评估，为进一步的修正和调整提供依据，以求达到降低和控制风险的目的。信息反馈机制体现在投资、研究和交易等各项制度中，较为重要的信息反馈机制如集中交易室应根据市场情况随时向投资经理通报交易指令的执行情况及对该项交易的判断和建议，以便投资经理及时调整交易策略；投资管理部对研究部提交的研究计划和投资计划的价值分析报告进行评估，并及时反馈给研究部等。

（4）应该建立相应的风险控制标准和奖惩依据。投资银行行业具有高风险和高收益并存的内在规律，因此任何投资银行部门都不可避免地具有追逐高风险的内在动力。为了减少业务过程中可能出现的操作风险，制定相应的奖惩制度也是必需的。

2．建立市场化的人力资源管理机制

优化人力资源配置，实现人力资源管理的市场化、专业化、流程化和信息化，建立起分层、分类的人力资源管理体系和不断创新的人力资源队伍，是投资银行实现风险管理目标的有效手段。具体的实现方式有以下三种。

（1）以薪酬为激励手段，不断优化薪酬结构，建立以业绩驱动为核心的分配机制。以岗位评价为基础，实行以岗位为主的薪酬激励制度。贯彻以岗定薪、岗变薪变、分配向效益倾斜、合理拉开分配差距的原则，建立起对内公平、对外具有竞争力的以岗位工资为主的薪酬制度，实现薪酬与岗位责任和岗位贡献的良好匹配，充分体现员工的自身价值。

（2）以绩效考核为核心，完善绩效考核系统和流程，强化绩效管理的导向作用。以坚持效益第

一，突出业绩，以客观、公正、完整、真实作为绩效管理的原则，进而确保企业总体目标的实现。客观公正地评价员工工作表现，提高员工绩效，以增强企业内部凝聚力和对外竞争力为绩效管理的追求目标。通过定量考核和定性考核相结合的方法，将考核结果作为岗位变动、职务晋升、薪酬分配、教育培训、职业发展、荣誉奖励等的重要依据。

（3）以教育培训为支撑，优化培训体系和课程，提升员工综合素质和能力。结合企业实际以及员工对培训工作的需求，把教育培训工作的重点放在完善培训体系和全员持证上岗等方面，进一步完善教育培训、工作制度、创新培训机制和培训方法。在完成培训计划的同时努力做到量质并重，使培训内容贴近工作实际，更好地为企业发展提供保障。

3. 建立对投资银行从业人员的监督机制

投资银行是否发生风险在很大程度上取决于相关的从业人员，所以，预防风险要重视对从业人员监督机制的制定。如投资银行的监事会，作为法律规定的公司内部的一个独立监管机构，必须有权自主决定启动监督程序对相关从业人员的监督。一般监督机制包括：实现监督手段的多样化，通过对从业人员的档案管理、行业内部公示、培训等多种方式提高其职业水平和职业道德；实现外部监管和内部管理相结合，鼓励证券机构改善自身的公司治理结构和内部控制机制的同时，结合外部监管形成完善的监督机制；加强市场监督作用，市场监督包括媒体的舆论监督、市场投资者的监督，以及行业自律组织的监督等。

（二）风险管理的外部配套措施

1. 建立完善的投资银行保险制度

投资银行保险制度是指通过建立投资银行保险机构及保险基金，防止投资银行因过失行为、经营不善或投资银行之间相互兼并造成利益损害，保障整个证券市场乃至国家整体经济的正常运行和健康发展而建立的一种保险制度。

目前世界上许多国家和地区已建立了投资银行保险制度。例如，美国在 1970 年制定的《证券投资保护法》中规定设立证券投资者保护协会，要求所有在证券交易所注册的投资银行都必须成为该协会的会员。并按照经营毛利的一定比例交纳会费，以建立保险基金，用于投资银行陷入困境或破产时的债务清偿。新加坡的《证券法》也规定证券交易所，必须建立会员保险基金，主要用于证券交易所会员公司发生支付困难或债务危机时进行补偿和救济。我国香港地区的《证券管理条例》也规定，在证券事务监察委员会下设赔偿专门委员会，要求各证券经纪商和会员缴纳 2 500 美元的现金建立赔偿基金，以备破产或无力偿还债务时的债务清偿。由此可见，建立投资银行保险制度已经成为许多国家和地区证券市场体制中不可缺少的重要环节。

2. 建立投资银行信息披露制度

健全的信息披露制度，是加强投资银行内控机制的外部监督的有效手段，是提高投资银行内部控制有效性的重要途径。它不仅影响投资银行的信誉与发展能力，而且能对投资银行产生激励或形成压力。投资银行必须披露的重大信息应包括：公司的经营成果和财务状况；公司的发展战略和计划；公司股权结构及变化等。健全的信息披露制度本身就是对管理层的一种制衡约束手段，是对公司进行市场监督的基础，是股东正确行使表决权的关键。

3. 建立投资银行退出机制

一个高度市场化的证券市场可以通过其内在的运行机制实现其自身的均衡发展。通过市场化的动态调整过程，促使资源从衰败的劣质公司流向高效的优质公司，促进资源合理有效地配置，实现投资银行的新陈代谢。

4. 建立投资银行资信评级制度

投资银行资信评级制度的基本作用是揭示风险，将被评级的投资银行的信用状况以简单的形式公之于众，使公众快速、方便地得到客观、简明的信用信息，为投资者的决策提供参考。

第四节 投资银行的创新管理

投资银行自身的特点是创新的内在动力。投资银行是以资本市场业务为主营业务的金融机构，它以自身利益为准则，按照追求企业价值最大化的市场运行规则运转。投资银行之所以能够不断地发展和壮大，在金融领域扮演着越来越重要的角色，其原动力来自对超额利润的追逐，而创新则是行之有效的重要手段，创新就等于创造新的盈利机会。

同时，外部动因也刺激了投资银行的创新，从根本上来说是竞争和风险规避两方面。

纵观投资银行发展的历史，投资银行在资本市场上的竞争与创新是与各国金融管制的放松相伴而行的。金融管制的放松为竞争创造了有利的市场环境，从而为各种创新提供了可能和契机；反过来，创新进一步促进了金融机构之间的竞争，如此形成了"竞争—创新—竞争—创新……"的循环。在市场经济体制下，投资银行面临的风险是客观存在的而且是巨大的，投资银行也产生了对能够转移风险的创新的有效需求。

具体来说，投资银行的创新包括制度创新、业务创新和产品创新。产品创新在本书第五章已有论述，在这里不再重复。

一、投资银行制度创新

（一）投资银行走向全能化

由于金融资产的专用程度较低，所以银行业与证券业混合经营的倾向其实始终存在。

1933 年以前，大多数西方国家的投资银行业务和商业银行业务通常是由同一金融机构经营的，这种混业经营导致了许多潜在的利益冲突。投资银行靠牺牲信托基金存款人的利益来保证利润，并把投资的风险转嫁给存款人去承担。

分业的思想始于 20 世纪 30 年代大危机以后，以美国的《格拉斯—斯蒂格尔法》为标志，日本、英国等国家相继确立了以专业分工制、单一银行制、双轨银行制、多头管理体制为特征的金融制度，其指导思想是防止金融机构之间过度竞争，维护金融机构的健全和稳定。

但是，由于资产专用性的薄弱和追求利润动机的驱使，商业银行和投资银行之间争夺对方"领地"的活动从未停止过，他们通过各种业务创新手段来实现各自的利润最大化。20 世纪 60 年代初，美国花旗银行率先发行大面额的定期存单；70 年代，美国商业银行为了摆脱金融管制，采取了资产证券化手段，先后对住房抵押贷款、汽车按揭贷款、应收账款实行证券化，将商业银行的本源业务——贷款，与投资银行的本源业务——证券，对接起来。同时，投资银行为了解决短期资金的来源问题，创造了回购市场，并通过资产抵押等手段来争夺商业银行的业务范围。

70 年代末动荡的经济和金融环境及潜在的金融危机，促使了 80 年代以放松管制和提倡金融业务自由化为特征的新金融体制的初步形成。

80 年代初开始，金融业国际化与一体化倾向日趋增强，国际竞争和国际业务的拓展成为投资银行向混合全能化银行发展的主要推动力。主要有两方面的原因，一方面，开展海外业务可以使部分法律鞭长莫及；另一方面，国际金融业的激烈竞争使从事单项金融业务的银行在竞争中明显处于不利地位，大型金融机构对海外金融市场的拓展和国际金融业务的深入，使许多分业模式国家的金融机构面临全能型银行的巨大挑战。这样，西方国家普遍放松了对金融业务的管制，纷纷在立法上打破了银行业和证券业彼此分离的界限，投资银行和商业银行的混业经营趋势更加明朗。投资银行向金融业务多样化、专业化、集中化和国际化方向发展。

进入 90 年代，经济全球化更加势不可当。对于金融服务业来说，全球化意味着金融法规将趋于一致，并且对资本自由流动和所有公司在所有市场上竞争的限制被逐渐解除。1999 年 11 月美国废除了《格拉斯-斯蒂格尔法》，分业管理制度最终解体。目前，仍然实行分业管理的国家仅剩下日本，实际上日本政府也大大放松了银行业与证券业之间的限制，将金融自由化拓展到证券公司、长期信用银行和信托银行等领域。

从某种意义上讲，《格拉斯-斯蒂格尔法》之后的历史，就是银行业与投资银行业通过各种业务创新来规避该分业监管法规的管制，从而使得政府放松管制，再向混业经营体制逼近的历史。

（二）走向规模化集中经营

日趋激烈的竞争使投资银行业的利润额下降而人力资本上升，在过去几年中投资银行业的盈利能力正呈现出长期的结构性下降趋势。再加上债券市场的萎缩即自营业务与承销业务的减少，投资银行业正进行着一场大规模的结构性重组。投资银行往往持有大量的证券，这使其必然面临着利率波动的市场风险，利润出现大涨大落。现在投资银行业虽然仍能取得丰厚的利润，但与20世纪80年代相比已大不如前了。对于持有者来说，投资银行业的吸引力已经下降。

再加上技术飞速发展、有效风险管理日趋重要以及在全球范围内进行投资银行业务活动的迫切性，都使投资银行从业人员清楚地认识到该领域已经存在着过度竞争与集中经营并存的局面。

掉期和衍生工具交易等新金融业务的发展以及监管环境的变化已经使投资银行发生翻天覆地的变化，这些变化不断要求投资银行增强资本实力并进行调整，投资银行业必须寻找到新的资金来源或与能够提供新资金来源的公司合并，即越来越倚重于资金来源和筹资技术等专业经营才能，结果是使该行业走向集中化经营。

衍生工具业务的集中化则体现为各投资银行根据其专业技能来专门从事某些特定的衍生产品业务。

不仅在投资银行的业务领域呈现出集中化趋势，而且投资银行也开始通过并购重组业务，实现投资银行的不断规模化。组建金融控股集团公司已经成为国际投资银行的基本运作模式。

（三）组织创新

投资银行的组织创新主要表现在组织形态的创新和组织架构的创新。组织形态的创新主要表现在从合伙人制向公司制演变；组织架构的创新主要表现在随着投资银行规模和业务范围的扩大，出现了与之相适应的新型、简单、安全、高效的组织架构。

二、投资银行业务创新

（一）投资银行业务创新的新趋势

进入20世纪90年代，经济全球化和一体化的趋势越来越明显，国际资本市场融资的能力也大大增强，国际金融业务创新呈现出新的发展趋势，这在一定程度上，决定着投资银行业务的创新趋势。

1. 金融工具多样化

金融工具的创新是把金融工具原有的特性予以分解，然后重新安排组合，使之能够适应新形势下规避汇率、利率波动的市场风险，增加流动性以及创造信用的需要。具体来说有以下四个方面。

（1）融资工具不断创新。投资银行开发出不同期限的浮动利率债券、零息债券、抵押债券、认股权证和可转换债券，建立"绿鞋期权"等承销方式。20世纪90年代，投资银行又创造出一种新型的融资方式——资产证券化，即以资产支持的证券化融资。

（2）并购产品的创新层出不穷。投资银行提供了桥式贷款、发行垃圾债券、创立各种票据交换技术、杠杆收购技术和各种反收购措施，如毒丸防御计划、金降落伞策略、白衣骑士等。

（3）基金新产品应有尽有。投资银行推出的基金新产品有套利基金、对冲基金、杠杆基金、雨伞基金等。

（4）金融衍生产品频繁出现。投资银行将期货、期权、商品价格债券、利率、汇率等各种要素结合起来，创造出一系列金融衍生产品，如可转换浮动利率债券、货币期权派生票据、掉期期权、远期掉期等。

2．新技术在业务创新中的广泛应用

电子、计算机、通信网络技术的不断革新和发展，已经大大改变了人们获得信息的方式和交易金融工具的方式，使得信息传递更为快捷方便，为业务创新提供了技术上和物质上的有力保障。

3．金融工程的作用越来越明显

第一，金融工程为业务创新提供了专门的技术保障。金融工程是 20 世纪 80 年代中后期在西方发达国家随着公司理财、银行业和投资银行业的迅速扩张而产生和发展的一项尖端金融业务。金融工程将工程思维引入金融领域，金融工程的精髓在于运用经济学、金融学、数学、计算机科学等多门科学知识与技术对金融产品进行综合设计与创造，为投资银行业务的创新提供依据。

第二，金融工程对投资银行创新的意义。金融工程成功地进入了公司财务、贸易、投资以及现金管理和风险管理等许多重要的领域。

（二）投资银行经营方式上的创新

投资银行业务的创新分为两类：一类是在经营方式上的创新，另一类是在业务内容上的创新。本部分将着重讨论投资银行在经营方式上的创新，下一部分进行业务内容创新的介绍。

1．传统经纪业务的创新

以计算机和网络技术为代表的信息化的迅猛发展，为投资银行经营方式的改变提供了契机。

作为新经济的重要特征之一，信息化推动传统投资银行业务深刻变革，电子商务将对商业，尤其是金融服务业的经营产生重大的影响。电子商务要求的是整个生产经营方式的改变，是利用信息技术实现商业模式的创新与变革，从而引发投资银行服务业务，尤其是证券经纪业务的革命。

投资银行经纪部门一方面可以利用现代互联网技术开展网上在线证券交易；另一方面可以利用互联网虚拟交易所，使投资者之间直接进行证券买卖，针对证券交易的未来发展趋势，降低交易成本，满足市场参与者的多样化和个性化需求。

2．客户管理创新

在现代金融市场上，投资银行的功能就是为企业和投资者架起通向资本市场的桥梁，在这个桥梁中，客户管理就成为一个重要环节，是一个关系着投资银行持续发展的重要课题。随着投资银行业务竞争日渐激烈，投资银行面临新的挑战，其突出表现如下。

第一，新股承销、配股承销中的证券定价功能弱化，导致投行业务产生同质化竞争，风险加大，利润变薄。

第二，在上市公司的并购业务中，投资银行角色缺位。其实质是在投资银行业务已发生重大改变的市场环境中，投资银行未能及时调整经营战略，仍然延续短期化、粗放型的经营模式，在发展中忽视了客户管理，没有形成稳固的客户网络，缺乏为客户提供优质性专业服务的能力。

因此，充分发挥投资银行在资本市场中的作用，进行客户管理创新，是投资银行未来发展的必然趋势。客户管理创新主要表现在以下三个方面。

（1）根据客户需求建立客户信息库。

客户需求是投资银行业务的源泉，是推动投资银行业务创新的动力。投资银行通过细分现有客户的需求，可以扩大业务量，并开发出新的投资银行服务品种。例如，上市公司在股价被低估时，如需筹资可以发行可转换债券，如现金充裕且无合适投资项目可回购股份；上市公司在股价表现较好时，可以以换股的方式进行收购兼并，实现低成本扩张等。投资银行可以根据自身的条件，成为满足各类客户需求的全能型投资银行，或成为集中力量满足某类客户需求的专业投资银行。

在细分客户需求的基础上，对客户进行分类，建立客户信息库，有利于投资银行对客户资源进

行综合开发。根据客户在资本市场的活跃程度以及客户与投资银行的关系，将每类客户分级为基本级、一般级、核心级，分级服务能够防止因人员的高流动性带来的客户流失。

动态优化管理客户需求和客户信息库，有助于投资银行分析不同客户对投资银行的盈利贡献，进而指导客户开拓业务，优化客户结构，把满足客户对经纪业务的需求和对投资银行业务的需求有机结合起来，形成综合的竞争优势，提高投资银行的盈利能力。

（2）制订客户服务计划。

客户服务包括一般信息服务和项目服务。一般信息服务的内容包括为客户提供专业研究报告、资本市场信息以及一般咨询等，其目的是帮助客户用较少的时间了解资本市场的最新发展。项目服务的内容为根据客户现实的需求提供专业服务。对基本级、核心级客户的服务采用联系人制度，联系人的职能是与客户保持紧密的沟通，并为客户一年内的服务制订计划，包括针对其可能的需求，提交报告和建议，客户可以根据需要选择实施。客户需要专业项目服务时，由联系人、投行项目人员、证券分析师等组成项目小组，为客户提供项目服务。

（3）客户管理的网络化。

为保证客户信息通畅、有序流动，应当以"客户管理的网络化"为目标，即以现有的局域网为平台，以电子邮件为交流信息的载体，以实现客户信息库的在线查询为目标，推动客户管理的网络化。互联网技术对提高投资银行客户管理的效率、投资银行创新产品的开发和推广，甚至投资银行作为资本市场中介的职能都将产生深远的影响，"客户管理的网络化"只是将投资银行业务创新与网络技术结合的初步尝试，这种结合在未来的可能性仍是投资银行业务创新需要探索的重要领域。

（三）投资银行业务内容上的创新

1. 信贷资产证券化

信贷资产证券化开始于20世纪70年代末的美国住房抵押贷款证券化，在短短二十多年的时间里，其发展非常迅猛，已经成为当今全球金融发展的潮流之一。而投资银行正是信贷资产证券化的创新者和推动者，信贷资产证券化业务也成为投资银行的一项创新业务。

2. 项目融资业务

项目融资业务是投资银行的一项创新业务。与传统的融资方式相比较，项目融资是一个由特定经济实体安排的融资，具有自己的特点。项目融资主要是依赖项目的现金流量和资产，而不是依赖项目的投资者或发起人的资信来安排融资。它把项目的资产（包括各种合约上的权利）作为抵押，并把项目预期收益作为偿还债务的主要来源。

投资银行通常承担项目融资的组织安排工作。项目融资往往要涉及许多投资者、金融机构、政府和外商等。在这个繁杂的过程中，投资银行突出的优势是：在长期的经营活动中，与地方各类投资者以及有关部门建立起广泛深入的联系；作为一个中介，把各类机构联系起来，组织律师、会计师、工程师一起进行项目可行性研究，进而组织项目投资所需资金的融通。项目融资可以通过发行债券、股票、基金的形式，也可以通过拆借、拍卖、抵押贷款、兼并转让等形式。

担任此项工作的投资银行必须能够准确地了解项目投资者的目标和具体要求；熟悉项目所在国的政治经济结构、投资环境、法律和税务；对项目本身以及项目所属工业部门的技术发展趋势、成本结构、投资费用有清楚的认识和分析；掌握当前金融市场的变化动向和各种新的融资手段；与主要银行和金融机构有着良好的关系；具备丰富的谈判经验和技巧，等等。在项目融资的谈判过程中，投资银行周旋于各个利益主体之间，通过对融资方案的反复设计、分析、比较和谈判，最后形成一个既能在最大程度上保护项目投资者利益又能够被贷款机构接受的双赢的融资方案。

3. 公司财务顾问

公司财务顾问实际上就是投资银行作为客户的金融顾问或经营管理顾问而提供咨询、策划或操作。公司财务顾问分为以下三类：

第一类是根据公司、个人或政府的要求，对某个行业、某种市场或某种产品、证券，进行深入的分析与研究，提供较为全面、长期的决策参考资料，然后按照研究时间、研究成本等收取咨询费、手续费。

第二类是在宏观经济环境等因素下发生突变，导致某些企业遇到突发性困难时，投资银行为其出谋划策，提供应变措施，助其重新制定发展战略、重建财务制度、出售转让子公司等，化解这些公司企业在突变事件中的压力和困难。

第三类是在企业兼并、公司收购和企业重组的过程中，投资银行往往作为卖方代理、买方代理和财务顾问，发挥着咨询、策划或实际操作等重要作用。

4．基金管理

随着基金市场规模的不断壮大，基金的品种也更加丰富，既有指数基金、成长型基金、收入型基金，又有专门投资于某一特定行业的行业投资基金；既有将投资目标局限于国内资本市场的国内型基金，又有将基金资产在世界范围内分散投资的全球型基金。不同基金品种几乎遍布了投资领域的各个角落。

投资银行在基金管理方面的优势源于其在资本市场中的特殊地位以及丰富的理财经验和专业知识：一是有成功的证券投资基金的设立和管理经验，有利于保障投资基金的良好运作；二是具有较强的风险投资意识，有利于规避投资风险；三是拥有雄厚的研究力量。正是基于此，投资银行通常受客户的委托全权管理和处置投资者的资金。

5．风险投资

风险投资需要现代投资银行的积极参与，这可以从以下三个层面来理解。

（1）从风险投资的流程来看，一个完整的风险投资流程由五个环节构成：第一是筹集资本，建立风险投资公司或风险投资基金；第二是筛选、识别、挑选出投资项目；第三是洽谈、评估、签署投资协议；第四是参与经营、监管及辅导；第五是创业资本的退出。在这些环节中，都可以找到现代投资银行发挥作用的地方。

（2）现代投资银行的业务范围与风险投资的职能范围有着密切的相关性。从风险投资的职能看，风险投资担负着六个方面的使命：一是提供创业者所需的资金；二是作为创业者的顾问，提供管理咨询服务与专业人才中介；三是协助进行企业内部管理与策略规划；四是参与董事会，协助其解决重大经营决策，并提供法律与公关咨询；五是运用风险投资公司的关系网络，提供技术咨询与技术引进的渠道，介绍有潜力的供应商与购买者；六是协助企业进行重组、并购以及辅导上市等。风险投资的以上职能，基本涵盖在现代投资银行的业务范围之内。

（3）现代投资银行在风险投资业务中的作用主要有：担任上市保荐人；担任上市辅导人；负责股票上市后的价格维护工作；发起设立创业基金；提供财务顾问或咨询服务；提供增值服务；为创业资本的引进和退出提供金融工具和金融手段的创新服务。

第五节　投资银行的人力资源管理

一、投资银行家的重要性

投资银行是典型的智能型企业，其最大的资本是人的智能，产出的是智力产品。与其他行业不同的是，投资银行本身没有庞大的固定资产，他们最重要的资本是人力资本，最重要的资源是智能资源。投资银行业的服务对象是个别客户，投资银行家们的任务是设计出满足客户需要的独特金融产品。许多投资银行能够经营成功，得益于推出了以投资银行家为核心的"明星体制"。优秀的投资银行家作为投资银行界的"行业明星"，是投资银行的灵魂所在。

各投资银行若要在激烈的竞争中争得一席之地，从某种程度上来说，就在于其所占有的智能资源的数量和质量，以及智能资源利用和发挥的程度。所以，对于投资银行来说，最为重要的事情之一，就是做好各类业务的经营主体——人的管理。采取各种科学的方法，吸收各种优秀的人才，分析各类人才的特长，合理地在投资银行各个部门配置人才，激励投资银行家和辅助人员的工作积极性和创造性，从而实现投资银行的总体战略目标。

二、投资银行家的个性与道德

投资银行业的主角是人，优秀的人才是保证整个行业有效运转的条件。优秀的投资银行家不是天生的，他们需要被发现、被重用、被鼓励并被正确评价。而一个人的个性在很大程度上决定了其能否成为优秀的投资银行家。

（一）投资银行家个性多样化的重要性

在投资银行中，投资银行家个性的多样化比对上级和纪律的遵从更为重要。多样化组合理论不仅适用于证券投资，同样也适用于人的个性。通过多样化往往能以较低的风险获得较大的收益。

投资银行家的个性在各个方面均应表现出多样化，广泛的知识背景在投资银行家中应有所表现，即要避免在性别、种族、宗教、地理区域、学术背景、工作经历或外在兴趣等方面的单一性。同时，优秀的投资银行家往往在个性方面具有很多相同之处。这部分我们讲述投资银行家个性多样化的重要性，而相同之处将在后面讲述。

为什么需要个性的多样化呢？投资银行家之间的互相取长补短有利于企业甚至整个行业的发展，而互有长短正是多样化的体现。投资银行的创新要求投资银行家要有创新精神，要创新就要标新立异，这也是多样化的一种体现。从长远来看，对于投资银行这样一个变化很快的行业，多样化更有利于适应变化。

投资银行家个性的多样化也有利于投资银行产生新思维，发现新机遇，聚集新能量，这些是投资银行在竞争中的优势。

（二）根据个性特征对投资银行家的分类

根据个性特征对投资银行家进行划分，大致可以分为以下四类。

（1）创业者。创业者致力于发展新客户，维护老业务，创造各种提供服务、收取手续费的机会。创业者性格坚强而有魅力，思想开阔，有着强烈的创利与获益动机。各大投资银行高级管理层和中级管理层都存在一批创业者，他们是投资银行得以快速扩张的原动力。

（2）分析师。分析师以知识阶层为主，他们主要来自大学，也有相当一部分分析师来自各行业，深知本行业的专业技术和市场状况。他们建立模型，进行计算，解析等式，编制程序，制定证券发行分析表。分析师在行业中经常扮演配角，但他们的工作同样是不可或缺的。

（3）创新者。创新者设计新型的用户产品，创造新型的金融工具，更新兼并、收购、重组的策略。创新者并不能总是获得成功，失败的比例可能会远远超过成功的比例。但是，投资银行创新和风险投资一样，项目的高比例失败并不可怕，有时一个优秀的创新者和他创造的创新工具、发扬的创新思想就足以令投资银行获得巨额的直接收益；更重要的是创新提升了公司形象和声誉，带来了无形收益。

（4）管理者。管理者是投资银行的经理，他们是投资银行的枢纽，他们的责任是维护公司的组织，为公司属下的各个投资银行家创造最好的工作条件，使集体保持团结。这是一项艰巨的任务，因为要让充满雄心和抱负而又功成名就的投资银行家们在一起工作并不容易。自我意识和个人情绪常常使投资银行家们攀比交易规模和报酬收入，个别投资银行家违反规定冒险交易或违法交易，或为其他公司高薪所诱而离职，常常会造成交易失控、职能部门瘫痪，严重的情况下甚至会危及整个公司的生存。优秀的管理者必须同时负责监控、规范和限制等多项工作，为公司掌舵，指引前进方向，并在过程中保持应有的控制。

（三）投资银行家的道德操守

投资银行和投资银行家的道德操守是投资银行业重要的无形资产，它是提高公司声誉、扩大公司业务和增加投资银行家个人价值的条件。证券市场的发展越成熟，客户对投资银行家的行为标准越敏感，对正直行为也给予更高的评价。客户寻求有高标准和良好道德准则的投资银行作为其代理，道德已经成为投资银行业竞争的新武器。在成熟的证券市场，投资银行家的道德操守已经引起重视，一些有关投资银行从业人员道德规范的建设性框架开始成形。作为一名投资银行家，其应该具有以下六个方面的基本道德操守。

（1）守法。守法不仅要服从法律，而且要尊重法律。作为金融专业工作者的投资银行家必须正大光明，应当做客户和同事的楷模。虽然有时在融资与并购等高危部门中走正道十分困难，不正当行为总是伪装成通往成功的捷径来诱惑投资银行家，但是，作为一个注重声誉和长期发展的投资银行家必须时刻牢记，投资银行绝无支持客户从事违法或者不道德活动的义务。事实上，帮助客户从事违法活动或是发生不道德行为将使投资银行家以及他的合作伙伴乃至整个投资银行陷入犯罪和破产的深渊，令他们饱受法律的制裁和道德的惩罚。20世纪80年代末90年代初，美国两大知名高成长投资银行——德崇公司和基德·皮博迪公司的破产和清算出售，根本原因就是投资银行家从事违法活动。因此，投资银行家有绝对义务，不仅应坚定做到从严自律，而且要劝说客户"勿以恶小而为之"。

（2）能力。能力应当被看作投资银行家道德操守的重要方面。承诺过多、兑现甚少是投资银行家典型的最危险的道德问题。投资银行家一开始做出较高的承诺，可能是为了赢得交易机会；也可能是投资银行家高估了自己解决问题的能力。但是，无论投资银行家是故意还是无意做出过高乃至无法实现的承诺，都是辜负客户信任的表现。有职业道德的投资银行家必须做到，自己许诺的事一定要付诸实现。当然，由于市场千变万化，投资银行家不可能总是实现诺言，但是，他们在做出承诺时，应当是真正相信自己能够言出必行的。

（3）诚信。投资银行家应该如何对待客户？致力于长期发展的投资银行和投资银行家把客户利益最大化作为自己的唯一目标，立足诚信为客户提供最优服务。投资银行业是以信任为基础的行业，客户公司在为投资银行向他们提供的服务和高杠杆融资比例或融资工具而支付巨额报酬时，投资银行家完全有责任不辜负客户的信任。如果投资银行家提出建议，就应当尽力向客户说明他们对这一建议的信任程度；如果投资银行家没有把握，也要据实相告；如果投资银行家只是在进行推测，那就更有必要坦率地承认，以免误导客户。客户欣赏投资银行家这样的诚信，它维系了客户和投资银行家之间长期的信任关系。

（4）守密。保守秘密是投资银行业的一个重要特性，保守信息机密在所有商业活动中都极为重要，而在金融业和证券业中更是如此。泄露重要机密信息，如有意或无意透露进行中的并购交易，会给证券市场和并购双方带来巨大的不利影响。而在复杂的投资银行业中，因为完成一项交易，需要有关各方密切配合和信息分享，所以，保守机密并非一件简单的工作。在这一环境下，投资银行家要确定三个问题：第一，分享什么信息；第二，与谁分享；第三，什么时候分享。总之，最简单的规则是绝不谈论任何有关客户无须谈论的问题。在守密操作中，绝大多数投资银行都硬性规定了一个严格的名单，其中列出了一些与投资银行有业务关系的公司，这些公司及其相关的情况均属于保密范围，例如，正在进行并购交易的公司。这一限制要求任何经纪人员、销售人员、并购合伙人以及公司的任何其他雇员都不得为客户或他们自己买卖这一名单上公司的证券。只要公司仍然属于被限制约束名单之列，投资银行和投资银行家便不能通过买卖该公司的证券来获益。

（5）隔离。无论是美国证券监管机构，还是投资银行本身，均规定投资银行内部的有关部门要执行隔离政策。例如，美国证券交易监督委员会规定，同一投资银行的所有其他部门都应与企业并购部隔离开来，以限制机密信息在内部流通。投资银行也大多规定，严禁高危险区如企业融资部、企业并购部、证券买卖部的职员互通音信。例如，有些投资银行规定，如果因为工作关系，证券买卖部和企业并购部必须就某个项目进行磋商时，需要事先请示上级批准。投资银行内部严禁信息外泄，在电梯、餐馆、走廊等公共场合严禁谈论内部信息。

（6）公开。公开指的是合乎规范的信息披露。信息披露在概念上和保守秘密相反，但是目的都是出于维持证券市场的公平性。投资银行家在履行公开这一准则时，要做到两个方面：第一，保证对客户进行合适的信息披露。提供正确和完整的信息是所有证券发行者的责任，遗漏重要资料和进行错误的表述同样是不道德且是违法的。投资银行家在此的责任就是，尽最大努力，使发行者将有关发行的质和量两个方面的所有重要信息做恰当的公示。第二，主动将真实情况公之于众。例如，如果公开上市公司和管理者之间有集体交易，投资银行应当加以披露；如果投资银行正为一家公司发表研究报告，而自己又在交易或拥有这家上市公司的证券，投资银行应当加以说明；如果投资银行建议某方进行收购，而同时自己又拥有收购方或被收购方以及相关方的大量股份时，要将该情况公之于众；如果投资银行代表交易中所有的三方，应当向这三方都表明这一情况。

（四）优秀投资银行家的素质

投资银行家是高智商、高度敏感、高反应力与高洞察力的实践家，这些人必须深入了解与每一个业务相关的收购者及被收购者；必须具有战略性眼光和良好的职业道德，即站在客户的立场以社会资源的合理流动和取得利润为目标进行经营活动。投资银行家必须能协调上述关系，并能做到每笔交易令双方满意。综上，投资银行家必须是素质全面的人才。

优秀的投资银行家是投资银行的灵魂。他们所具有的品行、性情和风度等品质是促使其成功的重要条件。著名的投资银行家罗伯特·库恩博士曾经总结了造就优秀投资银行家的七个品质要素。

（1）强烈的成就驱动力。优秀的投资银行家就像成功的企业家一样，他们的动力更多来自内心的驱动，对事业有着天生的执着甚至是狂热。他们有无比强烈的紧迫意识，非常渴望挑战，但并不是在没有准备的情况下，盲目追逐过高的风险。投资银行家希望拥有权力，并运用权力开展业务，以实现个人物质与精神上的目标。

（2）高度的责任感和诚挚的奉献精神。优秀的投资银行家总是全身心地投入工作，无论当前所从事的交易规模如何、重要程度如何，他们一概将当前的交易看作是世界上最重要的事情。他们夜以继日地工作，与其他有关各方进行几乎不间断的讨论，讨论过程紧张激烈，责任感发自内心。虽然仅有这种个性并不能保证交易的成功，但如果缺少这份忘我投入的精神，则必然导致交易的失败。

（3）绝佳的把握重点的能力。优秀的投资银行家能准确地确定前进的目标，并时时审视，做出调整，保证自己不偏离重点。他们发现潜在的有吸引力的交易机会后，会一心一意地去完成那笔交易。

（4）持久的耐心和坚强的毅力。"永不放弃、永不言败"是优秀的投资银行家的写照。他们从不停歇自己的脚步，永远追求任何可能的收益，从不放弃任何选择机会。他们知道如何等待，但不知道放弃。他们精于把握时机，知道仓促行事和反应迟钝都是风险。他们可以听出他人的言外之意，洞悉参与各方的想法，据此辨明行动的最佳时机。优秀的投资银行家知道有时按兵不动、静观其变是最有利的做法，而这一点正是交易新手最难掌握的。

（5）敏锐的洞察力。优秀的投资银行家善于察言观色，他们能巧妙地分析情绪和感觉，并形成适当的计划和行动。他们能对那些看似无害的建议和随口而出的评论带来的消极影响作出判断。他们善于利用同伴和对手，极少制造个人间的冲突，也不会导致对手强烈的不满。他们乐于与人打交道，致力于创造双赢格局，并最终从中获得竞争优势。

（6）正直的品格和执着的精神。优秀的投资银行家是值得信赖的人，他们心口如一，言出必行。他们从实践中了解到真实比虚构更能给人深刻的印象，因为诚实的声誉是发展未来业务的最好资本。尽管大型公司更换所雇用的投资银行和投资银行家的情况并不少见，但也有一批公司成为某个投资银行和某位投资银行家的忠实顾客，顾客的忠实就是对投资银行家正直和执着的回报。

（7）源源不断的创新动力。优秀的投资银行家在旧事物、旧思路、旧工具出现问题时，就会去构思和尝试新事物、新思路、新工具。他们利用多种技术，在解决困难和问题时比他人更加得心应手。交易中的创新既有利于交易程序的进行，又有利于发掘更丰富的交易内容，并促进人们之间的交流，为解决交易中的问题提供良好的解决方案。

三、人力资源管理制度

投资银行的人力资源管理制度是指对人员的雇用、开发、保持、使用和激励等方面所进行的规划、组织、指挥和控制等活动的规定。

（一）投资银行职员的聘用

投资银行对职员的基本要求是：较高的道德素质、完善的知识架构、较强的实际运作技能、较好的身体素质。对职员的选聘按照严格的程序进行，即首先核定投资银行各部门人员的需求量，其次确定所需人员的质量，最后按照上面所定的数量和质量要求，以内部选拔、外部招聘、猎头挖人等各种方式广纳人才。

1．投资银行对职员的基本要求

（1）较高的道德素质。作为一名投资银行的职员，必须具备良好的职业道德和社会公德，富有社会责任感。对于投资银行的职员来说，人品是非常重要的。

（2）完善的知识架构。投资银行职员的知识架构是由基础知识、专业知识和相关知识构成的。基础知识主要在中学阶段形成，并在以后的学习工作中得到强化和提高；专业知识主要是指金融理论尤其是其中的投资银行理论；相关知识包括与投资银行业务有关的知识，包括法律、会计、公共关系学、管理学等。

（3）较强的实际运作技能。作为投资银行的职员，根据其从事的具体业务不同而对实际技能有不同的要求，但其基本技能是应当具备的，如较强的语言和文字表达能力、较好的记忆力和逻辑思维能力、较高的外语水平和计算机操作水平。

（4）较好的身体素质。投资银行的职员应该身体健康，能够适应投资银行的工作节奏和强度。

2．职员的聘用程序

投资银行对职员的聘用考核是一项细致且复杂的工作，应按照一定程序进行。一般来说，职员招聘有以下几个程序：核定投资银行人员的需求量、确定工作要求、初步接触、公开考试、面试、审查求职者的材料、进行体检等。

（二）投资银行职员的培训

投资银行职员培训是人力资源管理的重要组成部分。它是指通过理论与实践等方法促使职员的行为方式、知识、技能、品行、道德等方面有所改进和提高，保证职员能够按照预期的标准完成所承担或将要承担的业务。

对于投资银行这样的智能型企业，对职员进行教育培训以提高职员的品行道德、知识水平和专业技能，无疑是企业发展的一个关键。职员的培训应该坚持如下原则：一是战略性原则，应从企业的战略规划出发来考虑职员的培训；二是针对性原则，要针对企业的需要、职员的需要来制订培训计划；三是实效性原则，职员的培训是以提高组织效率和效益为目的的。

投资银行职员的培训一般由以下三个阶段组成。

（1）评估阶段，这是整个职员培训工作的基础，是对职员培训的需求进行分析与评估，以确立培训内容和目标。

（2）实施阶段，是在评估的基础上选择适当的培训原则和方法，以及具体实施培训的过程。

（3）评价阶段，这一阶段的主要内容包括确定衡量教育培训和工作成败的指标，明确培训后对业务经营起到了什么效果。

具体来说，培训工作主要有以下四种。

（1）新员工培训。新员工培训是有计划地向新员工介绍他们的同事、工作和银行的各种情况及规章制度，目的是帮助新员工了解他们所处的工作环境、银行所期望的价值观和行为模式。

（2）业务知识培训。现在国内各投资银行都越来越重视对员工的业务知识和技能的培训，采取各种方式来提高员工的业务水平和理论知识水平。各投资银行不仅在公司内部经常举办各类培训班和研讨班，还鼓励员工参加各种学历教育，提高理论水平。同时，还选送各类高级人才出国学习考察。

（3）管理人员的管理技能培训。投资银行的高层管理人员很多是从业务部门提拔的，因此他们虽然大多具有高超的业务技能，但实际管理经验相对缺乏。投资银行针对这点开展了各种培训，如专门的管理培训、工作轮换、上司辅导等。

（4）职业生涯规划。投资银行的高层员工不仅追求高薪待遇，也非常重视事业上的成功，因此投资银行应该密切关注员工的职业发展，制定人力资源培训规划，按照公司规划和员工自身的发展方向，给业绩突出者相应的培训机会。

（三）激励机制

有效的激励机制能够使企业的经营者与所有者的利益趋于一致，能够努力实现企业所有者权益，追求企业市场价值最大化。投资银行的激励机制一般有以下五种。

1. 薪酬激励

在众多激励方式中，薪酬激励始终是最重要的激励方式，在各投资银行中总是被最优先使用，其基本组成部分是工资和奖金。

（1）工资。

工资主要根据投资银行规模以及投资银行业的平均收入水平来确定。作为薪酬构成的基本部分，工资是以员工劳动的熟练程度、复杂程度、责任及劳动强度为基准，按照员工实际完成的岗位工作定额、付出的工作时间等因素而计付的劳动报酬。它是投资银行员工劳动收入的主体部分，也是确定奖金和福利待遇的基础，具有常规性、稳定性、基准性、综合性的特点。

投资银行工资水平的高低，主要受到3个因素的影响：市场整体因素，即根据同业为各种人才所支付的工资水平决定，以保持工资外部公平；投资银行自身因素，即投资银行自身的支付能力、投资银行的经济效益；员工个人因素，即根据员工的等级、岗位、职务等来决定个人的工资。

（2）奖金。

奖金是根据个人的独特贡献和突出业绩给予的额外奖励，是投资银行对员工超额劳动部分和工作绩效突出部分所支付的奖励性报酬，是为了鼓励员工提高劳动效率和工作质量付给员工的货币奖励。投资银行业一般事先设定具体的工作目标（指标），在考核期结束时或项目完成后，根据实际工作业绩的评估结果计算员工奖金。

奖金由个人奖金和团队奖金两部分组成。

第一，对高级职位员工个人的奖励。这部分奖金通常与重要业绩挂钩。例如，对于投资银行里的研发人员，根据项目管理法则，可以按研发项目中的若干关键阶段设置多个"里程碑"，对按计划完成者实行奖励，而不是按工作时间实行奖励。另外，将研发人员的奖金与金融产品的销售情况挂钩，增加加薪机会，使奖金支付更加灵活地体现员工个人的业绩。

第二，对优秀团队的奖励。尽管从激励效果来看，奖励团队比奖励个人的效果要弱，但为了促使团队成员之间相互合作，同时防止上下级之间由于工资差距过大导致出现低层人员心态不平衡的现象，有必要建立团队奖励计划。对一个项目完成较好、业绩突出的团队成员的激励程度可依据项目完成的质量、服务对象的反馈等因素确定。对优秀团队的考核标准和奖励标准，要事先定义清楚并保证团队成员都能理解。有些成功的投资银行，员工的团队奖金数额往往占收入的很大比重。

具体对团队的奖励形式可归纳为三类：第一类是以节约成本为基础的奖励，比如斯坎伦计划，将员工节约的成本乘以一定的百分比，奖励给员工所在团队；第二类是以分享利润为基础的奖励，它也可以看成一种分红的方式；第三类是在工资总额中拿出一部分设定为奖励基金，根据团队目标的完成情况、投资银行文化的倡导方向，设定考核和评选标准进行奖励。

2. 福利激励

福利主要是企业作为保障和满足员工的生活需要、安全需要，在工资、奖金之外为员工提供的货币和服务，可以分为强制性福利和自愿性福利。强制性福利是投资银行根据国家或当地政府的相关规定，必须向员工提供的各种福利。自愿性福利则是投资银行根据自身情况，为员工办理的福利。

常见的福利如人身意外保险、医疗保险、家庭财产保险、旅游、服装、误餐补助、免费工作餐、健康检查、俱乐部会费、提供住房或购房支持计划、提供公车或报销一定的交通费、特殊津贴、带薪假期、文体娱乐等。

完善的福利系统对吸引和留住员工非常重要，它也是投资银行人力资源系统激励机制是否健全的一个重要标志。对投资银行而言，福利是一笔庞大的开支（在外企中能占到工资总额的 30%以上）。福利项目设计得好，不仅能给员工带来方便，解除后顾之忧，增加其对投资银行的忠诚度，而且可以节省在个人所得税上的支出，同时提高了银行的社会声望。福利设计有许多创新，例如可以采用"菜单式"福利，即根据员工的特点和具体需求，列出一些福利项目，并规定一定的福利总值，让员工自由选择，各取所需。这种"自助餐式"方式区别于传统整齐划一的福利计划，具有很强的灵活性，很受员工的欢迎。还有些投资银行专门为员工的家属提供特别的福利，比如在节日之际邀请家属参加联欢活动、赠送投资银行特制的礼品、让员工和家属一起旅游、给员工孩子提供礼物等。

3. 股权激励

股票期权是一种非常诱人的激励方式。很多员工特别是高层员工认为工资的高低倒不是主要的吸引力，最重要的是有没有实行"员工持股"制度。发达国家的投资银行激励机制本质上是公司期权激励机制。20 世纪 80 年代以来，为了发展本国的资本市场，以美国为代表的西方发达国家逐步将以金融工具的组合为核心的期权激励机制运用到投资银行中，具体包括以下两种主要形式。

（1）员工持股计划。

员工可以通过股票认购计划持有公司的普通股。加入持股计划的公司员工，自与所服务的公司和信托公司订约之日起，每月向信托公司交付储存一定数额的储存金，由于认股数量有限，这种购股储存金不需要自己亲自按期交付，而是设立独立的外部信托基金会，从会员的工资中扣除，再加上本公司发给员工的专门作持股奖励的补助金，一并转给信托公司，由信托公司从二级市场购买本公司的股票，或累积到一定的金额，认购本公司新发行的新股票。信托基金会负责保管员工的股份，防止员工随意出售股份。

员工参与持股计划，可以使员工有公司主人的归属感和责任感，可以在股东大会上表达自己的意见，从而实现了民主的公司结构。同时它也是具有激励和福利双重机制的养老金，将员工退休时的财富与公司的股票业绩联系起来，为公司员工提供长期激励机制。

（2）认股证（股权证）。

认股证是一种买方远期看涨选择权证券，它给予持有人一定权利，可以于将来某一时期按约定的认购价格认购某种已发行在外的股份。这个约定的价格是固定的，通常以一定时期内上市公司的股票价格为基础，再增加一定的溢价，它的价格不会随着股票价格的波动而改变。认股证有一定的行使期，在行使期满后，持有人不能再认购股票，而认股证也变得毫无价值。所以，认股证是给予它的持有人一个购买股票的非强制性的权利。

作为员工激励机制的一种重要工具，认股证属于股本认股证，但其发行的对象仅限于本公司的员工。为鼓励员工长期持有，一般规定认购期从发行后两三年甚至更长时间才开始，认购期限比一般的认股证期限也要长得多。员工一旦离职就丧失了认股的权利。认股证是一种看涨期权，因此，只有在本公司股票的市场价格超过认股证约定的购买价格后，持有认股证的公司员工才能将认股证转换成股票获得收益，如果在整个认购期限内股票的价格都没有超过约定的购买价格，认股证就成为没有任何价值的废纸。而股票的市场价格是由公司的业绩所决定的，这样公司员工为使本公司股票的价格持续上涨，就需要关心公司未来长远的发展，需要长期为公司服务，为股东创造更多收益。可见，认股证有利于引导员工行为的长期性，是一种中长期的预期激励工具。

4．债券激励

（1）高息公司债券。

向本投资银行的员工以较高的利率发行本公司的债券，发行的对象仅限于本投资银行的员工，利率较市场利率更高，期限一般较长。债券到期时，如果员工仍在本投资银行服务，则可以获得高额本金和利息，若在债券到期前离开银行，则银行将按市场利率支付本息，赎回债券。

（2）可转换公司债券。

可转换公司债券是投资银行发行的债券凭证，其持有人可以在规定的期限内，按照事先确定的条件，将债券转换为投资银行的股票。如果债券持有人没行使转换的权利，发行投资银行就必须按期支付债券利息，并在债券到期时清偿本金。可转换债券是一种具有债券和股票双重性质的金融工具，也是一种很好的预期激励工具。公司可以用比较优惠的条件，如采取比同期一般可转换债券高的利率和较低的转换溢价向本公司员工发行可转换债券，但债券的期限可以相对较长，并约定从发行日起一定时期后才能转换。当投资银行股票的市场价格在预定的转换期间内超过转换价格后，员工可以将其出售。

向公司员工发行的高息公司债券和可转换债券在公司破产的情况下，都是优先于其他公司的债务偿付的。

5．工作激励

工作激励可以建立和强化投资银行的工作要求和员工自身需求之间的关系，使二者互相转化，从而促成员工积极的工作态度。目前，各投资银行采用的工作激励方式主要有以下两种。

（1）奖励式激励。

奖励式激励是目前各投资银行运用较为广泛的一种工作激励方式。投资银行基本均有自己的奖惩制度，但由于各银行的企业文化和经营理念等方面的差异，在奖惩制度方面也相应存在一定差异，但奖惩原则都基本相似：奖励符合银行利益和文化的工作行为和事实；处罚违背银行利益和理念的工作行为和事实。采用的手段也具有一定的相似性：既有物质的奖励和处罚，也有精神的奖励和处罚。

（2）目标式激励。

目标式激励是以帮助员工树立行为目标的方式进行的激励，目标式激励主要通过帮助员工确立目标以及为实现目标而满足员工需求的方式来实现对员工的激励，目标式激励最具有代表性的方式就是目标管理的推行。目前，部分投资银行已经开始在业务部门的员工中推行目标管理模式，主要通过一些财务指标来管理、激励员工。但多数投资银行对多数员工没有实行目标式激励管理，主要原因是一方面在于目标管理中非财务目标确定的困难性，另一方面在于其管理水平不能支持目标管理的实现。

🎓 案例小链接

16 家券商薪酬大对比，原来年薪 50 万的工作是这样的

提到金融行业，首先想到的就是投资银行，不过，在国内，似乎只有投资银行部，而没有投资银行，反而券商倒是随处可见。其实，券商正在扮演投资银行的角色。

东方财富 Chioce 的数据显示，2016 年金融行业各细分领域中，证券业薪水最高，人均74.99 万元。人气最旺的五大行人均薪酬只有 15 万元，远远落后于证券行业，保险公司的人均薪酬也在 15 万元以上，达到了 17.32 万元。

16 家证券公司薪资排名：

东方证券 人均年薪 102.45 万元；

广发证券 人均年薪 97.56 万元；

招商证券 人均年薪 90.45 万元；

兴业证券 人均年薪 89.33 万元；

海通证券 人均年薪 86.45 万元；

国金证券 人均年薪 86.00 万元；

中信证券 人均年薪 85.81 万元；

锦龙股份 人均年薪 80.68 万元；

华泰证券 人均年薪 79.10 万元；

西南证券 人均年薪 77.89 万元；

国海证券 人均年薪 66.86 万元；

东兴证券 人均年薪 62.46 万元；

光大证券 人均年薪 57.77 万元；

太平洋 人均年薪 52.78 万元；

国元证券 人均年薪 41.80 万元；

人均薪酬 74.99 万元。

在最挣钱的券商行业，薪水最高的当属东方证券，人均年薪 102.45 万元。东方证券去年的营业收入排名只排在全国第 13 位，但是真舍得给薪水，券商人均年薪超过 100 万元的只此一家。

排名第 2 的是广发证券，人均年薪 97.56 万元。

薪酬排名第 3 位是招商证券，人均年薪 90.45 万元，剩下的 13 家券商的人均年薪都在 90 万元以下，排名第 16 位的是国元证券，人均年薪 41.80 万元，这也不算低了。

……

本章小结

1. 投资银行按照发展模式可以分为三种类型：大型金融控股公司、全能型投资银行和专业型投资银行。

2. 按照规模与专业分工的不同，美国投资银行可以分为超大型投资银行、大型投资银行、次大型投资银行、地区性投资银行、专业性投资银行和商人银行。

3. 我国 2005 年修订后的《证券法》取消了综合类证券公司和经纪类证券公司的划分。证券公司可以根据自己的条件，申请从事不同的证券业务。《证券法》按照不同的证券业务类型，规定了不同的最低注册资本金额。

4. 投资银行的市场准入监管制度可以分为两种：一种是以美国为代表的注册制；另一种是以日本为代表的特许制。

5. 在我国实施分业经营、分业监管的现实条件下，可以参考金融控股公司模式，设立以各自业务优势为基础的"券商主导的投资银行"和"商业银行主导的投资银行"。

6. 从投资银行的发展历程看，其经历了合伙人制、混合公司制和现代股份公司制的组织形态的变迁。

7. 现代组织结构一般类型包括：高度集权式、直线式、职能式、直线职能式（U 型结构）、矩阵式、事业部制（M 型结构）、多维立体结构。

8. 西方投资银行创新组织架构类型包括三种："客户驱动式"组织架构、"业务驱动式"管理架构、"客户与业务交叉式"管理架构。

9. 西方投资银行尤其是大型投资银行的组织架构及运作机制的主要特点是：奉行"大部

门架构"，实施扁平化管理；集中统一管理下的分权制；强化风险管理；强调团队合作。

10. 投资银行根据业务活动的性质常设立以下一些部门：企业融资部、公共融资部、兼并收购部、项目融资部、证券交易部、房地产部、风险资本部、国际业务部、发展研究部、私募资金部、计划财务部。

11. 投资银行分支机构的组织形式是各种各样的，主要有以下几种：代理行、办事处、附属行、分行、埃奇法公司和协定公司。

12. 投资银行的业务组织结构包括以下几种类型：总部集中模式、地域分工模式、行业分工模式、业务分工模式、职能分工模式、复合模式。

13. 投资银行风险从总体上讲分为两个部分：系统风险和非系统风险。系统风险主要是因战略改变、政策变动、法律的修订以及经济周期的变化等因素引起的，或者说是由宏观环境的变动而引起的，属于不可分散风险；非系统风险主要是由投资银行本身或者第三方的影响引起的，包括信用风险、流动性风险、资本风险、结算风险等，这些风险是可以通过风险管理予以控制的。

14. 投资银行的风险管理就是指对投资银行业务内部和外部固有的一些不确定因素将带来损失的可能性进行分析、规避、控制、消除，目标是在确保投资银行安全的前提下，以尽可能小的机会成本保证投资银行处于足够安全的状态，也就是在投资银行收益稳定的前提下，追求风险最小化，通过降低风险、控制损失的方式来逆向增加投资银行主体的利润。

15. 投资银行风险管理的原则：全面性原则、独立性原则、防火墙原则、适时有效原则、定性与定量相结合原则。

16. 投资银行风险评估的方法中以 VaR 法、压力测试法、RAROC 法的应用最为广泛。此外，投资银行在具体评估项目风险的时候，也经常运用其他方法进行辅助。

17. VaR 是在一定的概率约束下和给定持有期间内，某金融产品投资组合的潜在最大损失值。VaR 值的计算取决于三方面的情况，一是置信区间的取值，二是持有期间的取值，三是未来资产组合收益分布特征的确定。

18. RAROC 的含义是：将风险带来的未来可预计的损失量化为当期成本，对当期收益进行调整，衡量经风险调整后的收益大小，并且考虑为可能的最大风险做出资本准备，进而衡量资本的使用效益，使投资银行的收益与所承担的风险建立联系，与投资银行最终的经营目标统一，为投资银行各个层面的业务决策、发展战略、绩效考核、目标设定等提供统一的标准。

19. 国际证监会组织（IOSCO）认为压力测试法是将资产组合所面临的可能发生的极端风险加以认定并量化分析；国际清算银行巴塞尔银行全球金融系统委员会则将压力测试法定义为金融机构衡量潜在但可能发生异常损失的模型。

20. 除了常见的三类方法外，投资银行在对具体项目进行风险分析时，还经常使用另外三种方法：德尔菲法、头脑风暴法和核对表法。

21. 投资银行在实施业务风险管理时主要以业务流程为主导，按风险识别、风险评估、实施风险管理措施、监控风险管理措施的实施、完善风险管理制度进行。

22. 风险管理的内部控制措施包括：建立防火墙制度和内控机制；建立市场化的人力资源管理机制；建立对投资银行从业人员的监督机制。风险管理的外部配套措施包括：建立完善的投资银行保险制度；建立投资银行信息披露制度；建立投资银行退出机制；建立投资银行资信评级制度。

23. 投资银行的创新包括制度创新、业务创新和产品创新。投资银行的制度创新表现在：投资银行全能化；走向规模化集中经营；组织创新。投资银行业务创新表现在：投资银行经营方式上的创新；投资银行业务内容上的创新。

24. 优秀的投资银行家作为投资银行界的"行业明星"，是投资银行的灵魂所在。投资银行家的个性在各个方面均应表现出多样化，广泛的知识背景在投资银行家中应有所表现，即要避免在性别、种族、宗教、地理区域、学术背景、工作经历或外在兴趣等方面的单一性。投资银行家个性的多样化也有利于投资银行产生新思维，发现新机遇，聚集新能量，这些是投资银行在竞争中的优势。投资银行家应该具有以下各方面的基本道德操守：守法、能力、诚信、守密、隔离、公开。

25. 著名的投资银行家罗伯特•库恩博士曾经总结了造就优秀投资银行家的七个品质要素：第一，强烈的成就驱动力；第二，高度的责任感和诚挚的奉献精神；第三，绝佳的把握重点的能力；第四，持久的耐心和坚强的毅力；第五，敏锐的洞察力；第六，正直的品格和执着的精神；第七，源源不断的创新动力。

26. 投资银行的人力资源管理制度是指对人员的雇用、开发、保持、使用和激励等方面所进行的规划、组织、指挥和控制等活动的规定。

课后练习题

一、名词解释

金融控股公司　全能型投资银行　专业性投资银行　超大型投资银行　大型投资银行次大型投资银行　地区性投资银行　专业性投资银行　商人银行　注册制　特许制　合伙人制混合公司制　现代股份公司制　职能式组织结构　直线职能式组织结构　矩阵式组织结构事业部制　多维立体结构　代理行　办事处　附属行　分行　投资银行批发业务　投资银行风险管理　风险　识别风险评估　投资银行保险制度　投资银行人力资源管理制度

二、填空题

1. 根据证监会 2010 年 5 月开始实施的《证券公司分类监管规定（2010 年修订）》第十七条的规定，证监会根据证券公司评价计分的高低，将证券公司分为（　　　）、（　　　）、（　　　）、（　　　）和（　　　）等（　　　）大类（　　　）个级别。

2. 根据《证券法》第一百二十四条规定，设立证券公司，主要股东应具有持续盈利能力，信誉良好，最近（　　　）年无重大违法违规记录，净资产不低于人民币（　　　）亿元。

3. 国务院证券监督管理机构应当自受理证券公司设立申请之日起（　　　）个月内，依照法定条件和法定程序并根据（　　　）原则进行审查，做出批准或者不予批准的决定，并通知申请人。

4. 证券公司应当自领取营业执照之日起（　　　）日内，向国务院证券监督管理机构申请（　　　）许可证。

5. 2005 年《证券法》第一百二十七条规定：证券公司经营第一百二十五条规定的第（四）项至第（七）项业务中两项以上的，注册资本最低限额为人民币（　　　）亿元。

6. 从投资银行比较发达的美、欧、日等国家和地区来看，（　　　）是具有典型意义的投资银行组织结构形式。

7. 在组织结构中，（　　　）式是一种最简单、最基本的组织形式。

8. 直线职能式组织结构把管理机构的人员划分为两类：一类是（　　　）人员，对下级实行指挥和发布命令，对企业的工作负全部的责任；另一类是（　　　）人员，他们是各级管理者的参谋和助手，在各项专业管理方面为管理者提供情况、意见和办法。

9. 企业外部环境变化较快，内部生产的品种较多，工艺差别不大，其组织结构可采取（　　　）组织形式。

10. （　　　）组织架构的基本特点是以客户为核心，即在部门的设置上，突出为客户服务的特征，按照客户的不同性质划分相应的业务部门。

11. （　　　）组织架构基本特点是以业务为核心，即在部门的设置上，突出业务品种的重要性，按照业务种类的不同设置相应的职能部门。

12. （　　　）组织架构基本特点是将业务和客户结合起来，按照客户的需要或公司业务运作的需要设置不同的部门，以达到预期的目标。

13. 分行受到两套法律法规的限制：作为投资银行总部的一部分受（　　　）的法律法规管制；在所在地区经营，又受到（　　　）的法律法规管制。

14. （　　　）是投资银行在其他地区设立的最低层次的分支机构。

15. 投资银行批发业务通常需要由（　　　）和（　　　）来提供。服务性银行业务包括提供信息、咨询等。这种业务通常需要由（　　　）和（　　　）提供。

16. VaR 的思想是以（　　　）为基础，用数理统计的语言和方法对投资银行的各种风险进行量化和测度。

17. VaR 法主要评估市场正常运行情况下投资银行面临的各种风险，但对于市场处于极端情况下投资银行所面临的风险，VaR 法无法有效评估；而（　　　）法则是主要评估市场处于极端情况下投资银行面临的风险。

18. 在投资银行的风险管理流程中，根据风险评估的结果，投资银行应针对不同的风险实施（　　　）化的风险管理措施。

19. 建立投资银行各业务之间的防火墙，一般要实行（　　　）、（　　　）和（　　　）。

20. 投资银行的组织创新主要表现在（　　　）的创新和（　　　）的创新。

21. 发达国家的投资银行激励机制本质上是（　　　）。

三、简答题

1. 投资银行的分类。
2. 我国《证券法》规定的我国证券公司业务的内容。
3. 关于证券公司设立依据、条件、程序、期限的规定。
4. 券商主导的投资银行模式的内容。
5. 商业银行主导的投资银行模式的内容。
6. 股份公司制投资银行的优点。
7. 20 世纪 80 年代以来，投资银行由有限合伙人制转换为股份公司制的主要原因。
8. 现代组织结构的一般类型。
9. 西方投资银行组织架构的创新及特点。
10. 投资银行分支机构的设立形式。
11. 设立分支机构的影响因素。
12. 投资银行的业务组织结构类型。
13. 投资银行的风险管理概念与原则。
14. 投资银行风险评估的方法。
15. 投资银行风险管理的流程。
16. 投资银行的差异化风险管理措施。
17. 风险管理的内部控制措施。
18. 风险管理的外部配套措施。
19. 投资银行业务创新的内容。
20. 根据个性特征对投资银行家的分类。
21. 投资银行家的基本道德操守。
22. 优秀投资银行家的七个品质要素。
23. 投资银行的激励机制。

第十章　投资银行外部监管

本章教学要求

　　本章介绍投资银行外部监管，主要内容包括资本市场监管的目标、原则、体制、模式以及中国证券市场的监管；投资银行的市场准入和经营活动监管、业务活动监管、自律监管。

　　通过本章的学习，理解资本市场监管的目标；理解 IOSCO 对证券监管原则的阐述；掌握资本市场监管的体制和模式；了解中国证券市场监管的情况；了解投资银行市场准入监管和经营活动监管；了解投资银行业务监管的范围；掌握各个具体业务监管的内容；了解政府监管和自律监管的区别和联系；了解自律监管的优缺点以及英美等国自律监管的情况。

案例导入

中国证监会行政处罚决定书

　　当事人：新时代证券股份有限公司（以下简称新时代证券），怀集登云汽配股份有限公司（以下简称登云股份）首次公开发行股票并在中小板上市（IPO）保荐机构，住所：北京市海淀区。

　　×××，男，1976 年 2 月出生，登云股份 IPO 项目保荐代表人，住址：广东省深圳市。

　　×××，男，1976 年 9 月出生，登云股份 IPO 项目保荐代表人，住址：广东省深圳市。

　　……

　　依据《中华人民共和国证券法》（以下简称《证券法》）的有关规定，我会对新时代证券违法违规行为进行了立案调查、审理，依法向当事人告知了作出行政处罚的事实、理由、依据及当事人依法享有的权利。当事人未提出陈述、申辩意见，也未要求听证。本案现已调查、审理终结。

　　经查明，当事人存在以下违法事实。

　　一、登云股份 IPO 申请文件存在虚假记载、重大遗漏

　　经查明，2010 年至 2013 年 6 月，登云股份存在部分"三包"索赔费用不入账、票据贴现费用不入账、提前确认收入等情形。

　　……

　　登云股份还存在未有效执行其资金内控制度、违规对外借款等情形。

　　二、新时代证券未勤勉尽责，未发现登云股份申请文件存在虚假记载、重大遗漏

　　（一）未持续核查分析登云股份三包索赔费用的完整性和合理性，也未对登云股份与重要客户的对账情况予以关注，从而未能发现登云股份存在"三包"索赔费用未入账的情形。

　　……

　　（二）未对登云股份主要供应商申源特钢有限公司（以下简称申源特钢）持续履行尽职调查义务，未对登云股份与申源特钢资金往来的性质持续保持应有的职业审慎，从而未能发现登云股份少确认贴现费用的情形。

......

（三）未对登云股份 2013 年 6 月末的销售收入进行充分核查，从而未能发现登云股份提前确认销售收入的情形。

......

三、新时代证券未勤勉尽责，未发现相关公司与登云股份的关联关系及关联交易

（一）未对山东旺特进行全面充分核查，也未对登云股份与山东旺特的异常联系保持应有的职业审慎，从而未能发现山东旺特、山东富达美、广州富匡全等公司与登云股份的关联关系及关联交易，未能发现肇庆达美与登云股份的关联关系。

......

（二）未对 APC 公司进行全面充分核查，所获取的尽职调查材料不足以支持核查意见，从而未能发现 APC 公司与登云股份的关联关系及关联交易。

......

四、新时代证券未勤勉尽责，未发现登云股份存在不规范的运行情形

登云股份部分对外违规借款采取转账后不入账、不规范入账（例如收回借款时，登云股份会计记账借贷科目均为"银行存款"）及经供应商转账（未发生实际采购）等方式，单笔转账金额在 300 万元至 960 万元之间。新时代证券未保持应有的职业谨慎，未对大额资金往来中的异常情形予以关注，未严格按照程序对大额资金往来进行核查，从而未能发现登云股份存在未有效执行资金内控制度等情形。

新时代证券的上述行为违反了《保荐人尽职调查工作准则》第四十一条的规定。

五、新时代证券出具的文件存在虚假记载

新时代证券出具的《新时代证券关于怀集登云汽配股份有限公司首次公开发行股票申请在深圳证券交易所中小板上市之发行保荐书》（以下简称《发行保荐书》）中，"三、3. 登云股份最近 3 年财务会计文件无虚假记载""四、（三）4. 登云股份的内部控制制度健全且被有效执行，能够合理保证财务报告的可靠性、生产经营的合法性、运营的效率与效果""四、（四）3. 登云股份会计基础工作规范""四、（四）5. 登云股份已完整披露关联方关系并按重要性原则恰当披露关联交易""四、（四）9. 登云股份申报文件中不存在下列情形：（1）故意遗漏或虚构交易、事项或其他重要信息"部分，与事实不符，存在虚假记载。《发行保荐书》签字的保荐代表人有×××、×××、×××。

......

根据当事人违法行为的事实、性质、情节与社会危害程度，依据《证券法》第一百九十二条的规定，我会决定采取以下处罚。

一、责令新时代证券改正，给予警告，没收业务收入 1 676.96 万元，并处以 1 676.96 万元罚款。

二、对×××、×××给予警告，并分别处以 30 万元罚款。

三、对×××给予警告，并处以 15 万元罚款。

上述当事人应自收到本处罚决定书之日起 15 日内，将罚没款汇交中国证券监督管理委员会（开户银行：中信银行总行营业部，账号：7111010189800000162，由该行直接上缴国库），并将注有当事人名称的付款凭证复印件送中国证券监督管理委员会稽查局备案。当事人如果对本处罚决定不服，可在收到本处罚决定书之日起 60 日内向中国证券监督管理委员会申请行政复议，也可在收到本处罚决定书之日起 6 个月内直接向有管辖权的人民法院提起行政诉讼。行政复议和诉讼期间，上述决定不停止执行。

第一节 资本市场监管

一、监管目标

（一）资本市场监管的终极目标

从一般经济学的意义上来说，人们进行经济活动所追求的目标无非是两个，即效率与公平。资本市场就是人们在经济活动中追求效率和公平的产物，因此，效率和公平就成为资本市场运作的两大终极目标。但是市场并不是十全十美的，而监管的存在就是为了弥补市场的不足，从而更好地促进效率和公平的实现。因此，效率和公平也就成为市场监管的目标，资本市场的监管也不例外。

1．资本市场监管的效率目标

新古典经济学认为，完全竞争市场（即每个公司都拥有完全的信息并且是价格的接受者，市场的进入和退出是无成本的）可以实现资源的最有效分配。如果资本市场满足完全竞争的要求，那么就很少有理由（除了公平问题外）对资本市场进行监管了。事实上，即使是公平问题，通过税收等手段解决也往往比监管来得好。

但是资本市场并不是完全竞争的，至少有三个理由可以说明对资本市场进行监管是必要的。

第一，如果没有监管，市场就没法保证每一个市场主体（参与者）都拥有完全的、真实的信息，从而无法实现市场的有效性。因为有些信息并不会被自动披露，而那些被披露的信息也不都是真实的，所以，有必要对信息披露进行监管。

第二，有些市场主体要比其他市场主体更有力量通过自己的行动来影响价格。第二个理由跟第一个理由并不是完全无关的，因为很多市场主体之所以比其他市场主体更有力量影响价格，很大的一个原因就是他们拥有的信息相对更多。拥有的信息多对于信息披露的监管消除这种影响价格力量的不平等是有帮助的。

第三，进入和退出市场并不是无成本的。事实上，资本市场具有系统崩溃的内在倾向，一家企业的倒闭会影响其他企业进而导致一系列的连锁效应。这样，一家企业的失败将增加其他市场主体的成本。为了尽量避免这种情况的发生，就有必要进行监管，对企业资本规模、风险管理机制等做出强制性的规定。

在某种程度上，企业对于"信誉"的关注能减少上述问题的出现，但是这种减少程度受到了投资者对"包装"识别能力的限制。也正是由于这个原因，企业必须通过其他手段来解决这个问题：第一，可以通过信用评级机构来评定证券质量如何；第二，投资者可以花精力来研究一个证券，以确定其质量，这一点在投资基金等机构投资者出现后变得更为现实；第三，政府介入，规定特定信息的披露，以帮助投资者——无论大投资者还是小投资者——来确定证券的质量和价值。

从表面上看，似乎政府监管这第三种方法并不是必需的。如果小投资者在判断证券质量方面有劣势，为什么不可以请证券投资基金等中介机构来帮助呢？这里的问题是小投资者无法确定这些中介机构自身的质量。如果没有监管，就会出现劣机构驱逐良机构的情况，以至于原来的问题仍然没有解决。因此，监管对于提高市场的效率乃至维护市场存在的必要性来说都是必需的。

2．资本市场监管的公平目标

上面主要是从监管弥补市场效率方面不足的角度进行了分析，正是因为资本市场并不能满足完全竞争的要求，所以有必要进行监管从而弥补市场的不足。但监管的存在更大程度上是为了保证市场的公平，它要比促进市场的效率更为重要。如果资本市场不能做到公平，就很少有人愿意进入这个市场，就会导致整个市场的规模狭小和流动性的缺乏，那么也就无法实现市场的效率。

公平可以分为起点公平、规则公平和终点公平三个方面。

起点公平，一般是要求人们在经济过程开始之时，所拥有的禀赋（包括信息、能力等）是相同的，没有优劣的差别。西方经济学秉承并发扬了卢梭等人"人生而自由、平等"的哲学观，强调了起点公平的重要性。根据福利经济学第二定理，只要禀赋的分配是公平的，那么通过市场的运行就能够达到帕累托最优边界上的公平分配那一点。同样，马克思主义经济学的起点公平原则在社会主义思想中占据重要地位。马克思主义经济学强调假如起点不公平，那么无论规则如何公平，其结果都是不可能公平的。

规则公平要求经济活动的规则对于任何人、任何集团都应该一致而不应该区别对待，但是西方经济学和马克思主义经济学对于规则的认定是不同的。西方经济学中的古典经济学和新古典经济学强调的是市场规则，即只要起点公平，那么通过市场对资源进行配置就足以达到终点公平。凯恩斯主义和新凯恩斯主义认为有必要对市场进行必要的监管，以弥补市场的缺陷。马克思主义经济学则认为按劳分配和按需分配体现了规则的公平。

对于终点公平（结果公平），西方经济学和马克思主义经济学也都有自己的主张。西方经济学中的效用主义认为，为了促进社会公平程度，必须提高社会福利水平，即社会成员的效用之和，因而如果社会中某一部分人的所得能补偿另外人的所失还有余，则这种改进就是好的，是有利于终点公平的。马克思主义经济学在相当程度上追求终点公平，而如前文所述，这必须通过起点公平以及规则公平共同作用才能达到。

通过上面的分析，我们可以发现西方经济学和马克思主义经济学的观点都表明了公平的三个方面既是统一的，又是矛盾的。其统一性表现在，只要能够保证起点公平与规则公平，那么结果公平就是可以达到的；其矛盾性则表现在，在现实社会中，由于禀赋是不可能达到均等的，所以即使将生产资料收归共有，但基于智力、体力以及努力程度的差异，劳动禀赋也总不能完全均一化，那么针对不同的劳动投入实施不同的规则，以保证在贡献不同的人之间实施均等的分配就是一种必然的选择，这样，结果公平就与规则公平相矛盾了。

资本市场的公平主要就是规则公平，它所强调的是对于资本市场中的每一个参与主体都应该实施相同的、不偏不倚的规则，并保证他们在这一规则制约下充分的经济权利。了解这一点，对于我们明确资本市场的监管目标是极其重要的。虽然我们有时候也要兼顾终点公平，但这主要还是通过税收等手段来进行。证券监管最重要的目标是对规则公平的追求，这在我国尤其重要，否则，对分配结果过多地干预不仅损害了规则的公平，也损害了经济效率，建立资本市场的努力就可能付诸东流。

（二）国际证监会组织的证券监管目标

国际证监会组织（IOSCO）认为，证券监管的三个核心目标是：保护投资者，确保市场的公平、高效和透明，降低系统风险。

这三个目标是紧密相关的，在某些方面会有重叠。许多有助于确保市场公平、高效和透明的要求也能起到保护投资者、降低系统风险的作用。同样，许多降低系统风险的措施也有利于保护投资者。更进一步，很多做法，如全面的监管和对程序的遵守、有效的实施等，对于实现上述三个目标都是必需的。

国际证监会组织还对上述三个目标进行了如下阐述。

1．保护投资者

投资者应当受到保护以免被误导、操纵或被欺诈，包括内幕交易、插队交易和滥用客户资产等。

对投资者决策具有重要意义的信息进行充分披露是保护投资者最重要的方法。投资者因而能更好地评价潜在的风险和投资收益，从而能够保护好自己的利益。作为信息披露要求的重要组成部分，国际证监会应当建立会计和审计准则，并且应当采取国际公认的高标准进行建立。

只有正式注册或得到授权的人士才可以为公众提供投资服务，比如市场中介机构或交易所的经营者。对这些得到批准和授权的人的初始资本和营运资本应力求创造这样一种环境，即在此环境中证券公司能够满足行业需求，而且在必须关闭业务时不会使其客户受损。

对中介机构的监管应该通过制定市场参与者的最低标准来达到保护投资者的目的。证券行业行为准则中应写明中介机构的服务标准，中介商应该遵照该标准为所有投资者提供公平和公正的服务。对此应当有一个检查、监督和贯彻的综合体系。

资本市场的投资者特别容易被中介机构或其他人的违法行为侵害，且个人投资者采取行动的能力是有限的。而且，应对证券交易与欺诈阴谋的复杂性要求监管机构具备严格有力的执法能力。当有违法事件发生时，必须严格执行有关证券法律以保护投资者的利益。

投资者受到不良行为侵害时应当寻求一个中立机构（如法院或其他仲裁机构）维权或采用其他补救措施和补偿措施。

有效的监管和执法还有赖于国内、国际各方面监管机构之间的密切合作。

2．确保市场的公平、高效和透明

监管机构对于交易所、交易系统的经营者及交易制度的审批有助于确保市场的公平。确保市场公平与保护投资者，特别是禁止与不当交易紧密相关。市场结构不应导致一些市场使用者优于另外一些使用者的不公平现象。对市场的监管应力求发现、阻止并处罚市场操纵或其他的不公平交易行为。监管活动应当确保投资者公平地利用市场设施、市场和价格信息。同时，也应当促进公平的指令处理形成和可靠的价格形成。

在一个高效的市场中，有关信息的发布是及时和广泛的，并且反映在价格的形成过程中。监管活动应当提高市场效率。

透明度可以被定义为交易信息能够及时被公众获知的程度。交易信息包括交易前的信息和交易后的信息。交易前的信息是指公司买卖报价的公布，由此投资者可以较为确切地知道他们能否成交或在什么价位上可以成交；交易后的信息是关于每笔已实现交易的成交价格和数量的。监管活动应当确保市场具有最高的透明度。

3．降低系统风险

虽然监管本身不能阻止市场中介机构的破产，但监管活动应致力于减少破产风险（包括设置资本金和内部控制方面的要求）。一旦破产真的发生，那么监管活动就应力求降低它的影响，特别是应努力隔离这种风险。因此，市场中介机构必须遵守资本充足率的规定和其他的谨慎性要求。如果必要，一家中介机构应当停止经营并能不造成其客户和同行的损失或其他的系统风险。

承担风险对一个活跃的市场来说必不可少，监管活动不应不必要地遏制合理的风险承担。相反，监管当局应当促进对风险的有效管理，资本充足率和其他谨慎性要求应当足以保证合理的风险承担，能消化一部分损失并检查出过度的风险。另外，一个有利于监管、运用有效风险管理工具进行高效准确的清算、结算过程也是极为重要的。

处理违约行为必须有一个有效的、法律上安全的制度安排，这已经超越了证券法的范畴而牵涉一国司法制度中的破产条款。发生在其他某个或某几个司法管辖区域的事件可能会导致本国市场的不稳定。因此，面对市场动荡各监管机构应当通过加强合作和信息共享，努力谋求本国和全球市场的稳定。

二、监管原则

从前各国的监管原则由于时代背景和国情的不同而呈现复杂性和多样性。然而，现代证券业监管的原则却存在相当的共同点和趋势。IOSCO 对证券监管原则的阐述，很好地概括了这些共同点和趋势。IOSCO 认为监管原则可以分为八大类：关于监管机构的原则、关于自律的原则、关于证券监管实施的原则、关于监管合作的原则、关于发行公司的原则、关于共同投资基金的原则、关于市场中介的原则、关于二级市场的原则。本部分将对这八大类原则进行介绍。

（一）关于监管机构的原则

关于监管机构的原则包括如下五个部分：监管机构的责任应该明确并得到客观阐述；监管机构应

该独立运作，并在行使职能、权力的过程中承担责任；监管机构应该具备足够的权力、准确的信息来源以及发挥职能、行使权力的能力；监管机构应该遵循最高的职业标准，包括适当的保密原则。

1．明确的职责

监管机构公正、尽职、高效的监管有赖于以下因素的支持：对于职责的明确界定，最好以法律的形式颁布；与有关当局之间通过适当渠道的有力合作；对监管机构及其工作人员履行职能和权力给予充分的法律保护。

2．独立性和责任

在行使职能和权力时，监管机构应不受外界政治和商业因素的干预，保持运作上的独立性，并且对权力和资源的使用负责任。

3．充分的权力和适当的资源

监管机构应当拥有充分的权力、适当的资源以及发挥职能和运用权力的能力。

4．清楚、有连续性的监管程序

在行使权力和发挥职能时，监管机构采取的程序应具有如下特征：有连续性、易于理解，对公众透明、公平和公正。

5．工作人员的行为

监管机构的工作人员必须遵守最高的职业、道德标准，并在以下具体事项上得到明确的指引：避免利益冲突（包括工作人员可能买卖证券的情形）、合理使用在行使权力或履行责任时获取的信息、遵守保密规定和保护个人数据资料、保持工作程序的公平性。

（二）关于自律的原则

自律的原则包括以下两个部分：第一，监管当局应当充分利用自律组织，并根据市场的规模和复杂程度，使自律组织在各自擅长的领域内承担起一线监管的责任；第二，自律机构应该接受监管者的监督，在行使相关权力和承担责任时遵循公平性、保密性原则。

1．自律组织的角色

自律组织是监管机构实行监管目标的一个重要补充。自律组织的模式多种多样，自律功能应用的程度也千差万别。多数国家自律组织的共同特征是独立于政府监管机构，有工商企业参与管理，也可能有投资者参与管理。

2．核准与监督

监管机构赋予自律组织权力之前，应当要求自律组织达到一定的标准。同时要不断地对自律组织进行监管。一旦自律组织开始运作，监管机构还应保证其权力的运用符合公众利益，并有助于市场公正、连续地执行现行证券法律、法规、自律组织条例等。

（三）关于证券监管实施的原则

证券监管实施的原则包括如下三个部分：第一，监管机构在实施过程中应该具有审核、调查和监察的综合权力；第二，监管机构应该具有综合的执行能力；第三，监管体系应该确保有效和诚信地运用审核、调查、监察、执行等权力，并保证有效的执行程序得以贯彻。

1．检查与执行程序

运用检查和监督手段，对市场中介机构的监督有助于保持服务的高标准和加强投资者保护。这些预防措施是调查和执行程序必需的组成部分，只要监管机构认为必要，它就有权获取所需信息或对中介机构的业务实施检查。

2．综合实施权力

应对证券交易与欺诈阴谋的复杂性，要求监管机构具备严格有力的执法能力。证券市场的投资者特别容易受到中介机构或其他人的违法行为侵害，因此，监管机构或其他主管当局应当具有调查和执法的综合权力。

3．国际实施

证券市场的国际化及证券业务活动跨越多个司法管辖区的事实，带来了一些特殊的问题。立法及监管机构的执法能力应足以对付跨国界的违法活动，因此，监管机构应努力保证其自身或者管辖区内的其他机构有获取必要信息的权力，这些信息对于调查和起诉违反法律及相关证券法规的行为非常必要。同时，还要保证这些信息可以通过直接或间接的方式与其他监管者共享。

4．洗钱

洗钱这一术语包含了各种为掩盖黑钱的非法来源制造假象的行为和过程。证券监管机构应该考虑国内法律在对付风险方面是否完备。监管机构应要求市场中介机构制定相应的政策和程序，以最大限度降低利用证券中介业务洗钱的风险。

（四）关于监管合作的原则

监管机构的原则包括以下三个部分：监管机构应该具有与国内外的同行共享公开或非公开信息的权力；监管机构之间应该建立信息共享机制，并明确在什么情况下、如何与国内外的同行共享有关的公开和非公开信息；监管体系还应保证那些在行使职能和权力时遇到疑问的外国监管者能够得到必要的援助。

1．国内监管合作的必要性

当存在以部门为基础的监管职责分工或当证券法和相关的基本法律有交叉时，国内各部门的信息共享就显得非常重要了。国内合作的必要性不仅表现在执法问题上，而且当证券、银行和其他金融部门存在职责分工时，有关某一领域活动授权和降低系统风险的信息也同样需要国内合作。

2．国际监管合作的必要性

对国内市场的有效监管也需要国际合作，不能提供监管协助将会严重危及证券市场的有效监管。金融活动国际化和金融市场全球化程度的提高，意味着国际监管合作的重要性。

3．监管合作的范围

监管合作的范围依情况而定。重要的是，援助不仅在调查时提供，而且应该成为制止不法行为的执法程序的一部分。另外，对于监管的一般信息的交流也是必要的，包括财务和其他检查信息、专业技术、监督和实施的技术、投资者教育等。

4．针对大型金融集团的监管合作

大型金融集团的经营涉及多个金融分支，涵盖的金融和非金融领域的综合性大型金融集团也越来越多，因此，通过国际合作不断完善证券监管方法和手段显得非常重要。

（五）关于发行公司的原则

关于监管机构的原则包括以下三个部分：第一，发行公司应该充分、准确、及时地披露财务报表，以及其他对投资者的决策有重大意义的信息；第二，公司的所有股东都应该受到公平和公正的对待；第三，会计和审计应采用高标准的国际公认准则。

1．信息披露应该充分、及时、准确

投资者应该持续不断地获得有关信息，以据此作出投资决策。对影响投资决策的信息应进行充分、及时、准确的披露，这直接关系到保护投资者和提高市场公平、效率和透明度的监管目标。

2．必须披露信息的情况

发行公司所披露的信息至少应该包括以下内容：公开募股的条件、招股说明书和其他发行文件的内容、有关发行的补充性文件、有关证券发行的广告宣传、上市公司重要关联人的信息、谋求公司控制权的人的信息、对上市证券的价格和价值产生重要影响的信息、定期报告、股东投票结果。

3．关于公司控制权的信息

为保证所有股东享有公正平等的待遇，应该要求发行公司披露管理层和大股东的持股情况。

4．会计和审计标准

财务信息的可比性和客观性是进行投资决策的关键，会计准则与审计准则为财务信息的客观性提供了保障。会计标准应确保财务报表使用者获得最基本的财务信息，应该有符合国际标准而且定义清晰、准确的会计原则，同时还应保证财务信息的正确性和相关性。

案例小链接

慧球科技和上交所到底有啥恩怨？

上市公司与监管层的跨年度大戏又添新戏码，ST 慧球曝出创纪录的 1001 项奇葩议案，再探监管底线。从对抗监管拒不披露股东变动信息，到董事长遭大股东提请罢免，公司治理完全混乱的 ST 慧球，葫芦里到底卖的什么药，恐怕局外人很难猜测。

上海证券交易所（以下简称"上交所"）称，中国证监会广西监管局已再次对 ST 慧球立案调查，并已向公司相关董事发出了行政监管措施决定书，责令其限期改正。前期，就公司及相关责任人的诸多违规事实，上交所已发出纪律处分意向书，目前正在履行相应程序。上交所将结合本次违规事实，与前期违规行为一并予以严肃处理。

刚过新年，一份网络流传的疑似泄露公告显示，ST 慧球董事会拟在将要召开的临时股东大会上，提请审议 1 001 项议案。市场认为，ST 慧球在刷新上市公司公告内容底线的同时，也创下了股东大会议案数量之最。议案内容五花八门，包括"关于坚持钓鱼岛主权属于中华人民共和国的议案""关于调整双休日至礼拜四礼拜五的议案""关于第一大股东每年捐赠上市公司不少于 100 亿元现金的议案"等内容。

2017 年 1 月 5 日，上交所公告《关于 ST 慧球信息披露监管相关情况的通报》证实，上市公司确实在 1 月 3 日时通过信息披露业务系统提交了相关公告，拟召开股东大会审议 1001 项议案。

上交所表示，此前已对上市公司发出《监管工作函》，相关公告存在诸多问题，要求董事会对不符合相关规定的议案进行修改调整。

上交所批评道："本次议案数量极大，很多议案前后交叉矛盾，逻辑极其混乱，不符合上市公司信息披露的基本要求，投资者难以获得有效信息。"

这份未经同意披露的相关公告还是遭到泄漏并广为流传。上交所表示，会对上市公司这一信息披露违规行为保持高度关注，已启动纪律处分程序。ST 慧球曾于 2016 年 8 月也有过类似泄露公告行为，因此被上交所实施其他风险警示（ST）。

……

自 ST 慧球陷入股权混战之后，公司的信息披露一直存在重大缺陷，之前不仅曝出"上市公司公告未对外发布，却在股票吧里全文传出"的劣迹，还出现过"上交所拨打公司董事长电话，但无法取得有效联系""公司聘任的董事会秘书和证券事务代表均不具备必要的任职资格"等信息披露失控现象。由于慧球科技整改不力，2016 年 8 月 26 日，上交所发出"最后通牒"——要求慧球科技在 9 月 9 日前限期整改，并提出了恢复公司信息披露管理秩序、核实公司实际控制人情况、追查公司尚未披露公告却全文泄露的责任以及公司董事会应当自查整改等 4 项要求。

截至上交所要求的整改时间，慧球科技依然未能提交整改报告。上交所自 2016 年 9 月 13 日起对慧球科技实施了 ST 处理，公司股票简称由"慧球科技"变更为"ST 慧球"，并转入上交所风险警示板继续交易。被实行"ST"后，慧球科技开始与上交所对簿公堂。9 月 28 日，

ST 慧球不满上交所实施 ST 处罚，向浦东新区人民法院提交材料，提起行政诉讼，要求撤销 ST 处罚。相隔一天后，上交所发布书面函，公开谴责并说明"公司董事长董文亮等现任董事会成员 5 年内不适合担任上市公司董事、监事和高级管理人员"。

有意思的是，ST 慧球对付监管层一直招数不断。2016 年 11 月初，ST 慧球发布一则《ST 慧球关于新增办公地址及联系方式的公告》。公告称，为全面配合监管要求，拟于上海市增设办公场地，地址为上海市浦东新区浦东南路 528 号上海证券大厦南塔 2401 室；原主要办公地址不变，仍为广西壮族自治区北海市北海大道 16 号海富大厦 17 层 D 座；上海办公场所仍处于筹备阶段，尚无具体办公人员。细心的投资者注意到，上交所官网提供的联系地址正是"上海市浦东南路 528 号证券大厦"，ST 慧球将与上交所比邻而居，上交所再也不用担心找不到 ST 慧球的董事长和董事会秘书了。

……

（六）关于共同投资基金的原则

关于共同投资基金的原则包括如下四个部分：监管体系应该制定对准备销售或运作共同基金的机构的资格审核和监管的标准；监管体系应该对共同投资基金的法律形式、组织结构以及客户资产的分离和保护等作出规定；和针对股票发行人的信息披露制度一样，监管机构也应要求共同投资基金进行信息披露，这对于投资者评价该基金是否适合自己以及评估在该融资计划中的权益是必不可少的；监管制度应该确保共同投资基金的资产评估、定价和赎回的规定建立在适当和充分披露的基础之上。

1．对管理人的资格要求

对共同投资基金管理人的资格要求应当有明确的标准。监管当局还应考虑这样一些因素：管理者的诚实与正直，管理者履行其职责的胜任程度、融资能力，管理者的特定能力与责任，内部管理程序。

2．对经营、利益冲突和授权的监管

监管体系应当在整个存续期间对投资组合进行监督。对基金管理者的监管旨在促成操作水平高、正直和公平的交易。共同投资基金在操作过程中可能会出现投资者与基金管理人或关联人之间的利益冲突，监管制度应当使这种潜在冲突发生的可能性降低至最小，同时确保冲突真的发生时能被正确披露。

3．法律形式和组织结构

监管体系应当规定共同投资基金的法定形式和组织结构，以便投资者评价他们的权力和利益，并使投资者的集合资产能够与其他实体的资产进行有效区分和隔离。

4．对投资者的信息披露

监管机构应该规定对投资者和潜在投资者的信息加以披露，以对基金资产价值有重大影响的事项为主要披露内容。

5．对客户资产的保护

监管者应当意识到保护投资者的好处，而且通过有效机制保护客户资产免受投资公司破产或其他风险的损失，将有助于增强人们对金融市场的信心。

6．资产评估和定价

监管制度应力求确保一个基金的全部财产能得到公平和准确的估价，净资产值也能得到正确的计算。

7．基金单位的赎回

共同投资基金监管的法律和法规应当确保投资者可以按照基金文件中明确规定的条件赎回自己的份额，并确保赎回权的暂停是保护投资者利益的。监管者应该随时被知会各种赎回权暂停的情况。

8．国际监管合作

越来越多的共同投资基金在国际上销售，而且基金发起人、管理人、托管人与基金的投资者分属不同国家的现象也很普遍，因此，对基金的审批应该考虑到国际合作的需要。

（七）关于市场中介的原则

关于市场中介的原则包括如下四个部分：监管制度应该规定中介机构市场进入的最低标准；应该规定中介机构的初始资本、持续运作的资本金以及其他谨慎性要求，以便反映中介机构承担的风险；应该要求市场中介机构遵守有关的内部管理和业务运作标准，这些标准旨在保护客户利益、确保风险控制，并使中介机构管理层接受其应当承担的责任；应规定中介机构的破产程序，以使投资者的损失降到最低限度并控制系统性风险。

1．审批和监督

对市场中介机构实施审批和监督，应当制定市场参与者进入市场的最低标准，并对所有情况相似的机构采取前后一贯的处理方法。这些审批和监督还应努力减少由于中介机构失职、违法或资本不足可能给投资者造成的损失。

2．资本充足性

对经营资本充足的适当监管进一步加强了对投资者的保护，有助于金融体系的稳定。

3．业务行为准则和其他谨慎性要求

市场中介机构的行为应以保护客户利益和保证市场公正性为基础。

4．应对中介机构破产的措施

由于中介机构发生金融破产的不可预计性，处理计划应当比较灵活，监管者应努力减少中介机构破产对投资者造成的伤害和损失。采取限制经营、确保资产正常管理、披露有关信息等一系列行动措施是必要的。

5．对中介机构的监督

监管制度应当确保对市场中介机构适当和持续的监督。

6．投资顾问

投资顾问是指那些主要从事有关证券价值、证券投资、买卖建议等咨询业务的机构。对投资顾问的监管制度方案至少应包含以下要素：审批制度应确定从事投资顾问业务的资格并确保能够得到最新的投资顾问名单；禁止向违反证券法、其他金融法或刑法未满一定期限的申请人办理执照；保存有关记录的要求；关于投资顾问向潜在客户进行清楚和详细的信息披露的要求，包括投资顾问的学历、相关的行业经验、受处罚的记录（如有）、投资策略、费用结构和其他客户费用、潜在利益冲突和过去的投资业绩；应规定信息披露要定期更新，发生重大变化时要及时修正；设计一定的规则和程序以防止事先保证投资业绩、滥用客户资产和潜在利益冲突等事项的发生；检查和执行的能力。

（八）关于二级市场的原则

关于二级市场的原则包括如下六个部分：交易系统包括证券交易所的建立应该得到监管当局的批准和监督；应该对证券交易所和交易系统实行持续的监督和控制，以保证不同市场参与者的需求能在公正、公平的原则下得到适当的平衡，从而确保交易的公正；监管制度应增强交易的透明度；监管制度的设计应有利于及时发现并制止市场操纵或其他不公正的交易行为；监管制度应有助于实现对重大风险、违约事件和市场混乱情况的有效控制；证券交易的清算和结算系统应该受到监管当局的监督，系统的设计应确保公平和有效，并能降低系统风险。

1．证券交易所和交易系统

监管程度的高低取决于市场特性，包括市场结构、市场使用者的成熟程度、市场进入的权力和

交易产品的类型。在有些情况下，交易系统在较大程度上免受直接监督是适宜的，但应得到监管当局的批准，在这之前，监管当局应认真考虑给予批准（或豁免）的类型。

2．对市场运行系统和信息的持续监管

监管机构必须确保在系统运行过程中依然保持其获得批准的相关条件，交易系统规则的修改方案应提交监管机构或由其批准，当交易系统被认定不符合批准条件或证券法规时，监管部门应重新审核或撤销原来的批准。

3．交易透明度

透明度可定义为交易信息（包括交易前信息和交易后信息）能够及时为公众所获取的程度。确保即时获得的信息是二级市场交易监管的关键，即时获取相关交易信息使投资者能更好地保护自己的利益，降低发生市场操纵或其他不公平交易的风险。

4．禁止操纵市场和其他不公平交易行为

对二级市场交易的监管应禁止操纵市场、误导投资者、内幕交易以及其他可能扭曲价格并导致某些投资者处于不利地位的欺诈、欺骗行为。

5．重大风险、违约诉讼程序和市场混乱

重大风险是指一个大到足以引致市场或清算公司建仓的风险，市场监管当局应对此密切监控并保证信息共享，以便对风险做出正确评估。市场当局应使市场参与者了解关于市场违约诉讼程序的相关信息，监管机构应确保与违约有关的诉讼程序的有效性和透明度。相关产品（现货或衍生品种）的市场当局应当尽可能彼此沟通以期将市场混乱的负面影响减少到最低限度。

6．清算和结算

清算和结算系统是指为了记录市场参与者的义务并对各方义务进行结算的系统，它包括数据或文件的提供、交换过程，以及资金和证券的转移过程。应使市场的参与者了解清算和结算系统的操作规则和程序，并对清算和结算系统及其运作人员实施直接监督。

7．清算和结算系统的标准和监督

清算和结算机构的监管部门应设立一个能够确保系统可靠性的监管框架，使其能够监控或在可能的情况下预测并防止清算和结算问题的发生。

8．清算和结算系统交易的确认

清算和结算系统的安排应当能提供对交易的及时确认，其标准应尽可能地接近即时确认的标准。

9．清算和结算系统中的风险问题

应该设置持续辨别和控制风险的程序。证券市场的监管者不仅应努力降低风险，同时还应致力于风险认定和判断风险在参与者之间的转移。

三、监管体制与监管模式

（一）资本市场监管体制

从世界范围来看，各国的资本市场监管体制大体可以分为：政府主导型监管体制、自律型监管体制以及综合型监管体制。之所以采取不同的监管体制，是因为各国的历史文化传统、经济制度、市场发育程度等都是不尽相同的，而这种不同也势必影响资本市场的发展。资本市场监管体制并不是一成不变的，随着国家经济模式、政治模式等条件的改变，资本市场监管体制也应该随之发展、完善，这样才能够促进证券市场更好的发展。

1．政府主导型监管体制

政府主导型监管体制是由政府通过制定专门的管理法律，并设立全国性的监管机构来实现对全国资本市场的统一监管。实行这一类管理模式的国家有美国、日本、加拿大、韩国、中国等。

政府主导型监管体制有三个显著特点：一是有系统的资本市场专门法律；二是有权力高度集中统一的全国性专设的资本市场监管机构；三是对市场违规行为依照有关法律进行处罚。美国的证券监管体制是政府主导型监管体制的典型代表。美国对证券市场的管理有一套完整的法律体系，包括《美国 1933 年证券法》《美国 1934 年证券交易法》《美国 1940 年投资公司法》《美国 1940 年投资顾问法》《美国 1970 年证券投资者保护法》等。同时，美国各州还订立了本州的证券管理法规，比如人们所熟悉的《蓝天法》。

在管理模式上，美国成立了证券交易监督管理委员会作为全国统一管理证券活动的最高管理机构。同时，成立了联邦交易所和全国证券交易协会，分别对证券交易所和场外证券业进行管理，形成了以集中统一管理为主、市场自律为辅的较为完整的证券管理模式。

政府主导型监管体制有以下两个优点：一是具有专门的法律，使证券市场有法可依，所有活动（包括监管本身）均纳入法制的轨道；二是有一个超脱于市场参与者的监管机构，能公正、客观地发挥监管作用，保护投资者权益。政府主导型监管体制的缺点是：由于证券市场监管涉及面广、技术性强，仅靠监管机构难以有效达成监管目标；由于监管机构与市场保持距离，有时可能会出现监管机构对市场的意外事件反应较慢、危机处理不及时的情况，从而降低监管的效率。

2．自律型监管体制

自律型监管体制是指国家除了某些必要的立法之外，较少干预证券市场，对证券市场的监管主要由证券交易所、投资银行等自律组织进行自我监管。实行自律型监管体制的国家和地区有英国、荷兰、爱尔兰、新加坡等。

自律型监管体制有两个显著特点：一是通常没有专门规范证券市场的法律，而是通过一些间接的法律来进行必要的法律调整；二是没有专门的政府性监管机构进行管理，而是由证券交易所、自律组织、证券机构实行自我管理。

以英国为例，在英国《1986 年金融服务法》出台以前，证券市场的法规有《1958 年反欺诈（投资）法》《1973 年公平交易法》《1984 年证券交易所上市条例》等。英国没有相关的政府部门对证券市场进行监管，但下列政府部门与证券监管关系比较密切：英格兰银行，负责商业银行证券部的监管；证券投资委员会，负责证券公司的注册和监管。英国的证券自律管理系统主要由证券交易所协会、股权转让与合并专业小组和证券业理事会组成，其中，证券交易所协会是英国证券市场的最高管理机构，主要依据该协会制定的《证券交易所管理条例和规则》来运作。自律管理的主要内容有以下三点。

第一，市场参与者规定。证券交易所对其成员——经纪商和自营商实行广泛的监督，包括会计监督、财务监督、审计监督和定期检查。

第二，上市规定。证券交易所规定了批准证券上市和在证券交易所进行买卖的条件，主要是"批准要求"和"上市协议"两个规定。

第三，持续的信息公开规定。按"上市协议"规定，在证券交易所上市的证券应广泛遵守持续公示规定。

自律型监管体制的优点有三个：一是既可以提供投资保护，又可以发挥市场的创新意识和竞争意识；二是证券机构参与制定管理规则，不仅使这些规则较国家制定的证券法更有灵活性和效率，而且使监管更符合实际；三是自律组织对现场发生的违规行为能够做出迅速而有效的反应。这种模式的缺点是监管的重点常放在保证市场运转和保护会员利益上，对投资者的保障往往不充分。此外，监管者的非超脱性也难以保证监管的公正性，监管者的权威性不强导致监管手段较弱。

3．综合型监管体制

综合型监管体制是政府主导型监管体制和自律型监管体制的结合，这种体制既设有专门性立法和政府监管机构，又设有自律性组织进行自我管理。采用综合型体制的国家有德国、意大利、泰国等。

以德国为例，对证券市场的管理实行联邦政府制定和颁布证券法规，各州政府负责实施监管与以交易所委员会、证券审批委员会和公职经纪人协会等自律管理相结合的证券管理体制。该体制比较强调行政立法监管，又相当注意证券从业者的自律管理。德国对证券业的监管，主要通过地方政府组织实施。但州政府尽可能不采取直接的控制和干预，很大程度上依靠证券市场参与者的自我约束和自律管理。德国有一个比较完整的监管体制，但侧重于强调自律和自愿的方式。

目前，世界上大多数实行政府主导型或自律型监管体制的国家都逐渐向综合型监管体制过渡，如美国也开始注重发挥证券交易所、自律组织和证券机构内部的作用；英国则通过了《1986 年金融服务法》，标志着英国首次以立法形式对证券业进行直接管理，并于 1997 年设立了单一金融监管机构——金融管理局，并提出了"立足业者、依靠法律"的口号。只是由于国情的不同，在实行综合型监管体制时，有的倾向于集中监管，有的侧重于自律监管，同时发挥集中监管和自律监管各自的优势。

（二）资本市场监管模式

资本市场的监管模式可以分为分离模式和混合模式两种。中国以及 20 世纪 90 年代以前的美国和日本是分离模式的代表；而德国以及 20 世纪 90 年代后的美国、日本两国是混合模式的代表。

分离模式就是严格限制投资银行、商业银行的业务，投资银行不能吸收存款，而商业银行也不能从事有价证券的买卖、中介、承销等业务，两者之间存在着严格的业务界限，其优点主要在于能有效地降低整个金融体系运行中的风险。业务分离弱化了金融机构之间的竞争，客观上降低了金融机构因竞争而被淘汰的概率，从而有利于金融体系的稳定。金融行业的专业化分工可以提高金融机构在各自独立领域内的效率。

而混合模式对两者的业务没有任何限制，一个金融机构可以同时经营银行业务和证券业务，至于具体选择经营什么业务，则由各个金融机构根据自身优势、发展目标和各种主客观条件自行决定，金融市场监管机构一般不予干预。其优点在于全能银行可以充分利用其有限资源，实现金融业的规模效益，降低成本，提高盈利，一种业务的收益下降可以用另一种业务的收益增加来弥补，这样就保障了利润的稳定性。银行业之间的竞争加强了，而竞争在经济学意义上会有利于优胜劣汰，提高效益，促进社会总效用的上升。

分离模式有助于金融市场的安全和稳定，而综合型模式更注重提高市场的效率，大多数情况下两者不可兼得。分离模式在长期的运作过程中，越来越限制银行的业务活动，从而制约了本国银行的发展壮大。由于各国保护主义的兴起，为了加强本国金融机构的国际竞争力，20 世纪 90 年代在世界范围内出现了混合化（或全能化）的趋势。比如美国在 1999 年通过的《金融服务现代化法案》的核心内容就是废止 1933 年通过的《格拉斯—斯蒂格尔法案》以及其他一些相关的法律中有关限制商业银行、证券公司和保险公司三者混合经营的条款，允许银行、证券、保险在经营范围上互相渗透并参与彼此的市场竞争，在法律上重新确立了金融混业监管和混业经营的模式，彻底打破了过去几十年美国金融业分业经营的局面。可以预见到，集商业银行业务、证券业务和保险业务于一身的金融超级市场将会诞生，企业和消费者将来可以在一家公司内就办妥所有的金融业务。

四、中国证券市场的监管

（一）监管目标

中国证券市场监管的目标在于：运用和发挥证券市场机制的积极作用，限制其消极作用；保护投资者利益，保障合法的证券交易活动，监督证券中介机构依法经营；防止人为操纵、欺诈等不法行为发生，维持证券市场的正常秩序；根据国家宏观经济管理的需要，运用灵活多样的手段，调控证券市场与证券交易规模，引导投资方向，使之与经济发展相适应。

（二）监管原则

中国证券市场监管原则包括：依法管理原则、保护投资者利益原则、"三公"原则、监管与自律相结合的原则。

1．依法管理原则

这一原则是指证券市场监管部门必须加强法制建设，明确划分各方面的权利与义务，保护市场参与者的合法权益，即证券市场管理必须要有充分的法律依据和法律保障。

2．保护投资者利益原则

由于投资者是拿出自己的收入来购买证券的，且大多数投资者缺乏证券投资的专业知识和技巧，监管机构只有在证券市场管理中采取相应的措施，使投资者得到公平的对待，维护其合法权益，才能更有力地促使人们增加投资。

3．"三公"原则

"三公"原则是指证券市场的公开、公平、公正原则，具体内容如下。

（1）公开原则。

公开原则的核心要求是实现市场信息的公开化，即要求市场具有充分的透明度。公开原则通常包括两个方面，即证券信息的初期披露和持续性披露。证券信息的初期披露是指证券发行人在首次公开发行证券时，应完全披露有可能影响投资者做出投资决策的所有信息；信息的持续性披露是指在证券发行后，发行人应定期向社会公众提供财务及经营状况的报告，以及不定期公告影响公司经营活动的重大事项等。信息公开原则要求信息披露应及时、完整、真实、准确。公开原则是公平、公正原则的前提。

（2）公平原则。

证券市场的公平原则，要求证券发行、交易活动中的所有参与者都有平等的法律地位，各自的合法权益能够得到公平的保护。这里，公平是指机会均等，平等竞争，营造一个所有市场参与者进行公平竞争的环境。按照公平原则，发行人有公平的筹资机会，证券经营机构在证券市场有公平的权利和义务，投资者享有公平的交易机会。对证券市场的所有参与者而言，不能因为其在市场中的职能差异、身份不同、经济实力大小不同而受到不公平的待遇，而要按照公平统一的市场规则进行各种活动。

（3）公正原则。

公正原则是针对证券监管机构的监管行为而言的，它要求证券监管部门在公开、公平原则的基础上，对一切被监管对象给以公正的待遇。公正原则是实现公开、公平原则的保障。根据公正原则，证券立法机构应当制定体现公平精神的法律、法规和政策，证券监管部门应当根据法律授予的权限公正履行监管职责。要在法律的基础上，对一切证券市场的参与者给予公正的待遇。对证券违法行为的处罚、对证券纠纷事件和争议的处理，都应当公正地进行。

4．监督与自律相结合的原则

这一原则是指在加强政府、证券主管机构对证券市场监管的同时，也要加强从业者的自我约束、自我教育和自我管理。国家对证券市场的监管是管好证券市场的保证，而证券从业者的自我管理是管好证券市场的基础。国家监督与自我管理相结合的原则是世界各国共同奉行的原则。

（三）政府主导型的监管体制

我国目前实行的是典型的政府主导型监管体制，对证券市场进行集中统一的监管。实行这种监管体制的原因有以下两点。

第一，证券市场是一个参与者众多、投资性强、敏感度高、风险大的市场，证券市场的风险突发性强、影响面广、传播速度快、破坏力大。因此，必须建立由高素质专家组成的专业监管机构对証券市场进行有效监管，以及时发现和处理市场的各种异常情况，防范和化解证券市场的风险。

第二，证券市场是矛盾和利益冲突聚集的市场，同时存在各种欺诈和其他违法违规行为。因此，必须建立强有力和具有超脱性的专门性监管机构进行统一监管，以规范证券市场主体的行为，维护证券市场的正常秩序，协调各个主体之间的矛盾和利益冲突。

第二节　投资银行监管

一、市场准入和经营活动监管

（一）市场准入监管

从监管体系的角度看，对市场准入的控制是保证整个投资银行业平稳发展的预防性措施。为了保障金融体系的安全，世界上任何一个存在资本市场的国家都对投资银行设立了最低的资格要求，各国的监管机构都会参与投资银行的审批过程，但由于各国对资本市场竞争的认识有所不同，在参与的程度和方式上存在着一定的国别差异。

（二）经营活动的监管

投资银行经营活动的监管主要包括以下五个方面的内容。

（1）经营报告制度。投资银行必须定期将其经营活动按统一的格式和内容报告给证券监管机构。有些国家还规定，经营报告分为年报、季报和月报三种，经营情况好的投资银行只需要上交年报；而那些被认为需要重点监管、管理的投资银行必须上交季报甚至月报。这样可以让金融监管机构随时了解投资银行的经营管理状况，以便更好地实施监督和管理，防止金融危机的爆发。上报的这些情况将成为决定是否对那些经营不良的投资银行采取相应措施的重要依据。

（2）收费标准。为了防止投资银行在证券承销、经纪服务中收费过高，人为抬高社会筹资成本，证券监督机构对投资银行业务的收费标准一般实行最高限制。比如，美国投资银行经纪业务的佣金额不得超过交易额的5%，其他业务的佣金比例不得高于10%，否则将按违反刑法法律论处。

（3）纯资本比例制度。为了防止过度风险投资，投资银行的纯资本和负债之比最低不得低于某一比例。纯资本由现金和可以随时变现的自有资本组成。该原则实际上要求投资银行在经营中保持足够的现金资产，把投资银行的经营风险控制在一定的范围内。

（4）经营管理制度。考虑到证券市场应该建立在非垄断、非欺诈的平等基础上，证券监管机构应建立严格的投资经营管理制度，制定反垄断、反欺诈假冒和反内部沟通条款。投资银行可以在不违反这些条款的前提下，开展合理的证券投资活动。反垄断条款的核心是禁止证券交易市场上垄断证券价格的行为，制止哄抬或哄压证券价格，制止一切人为造成证券价格波动的证券买卖；反欺诈假冒条款的核心是禁止在证券交易过程中的欺诈假冒，以及采取其他蓄意损害交易对手的行为；反内部沟通条款的核心是禁止公司的内部人员或关系户利用公职之便在证券交易中牟取私利。

（5）管理费制度。除了投资银行注册费外，投资银行必须按经营额的一定比例向证券监管机构和证券交易所交纳管理费，这些管理费将集中起来，主要用于对投资银行经营活动检查、监督等方面的行政开支。

案例小链接

佣金率走低促转型　券商投行业务去年稳步增长

随着上市公司年报披露接近尾声，上市券商2016年的各项数据、排名也一一呈现。近年

278

来，券商经纪业务的佣金费率持续走低，各家公司一直在努力改变以往单一依靠经纪业务、"靠天吃饭"的局面，IPO、债券、再融资、两融……券商通过各种方式增加营收。2016年，投行持续稳步增长，两融虽然萎缩，但市场集中度提高，这些都成为券商亮点。

随着互联网金融以及部分激进券商带来的冲击，行业整体佣金费率进一步下降。据统计，2013年至2016年，证券行业平均佣金率水平逐年下降，分别为万分之七点九，万分之六点七、万分之五及万分之四。

以上市券商为例，从2016年"代理买卖证券业务手续费及佣金净收入"指标来看，7家A股上市券商去年全年代理买卖证券业务收入超过50亿元。

"代理买卖证券业务手续费及佣金净收入"中信证券排名第一，达95.41亿元，去年全年股基交易总额14.49万亿元，平均佣金费率万分之六点六。

而股基交易量市场份额第一的华泰证券，全年代理买卖证券业务收入68.24亿元，平均佣金费率仅万分之三点四，低于该公司2015年平均佣金费率万分之四点五。

统计显示，华泰证券、兴业证券、东方证券三家券商佣金费率降至万分之四以下。中信证券、国泰君安证券及太平洋证券去年全年平均佣金费率水平超过万分之六，位于行业前列。

……

二、业务活动监管

投资银行业务有狭义和广义之分。狭义或传统的投资银行业务主要指证券的承销和经纪业务；广义的投资银行业务则处于动态的发展过程中，具有不断创新的特点，它除了包括狭义的投资银行业务外，还包括项目融资、公司理财、资金管理、商人银行业务、资产证券化、衍生金融交易和咨询服务等业务。随着投资银行业务的不断发展，投资银行业务的监管也在不断发展。

（一）对投资银行承销业务的监管

投资银行在证券发行者和证券投资者之间发挥着桥梁的作用：一方面通过证券的承销和发行，为众多的企业筹集大量的资金；另一方面努力将承销的证券出售给投资者。由于其在证券承销时很容易通过掌握大量的证券来操纵二级市场的价格，所以监管一般都着重于防止其利用承销业务来操纵市场，从而获取不正当的收益。

具体来说，对投资银行承销业务方面的监管有以下五个方面的内容。

（1）禁止投资银行以任何形式欺诈、舞弊、操纵市场和任何形式的内幕交易。具体来说，严禁投资银行和证券发行者制造、散布虚假或使人迷惑的信息，严禁通过合资或者集中资金来影响证券的发行及发行价格，严禁内幕人员利用内幕信息买卖证券或者根据内幕信息建议他人买卖证券。

（2）投资银行要承担诚信义务。信息的首次披露应完全披露公司与发行证券相关的所有情况，而信息的持续披露应该定期对公司的财务状况和经营情况提出报告。禁止投资银行参与（或不制止）证券发行公司在发行公告中弄虚作假、欺骗公众的活动。如果投资银行和发行公司之间存在着某种特殊关系，必须在公告书中予以说明。

（3）禁止投资银行承销超过自己承销能力的证券，避免其过度投机；禁止投资银行对发行企业征收过高的费用，从而造成企业的筹资成本过高，侵害发行公司。

（4）在公司股票发行、承销业务中，既要合理、规范地帮助公司进行改制，科学、合理、合法地充当企业财务顾问，协助其进行资产重组、调整资本结构，使公司符合股票发行和上市条件，确保公司股票发行和筹资的成功；同时又要严格遵守国家的有关法律和政策，在公司股票发行、承销业务中，不弄虚作假，不搞伪装，以科学的态度进行合理的上市包装，不损害投资者利益。

（5）建立证券评级制度。证券评级制度是对资产质量进行评价的一种制度。对证券发行者来说，只有经过评级，所发行的证券才容易被公众所接受，才能顺利地被销售出去。而投资者也需要通过比较各种证券的级别及变动情况，以保证投资和交易的质量，争取最大的收益，从而质量差的证券将被驱除出证券市场。证券评级制度决定着证券的市场价格和销路，也决定着证券发行者的筹资成本及能否筹集到足够的资金，以此作为一种外部约束来督促证券发行者提高发行质量。

（二）对投资银行经纪业务的监管

由于投资银行作为证券买卖双方的经纪人，按照客户投资者的委托指令在证券交易场所买入或者卖出证券。其最大的特点在于投资银行无须动用自己的资金且不承担任何投资风险，只需要按投资者的指令行事，并按交易金额的一定百分比收取手续费。因此，为了维护投资者的利益，有必要加强投资银行经纪业务的监管。

（1）投资银行在经营经纪业务时要坚持诚信的原则，禁止任何欺诈和私自牟利的行为。在给投资者的相关信息中，必须保证其真实性和合法性，保证语义清楚，不得含有易使人混淆的内容。

（2）资本金方面的约束。投资银行向客户提供的贷款不得超过证券市价的一定百分比，而且还得满足初始保证金和维持保证金的要求。初始保证金是投资者必须用现金支付的证券市价比率，而维持保证金规定了投资者的保证金账户中权益数额占证券总市价的最低比率。投资银行应严格要求客户满足这些要求，防止因投资者无法偿还贷款所导致的金融风险。

（3）某些国家禁止投资银行全权接收客户委托，替客户选择证券种类、数量、买卖价格和时机等，以防止投资银行做出侵犯客户利益的事。另一些国家虽然允许设立"全权委托账户"，但禁止投资银行进行不必要的买进卖出，以赚取更多佣金。未经委托，投资银行不得自主替客户买卖证券；从事委托买卖后，应把交易记录给委托人。

（4）在从事经纪业务中，要遵守一些道德：不得向客户提供证券价格的走势，不得劝诱客户买卖证券，不得违规限制客户的交易行为，不得从事可能对保护投资者利益和公平交易有害的活动，也不得从事有损于整个行业信誉的活动。

（5）应严格按规定收取佣金，不得私自决定收费标准和佣金比例。如果政府监管机构没有规定的话，可以自行决定，但决策时必须坚持诚信原则，不得故意欺诈客户。

（6）除了接受金融监管机构等行政机关的调查外，投资银行必须对客户的资料保密，不得以任何方式公开和泄露客户信息。

（三）对投资银行证券自营业务的监管

证券自营业务就是投资银行用自己的资金进行证券买卖交易，以赚取利润。一般来说，投资银行在证券自营交易中只买进那些可以卖高价的热销证券。投资银行证券自营业务的风险很大，同时也存在着操纵市场的可能性，还有可能通过混淆其自营业务和经纪业务来侵犯客户的利益。因此，各国的监管机构都在以下五个方面对投资银行的证券自营业务进行严格监管。

（1）防止投资银行操纵证券的价格。一般规定某一投资银行所能购买的证券数量，不得超过该证券发行公司所发行证券总量的一定百分比，或者不得超过该发行公司资产总额的一定百分比。

（2）限制投资银行所承担的风险。比如，要求投资银行对其证券交易提取一定的准备金；严格限制投资银行的负债总额以及流动性负债规模，限制其通过借款来购买证券的行为；限制投资银行大量购买有问题的证券（包括财务出现严重困难的公司股票、连续暴涨暴跌的股票等）。

（3）公平、公开交易的原则。投资银行不得利用其在资金、信息和技术等方面的优势来从事不公平交易，投资银行必须遵守证券市场规则，公平参与竞争。交易时必须标明其自营业务的内容，坚持公开交易程序、交易价格、交易数量，不搞内幕交易和暗箱操作。

（4）投资银行的自营业务和经纪业务必须严格分开，防止投资银行通过兼营自营业务和经纪业务而侵犯客户的利益。实行委托优先和客户优先的原则，即当客户和自营部同时递交相同的委托时，即使投资银行叫价在先，也要按客户的委托优先成交；在同一交易时间，不得同时对一种证券既接受委托买卖又进行自行买卖。

（5）在经营自营业务时，应该尽力维持市场稳定、维护市场秩序。投资银行是依托资本市场而生存的，维护市场秩序是投资银行的天职。同时，投资银行是拥有巨资的机构投资者，也有能力来维护市场的交易秩序和保证市场的安全，不得出现侵犯客户利益和过度投机的行为。

（四）对投资银行基金管理业务的监管

基金的运作涉及投资者、基金管理人以及基金托管人之间的委托代理关系和信托关系，各当事人的权利和义务关系比较复杂。立法和监管是基金业健康运作的基础，也是加快基金业发展的首要工作，基金的全部运作必须被置于严格的监管之下，以充分保护大众投资者的财产权和收益权。投资银行基金管理业务的监管内容主要有以下四个方面。

（1）基金的资格监管。基金的设立有两种方式，即注册制和核准制。在注册制下，只要符合规定的条件即可获准成立，属于一种形式管理，大多数国家和地区都采取这一方式，如美国、日本等；所谓核准制，指成立基金的申请需经审核批准，属于一种实质管理。

（2）基金信息披露的监管。监管是建立在信息充分披露的基础上，要求披露的主要内容有注册登记表、招募说明书、中期报告、年度报告、股东大会报告及股东账户与记录等。招募说明书必须能给投资者提供充分和准确的信息，监管部门鼓励投资者在做出投资决策之前，阅读投资公司的招募说明书并对招募说明书的内容进行询问，招募说明书必须分发到每一位该基金投资者的手中。要充分、公正地对投资者披露信息，以便让投资者而不是政府去判断投资每个基金的优劣。投资者的利益也就是基金的利益，基金必须将投资者的利益放在首位，要为他们提供最优质的服务。

（3）对基金运作的监管。基金操作需要规范化，各国法律都对投资基金运作的有关方面做出了明确的规定，如发行与认购、投资策略和范围、收益的分配及信息的公开等。监管包括定期检查和临时检查，确保这些规定得到严格遵守。对于规模较大的投资公司的定期检查，一般是每两年检查一次；对于规模较小的投资公司，一般是每五年检查一次。临时检查主要是在以下两种情况下进行：接到投诉信；新闻媒体刊登了相关信息。监管机构对基金分散组合投资作出规定，以便降低基金的投资风险，并使基金获得享受税收优惠的资格。

（4）对行业组织与基金组织本身进行监管。对行业组织的监管，包括检查这些行业组织的监管系统，调查工作的操作和程序以及违法行为的处分惩罚制度是否得到有效执行。此外，还通过证券交易所、清算机构等组织保证基金交易的合法性。对投资基金本身进行监管，包括监管部门对投资公司和投资顾问的有关文件进行选择性的审查，并对其中规模和社会影响较大的基金公司的文件和报告作详细检查。

（五）对投资银行并购业务的监管

并购业务有广阔的市场前景，可以为投资银行培养一大批稳定的客户群，增强自身的核心竞争力，并带动证券承销、自营、代客理财及风险投资等传统和创新业务的发展。

信息披露制度能使投资者在相对平等的条件下获得信息，是防止证券欺诈、内幕交易等权力滥用行为的最有效措施。因此，各国均将信息披露制度作为并购立法的重点，是对投资银行从事并购业务监管的主要方式。

（1）主要信息披露制度。上市公司重大购买或出售资产的行为、董事会决议、中介机构报告、监事会意见、关联交易和同业竞争等问题，均需及时披露。持续时间较长的并购必须定期连续公告。美国《威廉姆斯法案》还规定，在收购的信息披露中，下列行为是违法的：对重要事实作任何不实陈述；在公开信息中省略那些为了不引起人们误解而必须公开的事实；在公司收购中的任何欺诈、使人误解的行为和任何操纵行为。这些均属于虚假陈述，投资者可以对此提出诉讼。

（2）股东持股披露义务。股东获得某一公司有投票权的股份达到一定数量时，必须公开一定的信息，以此防止大股东暗中操纵市场。大股东持股信息披露的关键内容是披露其持股的比例要求、披露的期限与股份变动数额。开始披露的持股比例越低，越有利于保护中小股东的利益。

（3）禁止内幕交易。内幕人员主要指相关投资银行的工作人员。内幕交易主要包括：利用内幕信息买卖证券；根据内幕信息建议他人买卖证券的行为；向他人泄露内幕信息，使他人利用该信息获利的行为。投资银行的部分职员由于帮助公司实施并购方案，而比公众多掌握一些内部信息，出于对保护公平交易的考虑，应该禁止他们从事内幕交易。

（六）对投资银行金融创新的监管

金融创新促进了经济发展，同时也使金融风险加大，因而需要更强有力的金融监管来加以防范。金融创新是逃避金融监管的结果，使大量的金融产品和金融工具不断产生，使金融体系发生了深刻变化；金融创新又促进了金融监管的调整，为了保持金融体系的安全和稳定，各国金融监管结构发生了显著的变化。这种相互影响、相互作用、相互促进的结果构成了金融创新与金融监管的辩证关系。

对投资银行金融创新的监管主要有以下五个方面。

（1）调整监管。当投资银行的许多创新工具和做法越来越多地被效仿时，金融监管机构需要进行金融管制的调整来面对这种创新，可以是放松某些管制，也可以是加强立法和监督，杜绝某些有危害的创新。

（2）扩大监管范围。监管不仅包括投资银行的基本业务，其衍生业务（包括各种创新业务）也应纳入监管范围。

（3）采用新的会计制度。用代表市场价值的会计核算制度来代替原有的只反映资产账面价值的核算方式，对投资银行的财务报告进行更准确的评估。

（4）加强电子信息系统的安全管制。由于金融市场的国际化和电子化，交易的规模和成交速度发生了根本的变化，要从技术上采取安全措施，防止出现危害甚大的"机器故障"。

（5）加强监管的国际合作。由于现在的投资银行业务呈现出国际化的趋势，有必要在全球范围内加强证券监管部门的合作，确保金融交易的高效安全以及投资银行的运作规范。

三、投资银行的自律监管

（一）政府监管与自律监管的区别和联系

除政府监管外，投资银行还有自律监管。政府监管和自律监管的相互作用、相辅相成有利于建立一个层次清晰、分工明确、功能齐全、结构完善的证券市场监管架构。

1. 政府监管与自律监管的区别

（1）性质不同。政府监管机构的监管是强制管理，带有行政管理的性质。自律组织对投资银行的监管具有自律性质。自律组织是通过制定公约、章程、准则、细则，对投资银行的活动进行自我监管的组织，证券交易所和证券业协会是最主要的自律组织。自律组织一般采取会员制，符合条件的投资银行可申请加入自律组织，成为其会员。

（2）处罚不同。政府监管机构可以对违法违规的投资银行采取罚款、警告的处罚，情节严重的可以取消其从事某项或所有证券业务的资格，如日本最大的投资银行野村证券在操纵市场和贿赂、勒索机构投资者的丑闻暴露后，被日本大藏省处以停止自营业务一段时间的处罚。相比之下，自律组织对投资银行的处罚较为轻微，包括罚款、暂停会员资格、取消会员资格等，情节特别严重的可以提请政府主管部门或司法机关处理。

（3）依据不同。政府监管机构依据国家的有关法律、法规、规章和政策来对投资银行进行监督，自律组织除了依据国家的有关法律、法规和政策外，还依据自律组织制定的章程、业务规则、细则对投资银行进行管理。

（4）范围不同。政府监管机构负责对全国范围内的证券业务活动进行监管，自律组织主要针对成为其会员的投资银行及这些投资银行的发行和交易活动进行监管。

2．政府监管与自律监管的联系

（1）自律组织在政府监管机构和投资银行之间起着桥梁和纽带的作用。自律组织为成为其会员的投资银行提供了一个相互沟通、交流情况和意见的场所，可以将投资银行面临的困难、遇到的问题、对证券市场发展的意见和建议向政府监管机构反映，维护投资银行的合法权益。政府监管机构还可以通过自律组织对证券业务活动进行检查和监督。

（2）自律组织是对政府监管机构的积极补充。自律组织可以配合政府监管机构对其会员投资银行进行法律法规的政策宣传，使会员投资银行能够自觉地遵纪守法，同时对会员投资银行进行指导和监管。

（3）自律组织本身也必须接受政府监管机构的监管。在大部分国家，自律组织的设立需要政府监管机构的批准，其日常业务活动要接受政府监管机构的检查、监督和指导。

（二）自律监管的优缺点

投资银行的自律监管有以下优点。

（1）市场参与者的自我管理和自我约束可以增强市场的创新意识和竞争意识，有利于促进市场增加活跃度。

（2）允许证券商参与制定证券市场的监管规则，可以促使市场监管更加切合实际，制定的监管规则具有更大的灵活性，有利于提高监管效率。

（3）自律组织具有快速反应机制，能够对市场发生的违规行为做出迅速而有效的反应。

同时，投资银行的自律监管也存在以下缺点。

（1）管理的侧重点通常放在市场的规范、稳健运行和保护证券交易所会员的经济利益上，对投资者的利益则往往没有提供充分的保障。

（2）由于缺乏立法作为坚实的后盾，监管手段显得比较脆弱。

（3）由于没有统一的监管机构，难以实现全国证券市场的协调有序发展，容易造成市场秩序混乱。

（三）英美的自律监管体制

1．英国的自律监管体制

英国证券市场的管理以"自律原则"闻名，其自我管制机构在证券市场管理中充当了重要角色。这从英国证券业自律监管系统的分工中可见一斑，该系统分为两级：第一级由证券交易商协会、收购与合并问题专门小组、证券业理事会组成，以上三个机构会同政府的贸易部、公司注册署共同对市场实施监督管理；第二级是证券交易所，证券交易所不受政府的直接控制，但需在贸易部、英格兰银行等的指导下进行自律管理。

（1）国家立法。

在国家立法方面，英国制定了规范证券市场的法规，包括专门的证券法案和与证券业相关的法案，主要有《1958 年反欺诈（投资）法》《1973 年公平交易法》《1984 年证券交易所上市条例》《1948 年公司法》《1967 年公司法》《1986 年金融服务法》和《1988 年财务服务法案》。

《1986 年金融服务法》涉及所有类型的投资活动，对处于相互竞争地位的各类金融服务业给予同等待遇，将对自动调节的依赖限制在法律制度范围之内。该法只适用于投资业务，共分为十个主要部分，内容包括：投资业管理的主要原则；贸易和工业国务大臣在何种情况下可以对被授权人的事务进行干预，甚至在必要时给予取缔；定义和规定"共同投资计划"的运作；要求自动调节组织将其规则呈交给公平交易总理事等。

《1988 年财务服务法案》把监督有价证券市场的责任分成两大部分：一是自律监管组织，负责对投资业务的授权并监督获得授权者同客户之间的关系；二是核准的投资交易所，负责操作交易市场以及该市场内的投资公司业务。

（2）自律性规定。

除国家立法外，英国的自律监管机构还制定了自律性规定，主要有《证券交易所监管条例和规则》《伦敦城收购与合并准则》及证券业理事会制定的一些规定。

《证券交易所监管条例和规则》是由证券交易商协会制定的，对交易、新上市及发行证券的公司连续公开信息、在收购合并时公司财务资料的公布及其他特殊情况做出了规定。

《伦敦城收购与合并准则》（简称《伦敦城准则》）是由主要从事有关企业、公司收购合并等问题的管理机构，并具有立法地位的非立法机构——收购与合并问题专门小组（以下简称专门小组）制定。该准则不是立法文件，但是如果企业在收购文件或招股书中有欺骗、隐瞒等违反《伦敦城准则》的行为，仍要承担相应的法律责任。证券交易所、贸易部、英格兰银行及其他专业机构对专门小组对违反《伦敦城准则》的制裁给予全力支持。

证券业理事会制定的文件。证券业理事会是 1978 年成立的私人组织，在自律监管体系中处于中心地位。该组织成立后，对《伦敦城准则》和《公司法》中关于内幕交易和上市的规定进行了修改，并且负责制定、解释和监督实施《证券交易商行动准则》《基金经理人交易指导线》《大规模收购股权准则》等规则。

总之，英国证券市场的法制建设突出的特色是强调"自律原则"，证券市场虽没有专门的立法体系，却有较为完善的管理体系。

2．美国的自律监管体制

美国虽然以政府监管为主，但是也具备完善的自律监管组织，主要包括以下四类：一是全国性证券交易所，其中最著名和最重要的是纽约证券交易所；二是经注册登记的证券协会，如全国证券商协会；三是经注册登记的清算机构，如全国证券清算公司；四是市政证券管理委员会。

自律组织的一般职责是建立、审查和实施自律组织成员的行为规则，这些规则包括证券销售行为规则、证券交易行为规则、证券法实施规则、证券商的财务规则等。

例如，美国的全国证券商协会是根据《1934 年证券交易法》的 1964 年的修正案建立的，目的是对场外的证券交易活动进行管理。该协会是一个准政府机构，受证券交易委员会的监督和管理。该协会的职责是：维持协会的会员制度，负责对所有参加协会的会员注册；提供电子计算机化的统计系统、报价系统和转账清算系统，同时监视场外交易中各种证券的交易量、价格变化，防止不正当交易；监督和检查会员的日常经营活动，向每个会员收取会员费。

本章小结

1．资本市场的终极目标是效率与公平。国际证监会组织认为，证券监管的三个核心目标是：保护投资者，确保市场的公平、高效和透明，降低系统风险。

2．IOSCO 认为监管原则可以分为 8 大类：关于监管机构的原则、关于自律的原则、关于证券监管实施的原则、关于监管合作的原则、关于发行公司的原则、关于共同投资基金的原则、关于市场中介的原则、关于二级市场的原则。

3．从世界范围来看，各国的资本市场监管体制大体可以分为：政府主导型监管体制、自律型监管体制以及综合型监管体制。政府主导型监管体制是由政府通过制定专门的管理法律，并设立全国性的监管机构来实现对全国资本市场的统一监管；自律型监管体制是指国家除了某些必要的立法之外，较少干预证券市场，对证券市场的监管主要由证券交易所、投资银行等自律组织进行自我监管；综合型监管体制是政府主导型监管体制和自律型监管体制的结合，这种体制既设有专门性立法和政府监管机构，又设有自律性组织进行自我管理。

4．资本市场的监管模式可以分为分离模式和混合模式两种。分离模式，就是严格限制投资银行、商业银行的业务，投资银行不能吸收存款，而商业银行也不能从事有价证券的买卖、中介、承销等业务，两者之间存在着严格的业务界限。混合模式对两者的业务没有任何的限制，一个金融机构可以同时经营银行业务和证券业务，至于具体选择经营什么业务，则由各个金融机构根据自身优势、发展目标和各种主客观因素自行决定，金融监管机构一般不予干预。

5. 中国证券市场监管的目标在于：运用和发挥证券市场的积极作用，限制其消极作用；保护投资者利益，保障合法的证券交易活动，监督证券中介机构依法经营；防止人为的操纵、欺诈等不法行为发生，维持证券市场的正常秩序；根据国家宏观经济管理的需要，运用灵活多样的手段，调控证券市场与证券交易的规模，引导投资方向，使之与经济发展相适应。

6. 中国证券市场监管原则包括：依法管理原则、保护投资者利益原则、"三公"原则、监管与自律相结合的原则。我国目前实行的是典型的政府主导型监管体制，对证券市场进行集中统一监管。

7. 投资银行市场准入监管制度可分为两种：注册制和特许制。在注册制条件下，监管部门的权力仅限于保证投资银行所提供的资料无任何虚假的事实，投资银行只要符合有关资格规定，并在相应的金融监管部门注册并提供全面、真实、可靠的资料，便可以经营投资银行业务。在特许制条件下，投资银行在设立之前必须向有关监管机构提出申请，审批权掌握在监管机构手中。同时，监管机构还将根据市场竞争状况、证券业发展目标、该投资银行的实力等考虑批准其经营何种业务。

8. 投资银行经营活动的监管主要包括：经营报告制度、收费标准、纯资本比例制度、经营管理制度、管理费制度。

9. 投资银行的业务活动监管主要包括：证券承销业务的监管、证券经纪业务的监管、证券自营业务的监管、基金管理业务的监管、并购业务的监管和金融创新的监管。

10. 自律监管与政府监管既有联系又有区别。政府监管与自律监管的区别主要表现在：性质不同、处罚不同、依据不同、范围不同；政府监管与自律监管的联系主要表现在：自律组织在政府监管机构和投资银行之间起着桥梁和纽带的作用；自律组织是对政府监管机构的积极补充；自律组织本身也必须接受政府监管机构的监管。

课后练习题

一、名词解释

起点公平 规则公平 终点公平 透明度 投资顾问 政府主导型监管体制 自律型监管体制 综合型监管体制 分离模式 混合模式 注册制 特许制

二、填空题

1. （   ）和（   ）是资本市场运作的两大终极目标。

2. 资本市场的公平主要就是（   ）公平，它所强调的是对于资本市场中的每一个参与主体都应该实施相同的、不偏不倚的规则，并保证他们在这一规则制约下的充分经济权利。

3. （   ）是保护投资者最重要的方法。投资者因而能更好地评价潜在的风险和投资收益；从而能够保护好自己的利益。作为这一方法的重要组成部分，应当建立（   ）和（   ）准则，并且应当采取国际公认的高标准。

4. 对二级市场交易的监管应禁止（   ）、（   ）、（   ）以及其他可能扭曲价格并导致某些投资者处于不利地位的欺诈、欺骗行为。

5. 实行（   ）监管模式的国家有美国、日本、加拿大、韩国、中国等；实行（   ）监管模式的国家和地区有英国、荷兰、爱尔兰、新加坡等；采用（   ）监管模式的国家有德国、意大利、泰国等。

6. 英国证券市场的法制建设突出的特色是强调（   ），证券市场虽没有专门的立法体系，却有较为完善的管理体系。

三、简答题

1. 资本市场监管的终极目标。
2. 国际证监会组织关于证券监管的核心目标。
3. IOSCO 对证券监管原则的阐述。
4. 资本市场监管的目标。
5. 比较政府主导型监管体制、自律型监管体制以及综合型监管体制。
6. 比较分离模式和混合模式的优劣。
7. 中国证券市场监管的目标、原则和模式。
8. 比较注册制和特许制。
9. 投资银行经营活动的监管内容。
10. 投资银行业务活动监管的内容。
11. 政府监管与自律监管的区别与联系。
12. 投资银行自律监管的优点和缺点。